U0447163

项目资助

本书系2019年度贵州省哲学社会科学规划重点项目"核心素养背景下提升基础教育质量的关键要素与评估指标研究"（19GZZD21）的最终成果

核心素养视角下
基础教育质量提升研究

杜尚荣 著

中国社会科学出版社

图书在版编目（CIP）数据

核心素养视角下基础教育质量提升研究/杜尚荣著.—北京：中国社会科学出版社，2024.3

ISBN 978-7-5227-3041-7

Ⅰ.①核… Ⅱ.①杜… Ⅲ.①基础教育—教育质量—研究—中国 Ⅳ.①G632.0

中国国家版本馆CIP数据核字(2024)第037386号

出 版 人	赵剑英
责任编辑	赵 丽　朱亚琪
责任校对	王 晗
责任印制	王 超

出　　版	中国社会科学出版社
社　　址	北京鼓楼西大街甲158号
邮　　编	100720
网　　址	http://www.csspw.cn
发 行 部	010-84083685
门 市 部	010-84029450
经　　销	新华书店及其他书店

印　　刷	北京明恒达印务有限公司
装　　订	廊坊市广阳区广增装订厂
版　　次	2024年3月第1版
印　　次	2024年3月第1次印刷

开　　本	710×1000　1/16
印　　张	25.5
插　　页	2
字　　数	405千字
定　　价	139.00元

凡购买中国社会科学出版社图书，如有质量问题请与本社营销中心联系调换
电话：010-84083683
版权所有　侵权必究

序

关注和发展学生的核心素养,是新时代高质量发展背景下提升基础教育质量、助推中国式教育现代化的起点和归宿。鉴于当前基础教育质量整体水平不够高、发展速度仍然缓慢的现实状况,从核心素养角度分析提升基础教育质量的关键要素并借此构建其评估指标体系,重要且必要。因此,当杜尚荣教授邀请我为此书撰写序言时,我欣然应许,意欲借此谈三点我个人有关基础教育改革与发展的看法,既表达对杜尚荣教授的肯定和鼓励,也希望能激起更多研究者对基础教育从有质量走向高质量的发展给予充分关注。

首先,有关基础教育质量的时代主题的思考。在高质量发展时代,聚焦学生发展的核心素养已然成为中国基础教育改革与发展的必然趋势。2017年的高中课程标准以及2022年的义务教育课程方案和课程标准的先后出台更是凸显出核心素养作为基础教育质量发展的核心主题。至此,中国基础教育的人才培养目标经过从"双基"目标到三维目标(知识与技能、过程与方法、情感态度与价值观)的发展之后,进一步聚焦到了学生发展的核心素养上。这是中国基础教育在人才培养问题上的又一次历史性飞跃,从过去关注知识、关注课堂、关注经验到关注人本身的成长和发展,关注人的正确价值观、必备品格和关键能力等。这也是真正践行党的二十大提出的人才强国战略精神的集中体现,是真正实现"为党育人、为国育才"的中国式教育目的的有效举措。

其次,有关基础教育质量的现实状况的反思。在中国共产党的坚强领导下,中国基础教育经过长期的踔厉奋发、笃行不息的改革与发展,于实践中取得了非常卓绝的成绩,但由于优质教育资源有限和城乡发展不均衡等众多相关因素的影响,同样也存在着诸多有待进一步疏通和改进的痛点、堵点问题。为了加速推进中国式教育现代化的发展进程，在实施科教兴国战略的实践过程中，我们必须首先解决基础教育发展的短板问题。中国基础教育发展的短板在于乡村教育，而发展乡村教育的关键在于办好村落学校。因此，在全面推进乡村振兴的进程中，补齐中国基础教育发展的短板、着力推进城乡教育一体化发展是当前真正思考基础教育质量提升的根本性问题所在。

最后，有关基础教育质量的未来研究的预设。中国基础教育质量问题，对研究者来说是一个常论常新的话题，可以说，随着时代的发展和变迁，其永远是值得研究者深度研究的动力和源泉。在未来的研究中，我认为至少还有三个问题需要进一步思考和研究：一是基础教育质量的本质内涵有待进一步阐释；二是基础教育质量的内部机理有待深一些挖掘；三是基础教育质量的提升策略有待细一点探索。

总体来说，杜尚荣教授以核心素养为分析视角，着力探索提升基础教育质量的关键要素，借此构建基础教育质量的评估指标体系和开发系列配套工具，对人们深度思考和研究提升中国基础教育质量的策略、从事基础教育改革和发展实践等都具有重要的理论价值和现实意义。同时，也希望杜尚荣教授再接再厉，继续为中国基础教育改革和发展贡献力量。

李　森

2023 年 1 月于陕西师范大学

自　序

基础教育是国民教育中能为学生的成长与发展开启蒙、夯基础的关键阶段，其育人的质量水平直接决定着中国教育高质量发展的实现进程，乃至影响着中国教育在未来一段时间内的发展水平。鉴于核心素养已被广泛关注和普遍接受的现实，本书以核心素养为切入点深度思考中国基础教育质量的提升问题，必要且可行。为了方便读者更好地理解本书内容，我将从如下四个方面对本书的整体设计和研究结论做简要阐述：

其一，本书的分析起点——核心素养与提升基础教育质量存在内在关联。为了贯彻落实党的十八大提出的"把立德树人作为教育的根本任务"的精神，2014年教育部印发的《关于全面深化课程改革落实立德树人根本任务的意见》明确强调："将组织研究提出各学段学生发展核心素养体系，明确学生应具备的适应终身发展和社会发展需要的必备品格和关键能力。"自此，"核心素养"概念在中国的政策文件中被正式提出并强调。2017年的高中课程标准以及2022年的义务教育课程方案和各学科课程标准的先后出台，更是将"核心素养"界定为中国学生通过学科课程学习必须实现的正确价值观、必备品格和关键能力。由此可见，核心素养与提升基础教育质量之间早已密不可分。可以说，发展学生的核心素养既是提升基础教育质量的基本目标，也是根本性前提，而提升基础教育质量则是学生的核心素养真正得以实现的基本抓手和重要举措。由此决定了本书以核心素养为分析视角、着力探讨并提炼提升基础教育质量的关键要素、构建基础教育质量评估指标体系的分析起点。

其二，本书的设计思路与研究结论。本书在设计思路上，主要遵循理论阐释—要素提炼—要素修正—指标赋权—实践检验的逻辑线索，在充分阐释核心素养视角下提升基础教育质量的基础理论、价值诉求和主要依据的基础上，运用扎根理论对已有相关研究的文献资料进行内容分析的同时，提取并构建影响基础教育质量的关键要素，经过基于文本信息的首轮修正、现实考察的二次修正、访谈（含德尔菲法）的三次修正之后，综合多样化数据对要素指标进行赋权，由此建构起基础教育质量评估指标体系。最后，在系列配套工具的辅助下，将本书所构建的基础教育质量评估指标体系运用于实践学校进行实践检验，从而分析得出本研究所研制的由5个一级指标、12个二级指标、23个三级指标和75个四级指标所组成的基础教育质量评估指标体系是可行、可操作、可推广的。

其三，本书的研究特色与创新。相较于已有相关研究而言，本书具有明显的特色与创新之处。首先，就特色而言，本书着重对G省基础教育保障问题进行了大面积的调研，掌握了G省基础教育质量保障的基本情况，着重探讨了核心素养背景下提升基础教育质量的关键要素和与之相应的评估指标体系，进一步提出G省提升基础教育质量所面临的主要困境和主要解决措施。在研究方法上，本书综合运用了文献研究法、问卷调查法、访谈法、德尔菲法等方法，充分运用了质性研究和量化研究相结合的优势，各方法间互相补充、相得益彰。其次，在创新上主要体现在两个方面：一是在学术思想上，本书基于核心素养的大背景，探讨提升基础教育质量的关键要素和评估指标。在理论上能丰富基础教育质量的基本内涵，明晰提升基础教育质量所涉及的关键要素，逐步搭建起有关基础教育质量的评估指标体系，为进一步探索基础教育质量本质和相关保障体系奠定基础。二是在学术观点上，本书主要实现了三点创新：（1）核心素养已然成为高质量发展时代基础教育改革与发展的时代主题；（2）基于核心素养构建基础教育质量评估指标体系切合当前基础教育发展的趋势；（3）系列配套工具的开发有助于基础教育质量评估指标体系的实施和推广。

其四，本书的主要章节结构。根据本书确立的研究思路，全书主要设计了七个部分共十一个章节的内容，具体如下：

第一，研究缘起部分，即书中的第一章。该部分主要介绍了本书研究问题的提出，研究的目的和意义以及已有相关研究综述。就研究问题的提出而言，提升基础教育质量是顺应国际基础教育变革的必然趋势，符合中国高质量发展的时代背景，是推进中国教育现代化的必然需求，因应多重机遇与挑战的现实需要。在研究目的上，主要是厘清"核心素养视角下提升基础教育质量"的基本理论、初步建构影响基础教育质量的要素结构、三次修正指标体系、指标赋权、基于实践学校进行检验等。在理论价值上，主要是进一步丰富基础教育质量的相关研究理论、推动核心素养与基础教育的相互融合发展、有效提供核心素养下基础教育的评估指标。在实践意义上，能帮助一线教育工作者弄清提升基础教育质量的着力点、有助于教育管理部门对基础教育实施有效监督和管理、为教育行政部门提供决策参考。通过梳理已有相关研究文献，本书以核心素养为分析视角、着力探索提升基础教育质量的关键要素与评估指标能有效弥补已有研究的不足。

第二，理论阐释部分，即书中的第二、三、四章。在第二章的基础理论阐释部分，主要阐述了核心素养视角下提升基础教育质量的核心概念、基本内涵和主要特点；在第三章的价值诉求部分，主要讨论了核心素养视角下提升基础教育质量的价值审视、价值维度和价值实现；在第四章的主要依据部分，着重探讨了核心素养视角下提升基础教育质量的政策依据、理论依据和现实依据。

第三，要素构建部分，即书中的第五章。在该部分，主要采用扎根理论的方法，通过对已有相关研究文献进行内容分析，提取相关概念，在理论饱和度检验的基础上，经过开放编码、主轴编码和选择编码三个阶段的编码和提炼，逐步形成影响基础教育质量的12个一级指标（核心范畴）和23个二级指标（主范畴）以及69个三级指标（范畴），最终得出影响基础教育质量的12个核心概念（一级概念），即学校建设、学校资源、师德师风、师资建设、教师专业发展、学生文化基础、学生自主发展、学生社会参与、课程、教学、社会支持、家庭支持。这为后期基于文本信息的修正、基于现实考察的修正和基于访谈的修正奠定了基础。

第四，要素修正部分，即书中的第六、七、八章。在第六章基于文本信息的首轮修正中，主要从内容性要素和条件性要素两个方面进行修正，从而得出指向核心素养的"学校规划、教师发展、学生发展、课程与教学、协同育人"的5个一级指标，形成学校建设、学校资源等共计12个二级指标，23个三级指标和79个四级指标。在第七章基于现实考察的二次修正中，主要是在第一轮修正的基础上，将各个指标设计成调查问卷,分教师卷和学生卷进行数据收集、整理和分析,最终形成二次修正意见。在第八章基于访谈的三次修正中,主要针对理论研究者、基础教育相关的行政人员和教研人员进行半结构式访谈,形成最终修正意见。最终确定评估指标体系包含5个一级指标、12个二级指标、23个三级指标和75个四级指标。同时,其赋分数据也为第九章的指标赋权提供了依据。

　　第五,指标赋权部分,即书中的第九章。在指标赋权部分,主要依据现实考察数据进行主成分分析,结合理论研究者和行政及教研人员的赋分情况进行指标赋权。以便让所建构的核心素养视角下影响基础教育质量的评估指标体系能够更好地服务于基础教育教学实践,真正有效地对基础教育进行质量评价、辅助基础教育教学质量的提升。一方面,本书通过现实考察和专家赋权两种方式对评估指标体系进行赋权,根据不同要素对基础教育质量的影响程度进行赋分,量化了要素对基础教育的影响程度,增加了评估指标的可操作性;另一方面,为方便评估人员的具体实践操作,我们还研制了评估指标的"操作指南",清晰明了地详细阐述不同指标应该如何评估以及评估给分的建议。

　　第六,实践检验部分,即书中的第十章。该部分主要是在本书所开发的系列配套工具的辅助下,将所构建的基础教育质量评估指标体系运用于G省的实践学校(为了方便比较和分析,主要选择了省城优质的SF小学、县城LY小学和乡村的ZP小学作为实践学校)进行实践检验,通过检验发现,本书所研制的基础教育质量评估指标体系能较好地区别三所小学的质量水平,且符合三所小学的实际发展水平。由此说明,本书所提炼的影响基础教育质量的关键要素和评估指标体系可行、可操作且可推广使用。

　　第七,结论与反思部分,即书中的第十一章。首先,在结论部分,主要总结了八个方面:一是凝练了已有核心素养视角下提升基础教育质量研究的核心观点;二是明晰了核心素养视角下基础教育质量的内涵意蕴;三是明确了核心素养视角下提升基础教育质量的价值诉求;四是厘清了核心素养视角下提升基础教育质量的主要依据;五是提炼了核心素养视角下提升基础教育质量的关键要素;六是构建了核心素养视角下基础教育质量的评估体系;七是研制了核心素养视角下基础教育质量的评估指南；八是发掘了在影响基础教育质量的关键要素中 15 个比较突出的指标。其次，在反思部分，主要针对研究设计、研究内容、研究方式、研究过程和研究结果进行了具体反思。

诚然，本书在提炼影响基础教育质量的关键要素和构建基础教育质量评估指标体系方面取得了一定的成效，且已研制了系列极具操作性和推广性的配套工具，能为学界同仁的相关后续研究提供参考。但有关基础教育质量问题的探讨，还有诸多研究空间，希望此书的出版能激起更多研究者对基础教育质量问题给予更多关注和更进一步的深度研究。

杜尚荣

2023 年 1 月于贵安新区大学城

目　　录

第一章　核心素养视角下提升基础教育质量的研究缘起 …………（1）
　第一节　问题提出 ……………………………………………………（1）
　第二节　研究目的和意义 ……………………………………………（5）
　第三节　基础教育质量相关研究综述 ………………………………（9）

第二章　核心素养视角下提升基础教育质量的基础理论 …………（33）
　第一节　核心素养视角下提升基础教育质量的核心概念 …………（33）
　第二节　核心素养视角下提升基础教育质量的基本内涵 …………（38）
　第三节　核心素养视角下提升基础教育质量的主要特点 …………（45）

第三章　核心素养视角下提升基础教育质量的价值诉求 …………（50）
　第一节　核心素养视角下提升基础教育质量的价值审视 …………（50）
　第二节　核心素养视角下提升基础教育质量的价值维度 …………（56）
　第三节　核心素养视角下提升基础教育质量的价值实现 …………（63）

第四章　核心素养视角下提升基础教育质量的主要依据 …………（68）
　第一节　核心素养视角下提升基础教育质量的政策依据 …………（68）
　第二节　核心素养视角下提升基础教育质量的理论依据 …………（77）
　第三节　核心素养视角下提升基础教育质量的现实依据 …………（83）

第五章　提升基础教育质量的要素结构分析：基于扎根理论的初步建构 ……………………………………………………………（89）
　第一节　文献来源 ……………………………………………………（89）

第二节 分析方法 …………………………………………… (91)
第三节 资料的收集与整理 ………………………………… (97)
第四节 资料饱和度检验 …………………………………… (107)

**第六章 指向核心素养的基础教育质量要素结构分析：
基于文本信息的首轮修正** …………………………… (108)
第一节 针对师生素养的内容性要素修正 ………………… (108)
第二节 指向素养形成的条件性要素修正 ………………… (120)
第三节 首轮修正后内容性要素和条件性要素的变化
情况分析 ……………………………………………… (129)

**第七章 核心素养视角下基础教育质量关键要素提炼：
基于现实考察的二次修正** …………………………… (135)
第一节 考察方案设计 ……………………………………… (135)
第二节 考察过程概述 ……………………………………… (137)
第三节 考察结果呈现 ……………………………………… (140)

**第八章 核心素养视角下基础教育质量关键要素再提炼：
基于访谈的三次修正** ………………………………… (211)
第一节 半结构式访谈的前期准备 ………………………… (211)
第二节 半结构式访谈的资料收集与整理 ………………… (213)
第三节 半结构式访谈的数据处理与分析 ………………… (216)
第四节 基于访谈的修正情况反思 ………………………… (230)

**第九章 核心素养视角下基础教育质量评估指标体系的
确立与呈现** …………………………………………… (233)
第一节 评估指标的权重分配 ……………………………… (233)
第二节 评估指标的内容描述 ……………………………… (250)
第三节 评估指标的具体呈现 ……………………………… (263)
第四节 评估指标的使用指南 ……………………………… (270)

第十章 核心素养视角下基础教育质量评估指标体系的实践检验 ……(275)
- 第一节 实践检验的方案设计 ……(275)
- 第二节 实践检验的数据采集 ……(278)
- 第三节 实践检验的数据分析 ……(280)
- 第四节 实践检验的效果反思 ……(296)

第十一章 研究结论与反思 ……(301)
- 第一节 研究结论 ……(301)
- 第二节 研究反思 ……(307)

附件一 本书采用的调查问卷 ……(312)
附件二 半结构式访谈提纲 ……(321)
附件三 章节附表 ……(324)
附件四 本书所研制的评估指标及配套工具 ……(341)

参考文献 ……(378)

后 记 ……(392)

第一章

核心素养视角下提升基础教育质量的研究缘起

在高质量发展背景下,有关"质量"的讨论已然成为教育界的核心话题。以核心素养为分析视角,具体探讨提升基础教育质量的关键要素与评估指标问题,对提升基础教育质量、加速基础教育高质量发展具有重要的价值和意义。诚然,为了清楚地呈现为何进行核心素养视角下提升基础教育质量的相关问题研究,本章将着重探讨核心素养视角下提升基础教育质量的研究缘起,具体从问题提出、研究的目的和意义、已有研究现状述评等方面展开论述,希望借此更好地支持后续相关问题研究的顺利开展和逻辑呈现。

第一节 问题提出

纵观世界各国教育事业的发展过程,都呈现出循序渐进和逐步完善的特点。当前中国已进入"十四五"规划时期,追求高质量发展成为基础教育改革的主题,也是基础教育工作的出发点和归宿。在核心素养视角下,提升基础教育质量也随之成为基础教育改革的重点和难点,而教育评估则是提升和保障基础教育质量的重要手段。由于综合已有研究、响应国家政策以及解决现实困境等多维需要,亟须结合教育评估在提升基础教育质量中所起的关键作用,厘清核心素养视角下提升基础教育质量的关键要素,以此为评估内容并建立基础教育质量的评估指标体系,从而加速促进基础教育质量的整体提升。

一 提升基础教育质量是顺应国际基础教育变革的必然趋势

近年来,无论是国际上经济合作与发展组织(OECD)于 2000 年发起的对基础教育进行跨国家(地区)、跨文化的评价项目"PISA"(国际学生评估项目),还是国内新一轮的核心素养课程与教学改革,都映射出全球基础教育评价的关注重点由教育普及的量化转向了教育普及的质化。同时,这也表明了提升基础教育质量的内涵是新时代背景下全球基础教育变革的必然趋势。从国际基础教育发展来看,多数发达国家已制定国家学业质量标准,并建立了学业质量监测与评估体系。例如,自 1969 年开始,美国就开始实施"国家教育进展评估"(NAEP),对基础教育阶段学生的学业质量进行评估。从国内基础教育发展来看,当下中国的基础教育现状仍然不容乐观,问题层出:一是中国基础教育质量监测与评估起步晚,缺乏国家、区域、学校三者协同的联动评估机制;二是核心素养视角下基础教育质量的评估缺少体现"素养"的指标体系;三是城乡教育发展不均衡,城乡之间基础教育质量差距正在不断加大。鉴于此,结合当前核心素养视角下基础教育改革的目标来看,中国基础教育课程教学改革经历了从"双基"到三维目标再到核心素养的不断演进,其变迁体现了从学科知识—学科本质—育人价值的转变,基础教育质量不再只看学业质量,而是走向了真正的以人为本。[1] 因此,树立全新的育人价值观和质量观、建立科学合理的基础教育评估体系是顺应新一轮的基础教育改革之需,是培养乡村学生核心素养的必然选择,同时也符合内涵式基础教育发展的需要。

二 提升基础教育质量符合中国高质量发展的时代背景

当前,中国正式进入高质量发展时代,"高质量发展"已成为新的时代主题渗透各行各业,尤其是近年来,基础教育高质量发展正式以官方形式进入教育领域,并逐渐成为开展基础教育工作的"风向标"。随着 2017 年"高质量发展"首次正式在国家经济发展方略中被明确提

---

[1] 余文森:《从"双基"到三维目标再到核心素养——改革开放 40 年我国课程教学改革的三个阶段》,《课程·教材·教法》2019 年第 9 期。

出,教育领域也紧跟步伐将其视为新的发展方向,"高质量发展"在随后的相关政策话语中不断出现并占据主导地位,基础教育改革发展重点从"有质量"逐步转向"高质量",高质量发展日益成为基础教育变革的核心价值追求。回溯中国基础教育政策话语体系的变化历程,可清晰地窥探出基础教育历经三个逐层递进的提质增效阶段,即从教育大众普及化发展转向教育机会均衡化发展,再转向教育优质特色化发展。例如,党的十八大和十九大报告接连提出将立德树人作为教育事业的根本任务,要"推进教育公平""努力让每个孩子都能享有公平而有质量的教育"。《国家中长期教育改革和发展规划纲要(2010—2020)》也明确提出把提高质量作为教育改革发展的核心任务,把教育资源配置和学校工作重点集中到强化教学环节、提高教育质量上来,制定教育质量国家标准,建立健全教育质量保障体系。[1] 与此同时,2020年教育部考试中心最新发布的《中国高考评价体系》提出了未来的高考在教育功能上将由单纯的考试评价向作为立德树人的重要载体和素质教育关键环节转变。[2] 由此可见,追求教育的公平与质量向来是中国基础教育的基本发展方向,亦是政府始终在努力解决的问题,[3] 更是当前中国基础教育发展的核心任务。但值得一提的是,新时期我们所追求的公平和质量不再是过去的机会公平和相对的均衡质量,而是2021年政府工作报告话语"发展更加公平更高质量的教育"中所蕴含的更优质均衡的公平和更高的教育质量。基于此,在追求高质量发展的时代新趋势下,提升基础教育质量被赋予更深层次的内涵和价值,成为基础教育领域的工作重点。

三 提升基础教育质量是推进中国教育现代化的必然需求

伴随着社会发展的不断深入,中国进入全新的社会发展阶段,社会主要矛盾也随之变化。当前中国社会的主要矛盾已转化为"人民日

---

[1] 中共中央国务院:《国家中长期教育改革和发展规划纲要(2010—2020年)》,2010年7月,http://www.gov.cn/jrzg/2010-07/29/content_1667143.htm。

[2] 中华人民共和国教育部:《中国高考评价体系》,2020年1月,http://www.moe.gov.cn/jyb_xwfb/gzdt_gzdt/s5987/202001/t20200107_414611.html。

[3] 朱永新:《追寻公平而有质量的教育》,《中国农村教育》2018年第3期。

益增长的美好生活需要和不平衡不充分的发展之间的矛盾",就基础教育而言,即为人民对优质教育的需求与现实中不充分不优质均衡的教育发展之间的矛盾。在新时期新矛盾的映射下,中国教育现代化的实现必然离不开基础教育质量的提升。这种提升既是为缓解人民对优质教育的需求与现实中不充分不优质均衡的教育发展之间的矛盾的需要,也是指向建构以追求更加公平和高质量的教育为核心,从师资队伍、教育理念、教育内容、教育方法、教育环境等方面实现教育现代化的持续改进过程。可以说,在核心素养视角下提升基础教育质量意味着从综合化角度实现教育现代化,围绕高质量发展的核心,着重从公平化、优质化、均衡化、国际化、信息化等方面培育具备创造力的现代化人才。概言之,当前中国教育价值追求逐渐转向了高质量的教育公平、教育优质均衡发展、教育现代化,三者构成了新时期中国基础教育的主旋律。然而,自2016年教育部发布《中国学生发展核心素养》以后,如何在新时期基础教育主旋律引导下从文化基础、自主发展、社会参与三个方面引领学生形成人文底蕴、科学精神、学会学习、健康生活、责任担当、实践创新等核心素养,如何进一步在核心素养视角下建构基础教育质量评估体系,如何以核心素养为重心来提升基础教育质量,则是有待进一步深入研究的问题。因此,本书着重研究在核心素养视角下,探索提升基础教育质量必须考虑的关键要素和设计相应的评估指标,既是对相关政策的积极响应,更是推进中国教育现代化的必然选择。

四 提升基础教育质量是因应多重机遇与挑战的现实需要

自核心素养和乡村振兴提出以来,如何促进城乡之间基础教育优质均衡发展成为亟待解决的难题,提升基础教育质量面临着前所未有的机遇和挑战。首先,乡村小规模学校的发展和寄宿制学校的增多为提高教学质量提供了现实可能性。中共中央、国务院印发了《关于深化教育教学改革全面提高义务教育质量的意见》,指出要切实提高课堂教学质量,推进义务教育薄弱环节改善与能力提升,重点加强乡村小规模学校和乡镇寄宿制学校建设。① 随着乡村小规模学校和寄宿制学校的增加，这些学校的教学质量必定是提高基础教育质量中一个不可忽视的短板，也是亟待提升的一个关键性薄弱环节。同时学校规模和班级规模的缩小为我们集中人、财、力办好优质教育，提高普及质量提供了可能性。其次，基础教育普及的广泛性和全面性以及物质条件的改善允许我们把办学精力转移到提高办学水平和教学质量上来，这为乡村基础教育质量的提高奠定了重要基础。② 最后，乡村学校的教学质量提升空间巨大。具体主要体现在三个方面：一是城乡之间的教学质量存在明显的差距，提高基础教育的教学质量的重难点仍然在乡村，尽管国家近几年在教育资源配置上有所倾向，但办学条件的改善却依旧没有使得教学质量有所反差；二是当前乡村贫困地区的教育仍存在师资进不去、留不住、观念落后等问题，而乡村学校内生型教学质量的提升必须依靠高素质专业化的乡村教师队伍，才能逐步缩小城乡教育差距、实现城乡之间的教育公平，满足乡村孩子"上好学"的需求；三是关注乡村儿童现实的需求。乡村学校的课堂教学依然存在填鸭式教学，忽略儿童的主体地位，唯分数论现象严重。据此，提升基础教育质量的现实意义在于更好地促进城乡基础教育走向优质均衡，让每一个学生从真正意义上享受高质量的教育，成为德智体美劳全面发展、个性成长的时代新人。

第二节 研究目的和意义

随着核心素养研究的进一步深入，中国基础教育的各个方面均发生了重大变革，有关核心素养与基础教育的融合研究也取得了系列丰硕成果，但是核心素养视角下的基础教育其质量如何、评估的指标是什么、下一步如何根据评估结果有效促进教育质量的提升等问题尚且不明。因此，本书立足核心素养，探究提升基础教育质量的关键要素，在此基础

---

① 中华人民共和国教育部：《关于深化教育教学改革全面提高义务教育质量的意见》，2019年6月，http://www.moe.gov.cn/jyb_xxgk/moe_1777/moe_1778/201907/t20190708_389416.html。

② 柳海民：《农村基础教育发展的拐点：由普及外延转向提升内涵》，《教育研究》2008年第3期。

上建构其评估指标体系，对丰富基础教育教学评价工具、促进基础教育内涵发展、推进教育治理体系和治理能力现代化、提升基础教育教学质量具有重要的理论价值和现实意义。

一 研究目的

本书的研究目的主要体现在如下五个方面：

（一）厘清"核心素养视角下提升基础教育质量"的基本理论

在前期研究中，通过文献梳理发现目前鲜有人直接讨论核心素养下基础教育评估指标的建构，但其又具有深入思考和研究的价值。鉴于此，本书主要以"核心素养"为分析视角，具体分析影响基础教育质量的关键要素和评估指标体系，由此构建起核心素养视角下提升基础教育质量的基本理论框架。

（二）初步建构影响基础教育质量的要素结构

借助已有研究，采用扎根理论分析找出提升基础教育质量的关键要素，初步建立基础教育质量评估的具体指标。本书认为，关于基础教育质量的相关研究十分丰富，关于影响基础教育的相关因素，学界已经有诸多理论研究成果，但这些因素尚未融合形成整个影响基础教育质量的要素结构，以致影响基础教育的因素颇多、纷繁复杂且难以辨别影响因素间主次关系、逻辑关系以及这些因素是否涵盖整个基础教育。因此，我们有必要抽丝剥茧，对已有研究中影响基础教育质量的因素爬梳剔抉，从而具体构建影响基础教育质量的要素结构。

（三）三次修正确定核心素养视角下提升基础教育质量的指标体系

本书研制的核心素养视角下提升基础教育质量的指标体系，是在初步理论建构的基础上，通过理论—实践—理论的逻辑步骤进行三次修正，从而建构的具有科学性、合理性以及可操作性的指标体系。具体而言，首先是通过内容分析法对相关的核心素养理论研究及政策文件分析对初步建构的要素结构进行首次修正。其次是通过现实考察结合教师一线教育实际，对初步指标进行现实分析和修正。最后是通过高校理论研究者、教育行政及教研人员的访谈分析进行三次修正，建立起核心素养视角下评估基础教育质量的指标体系。

（四）进一步完善并为核心素养视角下基础教育质量的评估指标赋权

为了能够让所建构的核心素养视角下影响基础教育质量的评估指标体系能够更好地服务基础教育教学实践、有效地对基础教育进行质量评价、有效辅助基础教育教学质量的提升，一方面，本书通过现实考察和专家赋权两种方式对评估指标体系进行赋权，根据不同要素对基础教育质量的影响程度进行赋分，量化了要素对基础教育的影响程度，增加了评估指标的可操作性；另一方面，为方便评估人员的具体实践操作，我们还研制了评估指标的"操作指南"，清晰明了地详细阐述不同指标应该如何评估以及评估给分的建议。

（五）基于实践学校进行检验，佐证指标体系可行、可操作、可推广

在本书所开发的系列配套工具的辅助下，将所构建的基础教育质量评估指标体系运用于G省的实践学校（为了方便比较和分析，主要选择了省城优质的SF小学、县城LY小学和乡村的ZP小学作为实践学校）进行实践检验，通过检验发现，本书所研制的基础教育质量评估指标体系能较好地区别三所小学质量水平，且符合三所小学的实际发展水平。由此说明，本书所提炼的影响基础教育质量的关键要素和评估指标体系可行、可操作且可推广使用。

二 研究意义

本书的研究意义主要体现在理论和实践两个方面：

（一）理论意义

本书基于核心素养的时代背景，探讨提升基础教育质量的关键要素和评估指标，在理论上能丰富基础教育质量的基本内涵，明晰提升基础教育质量所涉及的关键要素，逐步搭建起有关基础教育质量的评估指标体系，为进一步探索基础教育质量本质和相关保障体系奠定基础。具体而言，至少体现在以下三个方面：

一是进一步丰富基础教育质量的相关研究理论。本书在核心素养这一前提下，以提炼提升基础教育质量的关键要素为切入点，构建其评估指标体系，由此深入分析核心素养视角下基础教育质量提升的相关理论

基础，能进一步丰富基础教育质量的相关研究理论，为核心素养视角下如何进一步提升基础教育质量奠定理论基础。

二是推动核心素养与基础教育的融合发展。自核心素养提出以来，学术界掀起了新的研究浪潮，形成了诸多研究成果。与此同时，如何将其落实到具体的教育教学实践中成为亟待深入研究和解决的问题。本书旨在探索核心素养视角下提升基础教育质量的关键要素与评估指标体系，从评价的角度促进核心素养与基础教育的有效融合，对基础教育教学质量评价提供参考，有效引领和保障核心素养在基础教育中的落实，对基础教育质量评价研究与质量提升研究具有重要作用。

三是有效提供核心素养下基础教育的评估指标。本书基于核心素养，以基础教育质量影响因素为重点研究内容，经过从初步建构到理论—实践—理论的逻辑的三次修正，其目的就是研制核心素养视角下提升基础教育质量的评估指标体系，有效促进基础教育质量的科学评估。

（二）实践意义

本书提炼的核心素养视角下基础教育质量的关键要素及其对应的评估指标体系，能为基础教育教学质量的有效评估和监测提供依据和参考。同时评估指标的确立能促进学校、教师在实际教育教学中有效落实核心素养，促进立德树人根本任务的落实，提高基础教育人才培养质量。因此，本书的实践意义至少体现在以下三个方面：

一是本书所探索的提升基础教育质量的关键要素，能帮助一线教育工作者弄清提升基础教育质量的着力点。核心素养如何落地，如何在具体的实践教学中得以实现，需要广大教师的全体努力和实践。一方面，本书探索的核心素养视角下影响基础教育的关键要素及其评估指标体系，能帮助教师充分认识核心素养怎样融入学生发展的各个方面，让教师在具体的教学实践中有意识地培养适应学生终身发展必备的品格和关键的能力，提高人才培养质量；另一方面，本书提供的评价标准有助于教师认识和自查是否达到核心素养的人才培养目标，为教师的教学反思提供新的思路。

二是本书所探索的保障基础教育质量的评估指标有助于教育管理部

门对基础教育实施有效监督和管理。教育管理部门科学合理地对学校教师教育教学的督导有助于促进教学的有效实施和教育质量的有效提升。本书建立起的核心素养视角下提升基础教育质量的关键要素及其对应的指标体系，能为教育管理部门有效保障和促进基础教育质量的提升提供理论指导和操作服务。

三是本书对影响基础教育质量的关键要素的思考，能为教育行政部门提供决策参考。本书基于核心素养探究影响基础教育质量的关键要素，并研制出相应的指标体系和具体的评估工具，这些成果，其一能为教育行政部门做出教学决策、出台相关支持基础教育评估政策文件等提供决策依据；其二能为教育管理者具体管理和评价基础教育质量提供参考；其三能为一线的教育工作者在具体教学实践中如何提升基础教育教学质量提供具体参照指标。

第三节 基础教育质量相关研究综述

基础教育是提高国民素质、实现中华民族伟大复兴的奠基工程，在国家发展规划中具有基础性、战略性、全局性的重要作用。2006年教育部建立基础教育质量监测中心；2017年，党的十九大报告指出中国经济已由高速增长阶段转向高质量发展阶段；2019年，国务院召开全国基础教育工作会议，部署深入贯彻全国教育大会精神，全面提高基础教育质量，标志着基础教育进入全面提高育人质量的新阶段。这些年的实践探索与政策支持让基础教育的高质量发展成为了热点中的热点。基于此，笔者于2022年12月31日以"基础教育质量"为篇名，在CNKI上进行高级搜索，总共出现293篇文献，通过对这293篇文献做计量可视化分析，以了解"基础教育质量"研究的基本情况以及后期相关的研究走向，同时寄希望于能为后续相关研究作参考借鉴。

一 基础教育质量研究的计量分析

（一）基础教育质量相关研究的时间分布

通过文献收集、整理，得出基础教育质量相关研究文献的时间分布，如图1-1所示。

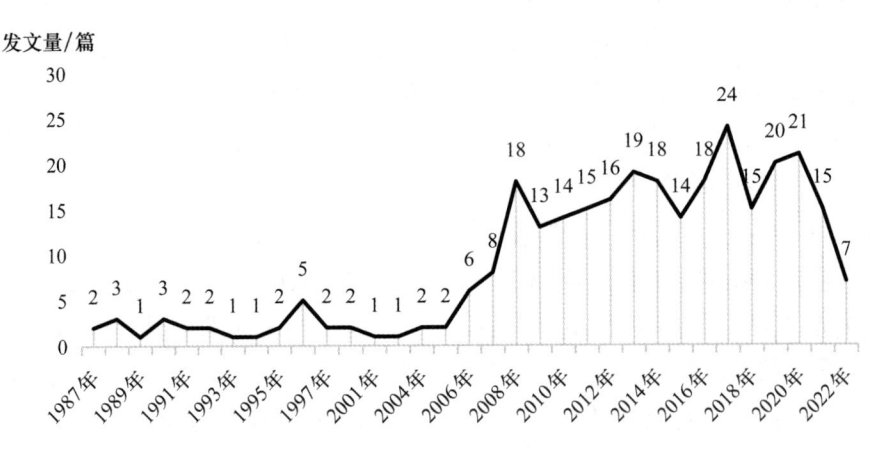

图1-1 基础教育质量相关研究的年代走势

由图1-1可以看出，有关基础教育质量研究的文献较早出现在1987年，在相当长的一段时间内，以基础教育质量为篇名的相关研究文献数量变化不大，但是自2006年后，关于基础教育质量研究文章数量逐年上升，究其背后缘由：一直以来国家都高度重视基础教育质量情况，在政策的支持下，为贯彻落实国家教育方针和有关精神，逐步建立健全具有中国特色的基础教育质量监测体系，2006年教育部在上海市教育科学研究院成立了教育部基础教育监测中心，[①] 2007年在北京师范大学成立教育部基础教育质量监测中心，[②] 以及之后陆续建立起来的各省市教育监测机构，同时教育部基础教育质量监测中心还开发和研制义务教育监测体系和工具。这些基础教育质量监测中心的建立，为基础教育质量的研究与提升基础教育质量的具体实践提供了强有力的数据支撑，与此同时，由于机构才刚起步，其在理论与实践上都需要进一步研究，由此掀起了基础教育质量研究的浪潮。

2008年基础教育质量出现研究的第一个高峰，并且在2008—2016年都保持较高的发文量。分析其中缘由，一是教育部基础教育质量监测中

[①] 《教育部国际教育研究与咨询中心在上海市教育科学研究院隆重揭牌》，《教育发展研究》2007年第11期。

[②] 刘群：《教育部基础教育质量监测中心在京成立》，《人民教育》2007年第24期。

心于 2007—2014 年开展了八轮义务教育试点,① 对部分省市进行监测,监测内容主要是数学、科学、心理健康及相关因素,产生了一系列研究成果。二是与国际接轨,从 2010 年开始,中国每两年与法国合作举办"教育监测与国际评估会议",且 2011 年中国上海学生首次参与 PISA 测试,引发了学者对国内外基础教育质量的关注。三是政府出台的一系列文件《深化教育督导改革转变教育管理方式的意见》《国家中长期教育改革和发展规划纲要(2010—2020 年)》,以及国务院印发的《关于全面加强乡村小规模学校和乡镇寄宿制学校建设的指导意见》等,促进了基础教育质量地快速提升。

在 2017 年,又出现了发文量的小高峰,发文量达 24 篇,虽然 2017—2022 年发文量略有回落,但仍保持较高的发文量。究其缘由,2017 年中国共产党第十九次全国代表大会召开,会议指出,中国经济已由高速增长阶段转向高质量发展阶段。经济高质量发展的转变促进了方方面面的转变,同时也带动了教育的高质量发展,学校的基础设施、师资待遇都得到了显著的改善,与此同时,为促进教育的高质量发展,政府出台的都是国字头的文件:国务院办公厅《关于学前教育深化改革规范发展的若干意见》《关于深化教育教学改革全面提高义务教育质量的意见》《关于新时代推进普通高中育人方式改革的指导意见》,因而该时期对基础教育的相关研究都较为丰富,很好地推动着中国教育快速向前发展。②

(二)基础教育质量相关研究的空间分布

1. 机构和作者分布

根据文献梳理,用 VOSviewer 和 CiteSpace 软件绘制出作者机构分布情况和作者分布情况。

从基础教育质量研究机构分布情况来看,关于基础教育质量研究机构发文量最多的是北京师范大学,其次是西南大学、东北师范大学、教育部基础教育司、中国教育学会等。

---

① 赵茜、辛涛、刘雨甲:《我国基础教育质量监测与评价的现状与趋势——第二届"中国基础教育质量监测与评价"学术年会综述》,《教育研究》2017 年第 9 期。

② 李清:《平台搭建 学术引领 推进基础教育高质量发展》,"十四五"成都教育高质量发展研讨会论文,成都,2021 年,第 56—61 页。

从发文机构合作密切程度来看，北京师范大学中国基础教育质量监测协同创新中心和中国基础教育质量监测协同创新中心、北京师范大学国际比较教育研究院、北京师范大学教育学部等合作最为密切；西南大学教育学部和重庆教育评估院等合作较为密切；北京师范大学和和中国基础教育质量监测协同创新中心西南大学分中心、华中师范大学、西南大学基础教育研究中心等合作较为密切；教育部基础教育司、东北师范大学、中国教育科学研究院等在基础教育质量方面和其他机构合作较少。

另外，研究主体主要集中在各大师范专业类高校，同时教育部直属单位也是基础教育质量研究的主阵地，而各省的教育厅对基础教育质量的研究关注也紧跟其后。

从基础教育质量研究作者分布情况来看，关于基础教育研究的作者间合作比较密切，形成了多个密切合作团体。如辛涛、李凌艳、宋乃庆、赵茜等合作团体；陈如平、田慧生、任春荣等合作团体；何怀金、卢锦运、田海林等合作团体。另外，有关基础教育质量研究作者中，辛涛的发文量最多；陈如平等研究团队人数最多，合作最密切。

2. 来源分布

通过文献梳理发现，有关基础教育质量的研究文献来源的发文量靠前的几个期刊的水平都比较高，具体见图1-2。

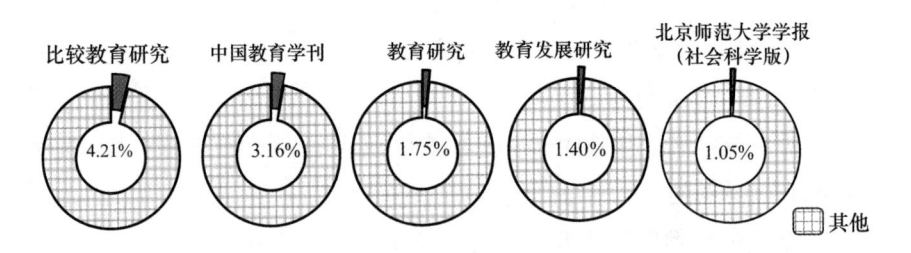

图1-2 基础教育高质量发展研究的来源分布

关于以基础教育质量为篇名的研究期刊来源前五名分别是：《比较教育研究》，占比4.21%；《中国教育学刊》，占比3.16%；《教育研究》，占比1.75%；《教育发展研究》，占比1.40%；《北京师范大学学报》（社会科学版），占比1.05%。可见，有关基础教育质量的研究发表期刊质量都较高。

二 基础教育质量的国内外研究分析

(一) 国外相关研究内容分析

通过对相关文献梳理发现,国外针对提升基础教育质量的研究主要集中在以下三个方面:

1. 有关基础教育质量的一般论述

概括起来有以下两个方面:一是提升教育质量的重要性。早在1990年,《世界全民教育宣言》指出,普遍低下的教育质量应该得到提高,呼吁教育应该被更多人接受,并且能有更多人关注提升教育质量的相关研究。① 2000年,联合国教科文组织在塞内加尔召开的世界教育论坛上通过的《达喀尔行动纲领》明确提出,质量是教育的核心所在,全面提高教育质量,确保受教育者都能在读、写、算和基本生活技能等方面取得公认的、可衡量的学习成果。《全民教育全球监测报告2005:教育质量至关重要》指出,教育过程的质量在很大程度上能影响一个人的生存。②《世界发展报告2006:平等与发展》指出,尽管各国教育不平等程度在下降,但学校教育质量依然令人担忧。③ 二是教育质量的定义和分析框架。联合国儿童基金会在《定义教育质量》一文中,从五个维度研究教育质量:学习者、环境、过程、内容、结果。④《全民教育全球监测报告2005:教育质量至关重要》指出,从学习者特征、背景、赋权投入、教与学和结果五个相互影响的维度来建构旨在监控和提高教育质量的分析框架。⑤ 瑞

---

① The Secretariat of the International Consultative Forum on Education for All, *World Declaration on Education for All and Framework for Action to Meet Basic Learning Needs*, World Conference on Education for All, Jomtien, Thailand, March 1990, pp. 5 - 9.

② The EFA Global Monitoring Report Team, *EFA Global Monitoring Report* 2005: *The Quantity Imperative*, UNESCO, 2004, pp. 19 - 24.

③ The International Bank of Reconstruction and Development/The World Bank, *World Development Report* 2006: *Equity and Development*, the co-publication of The World Bank and Oxford University Press, pp. 6 - 7.

④ UNICEF, "Defining Quality in Education", A Paper Presented at the Meeting of The International Working Group on Education Florence, Italy, June 2000, p. 3.

⑤ The EFA Global Monitoring Report Team, *EFA Global Monitoring Report* 2005: *The Quantity Imperative*, UNESCO, 2004, pp. 35 - 37.

典教育家托斯坦·胡森和施良方认为，教育质量即是教育结果质量，即学生质量。具体表现为学生行为和态度的改变，从而成为负责的、合作的、参与的和独立的公民。①

2. 有关保障基础教育质量的相关研究

通过对相关文献的梳理，整理出国外对基础质量保障的研究主要集中在以下六个方面：

一是通过设立专项资金，增加教育投入。德国通过的"教育与指导的未来投资计划"是德国有史以来资金量最大的一项教育投资②，其设立的学校专项建设投资，规划了未来五年内教育的财政拨款，帮助各州建立全日制学校以保证基础教育质量。澳大利亚通过"乡村地区计划"来保障学校的经费、技术和师资，即联邦政府实行的为乡村地区公立中小学提供资金等资助，提高基础教育质量。③ 印度政府于1987年实施了"黑板计划"（Scheme of Operation Blackboard，简称OB），由中央政府为乡村学校提供教育基础设施建设的资金，各邦政府来提供相应配套的教育投入。④ 美国政府在2000年也颁布了一项专门针对乡村教育的拨款法案，实施"乡村教育成就项目"（Rural Education Achievement Program，简称REAP），专门为发展困难的乡村学校提供资金支持和专业指导。⑤

二是共享教育资源，实现协同发展。由于乡村小规模学校的存在，教育资源相对分散，这样既不能有效利用教育资源，也无法提升教育质量。于是一些发达国家就采取了集中教育资源合并临近的乡村小规模学校的方式来保障学校的教育质量。美国在20世纪90年代成立了乡村小规

---

① 托斯坦·胡森、施良方：《论教育质量（特约稿）》，《华东师范大学学报》（教育科学版）1987年第3期。

② 黄华：《从半日制到全日制——德国中小学学制改革在争议中艰难前行》，《比较教育研究》2012年第10期。

③ 陈娜：《澳大利亚发展农村教育的重要举措——乡村地区计划述评》，《外国中小学教育》2007年第8期。

④ Ministry of Human Resource Development, Government of India, *National Policy on Education* (1986), 2015-04-09, http://mhrd.gov.in/documents_reports? field_documents_reports_category_tid=19.

⑤ Ministry of Education, Youth and Sport, *Education Sector Support Program* 2006-2010, Dce, 2005, https://planipolis.iiep.unesco.org/en/2005/education-sector-support-program-2006-2010-essp-3864.

模学校联盟——"校中校"（school-within-a-school），它的实质是联合一定数量的小规模乡村学校共享教育资源，但同时各学校保持各自的相对独立。① 泰国通过建立校园网共享教育资源，来解决乡村小规模学校的教学质量发展问题。② 英国政府通过"集群"（clusters）来减少管理成本，共享教育资源的方式来保障乡村学校的基础教育质量，即鼓励乡村小规模学校通过共用财务主管进行合作，共同成立一个管理机构，任命一名校长同时管理几所学校。③

三是开展非正规化教育，实行弹性化教学。非正规化的教育主要适用于发展中国家，例如印度、柬埔寨等国政府在乡村地区大力开展非正规教育（Non-formal Education，简称 NFE）。它专门针对解决辍学、居住地附近没有学校的、不能全日制上学的适龄学生的教育问题。具体做法是主要依靠地方和民间组织、政府和各邦政府提供财政费用，教师一般都是经过培训的有知识的当地居民或者志愿者。教材免费发放，简洁实用。除了国家规定的课程外，还设有适合学习者需求的乡土文化类课程及教学活动，其授课方式灵活多样，教学进度因人而异。④ 这种方式实际上为那些处于贫困地区的弱势儿童提供了受教育的机会，并在此基础上尽可能保障教育质量。

四是健全激励机制，优化师资团队。各个国家都在努力探索出各种激励措施来提升教师岗位的吸引力，以此为抓手优化师资团队，从相关研究来看，各国主要采取两种途径激励教师发展。一种是进行专业培训，满足其自我发展需求。胡进在《德国中小学教育标准与教学质量监测：聚焦教育质量提升》中提到德国通过对中小学领导、教师进行相关培训，

---

① Dewees Sarah, *The School-within-a-school Model*, 2014, http://www.ericdigests.org/2004/school.htm.

② Tirnud Paichayontyijit, *Small School Networking Projects Make the Grade*, 2014, http://tdri.or.th/en/tdri insight/small-school-networking-projects-make-the-grade/.

③ Galton M., Hargreaves L., "Clustering: A Survival Mechanism for Rural Schools in the United Kingdom", *Journal of Research in Rural Education*, Vol. 11, No. 3, Win, 1995, pp. 173 – 181.

④ 李跃雪、邬志辉：《城镇化背景下乡村教育发展策略：国际经验与启示》，《比较教育研究》2016 年第 4 期。

围绕教育标准与计划开展教育培训教师来提升基础质量。① 穆洪华和周园在《国际大规模基础教育质量检测发展研究的新趋势》中提到要通过挖掘教师培训质量测评的实质,来促进教师专业发展。② 吴遵民和赖秀龙在《日本基础教育的质量保障机制及启示》中认为,学校可以聘请具有丰富社会工作经验及虽无教师合格证书、但却具有某些专长的人来任教,其有利于发挥个性、创办具有专业特色的教育。③ 另一种是设立带薪休假与教学津贴。以色列为学校校长和教师设立带薪休假制度。④ 对于乡村教师的队伍建设,柬埔寨政府、巴布亚新几内亚政府以及日本政府都通过为教师设立"艰苦岗位津贴""复式教学津贴""乡村偏远不利地区津贴"来吸引教师。

  五是加强监测与评估,保障教学质量。国外发达国家尤其重视对基础教育质量的监测与评估,通过设立专门的监测与评估机构,政府、社会、学校等多方联合来保障基础教育质量。具体集中在三个方面:其一,设立专门的监测与评估机构。刘建伟指出,诸多知名国际组织在监测与评估方面已为我们做出榜样,如经合组织的 PISA 项目、国际教育成就评价协会(IEA)的 TIMSS 和 PIRLS 项目等,分析这些监测项目在目标导向、内容指标、实施过程和保障制度等方面的经验,对完善中国基础教育质量监测制度有着重要的启示及借鉴作用。⑤ 德国设立了教育质量发展研究所来监测与评估学校教学质量,并且通过加强全纳教育与教育体制结构的综合改革以及实施柏林学校质量框架与定期进行学校内外部评估来保障教育质量。⑥ 其二,改进监测与评估体系。胡进指出德国教育质量

---

  ① 胡进:《德国中小学教育标准与教学质量监测:聚焦教育质量提升》,《基础教育》2017年第2期。

  ② 穆洪华、周园:《国际大规模基础教育质量监测发展研究的新趋势》,《教育测量与评价》2015年第9期。

  ③ 吴遵民、赖秀龙:《日本基础教育的质量保障机制及启示》,《外国中小学教育》2009年第3期。

  ④ 姚大学、李芳洲:《以色列教育发展面面观》,《当代世界》2007年第7期。

  ⑤ 刘建伟:《国际组织开展基础教育质量监测评估项目的经验及其启示》,《教学与管理》2019年第33期。

  ⑥ 刘云华:《德国柏林基础教育质量保障体系改革探析》,《比较教育研究》2019年第10期。

发展研究所定期进行基于样本的国家评估研究，建构"标准—计划—培训—教学—管理—监测"的循环改进系统，目的在于分析各州学校系统的优劣势，从而指导各州实施有针对性的干预计划，提升学校教育质量。① 美国联邦政府通过鼓励各州改进其教育评估体系，使之与新的教育质量标准相匹配，更新之后的评估指标要能够提升中小学办学质量、提高学生学业成绩。② 克洛特兹提出，在美国大规模测试中应该增加测量问责制，从而能更准确地寻找教学中存在的问题与对策，改善教育质量。③ 英国的课程与教学质量监控体系包括教育标准办公室、教育证书和课程管理局、非官方质量监控机构。④ 可以看出，关注影响学生发展的关键因素、开发全面反映教育质量真实情况的测量工具、对测评结果数据进行深入挖掘和有效利用、将测评结果作为教育质量提升的依据，已经成为目前国际大规模基础教育质量测评的主要发展趋势。⑤

六是完善课程体系，提高教学标准，优质的课程和合理的学业标准是保障教育质量的关键要素，国外研究者在这方面也做了相关研究。杨志明等人指出，在美国的《改革蓝图：中小学教育法再授权》中提出要为所有学生制订更高的学业标准。李洋认为，澳大利亚通过调整完善一系列与课程相关的要素来确保教育活动符合社会发展的需求和时代变革的挑战，以此确保教育质量⑥。徐辉指出为了增加课程与学生的适应性，世界各国普遍采取了均衡化的课程政策，实行国家、地方、学校三级管

---

① 胡进：《德国中小学教育标准与教学质量监测：聚焦教育质量提升》，《基础教育》2017年第2期。

② 杨志明、孙河川：《奥巴马政府对美国基础教育的改革》，《世界教育信息》2015年第18期。

③ Daniel Koretz, "Adapting Educational Measurement to the Demands of Test-Based Accountability", *Measurement: Inter Disciplinary Research&Perspectives*, Vol. 13, No. 1, 2015, pp. 1–25.

④ 高凌飚：《课程与教学质量监控——英国的经验对我们的启示》，《教育研究》2004年第8期。

⑤ 穆洪华、周园：《国际大规模基础教育质量监测发展研究的新趋势》，《教育测量与评价》（理论版）2015年第9期。

⑥ 李洋：《澳大利亚基础教育质量提升策略及启示——兼论"学生优先"一揽子改革项目》，《外国中小学教育》2017年第8期。

理，并及时调整义务教育的课程内容。①

3. 有关核心素养的基础教育质量学生评价研究

通过对相关文献的梳理，主要包括两点。一是课程核心素养评价类型的归类。大卫·佩珀在《欧洲课程核心素养的评价》中总结了欧盟成员国跨学科核心素养评价的四种类型：强调明确评价课程中的核心素养；隐形评价学科表达的核心素养；强调对学科素养的评价以及在传统学科边界范围内评价学科知识。与此同时，他指出欧盟各成员国评价核心素养多聚焦在母语交流素养、外语交流素养、数学学科素养以及学科素养等素养上，而对于跨学科的核心素养评价则有待进一步的研究。② 二是评价的经验以及评价所采用的方式总结。2012 年欧盟委员会发布《初始教育和培训中的核心素养评价：政策指导》，其中总结了各成员国核心素养评价的经验以及评价所采用的方式。最主要的经验是将核心素养定义为有形的学习成果，使得核心素养的评价可操作化；在评价方式上，使用标准化测试、态度问卷、绩效评价进行结果性评价，以此了解学生的核心素养，通过同伴和自我评价、档案袋和电子档案袋评价以及电子评价等过程性评价来激励学生核心素养的发展。③

（二）国内相关研究内容分析

通过梳理相关文献可以看出，国内关于核心素养视角下提升基础教育质量的研究主要集中于以下七个方面：

1. 有关基础教育质量低下的原因的研究

国内许多学者从不同角度分析了基础教育质量低下的原因，主要集中于师资水平低下、课程设置不合理、教学方式陈旧、课程资源匮乏、家庭文化资本差异、乡村思想落后、体制制约七个关键原因上。例如，宗晓华等人通过对乡村学校教育质量进行实证研究分析得出：在当前城

---

① 徐辉：《国外农村教育发展与改革的历史经验及启示》，《西南师范大学学报》（人文社会科学版）2005 年第 6 期。

② David Pepper, "Assessing Key Competences across the Curriculum and Europe", *European Journal of Education*, Vol. 46, No. 3, 2011.

③ European Commission, *Assessment of Key Competences in initial education and training: Policy Guidance*, 2018 – 05 – 10, http://www.moec.gov.cy/eiao/el/engrafa_politikis/ekpaidefsi/key_competences.

乡义务教育质量差距的影响因素中，相比于经济性因素（如生均公用经费、家庭经济收入等），文化性因素（如教师文化程度、职业能力、家庭文化资本、家长教育期望等）的影响更大。① 王嘉毅和李颖指出师资队伍之间的差异是导致城乡义务教育质量差异较大的主要原因，这种差异具体表现为师资队伍数量不够、素质不高、专业发展机会较少、专业支持不够等。② 邬志辉指出农村教育质量低下的原因主要是教师教学水平低下、教学方法陈旧、课程设置不符合乡村学生的特点、课程资源匮乏、学校生活单调缺少吸引力。③ 余秀兰指出城乡居民家庭文化资本的差异是造成城乡教育质量差距巨大的主要原因，同时教育政策和教育内容中的城市文化倾向也是原因之一。④ 余霞认为当前民族地区的义务教育质量低下的原因主要是生产方式落后、民族思维模式严重、城市化倾向严重以及受其他教育形态的影响。⑤ 黄光蓉从学校层面探讨了教育质量低下的原因主要是学校管理存在问题、学校设施不完善、教师流动性大和师资力量薄弱、学生起点低家庭教育薄弱。⑥ 吕艳秋认为，从根本上看乡村学校教育质量低下是由于城乡二元体制的制约和乡村义务教育管理体制的制约、教育财政体制的制约。⑦

2. 有关核心素养视角下提升基础教育质量困境的研究

一是就师资、课程资源、办学条件等"硬件"展开讨论，如汤颖和邬志辉指出，随着核心素养的提出，农村学校基础教育质量提升主要存在三方面的困境：教育者的"准备性"困境（教师学科结构性缺编、专业资本不足）、课程资源建设的现实困境（"谁"能来建设，建设什么，

---

① 宗晓华、杨素红、奉玉友：《追求公平而有质量的教育：新时期城乡义务教育质量差距的影响因素与均衡策略》，《清华大学教育研究》2018 年第 6 期。
② 王嘉毅、李颖：《西部地区农村学校义务教育教学质量研究》，《教育研究》2008 年第 2 期。
③ 邬志辉：《农村义务教育质量至关重要》，《教育研究》2008 年第 3 期。
④ 余秀兰：《中国教育的城乡差异——一种文化再生产现象的分析》，教育科学出版社 2004 年版，第 48 页。
⑤ 余霞：《影响民族地区义务教育质量的因素分析》，硕士学位论文，西南大学，2018 年。
⑥ 黄光蓉：《从学校层面看四川省农村义务教育教学质量偏低的原因及对策》，硕士学位论文，四川师范大学，2013 年。
⑦ 吕艳秋：《提高农村中小学教学质量的路径探讨》，《社会科学战线》2014 年第 11 期。

如何建设)、教育改革的适应性困境(家长群体已形成的固化思维、城乡二元教育思想惯性)。① 二是就学校布局的相关论述,如凌云志和邬志辉认为乡村学校数量较多,分布较广,并且学校之间教学差异明显,其改进过程各不相同,难以进行模式化推广。② 秦玉友指出乡村教育质量有诸多短板领域,农村学校规模效益低、农村生源弱势群体体量大、农村学校教师岗位吸引力低等是重要短板表现。③ 三是从教学政策、制度和管理进行论述,如余丽红指出目前乡村学校的发展存在政策制度不完善、乡村留守儿童教育问题突出、乡村教师队伍建设和管理亟待加强等困境。④ 四是从教学思想上进行论述。李潮海和于月萍指出,资金投入、办学条件和优秀师资的不足,思想落后以及教育观念陈旧严重影响了乡村学校教学质量的提升。⑤ 总而言之,当前提升乡村基础教育质量最为主要的困境表现在师资的数量和质量不足上,其次主要是学校布局分散、课程资源缺乏、政策制度不完善等,这些都是提升教学质量需要攻破的关键所在。

3. 有关提升基础教育质量重要性的研究

质量是学校的生命线。乡村学校基础教育质量的水平关乎着中国基础教育的整体质量,因此不少学者都积极呼吁提高乡村基础教育质量,让乡村儿童"上好学"。提高乡村基础教育质量具有重要意义:其一,有利于统筹城乡一体化发展的相关研究,如盛连喜认为,尽管当前城乡教育机会公平已经基本实现,但城乡教育质量差距依然非常突出,提升乡村教学质量有利于城乡均衡发展。⑥ 秦玉友指出,中国教育事业已经从高速度增长转向高质量发展,而留守儿童教育关爱问题与随迁子女教育融

---

① 汤颖、邬志辉:《新时期农村基础教育改革的困境与路径》,《当代教育与文化》2019年第3期。

② 凌云志、邬志辉:《基于核心素养的农村学校改进的思维方式》,《教育理论与实践》2017年第20期。

③ 秦玉友:《不让农村教育成为中国未来发展的短板》,《教育与经济》2018年第1期。

④ 余丽红:《关注农村教育发展,提高农村教育质量——中国农村教育改革30周年回顾与展望学术研讨会综述》,《中国教育学刊》2009年第1期。

⑤ 李潮海、于月萍:《城镇化背景下农村教育转型与路径研究》,辽宁人民出版社2016年版,第188页。

⑥ 盛连喜:《提高农村教育质量的几点思考》,《教育研究》2008年第3期。

入问题影响着学龄人口的教学质量。① 其二，有利于提高国民素质的相关论述，如秦玉友和邬志辉指出，提高乡村义务教育质量有利于全面提高国民素质，将人口负担转化为人力资源优势；也有助于乡村青少年累积受教育资本，促进农村人口在知识社会中持续学习。② 秦玉友和于海波认为，提升乡村教育质量有利于中国从人力资源大国快速向人力资源强国迈进。③ 其三，提升国家的全球竞争力的相关讨论，如邬志辉认为中国正在建设全民学习、终身学习的学习型社会，提高教育质量是中国的战略选择，更是提升国家全球竞争力的需要。④

4. 有关提升基础教育质量的关键要素的研究

国内关于提升乡村学校教学质量关键要素的研究主要表现在以下六个方面：

一是提倡"内发式"的发展方式。武秀霞在 2015 年撰写的《内生式发展：为基础教育质量提升助力》一文中倡导"内发式"嵌入。⑤ 在《新基础教育：唤醒内生力才能提升教育质量》一文中，"新基础教育"的创始人叶澜教授认为，内发式发展就是要唤醒"自觉"。⑥ 柳海民指出，国家在基本完成基础教育的形式均衡后，要及时调整农村教育发展重心，把发展战略转到重点解决实质均衡上，转到提升内涵、提高质量上。⑦ 尹玉玲指出，内在动力才是助力集团要"办好学"的原动力，实现集团内各校互利共赢，才是其可持续发展的长久内在动力，只有具备了这样的内在动力，集团优质校才会把"要我办"的被动思维转变为"我要办"

---

① 秦玉友：《问题友好型学校治理：教育高质量发展的切入点》，《教育发展研究》2018 年第 12 期。

② 秦玉友、邬志辉：《中国农村教育发展状况与未来发展思路》，《东北师大学报》（哲学社会科学版）2017 年第 3 期。

③ 秦玉友、于海波：《从数量扩张到质量提升：农村教育发展的主题转换与战略转型》，《教育理论与实践》2009 年第 11 期。

④ 邬志辉：《农村义务教育质量至关重要》，《教育研究》2008 年第 3 期。

⑤ 武秀霞：《内生式发展：为基础教育质量提升助力》，《天津市教科院学报》2015 年第 5 期。

⑥ 本刊编辑部：《"新基础教育"：唤醒内生力才能提升教育质量》，《人民教育》2016 年第 Z1 期。

⑦ 柳海民：《农村基础教育发展的拐点：由普及外延转向提升内涵》，《教育研究》2008 年第 3 期。

的自觉行动力。①

二是均衡发展基础教育。唐华生认为要想均衡发展基础教育水平，就要各级政府依据法律规定，通过计划手段对基础教育的财力资源、物力资源和人力资源的分配和组合，合理运用法律和财政等之间的间接手段，充分利用政府、学校、市场机制和社会力量多元主体。②柳海民和王澍认为，提升基础教育质量的核心任务就是要通过教育资源的合理配置，提供学生均衡的发展环境及设备，来实现有质量的教育公平。③江继生认为农村中小学要提高教育均衡发展，就必须加大对农村教育的投入，改善办学条件。④朱之文指出，我们要始终将公平作为根本价值取向，持续缩小教育差距。更加关注随迁子女、留守儿童、残障孩子等特殊群体教育，关注贫困地区教育事业发展。⑤吕玉刚指出，要进一步完善教师交流轮岗激励机制，切实提高骨干教师交流轮岗比例，促进县域内校际师资均衡配置。⑥

三是发挥地方政府在提升基础教育质量活动中的主导地位。唐华生认为，政府在提升基础教育工作过程中占据主要导向作用，是活动发展的计划者、决策者和执行者，拥有教育执法权、行政权、较大规模的资源调配权、区域教育规划权和实施行政奖惩权。⑦

四是提升教师团队的教学质量。《国家中长期教育改革和发展规划纲要（2010—2020年）》指出，要加强制度保障吸引优秀的师范人才长期

---

① 尹玉玲：《"十四五"时期基础教育集团化办学高质量发展的思考》，《教育科学研究》2022年第10期。
② 唐华生：《提升基础教育发展质量的若干思考》，《四川文理学院学报》2011年第3期。
③ 柳海民、王澍：《合理发展：提升中国基础教育质量的新思路》，《东北师大学报》（哲学社会科学版）2014年第6期。
④ 江继生：《揭阳市农村中小学教学质量提升的策略研究》，硕士学位论文，华南理工大学，2011年。
⑤ 朱之文：《找准定位发挥优势奋力推进基础教育高质量发展》，《中国教育学刊》2021年第7期。
⑥ 吕玉刚：《以未来计·从足下始：基础教育高质量发展十年成就与未来布局》，《中小学管理》2022年第10期。
⑦ 唐华生：《提升基础教育发展质量的若干思考》，《四川文理学院学报》2011年第3期。

从教，建设出高素质专业化团队。① 张苾菁提出，师能历练最为重要，要通过分层次的管理以及进行具有针对性的培训，使不同专项的教师的技能都能在原有的基础上得到提升。② 汪明指出，提高教育质量的关键因素是师资，要从改善教师的初次配置、增强教师的满足感、成就感和归属感入手，让优秀人才"进得来""留得住"。③ 陈宝生指出，要解决好教师能力问题就要创新培训方式，突出新课程、新教材、新方法、新技术培训，着力提高教师育德、课堂教学、作业与考试命题设计、实验操作和家庭教育指导等能力，使教师更好胜任新时代教书育人的使命。④ 李刚指出，课程高质量实施需要高水平教师队伍，努力建设一支有理想信念、有道德情操、有扎实学识、有仁爱之心的教师队伍，能够更好地落实国家课程改革理念。因而扎实推进高素质专业化创新型教师队伍建设是课程高质量实施的重要部分。⑤

五是深化学生的核心素养观。林宜照认为，应当使核心素养的培养贯穿于整个教学理念并对教学进行正确方向的引导，构建具有深度的学习课堂。⑥ 彭佳景认为，评判基础教育质量的好坏，不能把学生成绩作为唯一的评估指标，还要关注到学生的情商、人格、性格及适应当下社会对人才的要求等方面。⑦ 余慧娟指出，绝不能靠单纯灌输知识、死记硬背和题海战术，"核心素养"这个概念的提出，其实就是为了落实素质教育，着力培养学生的正确价值观、必备品格和关键能力。树立了素质教育的理念，就会主动变革课堂教学和考试评价方式，让教育教学与学生思想、生活、学习实际相结合，与学生的动手操作和直接体验相结合，

---

① 中华人民共和国教育部：《国家中长期教育改革和发展规划纲要（2010—2020年）》，2010年7月，http://www.gov.cn/jrzg/2010-07/29/content_1667143.html。

② 张苾菁：《核心素养观照下，提升学校教育质量的新思考》，《华夏教师》2017年第15期。

③ 汪明：《提高农村教育质量的关键环节》，《人民教育》2016年第1期。

④ 陈宝生：《深化基础教育综合改革 全面提高基础教育质量——在全国基础教育综合改革暨教学工作会议上的讲话》，《人民教育》2020年第22期。

⑤ 李刚：《新时代我国基础教育高质量课程建设》，《课程·教材·教法》2021年第11期。

⑥ 林宜照：《基于核心素养的教学质量提升》，《思想政治课教学》2017年第10期。

⑦ 彭佳景：《立德树人是提升基础教育质量的根本所在》，《湖南教育（B版）》2016年第9期。

与广泛的社会生活和生产实践相结合。①

六是以立德树人为教育导向。彭佳景提出，要将立德树人与社会主义核心价值观相结合起来，构建知识、能力、素质三位一体的人才培养模式，满足学生成长的个性化需求。②凌云志和邬志辉认为，农村学校如何以"立德树人"精神为导向，以核心素养的学生转化为契机进行全面改进，进而带动教师队伍专业化发展、完善学校课程体系建设、转变课堂教学组织形式、优化学校教育文化建设已成为关涉农村学校教育质量提升的重要议题。③陈安铃认为，好家风也是乡村学校内生型教学质量提升的核心素养之一，如勤俭节约、求真务实、诚心善良。④

5. 有关基础教育质量评估的研究

评估在提升基础教育质量方面发挥着重要的作用，通过梳理相关文献得出，当前对基础教育领域的评估主要涉及教学质量评估指标、评估问题及解决策略的研究。

一是有关基础教育质量评估指标的研究。目前学者们还没有讨论出统一的评估指标，秦玉友认为，分析不同指标表达教学质量的各自优势，厘清这些指标的使用情境成为教学质量评估指标研究的重要内容，具体可以从学生素质、活动质量两方面进行评估。⑤张洁指出，乡村寄宿制学校办学模式下的中小学教育质量综合评价需要从规范其办学行为到逐渐形成特色的发展性评价，又需要切实贯彻落实以促进学生发展为本的教育质量综合评价。⑥杨晓宏等指出，乡村远程教育质量的评估是理念更新、制度建设、监管评价、硬件建设、资源开发、师资培训、学生素养

---

① 余慧娟：《教育部副部长郑富芝：牢牢把握基础教育高质量发展的方向》，《人民教育》2020年第21期。

② 彭佳景：《立德树人是提升基础教育质量的根本所在》，《湖南教育（B版）》2016年第9期。

③ 凌云志、邬志辉：《基于核心素养的农村学校改进的思维方式》，《教育理论与实践》2017年第20期。

④ 陈安铃：《好家风，也是做好教育事业的核心素养》，《新课程评论》2018年第2期。

⑤ 秦玉友：《用什么指标表达教育质量——教育质量指标的选择与争议》，《教育发展研究》2012年第3期。

⑥ 张洁：《农村寄宿制办学模式下中小学教育质量综合评价研究的思考》，《当代教育与文化》2016年第6期。

等多种内外因素综合作用的结果，这些因素有机结合、相互促进，共同为农村远程教育提供高质量的教育教学服务。① 石蕾指出，乡村小学教学质量评估指标分为教学态度、教学能力与学生评价三个维度。② 周九诗提出，目前中学数学教学质量的评估指标共包含六个维度：数学内容、认知需求、教学组织、学生参与、数学交流和及时评价。③

二是有关基础教育质量评估问题的研究。当前的基础教育质量评估在实践中暴露出了诸多问题，尚未形成系统完善的质量评估体系与制度，导致评估的效果无法得以保障。已有文献显示，在基础教育质量评估中主要存在如下问题：其一，评估的行政性泛化。杜文静和张茂聪认为，评估机构与其他部门的职权范围重叠的现象严重，评估工作往往呈现边缘化、形式化的形态，不能依照制度进行评估的相应权利和准则常常受到严重的行政干扰。④ 林叶舒和文雪则从学校的角度指出，当前被评估部门为了自身的名誉和未来的发展，不惜一切去迎合、满足各种评估指标，导致评估指标只具有临时性和短效性。⑤ 其二，评估内容单调不均衡。赵志勇和于铁夫从学生的评估层面出发，认为现在的评估模式忽视了学生的可持续性发展的协调性，以升学率、学生成绩作为评估依据的现象普遍存在。⑥ 其三，评估政策不健全。中国的基础教育评估部门还没有形成一个统一的组织机构，权力和隶属部门尚不明确，导致评估部门难以独立、有秩序地开展工作。赵磊磊和兰婷认为，由于地区的差异，各地方设置的评估机制模式也不尽相同，评估的主体地位与权力不落实，相关评估的法律体系不够健全，使在对基础教育进行评估时所使用的权利、

---

① 杨晓宏、黄兰芳、孙新领：《农村中小学现代远程教育质量保证体系初探》，《中国电化教育》2008 年第 1 期。
② 石蕾：《义县农村贫困小学教育质量评估》，硕士学位论文，辽宁大学，2015 年。
③ 周九诗：《中学数学优质课的教学质量分析》，博士学位论文，华东师范大学，2018 年。
④ 杜文静、张茂聪：《县域基础教育政策评估问题与路径选择——基于国际经验和我国教育政策评估的现实》，《西北师大学报》（社会科学版）2016 年第 2 期。
⑤ 林叶舒、文雪：《基础教育质量评估的误区与路径》，《湖北第二师范学院学报》2013 年第 10 期。
⑥ 赵志勇、于铁夫：《基础教育质量监测及评估标准的探讨》，《现代交际》2013 年第 5 期。

评估结果及公开性都难以得到保障。① 其四，学校评价方法的选择与应用不规范。李良虎指出，评价学生的身体发展状况，用定量的方法更科学，但在评价学生的道德品质时，考虑到对象特征、遵循一定程序、科学的数据分析与解释等，定性的方法显然更合适。②

三是有基础教育质量评估问题的解决措施的研究。针对基础教育质量的评估问题已有研究探索了相应的对策：其一，打造专业化的教育评估机构。赵志勇、于铁夫认为，在制定过程中，在满足社会需要的同时也应当关注学生的自身发展需要，基础教育评估指标要不断丰富和改进基础教育质量的评估标准。③ 林叶舒、文雪认为，在创建评估模式上要积极创新和采用灵活多样的个性化评估模式，接纳差异性，支持学校特色发展，在评估结果上建立公开、客观、民主的教育评估报告及反馈。④ 其二，推行多元化的评估指标。林叶舒和文雪提倡改革多元化的评估体系，以此来适应新课改的要求。⑤ 赵志勇、于铁夫认为，想要营造多元化的评估指标，就要把学生、教师、社会背景、学校共同作为参考因素，使其成为基础教育指标中的重要组成部分，应聆听社会的声音，积极接纳有利于学校发展的意见，让学校与社会需求紧密联系在一起。⑥ 迟艳杰指出，教育质量观是进行教育质量评价的前提。⑦ 姜宇等人指出基于核心素养指导考试评价是抓手，要依据学业质量标准进行考试评价、改进考试内容、创新评价手段方法。⑧ 其三，完善基础教育评估指标的法律政策。

---

① 赵磊磊、兰婷：《基础教育评估存在的问题及其治理》，《学术探索》2017年第6期。
② 李良虎：《多元化农村学校评价研究》，博士学位论文，河南大学，2015年。
③ 赵志勇、于铁夫：《基础教育质量监测及评估标准的探讨》，《现代交际》2013年第5期。
④ 林叶舒、文雪：《基础教育质量评估的误区与路径》，《湖北第二师范学院学报》2013年第10期。
⑤ 林叶舒、文雪：《基础教育质量评估的误区与路径》，《湖北第二师范学院学报》2013年第10期。
⑥ 赵志勇、于铁夫：《基础教育质量监测及评估标准的探讨》，《现代交际》2013年第5期。
⑦ 迟艳杰：《"进步即质量"：指向学生成长过程的教育质量观与价值追求》，《教育研究》2019年第7期。
⑧ 姜宇等：《基于核心素养的教育改革实践途径与策略》，《中国教育学刊》2016年第6期。

慕彦瑾提倡要在评估组织的职能、性质以及社会地位等方面，规范运行模式，使其指标在评估过程中做到有法可依、有法必依、违法必究，使其始终处于法律的监督下。杜文静和张茂聪提出，国家应出台关于基础教育评估政策的法律法规，为其提供法律依据和保障，使教育评估政策在法律的框架下运行，提高评估的独立性和客观性。[1]

6. 有关基础教育质量监测的研究

通过梳理相关文献发现，学者们对基础质量监控的研究主要集中在建立监控体系方面。一是建构多维度、多主体参与的基础教育质量监控体系。李娟和秦玉友指出，要建构多维度、多主体参与的农村义务教育质量监控体系。[2] 二是从监督体系和控制体系两方面设计监控体系。如曹大宏指出，可以从监督体系和控制体系两方面设计监控体系。[3] 三是要明确相关主体及其系统的组织架构、权力分配、权责分布与支持系统。梁红梅指出，农村义务教育教学质量监控体系的组织设计要明确相关主体及其系统的组织架构、权力分配、权责分布与支持系统，这是农村义务教育教学质量监控取得成效的关键。[4] 此外，任仕君对中国农村义务教育发展指标指数进行了预测，提出了建立义务教育质量监控机制的建议。[5] 张佳慧等指出，教育指标或指数已经在国内外教育评价和治理中发挥了重要的作用，具有合成过程简单、容易理解、容易使用、公开透明等优点，其后对中国基础教育质量提升对质量指数构建的要求做了详细论述。[6]

7. 有关提升基础教育质量路径的研究

通过对已有研究文献的梳理，发现针对提升基础教育质量路径的研

---

[1] 杜文静、张茂聪:《县域基础教育政策评估问题与路径选择——基于国际经验和我国教育政策评估的现实》,《西北师大学报》(社会科学版) 2016 年第 2 期。

[2] 李娟、秦玉友:《农村义务教育质量监控研究》,《教育理论与实践》2009 年第 25 期。

[3] 曹大宏:《欠发达地区农村义务教育质量监控问题研究》,硕士学位论文,华东师范大学,2006 年。

[4] 梁红梅:《农村义务教育教学质量监控体系建构的向度与组织设计》,《教育理论与实践》2011 年第 25 期。

[5] 任仕君:《我国农村义务教育发展指标体系研究》,硕士学位论文,东北师范大学,2006 年。

[6] 张佳慧、李峰、辛涛:《基础教育质量指数构建的模式与途径》,《华东师范大学学报》(教育科学版) 2021 年第 4 期。

究主要体现在如下五个方面：

一是优化师资队伍。秦玉友指出，教师是教育活动的核心影响要素，师资建设成为教育质量全面提升的战略重点。① 李彦博认为，建设一支高素质的教师队伍是提高农村义务教育教学质量的迫切需求。② 柳海民指出，通过优化教师队伍来提升基础教育质量是关键。③ 教师的素质直接影响到学校的教学质量，要加大教师培训和继续教育的力度，健全教师激励制度，完善教师考核制度和提高教师待遇。④ 霍静静和高秋霞指出，要建立乡村教师队伍的稳定和保障机制，学校应"走出去，引进来"，定期组织教师参加各种教学培训，聘请教育专家到校讲学，开阔教师视野，增长见识，提升各方面素养。⑤

二是树立全新的教学质量观。柳海民等认为，要树立新的质量观，改善条件与师资为支撑，推动改革与创新赢机遇布局调整，保证义务教育的教学质量。⑥ 汪明指出，衡量农村教育质量的高低，要回归到促进学生全面发展和健康成长这一目标上，要关注学生的学业、品德发展和身心健康，同时也要关注学生的共同基础、兴趣特长、学习结果、学习过程和效益。⑦

三是充分发挥政府职能。马雪琴和杨晓萍指出，实现基于质量文化的学前教育质量保障的路径包括发挥政府职能作用、增强机构内部自治与自信、建立机构内外交流与对话机制、加强机构内部沟通与教师赋权

---

① 秦玉友：《师资建设是农村教育质量全面提升的战略重点》，《教育发展研究》2015年第19期。
② 李彦博：《县域农村义务教育教学质量问题探索》，硕士学位论文，上海师范大学，2010年。
③ 柳海民：《农村基础教育发展的拐点：由普及外延转向提升内涵》，《教育研究》2008年第3期。
④ 黄光蓉：《从学校层面看四川省农村义务教育教学质量偏低的原因及对策》，硕士学位论文，四川师范大学，2012年。
⑤ 霍静静、高秋霞：《广西农村地区小学教育教学提质增效研究》，《学周刊》2019年第22期。
⑥ 柳海民、娜仁高娃、王澍：《布局调整：全面提高农村基础教育质量的有效路径》，《东北师大学报》（哲学社会科学版）2008年第1期。
⑦ 汪明：《提高农村教育质量的关键环节》，《人民教育》2016年第1期。

等。① 吕艳秋指出，政府要进一步完善义务教育经费保障机制、农村教育政策保障机制、城乡教育均衡配置机制、城乡统筹发展机制。② 赵冬冬和朱益明指出，政府是基础教育的监管主体，是基础教育改革与发展的"领导者"和"设计师"，实现公平而有质量的基础教育在宏观层面需要政府进行统筹规划，在保证基础教育发展方向正确的同时，统筹保障资源供给和改革体系。③ 周全认为，基础教育行政管理部门应另辟蹊径，采取有效措施帮助中小学校弥补在制度体系建设和数字化能力建设方面的不足，加速数字化转型，推动基础教育高质量发展。④ 李政涛指出，"五育融合"的高质量发展可以撬动全面培养体系的高质量构建，而在这方面，以教育局局长为代表的教育行政部门领导是否具备基于"五育融合"和全面培养体系下的大格局、大思路，是否善于围绕"五育融合"进行区域教育改革的顶层设计是其至关重要的。⑤

四是利用现代教育技术。迟学智认为，要充分发挥农村中小学现代远程教育工程的作用，提高农村学校教育质量。⑥ 夏俊英认为，利用现代信息技术建立城乡之间、东西部教师之间沟通及交流机制是提升乡村学校教学质量的重要途径。⑦ 张巧文指出，利用互联网提高乡村教师信息技术教学应用能力，缓解了乡村学校薄弱学科专任教师紧缺的压力，从而增强了教师的教学能力。⑧ 戴红斌从理论和实践层面证实了利用信息技术

---

① 马雪琴、杨晓萍：《学前教育质量保障与实现路径——基于质量文化的视角》，《河北师范大学学报》（教育科学版）2019年第9期。
② 吕艳秋：《提高农村中小学教学质量的路径探讨》，《社会科学战线》2014年第11期。
③ 赵冬冬、朱益明：《试论如何实现公平而有质量的基础教育》，《中国教育学刊》2020年第7期。
④ 周全：《数字化转型赋能基础教育高质量发展路径研究——以国家级信息化教学实验区为例》，《中国电化教育》2022年第11期。
⑤ 李政涛：《"五育融合"推动基础教育高质量发展》，《人民教育》2020年第20期。
⑥ 迟学智：《充分发挥农村中小学现代远程教育工程的作用提高农村学校教育教学质量》，《中小学电教》2007年第1期。
⑦ 夏俊英：《搭建城乡教师信息化交流平台提升农村学校教学质量》，《中国教育技术装备》2015年第5期。
⑧ 张巧文：《基于"互联网+"的"双师教学"模式在乡村教师培训中的运用》，《中小学教师培训》2017年第5期。

手段可以提升农村薄弱学校实验教学质量。① 田俊等指出，可以利用"互联网＋在地化"教学共同体来实现同步互动课堂教学模式创新、体制机制创新、数字教师培训体系创新、环境与资源创新以及数据驱动型的学生发展评测体系创新。② 陈慧娟和辛涛指出，在信息化背景下，基础教育质量监测与评价体系应逐步走向全面自动化、流程化和标准化，从整体上加强教育监测的信息化建设，利用人工智能技术，进一步实现监测评价的精准化和个性化，基于大数据技术打破数据壁垒，推进各级监测结果的运用。③ 陶玉祥认为，教育改革的阵地在课堂，教学过程是数字化转型的核心，要从教学场景、学习资源、教材使用、作业设计等方面着手，探索基于各种生态的数字化方式，推进教学过程的数字化升级。④

五是发掘乡村资源，优化课程资源。黎国荣指出，乡村初中英语教学质量的提升要靠教育行政部门和学校统筹规划乡村初中英语课程资源的建设。在课程物质资源方面，要注重"丰富性"与"适切性"，重视校内外课程物质资源的综合开发和有效利用。在环境与政策资源建设方面，要加大对英语课程资源建设的经费与物资投入。⑤ 汤颖和邬志辉指出，核心素养在基础教育改革理念的落地，应建立在乡土文化的保护、开发和利用的基点之上，构建集传统优势与现代价值于一身的乡村课程资源体系。具体做法是将以"核心素养"为理念及实践特征的基础教育改革观融入乡土教材，提升乡土教材的"媒介"价值。⑥ 汪明指出，进一步深化课程和教育教学改革，创新农村学校育人模式。课程应体现农村的特点，在一定程度上反映当地的生产、生活、文化实际，在教学环节则要充分

---

① 戴红斌：《利用信息技术手段提升农村薄弱学校实验教学质量研究——以初中《科学》虚拟实验教学为例》，硕士学位论文，浙江师范大学，2009年。

② 田俊、王继新、王萱：《"互联网＋在地化"：乡村学校教学质量提升的实践研究》，《中国电化教育》2019年第10期。

③ 陈慧娟、辛涛：《我国基础教育质量监测与评价体系的演进与未来走向》，《华东师范大学学报》（教育科学版）2021年第4期。

④ 陶玉祥：《聚焦重点难点深化综合改革引领基础教育高质量发展——教育部基础教育综合改革实验区工作研讨会综述》，《人民教育》2022年第19期。

⑤ 黎国荣：《英语课程资源对农村初中英语教学质量的影响研究》，硕士学位论文，广州大学，2012年。

⑥ 汤颖、邬志辉：《新时期农村基础教育改革的困境与路径》，《当代教育与文化》2019年第3期。

利用农村的优势资源。① 凌云志和邬志辉认为，核心素养的提出确立了教育发展的战略方向，也为农村学校改进提供了基本的思维方式，即从"单向施训"到"精准支持"的教师专业发展，从"学科独立"到"内容整合"的学校课程改革，从"泛化教育"到"深度学习"的课堂教学转型，从"独立自主"到"多元互动"的校本课程开发。② 还有学者以科学这一学科为例，提出充分发掘农村自然课程资源，以大自然作教材充实科学课教学内容，就地取材制作动植物标本丰富课程资源。

三 已有相关研究述评

通过对国内外研究文献的系统梳理，不难发现，国内外有关核心素养视角下基础教育质量的研究主要呈现如下趋势：一是无论是国内还是国外都提倡优化师资团队的教学质量，强调教师在提升基础教育上的重要性。二是国内和国外都提倡打造专业化的教育监测与评估机构，认为制定科学的教学质量评估标准是提升基础教育质量的重要环节。三是就国内的研究而言，学者们从多角度去挖掘提高基础质量的可能性，更注重提升学生的素质教育，如通过"深化学生的核心素养""以立德树人为导向"等使学生更全面地发展。同时还发现，国内外学者们对基础教育质量的研究主要集中于分析乡村学校教学质量低下的原因、存在的困境、关键影响要素、监测与评估以及提升的路径等方面，这些成果为今后研究打下了坚实的理论基础，并为教育教学的具体实践提供了一定的现实指导，对本书也具有重要的参考价值。

但是已有研究也存在一些不容忽视的问题和局限，具体表现在三个方面：一是从研究成果来看，既有可喜的成就，又有不足之处。主要表现在研究成果比较多，但大多散见于期刊文献当中，尤其是对核心素养下基础教育质量的评估、保障进行系统、深入全面地研究相对较少。二是从研究的具体内容来看，主要涉及教学质量低下的原因、存在的困境、关键影响要素、监测与评估以及提升的路径等方面，可以说研究内容较

---

① 汪明：《提高农村教育质量的关键环节》，《人民教育》2016 年第 1 期。
② 凌云志、邬志辉：《基于核心素养的农村学校改进的思维方式》，《教育理论与实践》2017 年第 20 期。

为全面，但是大多数学者往往是泛泛而谈，理论和实践联系不够，缺乏深度的学理分析和实践关怀。三是从研究的视角来看，在现有研究中，以往关于基础教育质量的研究是直接在理论层面探讨对其应该怎样提升和保障，而很少以实践为切入点进行具体研究。同时缺乏对基础教育质量的关键要素进行概括和提炼，尤其是少有论及基于核心素养视角下基础教育质量提升的影响因素以及如何建构评估指标体系。

因此，本书基于核心素养视角，对影响基础教育质量的关键要素和与之相应的评估指标体系进行探索，尤为必要且可行。本书主要在继续深入学习和借鉴国内外相关的先进经验的同时，从实践的角度入手，并基于马克思关于人的全面发展理论、自然主义教学理论、建构主义教学理论等理论，对核心素养视角下提升基础教育质量的关键要素及指标体系进行建构，力争在理论和实践方面均有所突破，以期对中国的基础教育质量的提升有所贡献。

第二章

核心素养视角下提升基础教育质量的基础理论

基础教育阶段是为广大中小学生打下社会生活"基础"的重要学段。正因如此,基础教育质量一直以来都是社会各界关注的焦点。尤其是自核心素养提出以来,基础教育质量被赋予了更为深刻的意涵。本章主要探讨核心素养视角下提升基础教育质量的核心概念、基本内涵和主要特点。其中,厘清核心素养视角下提升基础教育质量的基本内涵有助于加深读者对其本质的深刻认识和理解;明确核心素养视角下提升基础教育质量的主要特点,可以帮助读者更好地理解基础教育质量的本质,为后续进一步分析和理解关键要素及评估指标奠定基础。

第一节 核心素养视角下提升基础教育质量的核心概念

为了进一步明晰核心素养视角下提升基础教育质量的关键要素与评估指标的本真内涵,即为接下来的研究做铺垫,在此对涉及的如核心素养、教育质量、关键要素及评估指标等几个核心概念做进一步阐释。

一 核心素养

"核心素养"这一概念最早由国外相关研究者提出。[①] 有关国外研究

[①] 褚宏启在《核心素养的概念与本质》中提出,"核心素养"舶来于西方,最早出现在经济合作与发展组织和欧盟理事会的研究报告中。

者对核心素养的概念界定，主要分为三种较为权威的说法。一是经济合作与发展组织在其所开展的"素养的界定与遴选：理论框架与概念基础"项目研究中，将核心素养界定为：为实现自我价值，促进个人终身发展以及生存所必备的知识、情感态度及技能[1]。二是由欧盟提出的核心素养体系，强调核心素养是在特定情境中所必备的知识、技能和态度，是所有个体达成自我实现和发展、成为主动的公民、融入社会和成功就业所需要的那些素养[2]。三是美国在"21世纪学习框架"中提出的由知识和技能构成的核心素养体系，该体系注重学科与实际生活的联系，以及注重培养学生运用跨学科知识来解决实际问题的综合能力[3]。从国外这三种具有代表性的研究来看，国外对核心素养的界定偏重于培养人的内在品质和问题解决的综合能力，这为中国进行核心素养的相关研究奠定了坚实的理论基础。

国内对核心素养最具代表性的论述是2016年中国的核心素养研究课题组公布的《中国学生发展核心素养》的框架和内容，主要是由文化基础、自主发展、社会参与这三个方面组成，其内涵指向为了人的全面发展而应具备的适应终身发展和社会发展所需要的必备的品格和关键能力。2022年义务教育各学科"课程标准"的出台，对核心素养进行了统一规定，即是指通过学科课程学习帮助学生逐步形成的正确价值观、必备品格和关键能力，并从具体学科角度对核心素养进行了具体阐释。

综上所述，结合国内外对核心素养的相关论述以及本书的主题和相关思考，核心素养在基础教育质量上的具体理解可聚焦于逐步培养基础教育阶段学生的正确价值观以及适应终身发展和社会发展的必备品格和关键能力，注重立德树人。值得注意的是，核心素养并不是一个静态的概念，而是随着社会的发展内涵不断丰富的动态概念。

---

[1] OECD, The Definition and Selection of Key Competencies: Executive Summary: DeSeCo Project, January, 2005, https://www.researchgate.net/publication/269092638_The_definition_and_selection_of_key_competences_executive_summary_DeSeCo_project.

[2] Gordon J., Halasz G., Krawczyk M., et al., "Key Competences in Europe: Opening Doors For Lifelong Learners Across the School Curriculum and Teacher Education", *Case Network Reports*, 2009 (0087).

[3] Skills P., "Learning for the 21st Century: A Report and MILE Guide for 21st Century Skills", *Partnership for 21 st Century Skills*, 2003.

二 教育质量

"教育质量"的本质界说目前学界没有统一的定论,但归纳起来主要有以下几类。

一是教育质量宏观说与微观说。在《教育大辞典》中,教育质量是指"教育水平的高低和效果的优劣程度"[1]。从宏观层面看,教育质量即整个教育体系的质量,其实质上是指其与系统规模、结构和效益等之间的协调问题。它以系统内部各要素之间是否协调一致为标准。系统各要素之间协调一致,就表现出较高的体系质量。[2] 从微观层面看,教育质量是指培养对象(学生)的质量,其衡量标准是教育目的和各级各类学校的培养目标的符合程度,教育目的与培养目标符合程度越高则说明教育的效果越好。教育者规定受教育者一般的质量要求,亦是教育的根本要求,后者规定受培养者的具体质量要求,是衡量人才是否合格的质量规格。

二是教育质量结果说与过程说,两者在《教育大辞典》里都表明,教育质量是"教育水平的高低和效果的优劣程度",但结果说强调的是教育目标的达成水平,过程说则是强调整个教育过程对教学目标的达成与影响。就教育质量的结果说而言,根据国内学者潘武玲[3]、余小波[4]以及王敏[5]对教育质量的研究得出,教育质量是指在既定的社会条件下,教育机构在教育活动客观规律与学科自身逻辑关系的基础上,一定的教育所培养的人才、创造的知识以及提供的服务满足社会现实与长远需要的程度以及促进学生身心发展的程度。就教育质量的过程说而言,可以概括为两种:一种是以学生质量为核心与最终标准,对影响学生质量的各个因素进行评价,不仅包括教师的教和学生的学,还包括对教育环境、学校氛围、家庭社会经济条件等因素的全面考察;另一种是将过程质量视

---

[1] 《教育大辞典》第1卷,上海教育出版社1990年版,第24页。
[2] 《解读<教育规划纲要>之工作方针》,《中小学管理》2010年第11期。
[3] 潘武玲:《我国研究生教育质量评价体系研究》,博士学位论文,华东师范大学,2004年。
[4] 余小波:《高等教育质量概念:内涵与外延》,《高教发展与评估》2005年第11期。
[5] 王敏:《教育质量的内涵及衡量标准新探》,《东北师大学报》2000年第2期。

为学生质量的增量，表现为学生质量的变化，其值应是在一个教育过程开始时的"初始学生质量"与"当前学生质量"之间的差值①。

三是多维教育质量说，认为教育质量标准要避免用一个统一的尺度来衡量，应该从多个角度共同度量教育水平。代表性的说法主要是：联合国儿童基金会在《教育质量定义》中提出，"教育质量"是一个整体的概念，它由学习者、教育环境、教育内容、教育过程与教育成果等因素构成，对"教育质量"的检测一般从这五个方面进行。②此后，《全民教育全球监测报告2005：理解教育质量》指出，从学习者特征、背景、赋权投入、教与学和结果五个相互影响的维度来建构旨在监控和提高教育质量的分析框架。③另有国外学者提出，教育质量的一般性概念应包括三个内在相关的维度，它们分别是：为教学所提供的人与物的资源质量（投入）、教学实践的质量（过程）、成果的质量（产出和结果）④。

综合以上三类教育质量的界说可以概括教育质量的两个要点：一是教育质量最终体现在学生的教育结果；二是教育结果、教育过程、教育投入等所有影响因素共同构成多维度质量。由此，教育质量概括为受教育者在特定的环境与背景下，其本身所固有的，满足受教育者个体、社会以及学科发展显性或隐性需求的一系列特性以及支持这个过程不断发展的条件的总和。其中包含三方面的核心要义：一是教育有利于学生身心发展的程度；二是教育支持培育学生综合素养的条件性要素的发展程度；三是教育满足人类社会环境尤其是劳动力市场对人才需要的程度。

三 关键要素

要明晰"关键要素"这一词的核心要义，需要进一步对"关键""要素"两词进行把握。就"关键"而言，在《现代汉语词典》中的含

---

① 沈雪霞：《提高基础教育质量：世界银行的立场》，硕士学位论文，华东师范大学，2011年。

② 杨睿智：《基础教育质量评价指标的研制》，硕士学位论文，东北师范大学，2014年。

③ The EFA Global Monitoring Report Team, *EFA Global Monitoring Report* 2005: *The Quantity Imperative*, UNESCO, 2004, pp. 35-37.

④ 林永柏：《关于高等教育质量概念的界定》，《教育科学》2006年第6期。

义是指:"事物最关紧要的部分;对事物起决定性作用的因素。"① 这包含了两层含义,一是事物组成最紧要的部分或因素;二是对事物表现的情况起决定作用。为了进一步厘清"关键"的定义,在此将其与"核心"的定义做出比较分析,以此厘清"关键"的概念边界。"核心"是就事物之间的关系而言,指向事物之间的中心或主要部分,如领导核心,核心小组等。而"关键"是指事物最关紧要的部分。就"要素"而言,则是指"构成一个客观事物的存在并维持其运动的必要的最小单位,是构成事物必不可少的现象,又是组成系统的基本单元,是系统产生、变化、发展的动因",又可表示"构成事物的必要因素"②。同样采用与相近概念的类比,从而阐清"要素"的概念边界。"因素"不仅指向构成事物的要素,也指向对事物起决定作用的原因和条件,即属于原因类。"要素"是指构成事物必不可少的因素,组成系统的基本单元,即属于构成类。由此,关键要素可以理解为是事物组成最紧要的基本单元,其具体表现为事物产生、变化、发展最主要的动因。

综上,本书中对关键要素的界定为:构成基础教育质量的各个基本单元,其是决定基础教育质量表现形式、质量水平高低以及基础教育质量发展情况最为核心和本质的因素。

四 评估指标

要想厘清"评估指标",需要明晰"评估"与"指标"两个词组,从而更好地把握评估指标的概念。

关于"评估",评估有评价、估量、测算之义。就国际上而言,关于评估与评价的相关术语有"assessment""appraisal""monitoring""evaluation"等,表明评价与评估两者几乎是同义词都是一种价值判断。不同的是,评价是结论性的判断,而评估既包含了结论性的判断,也包含了这种结论性判断的过程。因此从这个意义上说,评估可以理解为:根据

---

① 中国社会科学院语言研究所词典编辑室编:《现代汉语汉典》第 7 版,商务印书馆 2016 年版,第 478 页。
② 中国社会科学院语言研究所词典编辑室编:《现代汉语汉典》第 7 版,商务印书馆 2016 年版,第 1526 页。

一定的目的和所掌握的资料，对某一事物的价值进行定性和定量评价的过程。

关于"指标"，较为权威的定义有以下几种：一是将指标看成是工具，联合国教科文组织在 Indicators for Educational Planning: a Practical Guide 中指出，指标可以定义为一个工具，这种工具既可以理解教育体系的状况，又可以报告并说明整体教育体系。二是将指标看成一个度量标准，在《教育大辞典》中对指标的解释是："使用指标量度这个词（index scale），即测量量度的标准。"也有学者认为，"指标是指社会现象的参考工具、数据或者参考数值。指标具有指示、指引、参考比较与导引人们掌握社会发展方向、方位或者比较等意味。而指标的'标'字很明显是在一定的参考点或标准下，进行与该标准比较分析，并进行价值判断行动"[1]。以上可以看出，"指标"具有描述教育系统的可测性、测量教育系统的主要方面、显示教育品质的主要特征，作为价值判断的标准。[2]

因此，本书中的"评估指标"主要界定为：一种具有操作性、具体化、可量化的价值判断标准，它是指在一定的参考点或标准下，进行与该标准比较分析，并进行价值判断。

第二节 核心素养视角下提升基础教育质量的基本内涵

对于"核心素养视角下提升基础教育质量"的本质内涵的探寻，可从其所涉及的三个关键词着手，即核心素养、基础教育、教育质量。核心素养既限定了我们所研究的主体活动背景，亦是我们分析提升基础教育质量问题必须紧密联系和重点阐释的关键起点，更是通过分析意欲达到的最终归属。而基础教育则划定了我们所研究的教育质量的活动主体范围，教育质量既是我们研究的核心主题，也是本书意欲理解和分析的

---

[1] 张全芳：《教育政策指标研究》，五南图书出版公司2006年版，第8页。
[2] 张昱瑾、李凯：《以质量评估指标体系的重新构建引领校外教育发展》，《中国教育学刊》2018年第2期。

根本着力点。基于此，我们梳理出提升基础教育质量的概念逻辑，搭建起理解核心素养视角下提升基础教育质量的内涵的理论框架，这可从目标导向、发展维度、发展品位、发展方向、发展机制、发展原则六个方面来全面把握其本质内涵。

一 树立全新质量观，转变育人目标导向

观念是行动的先导和前提，正确的观念能够提高行动的有效性。在核心素养视角下办好基础教育、提升基础教育质量，关键前提是根据核心素养所蕴含的立德树人价值取向及其基本要求，树立全新的、科学的教育质量观念，转变育人目标导向。反观现实，由于学界至今对核心素养和教育质量的基本内涵并没有形成一致而权威的认识，以及应试教育所带来的负面影响，导致基础教育质量观存在异化和误区，使得核心素养视角下提升基础教育质量愈发困难重重。从国际来看，尽管中国的学生在2018年的PISA取得全部3项科目（阅读、数学、科学）的第一名，但钟秉林教授指出，参加PISA是为了在国际背景下了解中国基础教育的质量状况，仅通过成绩和排名很难反映一个地区教育的"全貌"，要树立科学的教育质量观，以学生发展为教育质量的核心。[①] 从国内来看，2019年《中共中央 国务院关于深化教育教学改革全面提高义务教育质量的意见》提出坚持立德树人，着力培养担当民族复兴大任的时代新人，其基本要求是构建新时代科学的教育质量观。综合国内外基础教育质量的发展，建构以学生发展为核心、社会发展为需求的科学质量观已是迫在眉睫。

由此，为了深入理解核心素养视角下提升基础教育质量的基本内涵，我们首先应以核心素养理念为引领，将科学育人、立德树人、文化育人作为教育质量观的核心价值，不断发展基于培育核心素养的现代教育质量观。一方面，树立科学质量观，明确核心素养和教育质量的基本内涵。就核心素养的内涵而言，综合国内外已有研究来看，国外对核心素养的界定偏重于培养人的内在品质和解决问题的综合能力，这为中国进行核

---

① 中华人民共和国教育部：《不能只关注PISA排名和分数》，2019年12月，http://www.moe.gov.cn/jyb_xwfb/s5147/201912/t20191205_410926.html。

心素养的相关研究奠定了坚实的理论基础。国内对核心素养最具代表性的论述，是 2016 年中国的核心素养研究课题组所公布的《中国学生发展核心素养》的框架和内容，主要由文化基础、自主发展、社会参与三个方面组成，其内涵指向为了人的全面发展而应具备的适应终身发展和社会发展所需要的必备品格和关键能力。就教育质量的概念内涵而言，有学者专门对其进行了相关梳理，指出教育质量概念经历了不同发展阶段的发展，其内涵从"特性说"到"程度说"，再到"满足需要说"，继而走向融合的属性形态，在此基础上将教育质量界定为教育过程与结果的特性满足不同利益相关者需要的程度，形成涵盖学校教育、影响因素和利益相关者满意度三个层次的综合结构。① 从二者的概念来看，核心素养和教育质量内涵的共性之处在于兼顾个体终身发展和社会发展的需要。可见，核心素养视角下提升基础教育质量不仅指向学生个体的全面发展，也需要适应社会的发展需求。另一方面，树立全面的教育质量观，把全面发展的质量意识渗透到教育的各个阶段和环节，使全社会都重视质量、关心质量、监督质量，努力营造以崇尚质量为荣的氛围。②

二　革新发展维度，注重内涵式发展

当前，中国已进入"十四五"全面建成小康社会初级阶段，基础教育改革发展逐渐从外延式走向内涵式发展，价值诉求也随之转变为进一步兼顾公平和质量。推动基础教育质量的内涵式发展已然成为落实立德树人的根本任务、培养德智体美劳全面发展的社会主义建设者和接班人的不二选择，是核心素养视角下提升基础教育质量必然的发展方向。在核心素养视角下促进基础教育质量的内涵式发展，昭示着基础教育的发展方式由外部教育资源的投入转向激发内生发展动力，由宏观的国家主导行为转变为微观的地方、学校、教师乃至学生的主动改进行为。从发展维度来看，核心素养视角下基础教育质量的内涵式发展是一种多维度

---

① 苏启敏：《教育现代化进程中教育质量概念的历史、逻辑与结构》，《教育研究》2020 年第 7 期。
② 曾天山：《建设现代化教育强国跨越教育质量门槛》，《西北师范大学学报》（社会科学版）2017 年第 1 期。

发展方式，是一种节约型、创新型、互补型、可持续型的发展方式。①

具体而言，第一，节约型内涵式发展追求对资源的有效利用。在一定区域的范围内，地方教育行政部门、学校、教师、家长等主体通过合理的方式整合地方资源和外来资源，兼顾外延合理布局，实现优质资源的共建共享和劣势资源的互帮互助，以此达到人尽其才、物尽其用，充分发挥人力、物力、财力等资源的整体效益。第二，创新型内涵式发展强调探索全新的变革策略。在观念层面，树立以提高质量为核心的教育发展观；在实践层面，通过对核心素养视域下的学校课程、课堂教学、教学管理、教学评价等方面进行革新，将学科核心素养融入课程与教学的方方面面，将立德树人植入学生的身心发展过程，实现基础教育的基础育人本性。第三，互补型内涵式发展注重教育资源的互补共生。即在资源共享的背景下，校际间的优势资源可以互相交换利用，劣势资源可以互相引以为戒和共商改进的方式方法，达到资源互补下的共生发展。第四，可持续型内涵式发展注重区域内生发展动力的激活再生。通过充分激发区域内部教学主体的自主改进动力，发挥其主观能动性，增强其自身的独立发展能力和地方适应能力，从而形成区域内生发展动力，有效促进区域内教育的和谐、可持续发展。总而言之，唯有不断推动基础教育质量转向多维度的内涵式发展，才能真正从"质"上提升基础教育质量。

三　提升发展品位，兼顾品质与特色

随着核心素养的提出，人们逐渐开始转变过去唯分数论学生、唯升学论学校的评价方式，继而转向以培养综合素养与生存技能的德智体美劳全面发展的学生为评价标准。因此，为了更好地兼顾学生全面发展的需要，提升基础教育质量的必经之路是提升学校的发展品位，转变育人方式和评价方式，兼顾学校发展的品质与特色，形塑学校品牌发展之路。所谓学校品牌，是指学校在创建、发展过程中逐步形成的具有一定口碑

---

① 范国睿、李树峰：《内涵发展：教育均衡发展的新趋向》，《上海教育科研》2007 年第 7 期。

与影响、具有特定质量水准与文化底蕴及识别符号的一种重要的无形资产。① 由此可见，基于品牌塑造的学校改进，可以说是一条能够切实提升基础教育质量多样化发展的路径。其一，基于品牌塑造的学校改进迎合社会和教育消费者的共同需求。在核心素养视角下，新一轮的教育变革也为塑造学校品牌提供了新契机，社会、家长、学生对学校有了新的期待和要求，人们对学校的评价标准也正朝着多元化发展。其二，基于品牌塑造的学校改进是促进基础教育质量内涵式发展的需要。学校品牌的塑造本身追求口碑、影响力以及特定的质量水准与文化底蕴，这种兼具品质和特色的发展完全符合内涵式的发展。其三，基于品牌塑造的学校改进是有效调动学校自主发展积极性的需要。从利益相关者的角度来看，作为学校发展战略，塑造学校品牌实际上是将校长、中层管理者、师生的共同利益聚合在一起，实现价值最大化的一种战略。品牌的形成能够给予他们成就感和荣誉感、激励其主观能动性，使其积极参与到学校改进的实践过程中。基于此，每一所学校都有着自己独特的优势之处，例如特色地方资源、优秀校园文化、优质教学文化等，要充分挖掘并利用这些资源形成学校品牌，鼓励学校办出特色、办出水平。

四　重塑发展方向，强化以名师育英才

核心素养视角下提升基础教育质量必然绕不开培育学生核心素养这个话题，如何将学生核心素养落实、落细，是当前要解决的关键问题。② 从国内外相关研究来看，无论是国内还是国外，都将学校教育作为培育学生核心素养的最重要的途径，而教师则处于落实学生核心素养的关键地位。育人先育己，教师作为学校教育教学的一线实践者，在培育学生的核心素养之前必须确保自身对核心素养的深刻理解，懂得在实际教学中渗透核心素养，这才能够真正将核心素养落实到每一个学生的身心发展过程中。据此，基于核心素养视角下提升基础教育质量的关键是重塑基础教育发展方向，强化以名师育英才的发展导向。这至少可以表明三

---

① 方中雄、陈丽：《学校品牌策划》，重庆大学出版社2009年版，第7页。
② 户艳茹：《核心素养"落地"的困境及出路——基于利益相关者的分析》，《教育理论与实践》2020年第29期。

点：一是教师是落实核心素养的中坚力量，他们的教学实践影响着核心素养的落实成效；二是在核心素养理念的引领下，教师必须主动做出改变，转变教学观点和教学方式，积极提升自身的核心素养，将核心素养融于教学过程，不断激励自我专业成长和自主发展；三是提升基础教育质量要建设强有力的师资队伍、打造核心素养教学名师、发挥名师榜样作用，将个人的教育实践智慧通过将教学成果线上和线下推广相结合的方式，分享给更多教师学习和借鉴，并结合自身教学实际和学生的实际情况进行内化。总之，以名师育英才作为发展导向，师资质量的提高带动学生质量的提高，这才是核心素养视角下提升基础教育质量的核心发展方向。

五 建构发展机制，实现建管评一体化

核心素养视角下提升基础教育质量旨在凸显核心素养在基础教育质量架构中的逻辑脉络和价值意蕴，以此回归教育的育人本性，将培育学生的核心素养纳入基础教育质量的考察内容，设计出核心素养视角下提升基础教育质量的关键要素和评估指标，把促进人的全面发展、适应社会需要作为衡量教育质量的根本标准。可见，建构建、管、评一体化的系统化发展机制对于落实核心素养、提升基础教育质量是极其必要的。尤其是在核心素养提出后，中国极力主张建立以提高教育质量为导向的管理制度和工作机制，把教育资源配置和学校工作重点集中到强化教学环节、提高教育质量上来。① 基于此，建构核心素养视角下基础教育质量发展机制可分为三个战略步骤：首先，探索影响核心素养视角下基础教育质量保障的主要因素，由此概括出提升基础教育质量的关键要素，比如：目标——核心素养；输入——师资队伍、设施条件、校园文化、身体素质等；过程——教学活动、师生互动、社会参与、家校联动等；输出——学生发展、文化传承、知识改造。其次，建构核心素养视角下评估基础教育质量的指标体系。基于对核心素养视角下提升基础教育质量关键要素的分析，建构核心素养视角下评估基础教育质量的指标体系。

---

① 中华人民共和国教育部：《国家中长期教育改革和发展规划纲要（2010—2020年）》，2010年7月，http://www.moe.gov.cn/srcsite/A01/s7048/201007/t20100729_171904.html。

在具体设计上,将根据小学、初中、高中三个阶段的不同特点建立起切合各阶段发展实际的指标体系。最后,建立核心素养视角下基础教育质量监管制度,加强对学校教学质量的监督和管理,不断完善相关规章制度,探索核心素养视角下提升基础教育质量的措施与策略。换言之,核心素养视角下提升基础教育质量的发展机制就是借助基础教育质量的关键要素和评估指标,建构起建、管、评三方联动的发展机制,实现以评促建、以评助管。

六 明确发展原则,深化学生核心素养

核心素养与基础教育质量是两个内涵丰富的概念,在二者交织的前提下探索核心素养视角下提升基础教育质量的关键要素和评估指标,需要多方参与、多主体协作,这既涉及基础教育相关行政管理者、理论研究者和一线教育工作者,也涉及基础教育发展的内外部环境、各个环节和过程。不言而喻,核心素养视角下提升基础教育质量是一项复杂的工程,作为理论研究者,我们有必要对其发展原则进行深入探讨,阐明它们与基础教育质量之间的内在联系,帮助更好地落实学生核心素养。因此,核心素养视角下提升基础教育质量应遵循四项基本原则:其一,外部监督与自主发展相统一。基础教育质量的内涵式发展主要依靠自主发展的内生动力推动,同时也需要外部监督来激励其自主发展。其二,结果考核与过程监控相统一。核心素养视角下提升基础教育质量要坚持以结果考核为反馈依据,以过程的监控与评估为核心评价方式来促进育人质量的提升。其三,掌握知识与培养能力相统一。核心素养的核心要义本就是为了人的全面发展而应具备的适应终身发展和社会发展所需要的必备品格和关键能力,那么育人目标上也应遵循掌握知识与培养能力相统一。其四,立德与树人相统一。立德树人是新时代全面贯彻党的教育方针必须落实的根本任务,"立德"和"树人"是一体两面的一对概念,都指向核心素养视角下提升基础教育质量的育人本质,二者不可分割,坚持立德与树人相统一的原则才能切实贯彻落实核心素养、提升基础教育的育人质量。

第三节　核心素养视角下提升基础教育质量的主要特点

核心素养自提出以来就受到中国国内的广泛关注，它引领着人才培养的大方向、关乎着中国教育事业的长足发展，而基础教育决定着中国教育的"地基"，核心素养视角下提升基础教育质量因此成为教育绕不开的重心，关于核心素养视角下提升基础教育质量的主要表现为引领基础教育走向高质量发展、指导基础教育聚焦核心素养、细化中小学生学业质量标准三大特点。

一　引领基础教育走向高质量发展

在核心素养的时代大背景下，在中国特色社会主义进入新时代之际，习近平总书记强调，基础教育在国民教育体系中处于基础性、先导性地位，必须把握好定位，全面贯彻落实党的教育方针，从多方面采取措施，努力把中国基础教育越办越好。① 基础教育走向高质量发展成为中国教育事业刻不容缓的重心。基础教育是一个国家教育的基石，决定了教育基底的质与量，尽管现在难以对高质量发展的基础教育作出完整又准确的描述，但在建设过程中，高质量发展的基础教育理应具备纵横发展的特点。一方面，在纵向高质量基础教育发展上，必须注重基础教育各个阶段的教育高质量发展。当前，中国基础教育发展迅速，逐步实现了教育机会的普及，正面临教育均衡的变革，教育仅仅满足"有学上"的"量增长"还远远不够，"上好学"的"质提升"才是教育发展的应有之义，② 各个阶段基础教育的高质量发展都将成为"质提升"的有力证明，从学前教育阶段开始，便要注重教育精神的传递与教育模式的选择，创设出充满关怀与爱、安全包容的教育环境，从小培养幼儿迎接挑战、敢

---

①《全面贯彻落实党的教育方针努力把我国基础教育越办越好》，《人民日报》2016年9月10日第001版。

② 吴晓蓉、胡甜：《教育高质量发展：内涵、标准及实践》，《教育与经济》2022年第2期。

于尝试、积极探索的学习习惯；在小学初等教育阶段，应将良好的学习习惯延续，树立正确的价值观，注重学科实践，初步养成信息意识、计算思维；在初高中教育阶段，应重视塑造正确的素养导向、人生导向，在瞬息万变的信息社会中重视社会责任、信息责任的培养，养成合作与探究的精神，发扬创新精神，将三个基础教育学段无缝隙地进行高质量衔接，培养高质量发展的人。另一方面，在横向高质量基础教育发展上，必须协同各要素共同助力基础教育高质量发展体系的完整与完善，这至少包含了以下两点要素。第一，高质量的基础教育教师队伍要素，教师是立教之本、兴教之源，教师队伍建设关乎着基础教育能否实现高质量的发展，教育强国目标也对教师提出了更高的要求，教师教育体系、现代化教师队伍、教师资源配置等都成为教师队伍高质量发展的有力武器。第二，高质量的基础教育课程要素，课程是高质量教学的重要载体，基础教育阶段的课程指向培养全面发展、富有个性的人，但在"双减"背景下，摆脱了课外辅导的课堂教学在实际上难以支撑起"全面发展""有个性"的目标，课堂教学的特性决定了所培养的学生具有一定程度上的同质性，而学生的不同特质让他们在不同学科的成果各有千秋，因此，高质量的课程应逐步向多样化迈进，允许学生在各学科均有一定基础的前提下拥有选择权，能够在擅长的领域学习深造，发挥高质量课程的育人功效。总之，引领基础教育走向高质量发展需要横向连接基础教育各学段，纵向发挥对基础教育起着深远长久的作用。[①]

二 指导基础教育聚焦核心素养

教育的本质在于以人为本，基础教育也好，高等教育也好，其根本目的在于促进人的全面发展，兼顾人的个性化与社会化的发展，基础教育作为教育的开端，是教育发挥积极作用的基石阶段。时代的发展使得核心素养成为各个国家关注的教育热点，各国对核心素养的定义开展了不同的研究，经济合作与发展组织认为："核心素养是推动个体全面发展所具备的基本品格与能力，它渗透进生活的方方面面，是社会发展必备

---

① 靳玉乐、李子建、石鸥、徐继存、刘志军：《高质量基础教育体系建设与发展的核心议题》，《中国电化教育》2022 年第 1 期。

的要素"①；欧盟将核心素养定义为："个体要在知识时代中自我实现、社会融入以及就业所必备的由知识、技能与态度组成的一切素养"②；2014年，中国教育部印发的《关于全面深化课程改革落实立德树人根本任务的意见》提出："教育部将组织研究提出各学段学生发展核心素养体系，明确学生应具备的适应终身发展和社会发展需要的必备品格和关键能力"③。2016年《中国学生发展核心素养》发布，将核心素养定义为："核心素养是学生应具备的适应终身发展和社会发展需要的必备品格和关键能力"④，是为了培养"全面发展的人"。核心素养的提出是对传统基础教育实践的重大突破，弥补了基础教育中普遍存在的"分数至上、智育唯大"的应试教育弊端，调和了素质教育与应试教育的矛盾，是落实素质教育理念的重要一环，推动了基础的教育改革进程。2014年中国启动的普通高中课程标准的修订工作通过研制核心素养体系，并将其融入课程标准，推动了中国基础教育的课程改革，使得中国基础教育逐步聚焦核心素养的标准。

一是核心素养使得基础教育明确了人才培育的质量观念，更加凸显了教育的价值与意义。核心素养的提出使得基础教育培养的不仅仅是"升学的机器"，不单单局限于基础知识如读写算的培养，更注重的是学生个体应对现实生活与社会的解决问题的综合性技能的培育，涉及了基础知识与基本技能、良好的思维模式、积极的情感态度与价值观等。对学生核心素养的培养贯穿了基础教育的整个过程，符合学生的实际身心发展水平和年龄阶段，是指导基础教育阶段课程标准、课程设计、教学组织形式、教学评价、教师专业发展等方面的重要依据，为落实立德树人的根本教育任务提供了基础与保障。

二是核心素养推动了基础教育阶段课程观念的更新。核心素养促进

---

① OECD, "Definition and Selection of Competencies: Executive Summary", 2005, https://www.oecd.org/pisa/35070367.

② Gordon J., Halasz G., Krawczyk M., et al., "Key Competences in Europe: Opening Doors For Lifelong Learners Across the School Curriculum and Teacher Education", *Case Network Reports*, 2009(0087).

③ 中华人民共和国教育部：《关于全面深化课程改革落实立德树人根本任务的意见》，2014年4月，http://www.moe.gov.cn/srcsite/A26/jcj_kcjcgh/201404/t20140408_167226.html。

④ 核心素养研究课题组：《中国学生发展核心素养》，《中国教育学刊》2016年第10期。

形成符合时代发展的教育模式，需要立足核心素养观念的新课程体系，推动基础教育阶段课程研究机制的建立，一方面，要在课程目标内容结构、课程标准、课程（教材）建设、教学质量评价等方面进行变革①，统整基础教育阶段的课程体系，保证课程各个环节得到衔接和统筹，融合各学科核心素养，制定在核心素养视角下的学业质量标准；另一方面，要以跨学科的思维观念为指向，反思课程内容设置，重视学科知识编排的结构性，并突出实践活动在学科教学中的地位，将各学科思维方式融入活动探究中，以实现培育学生核心素养的重要目标，真正落实"育人为本"的核心理念与实践。

三是核心素养改革了基础教育阶段单一的评价体系，突破了评价难题。基础教育阶段的评价体系还处于过分偏重关注分数和标准答案的阶段，评价过程脱离了学生的实际情况和现实生活，核心素养视角下的评价目的在于改变当前评价体系的不足，通过创设学生感兴趣、与学生生活息息相关的情境化任务，重视探究性主题和社会实践活动的设立，让学生在真实的情境下激发兴趣，并与同伴间互相交流探讨，主动探究问题、收集并利用信息、产生新颖的有关问题解决的方案，最后通过观察、展示、自我评估和他人评估等方式，真实地评估学生的学业成就，在此过程中学生的核心素养通过实践活动的形式得到了全面性、真实性地评估，构建了基础教育阶段优质的核心素养评价体系，建立了良好的学业质量评价标准，由此促进培养具备多类别核心素养、适应终身发展的全面发展的人。

三 细化中小学生学业质量标准

2014年，中国教育部颁发了《关于全面深化课程改革落实立德树人根本任务的意见》，提出要"研究制订学生发展核心素养体系和学业质量标准"，这两者是对学生发展所要达到的标准的规定，学业质量标准是基于核心素养来制定的用于指导教育教学的直接标准。核心素养体现了中国教育方针的精神，是教育目标的反映，有利于学业质量标准的落实，

---

① 刘义民：《国外核心素养研究及启示》，《天津师范大学学报》（基础教育版）2016年第2期。

起着掌舵引航的作用，指导着基础教育阶段的课程与教学改革，并使得标准的重点更加突出与明晰，利于改变传统教学内容繁难偏旧的弊病，让教育改革能够依照国家政策和教育方针来稳步进行，是对学业质量标准的具体细化。

核心素养和学业质量标准是相依相存的，基础教育阶段的学业质量标准细化了核心素养，两者的存在发挥了教育评价的良性作用。首先，中小学生质量标准细化了基于核心素养的评价内容。核心素养解释了教育需要"培养什么样的人"，从宏观层面对教育教学、课程改革进行了指导，虽然对学生所具备的必备品格和关键能力的规定使得教育教学评价迈上了一个新台阶，但是以核心素养为标准进行的评价存在着可操作性问题的困难，在具体的评价实施过程中面临许多问题，比如：评价内容精确性如何确定；学业质量标准可以具体细化为哪些评价内容；如何更有效地阐释核心素养的具体要求，让教师清楚教学内容应该达到的效果；在不同学科教学中应该培养学生哪些知识与能力；等等。其次，中小学生学业质量标准对核心素养的细化使得教育评价更加合理。细化基于核心素养的评价内容、处理好中小学生学业质量标准与核心素养的关系能够更好地体现国家的教育方针与教育评价标准，让评价更加合理。中国拥有多年课程改革和学生核心素养制定的历史，学业质量标准将学科的具体内容和核心素养的宏观要求紧密结合在一起，细化了核心素养的内容，促进了核心素养融入现实的课程与教学评价，能够指导教师科学、合理地进行评价，发展以能力增长观为主的评价导向，使得核心素养能够真正发挥促进学生能力增长、培养全面发展的人的重要作用。

第三章

核心素养视角下提升基础教育质量的价值诉求

"为什么我们的学校总是培养不出杰出的人才?"钱学森之问直指中国教育质量问题。为了应对 21 世纪的挑战,国际上掀起一股基于核心素养的教育评价潮流,国内也逐渐探索出了适应中国国情的学生核心素养基本框架。随着"核心素养"不断被提及,其作为学生发展要求和目标的最新表述,关乎教育永恒主题"提升教育质量"的实现。那么,基于核心素养提升基础教育质量具有哪些合理性?价值何在?如何实现价值?为了厘清这些问题,本章主要基于核心素养视角下提升基础教育质量的基础理论,从价值审视、价值维度和价值实现三个维度阐释其价值诉求。首先,从核心素养视角下提升基础教育质量的基本立场、理论支持和逻辑意蕴审视其合理性;其次,探讨核心素养视角下提升基础教育质量对国家教育方针、协同育人、学校办学实力、教师队伍建设等方面的作用;最后,从形成基本价值理念、建立监督管理机制和构建评估指标体系三方面探讨如何实现核心素养视角下提升基础教育质量的价值。

第一节 核心素养视角下提升基础教育质量的价值审视

核心素养在基础教育发展过程中,赋予了教育新的时代内涵。核心素养是高质量发展背景下对公民素养的高度概括。2014 年教育部颁布了《关于全面深化课程改革,落实立德树人根本任务的意见》,该文件首次明确提出要构建学生核心素养体系，明确各学段学生所必备的适应其终生发展与社会需要的核心素养能力，突出强调学生发展过程中个人修养、社会关爱、家国情怀观念的形成，同时也注重对学生发展过程中主体性、合作性、创新性等方面的培养。聚焦核心素养视角下提升基础教育质量能够促进教育发展的体系化建设、推动时代育人目标的质量化提升和带动教师队伍的专业化发展，最终实现学生的全面发展。

一　审视核心素养视角提升下基础教育质量价值的基本立场

随着全球化、信息化时代与知识社会的加速发展，国际竞争逐渐加剧，以经济建设为中心、致力于国家公民素养的提升，已然成为国际教育发展的共同主题。以核心素养为发展背景的基础教育质量提升饱含着时代发展需求对育人理念合法性转变的生成。

一方面，从"质量"概念本身来谈，质量本身含义较为复杂。从构词角度来看，"质"与"量"组成了一对整体的概念，"质"是一事物区别于其他事物的根本特性，"量"是事物存在或发展的速度、大小、规模，而"质量"却超越质和量的事实范畴，成为一个颇具价值判断的规定要求——事物、产品和工作的优劣程度或满足相关者要求的程度。既然如此，质量在立足不同时空、面对不同人群时将具有不同意义，或者说其本身就是一个发展性的概念。事物价值多体现为满足主体的多重需要，因而质量还是一个综合性概念，即当我们在判断事物质量高低时，实际上针对的是其整体意义，诸如外观、耐用度，甚至价格都可以在考察范围之内。质量的发展性和综合性提醒我们，事物的质量有其底线，却几乎没有上限，对高质量事物的追求将是一个循序渐进甚至曲折往复的过程。换言之，盲目追求构成质量诸要素的某个特定方面不仅毫无裨益，而且最终可能导致"反质量"现象的出现。[①] 新时代以核心素养为背景的基础教育质量提升，能够促进教育发展的体系化建设，加强基础教育过程中"育人"与"素养"的有机结合。

另一方面，从"基础教育视角"审视核心素养带来的质量提升。新

---

① 陈南、程天君：《高质量教育体系：深化改革促进公平的新方向》，《人民教育》2021年第5期。

时代基础教育的体系化建设,是推进教育质量提升的关键环节。通过"育人理念——课程——教学——评价"一体化的教育发展,促进基础教育质量的提升。从育人理念上看,基础教育的发展逐渐回归"人本位",将立德树人放在教育发展的核心地位。在注重学生基本生存的"工具性"培养的同时,更加强调人本性的培育,注重教育发展中的"道德教育"与反思性实践相结合。从课程建设来看,新时代基础教育的课程发展不仅注重学科知识的生成,而且突出学生主体性的需求。传统课程强调知识本位的学科建构,而以核心素养为建设关键的基础教育课程发展把知识与需要相结合,强调学生发展的个体性。由此可见,育人旨归不再是简单的知识传授,而是帮助学生学会学习,适应未来的生活与工作。从教学与评价上看,基础教育质量的提升在于学科间的整合发展,学科间不再是孤立片面的育人存在,而是互相连通的育人过程的整合。跨学科教学融合发展带动全面性教育评价改革,推进多元化的育人评价生成,促进师生间跨学科能力的发展。通过素养本位的育人回归,最终得以提升教育发展的体系化建设,同时促进基础教育的高质量发展。

二 审视核心素养视角下提升基础教育质量价值的理论支持

核心素养视角下基础教育质量价值从本源上要解决的是培养什么人和怎样培养人的问题,更多强调的是核心素养在基础教育中如何影响学生行为。基于核心素养的育人质量提升涉及学生的全面发展,即马克思主义价值论在核心素养中的实现,同时涉及在培养学生过程中促进教育公平。立足于核心素养视角下的基础教育质量提升,同时也推进了时代育人目标的质量化提升。党的十八大以来,国家育人政策不断完善,在育人目标上提出了质量化的新要求。基础教育的发展不再局限于"有学上"的工具理性,而是转向"上好学"的质量提升上来。与此同时,育人目标的质量化提升不仅仅是带动学生内涵发展的简单过程,也是推动基础教育公平、激发基础教育活力的重要动力。只有在育人过程中,将"育人"理念与"实践"生成相结合,才能高效地提升育人质量。

一方面,从马克思主义价值观来谈,核心素养视角下的教育质量价值必然指向马克思主义中人的全面发展。首先,何谓"人的全面发展"?"人的全面发展"思想是中国教育理论的基础。本质上的人并非单向度的存在，而是多面属性的统合，人不仅是自然世界的一部分，也是一切社会关系的总和。正因如此，马克思从角度论证了人的发展，认为人不仅作为个体存在，也作为整体发展。人的全面发展，就是"人以一种全面的方式，也就是说，作为一个完整的人，占有自己的全面的本质"①。其次，人们在当前高速发展的社会进程中应该要清醒地认识到，这是一个知识爆炸的年代。一个人想要完全掌握全部的知识是不可能的，我们所能企及的"人的全面发展"只不过是在相对条件下将"人"自身的人文素养与科学素养相结合。概言之，立足于马克思主义全面发展理论所提出的核心素养，不仅是促进人的全面发展的必然要求，也是推进高质量背景下基础教育提升的必由之路。

另一方面，从罗尔斯教育公平论的角度来思考提升教育质量的价值。教育公平是指国民在教育活动中的地位平等和公平地占有教育资源，是社会公平价值在教育领域的延伸和体现。②罗尔斯、科尔曼、胡森都系统阐述了自己对教育公平的看法，在此以胡森的教育公平理论为例进行说明。胡森将教育机会平等划分为三个阶段，即教育起点（开始）平等阶段、教育过程（对待）平等阶段与教育结果（目标）平等阶段，分别对应受教育权力、教育发展机会与条件以及教育成就机会和质量的平等。③结合前文对基础教育质量提升相关政策的简略梳理可以发现，中国基础教育在初步均衡发展阶段的全面普及基本实现了教育起点平等。在基础均衡发展阶段，基础教育质量提升相关政策的制定与实施，蕴含着对教育过程平等的追求。在核心素养视角下对基础教育质量与受教育者发展的关注，则体现了义务教育发展目标向教育结果平等的迈进。鉴于此，基础教育质量提升是实现教育公平的重要手段与路径，教育公平则是义务教育优质均衡发展的目的与取向。因此，教育公平理论有助于解释基础教育质量提升的价值，同时又能引导基础教育朝着高质量方向发展。

---

① 《马克思恩格斯全集》（第42卷），人民出版社1979年版，第123页。
② 赵丹：《义务教育均衡发展与教育资源共享模式构建：以西北县域为例》，知识产权出版社2017年版，第32页。
③ 张人杰主编：《国外教育社会学基本文选》，华东师范大学出版社2009年修订版，第159—161页。

三 审视核心素养视角下提升基础教育质量价值的逻辑意蕴

本书认为,核心素养视角下提升基础教育质量的价值逻辑主要可从立德树人、聚焦素养和质量育人三个角度进行阐释,具体如下:

(一)立德树人是核心素养视角下提升基础教育质量的终极追求

党的十八大以后,教育部颁布了《教育部关于全面深化课程改革落实立德树人根本任务的意见》,此文件的落脚点是课程改革,并把课程改革作为落实"立德树人"的最重要途径,同时又将"立德树人"作为核心素养视角下提升基础教育质量的育人旨归。在实际基础教育发展过程中,"立德树人"不是贴标签、喊口号,更不是"穿靴戴帽",而是要以此为导向,将其付诸实践。换言之,核心素养视角下"立德树人"的实现,是基于推进核心素养教育质量提升的关键环节。首先,从育人理念上看,基础教育的发展逐渐回归"人本位",以道德教育为核心,促进学生德智体美劳的全面发展。其发展围绕"立德树人"的根本任务,厘清质量育人的实质性内涵,同时坚持核心素养的育人理念,不断完善新时代立德树人的体制机制,促进育人理念的有效实现。其次,从育人实践上看,以立德树人为核心的教育质量提升,在新时代教育发展过程中为学校发展和人才培养工作提供了新的机遇与动力。最后,从育人旨归上看,立德树人不仅是新时代高质量教育体系建立的实践过程,更是核心素养视角下提升基础教育质量的终极追问。

(二)聚焦素养是核心素养视角下提升基础教育质量的直接指向

注重学生素养的提升是深化中国基础教育课程改革的重要理念,同时也是促进基础教育质量提升的直接指向。首先,从素养概念上看,有学者指出,素质教育是一种教育的口号,而非教育的术语。"素养"解除了"素质"之概念困扰:作为一个合成词组,"素质"+"养成"凸显了先天素质与后天教养的化合作用。在坚持"素质是素养的上位概念,素养的特性尤其他的可教、可学、可测的特点在素质层次结构中得到了科学的说明"。[①] 素养的构建便是从顶层设计角度出发,更加系统性、连

---

① 刘云杉:《"核心素养"的局限:兼论教育目标的古今之变》,《全球教育展望》2017年第1期。

贯性地落实学生德智体美劳全面发展的总目标，同时也深入回答了时代育人理念的"培养什么样的人、为谁培养人"等系列问题。① 其次，从育人理念上看，立足于素养本位的基础教育质量提升回应了学生发展中个人价值与社会价值的整合，将主体性与社会性融于育人价值之中，主动促进学生的个人成长能力与社会适应能力结合，落实德智体美劳全面发展的教育理念。最后，从育人实践上看，立足于素养的基础教育质量提升回应了人的全面发展的现实路径，并从多角度多层次促进人的现实回归，体现学生发展的现实性，切实将促进学生德智体美劳全面发展的育人目标落到实处，这是基础教育质量提升的基本走向。

（三）质量育人是核心素养视角下提升基础教育质量的内在要求

在当前升学考试竞争日渐激烈的教育发展进程中，在基础教育中，学校发展的理念已经偏离了原有旨归，教育目标也逐渐在"应试"中迷失了育人过程中"人"的培养。学生在细化的学科学习中，更多的是获取缺乏活力的知识，如要求掌握一系列概念，其目的是提高升学率。关注基础教育阶段学生的发展，不仅要认识到学业发展目标，更应基于学生的身心发展特点，坚持身心共育的基本走向，最终实现质量育人的要求。育人的质量化提升意味着育人过程的质量化发展：一是对育人需求的科学认识；二是育人体系的素质化建设。育人的质量化提升直接影响到其他教育发展问题的形成。可以说，在基础教育发展中，育人的质量化提升是促进国家教育事业发展的前提条件和基本要素，也是落实基础教育质量育人的起点。

立足于核心素养视角下的质量育人提升，同时也推进了时代育人目标的质量化提升。首先，从育人质量的形式上看，育人不应仅仅停留于传统的知识与技能等二维目标培养之中，更应深化至适应人未来发展的必备品格与关键能力之中。其次，从育人质量的实践上看，育人过程不再是传统的学科本位能力培养，当下更加注重学生跨学科实践能力的培养，注重学生多种能力的形成。要通过育人实践的转变，深入贯彻人才强国与教育强国的发展理念，培养全面发展的社会主义建设者和接班人。最后，从育人质量的发展旨归看，育人的质量化提升最终指向人的

---

① 施久铭：《核心素养：为了培养"全面发展的人"》，《人民教育》2014年第10期。

全面发展能力的生成，这打破了传统育人过程中所产生的价值偏离与生成异化。

第二节　核心素养视角下提升基础教育质量的价值维度

《中国教育现代化2035》指出，要在2035年实现优质均衡的义务教育目标，逐步形成高质量发展的教育体制机制。[①] 当前，中国基础教育处于从基本均衡到优质均衡发展的关键阶段，聚焦核心素养是基础教育提质增效的有力武器。2021年全国教育事业统计结果显示，九年义务教育巩固率为95.4%。[②] 人民群众"有学上"的问题基本解决，"上好学"的需求日益强烈。本书认为，在核心素养视角下提升基础教育质量是落实国家教育方针、助力多元协同育人的重要举措，对于学校办学、教师发展、学生发展等方面也具有重要价值。

一　落实国家教育方针

核心素养自提出以来一直严格遵循着党的教育方针，体现着国家宏观的教育理念，也是教育方针的具体实践。党的教育方针可以通过核心素养转化为教育教学实践中的具体实施内容，这些内容既是培养目标和教学实践的关键环节，也是广大教育工作者层层推进与落实的具体要求。提升教育质量是教育的永恒主题，核心素养是新时代对学生发展的新阐释。

从党和国家的角度来说，以核心素养作为提升基础教育质量的立足点，是贯彻党的育人理念、落实立德树人任务的基本要求，同时也是"培养什么样的人、怎么培养人、为谁培养人"的切实回答。中国正处于建设社会主义现代化强国的关键时期，要想实现科技自立自强、创新自

[①] 中共中央、国务院：《中国教育现代化2035》，2019年2月，http：//www.moe.gov.cn/jyb_xwfb/s6052/moe_838/201902/t20190223_370857.html。

[②] 中华人民共和国教育部：《2021年全国教育事业统计主要结果》，2022年3月，http：//www.gov.cn/xinwen/2022-03/01/content_5676225.html。

给自足，就必须提高基础教育的质量。新时代要重视学生核心素养的培育，深入实施科教兴国战略、人才强国战略、创新驱动发展战略，培养具有国际视野、充满科学精神、积极参与社会活动、爱思考、爱创造的社会主义建设者和接班人，只有这样的人才可以从容地面对国际纠纷，挑起复兴祖国的重任。从社会和民族的角度来说，随着国际社会竞争压力愈演愈烈，对人才需求的多元化现象越发突出。核心素养的研究制定与教学实践正好贴合当下国家对人才的多重要求，即培养出具有世界眼光、满怀家国情怀的学生。对于中华民族而言，悠久的历史赋予了我们深厚的文化底蕴，民族文化是炎黄子孙的财富，更是延续至今的骄傲。在核心素养的框架体系下，文化底蕴成为了扎根于学生内心深处的财富。从家庭和学生个人的角度来说，每个家庭的育儿理念不同，那颗望子成龙、望女成凤的心却是相同的，没有人会不体谅父母的用心良苦，却也怕这份爱会过于沉重或演变为了溺爱。立足于核心素养的基础教育质量提升回应了人的全面发展的现实路径生成，可以多角度多层次促进人的现实回归。一方面，清楚地指出当今社会所需要的人才素养、促进家庭教育明晰育儿方向，有利于家校开展合作、提升教育质量、共育时代新人；另一方面，要将学生发展与现实结合起来，不停留于浅层概念，将德智体美劳等方面的育人落到实处。

二　助力多元协同育人

2020 年，《中共中央关于制定国民经济和社会发展第十四个五年规划和二〇三五年远景目标的建议》明确指出，"健全学校家庭社会协同育人机制，提升教师教书育人能力素质，增强学生文明素养、社会责任意识、实践本领，重视青少年身体素质和心理健康教育"。[1] 此文件清晰地指出了协同育人体系对于培养教师素养和学生素养的重要性。依据协同理论，系统能否发挥协同效应取决于系统内部各子系统的协同作用。如果各子

---

[1] 中华人民共和国中央人民政府：《中共中央关于制定国民经济和社会发展第十四个五年规划和二〇三五年远景目标的建议》，2020 年 11 月，http://www.gov.cn/zhengce/2020-11/03/content_5556991.htm。

系统能协同合作，系统的整体功能就能得到最大程度的发挥。① 此理论同样适用于受教育者。正确处理社会教育、学校教育和家庭教育三者之间的关系，使其协调发展，正对应了 1 + 1 > 2 的协同效应。为了"叠加"发挥"家校社"协同育人作用，有必要使不同育人主体间的教育系统保持相对平等独立，同时在它们之间建立深度合作机制、发挥各自的育人作用，互利共赢，共同提升基础教育质量。反过来，核心素养视角下的基础教育质量的提升也将能够更好地发挥多元协同育人，发挥好"家校社"各自的作用。

首先，从家庭教育层面来看，将有利于改变家庭传统的育人观念。可以利用有效的宣传手段，让家长了解协同育人对于孩子成长的必要性；通过家长委员会、家长开放日等途径，让家长深入了解社会和学校的教育现状，然后有针对性地解决家长在育人过程中遇到的难题，促使家长增强育人责任感和对协同育人机制的认同感。其次，从学校教育层面来看，将促进教师更好地发挥育人的"媒介"作用。教师应以身作则，不断强化学校教职员工的社会教育意识，面向所有的社会成员开展社会教育，积极与家长沟通，不断加强学校与家庭之间的联系，从中传播协同育人观念，加强三者之间的联系。最后，从社会教育层面来看，社会教育的内容丰富、形式多样，包含创业教育、环保教育、公民教育等多种教育类型。社会教育可以在博物馆、图书馆、青少年宫等更加广阔的场地进行，同时还可以运用新闻媒体、网络等途径进行传播。若运用得当，足以在社会教育的影响下规范学生的社会生活行为，培养学生的社会生活技能，让学生在广泛的社会教育范畴中增长知识、发展能力、巩固技巧。当前，中国正向着第二个百年奋斗目标进军，由"教育大国"转向"教育强国"的历史潮流已不可逆转，进入"十四五"时期，建构高质量的教育体系已然成为教育发展共识，而健全学校家庭社会协同育人机制的提出，是在核心素养的时代背景下，全面贯彻党的教育方针、落实立德树人根本任务、提升基础教育质量的重要动力。

---

① 王起友、张东洁、贾立平：《协同理论视角下的大学生思想政治教育创新研究》，《学校党建与思想教育》2013 年第 23 期。

三 增强学校办学实力

培育学生核心素养能力是深化中国基础教育课程改革的重要理念，同时也是促进基础教育质量提升的关键一环。立足于培育学生核心素养，在基础教育质量提升的进程中，各基础教育学校最终也将通过办学理念的重塑与办学实践的革新实现自身办学实力的提高。

从办学理念的重塑来看，随着全球化进程的加速，国际间的竞争逐渐加剧，以经济建设为中心，致力于国家公民素养的提升，已然成为国际教育发展的共同主题。[①] 以核心素养为发展背景的基础教育质量提升也饱含着时代发展的需求，引领新时代育人目标。核心素养时代下的育人不再是停留于传统的知识与技能双基教学目标，抑或是三维目标之上，而是将其聚焦核心素养的培育，探寻如何培养学生适应未来发展的必备品格与关键能力。学校办学理念则正是在此基础上得以重塑，在培养目标上以"全面发展的人"为核心，关注素养导向，通过核心素养的整体发展促进学生的全面发展、可持续发展。

从办学实践的革新来看，办学理念是影响和决定学校整体发展的主导理念，它作为观念形态，是办学实践的先导，要作用于办学实践。[②] 因此，在核心素养整体框架下革新办学理念，要通过影响学校成员对核心素养时代下育人目标的一致性认识，推动学校办学实践的变革。首先，从校园文化建设来看，以核心素养为背景的基础教育质量提升，一方面指引学校管理制度紧扣民主性、开放性，制度执行以生为本，凸显人性化；另一方面也引领学校抓好校风、学风建设，将对学生核心素养的涵育融入学校的物质文化、精神文化建设中，营造一个富有教育性和人文底蕴的校园环境。其次，从教师教学来看，核心素养的培育过程是师生双方互利共赢的过程，它推动教师更新教育观念、创新教学方式，在教学中更注重以学生为中心，带给学生完整的学习环境互动，增加学生学习兴趣，增进学习效果，驱动学生转变原有认知，内化核心素养，完成

[①] 左璜：《基础教育课程改革的国际趋势：走向核心素养为本》，《课程·教材·教法》2016年第2期。

[②] 史燕来：《中小学校办学理念探析》，《中国教育学刊》2004年第5期。

自我建构。

四　推进教师队伍建设

强国必先强教，兴国必先强师。核心素养的提出，不仅为学生发展提供了方向与目标，更为教师专业发展提出了挑战与转型的导向，带动了教师队伍的专业化发展。近年来，习近平总书记对新时代教师的发展提出了新的要求，以"四有好老师"与"四个引路人"为代表的教师发展标准，成为了新时代教师队伍专业建设的核心要领。诚然，立足于核心素养视角下的基础教育质量提升进程也促进着教师自身素养的提升，带动着教师队伍的专业化发展。

教师作为一种精神文化领域的传递者，如果把这种职业活动中的精神职能与其他活动相比较，可以清晰地看出教师的作用是任何资源都替代不了的。[①] 在基础教育质量的提升过程中，关键是回归教师自身建设，逐步带动教师队伍专业化发展，推动教师教育事业在改革中不断进步。而核心素养的提出则为教师队伍的建设提供了明确的方向与道路，促使教师在自身专业化与职业化发展过程中获得群体的社会认同，从而增强其发展内生动力。首先，从教师专业发展本身的连续性来看，教师自身专业发展是一个持续不断的动态过程，这也切合了核心素养作为教师能力建设的动态性生成过程。以学生"自主发展、社会参与、文化基础"为代表的核心素养不仅仅是针对学生核心素养的生成，更是推动教师能力提高的现实途径。对于教师而言，实现教师核心素养的建设，是一个持续不断的过程，需要深入发掘教师成长过程中的阶段性，关注不同阶段，促进教师核心素养的有效实现。其次，从教师专业发展的现实性来看，教师能力的建设指向真实教育情境，而核心素养的发展，则促进了基础教育进程中教师能力培养的内涵提升。教师面对时代的要求，不再只扮演"传道授业解惑者"的角色，更突出其紧跟时代发展步伐的素养能力，注重其队伍专业化与现代化的建设。最后，从教师专业发展的整合性来看，立足核心素养的基础教育质量提升，在一定程度上健全了教师专业发展的整体式框架，为教师能力培养提出了指标式建议，使得教

---

① 陈桂生：《普通教育学纲要》，华东师范大学出版社2012年版，第254页。

师专业建设过程中能够形成完整的逻辑体系。

五 促进学生个体发展

自核心素养一词最早出现在1997年欧盟理事会和经济合作与发展共同发布的研究报告中①，其含义一直在全世界的努力中不断地扩充，组织核心素养的研究是全面而广泛的。我们不能走从前偏重一方的老路，任何仅强调人的单一素养发展的教育都是畸形的教育。中国对于核心素养的考量在当下看来是基于提升基础教育质量不断扩充的。因此，核心素养无论是对于个人还是国家而言，都极其重要。

中国正处于建设社会主义现代化强国的关键时期，需要培养具有国际视野、充满科学精神、积极参与社会活动、爱思考、爱创造的社会主义建设者和接班人，以挑起复兴祖国的重任。对于学生个体发展而言：首先，在文化基础上，要能够体会人文底蕴，拥有科学精神。文化是人存在的根和魂，是一个国家千百年来的沉淀，承载着人文积淀与人文情怀，也孕育着国人的审美情趣。近百年来，随着世界历史的变迁，文化的交流越来越广泛，中国一直秉承着"求同存异"的准则，培育的是厚德载物、严于律己、宽以待人的国民，但国家发展、民族振兴还需要具有科学精神的国人。在学习中，需要培养拥有好奇心、勇于探究、能够理性地思考问题、敢于批判质疑、能够在黑暗中寻找希望的曙光的人才。其次，在自主发展上，要做到学会学习，拥抱健康生活。自主是每一个呱呱落地的婴儿在经过家庭、学校、社会的"打造"后形成的独立品格。在孩子自主发展的阶段中，规律的生活作息、健康的饮食习惯，动手与动脑相结合，都能帮助学生养成良好的学习习惯，形成自己的学习方式、思维模式。让学生具备既乐学善学，又勤于反思，还跟随瞬息万变信息社会的意识。最后，在社会参与上，要具备责任担当，学会实践创新。社会性是人的本质属性，要真正成为社会主义的建设者和接班人就必须从小培育为人民服务的社会责任感，培育热爱祖国、奉献人民的精神，从小事入手培养对待事物的责任心和敢于担当的勇气。同时，要想跟上

---

① 褚宏启：《核心素养的概念与本质》，《华东师范大学学报》（教育科学版）2016年第1期。

社会进步的步伐，必须具备创新创造意识、实践创新能力。种种迹象表明，科技创新将为中国现代化建设带来新机遇，培育具有劳动意识的人才成为中国实现制造强国的必备一环，只有在社会上形成一股热爱劳动的风气，让劳动意识扎根于内心深处，才能培育擅于解决关键核心问题、"卡脖子"技术问题的国之栋梁。

六 深化师生课堂互动

在过去，课堂延续的是简单的"教师输出——学生得到"的学习模式。这种模式下，学生是看表演的观众，教师是舞台上的表演者，课堂是教师个人的表演舞台，缺乏师生之间的交往和互动。自核心素养提出以来，课堂逐渐跳脱这种模式，更加倾向于课堂教学中师生互动的重构，注重师生在课堂上的融合共生。从社会心理学角度来看，课堂教学过程的实质是师生之间在认知、情感、意志方面的交往过程。首先，在师生认知层面的互动。教师要以学生为主体，充分尊重学生的个性，让学生成为课堂的主人。课堂教学不是满堂灌，而是留有余地，将静态的知识转向动态的知识，将停留于书本的知识转向生动形象的知识，将隐藏价值取向的知识转向饱含价值意蕴的知识。由此入手，给学生独立思考的实践、给学生独立探索的空间，同时将核心素养的培育贯穿于课堂教学全程。其次，在师生情感层面的互动。师生间的情感互动关系是师生互动的一个极为重要的方面，它对课堂中教学过程、效果以及师生的全面发展发挥着重要的作用。在课堂教学过程中，师生情感交融需要教师对学生的热爱和理解，需要学生对教师的信任和尊重。教师对学生的热爱指向的是教师热爱每一个学生，这种爱表现在教师既能够民主又能够严格，教师要充分利用"皮格马利翁"效应，让学生感到来自教师的期待。对学生的理解指向的是教师关注学生的生活世界，打通教师生活世界和学生生活世界的隔阂，搭建起两个世界对话的平台，进而搭建起情感交流的桥梁。学生对教师的信任指向的是学生对于教师师德、师风、师知的信任，学生对教师的尊重指向的是由于教师对每个学生的爱不是偏爱而产生的尊重的心理。最后，在师生行为层面的互动。课堂中师生互动不仅是认知信息的交流过程和情感信息交流的过程，还是师生之间"教与学"行为互动的过程。最基本的教与学的互动是启发探究。"启发是外因，探究是内因。教师只有把'启发'协调在学生的探究学习上，才能发生教与学的和谐'共振'，才能出现真正意义上的师生互动。"[1] 而更高层次的教与学的互动是教学相长，也就是说教师和学生之间相互促进，共同提升。教师能够通过为学生解答疑惑、在与学生共同进行学问切磋的教学活动中获得对教育的新认知，学生能够从教师身上学到学识和学到做人做事的方法。这一相长是师生之间精神相遇和知识共享与共建的结果，师生在这一过程中实现互动发展。学科核心素养已逐渐成为引领学科走向的风向标。在核心素养视角下，各学科的课堂教学务必重视深化课堂的师生互动，教师必须具备核心素养的意识，懂得在日常教学中处理好师生互动认知、情感、行为层面的关系。同时，增强学生对核心素养的敏感性，自觉地向核心素养提升的方向"靠拢"，如此一来，中国基础教育质量将会得到质的飞跃。

第三节 核心素养视角下提升基础教育质量的价值实现

党的二十大报告指出，高质量发展是全面建设社会主义现代化国家的首要任务。提升基础教育质量是实现教育高质量发展的重要一环。为提升核心素养视角下的基础教育质量需从形成基本价值理念、建立监督管理机制和构建评价指标体系等方面着手，推动基础教育朝着高质量方向发展。

一 形成核心素养视角下提升基础教育质量的基本价值理念

发展学生核心素养是深化新课程改革、落实立德树人育人目标的基础，全面准确地把握核心素养视角下基础教育质量提升的基本价值理念是实践的前提。树立以核心素养为导向的基础教育质量观是实现基础教育质量提升的关键。

从新课程改革角度来看，需遵循基础教育新课程改革的基本理念，紧扣改革的主要内容。新课程改革旨在构建符合素质教育要求的基础教

---

[1] 袁维新：《论教学过程中的师生互动》，《教育理论与实践》2002 年第 S1 期。

育课程体系，具有三大基本理念，即关注学生发展、强调教师成长和重视以学定教，同时强调树立新的课程观、教学观、学生观和教师观等教育教学"观"。随着"深化教育改革，全面推进素质教育"的逐步深入，基础教育进入了以提升质量为主导的新阶段。21世纪以来，国际组织与诸多国家和地区相继提出了核心素养的框架，中国面临着国际竞争加剧和国内国民对基础教育的需求从"有学上"到"上好学"的转变的境况。自2013年起，中国开启了学生核心素养相关的学术研究和实践探索，在2016年形成了面向世界并适合中国国情的核心素养框架，随后又将培育学生核心素养作为政策导向指导实践。以《中国教育现代化2035》《义务教育质量评价指南》和《义务教育课程方案和课程标准（2022年版）》为代表的文件都指向基础教育质量的提升，突出表现在学生核心素养的发展水平上[①]。未来在提升基础教育质量上仍然要以核心素养为导向，以新课程改革为基本遵循，持续提升基础教育质量。

从新发展理念来看，基础教育发展也应当遵循创新、协调、绿色、开放、共享的基本理念。创新在中国现代化建设中处于核心地位，教育创新则具体体现在教育体系、教育观念、教育方法等方面的革新上。在教育信息化2.0时代，基础教育质量迎来了发展契机，人工智能、大数据、区块链等信息技术的引入将持续推动教育教学变革。协调发展是实现基础教育由基本均衡向优质均衡发展的必由之路。《中国教育现代化2035》将促进义务教育优质均衡发展作为发展目标，对基础教育基本均衡提出了更高的要求，这也体现出国家对基础教育的发展要求从"重量"转到"提质"上来。以核心素养为导向的基础教育质量提升，一方面契合国家政策；另一方面也适应信息化时代发展需要，未来也将持续以此着力促进基础教育质量提升。绿色发展是基础教育发展的必然要求，绿色即注重人的"绿色"发展和基础教育的持续健康发展。现代教育强调"以人为本"的教育理念，即重视人、理解人、尊重人和爱护人，要将其贯穿于教育教学的全方位和全程，促进人的全面、健康发展。同时教育精准扶贫已取得重大成效，有助于缩小城乡、区域、校际间差异，促进

---

① 褚宏启：《核心素养十年路：持续引领基础教育质量提升》，《中小学管理》2022年第7期。

基础教育持续健康发展。开放发展要求发挥多主体多部门内外联动的作用，助力基础教育质量提升。以联合教研为例，其通过教研主体的空间联动、教研形式的互联开放、教研内容的多元交融、教研力量的协同聚合实现教研的最优化。① 共享发展是基础教育发展的时代意蕴，是义务教育优质均衡发展的内在要求，即促进优质资源共享。以"三个课堂"常态化按需应用为代表的政策是以现代信息技术为依托，促进优质师资、优质课程和优质网络学校资源等在线流转，发挥提升教育质量、促进教育公平和推动教育创新的作用。未来应当继续出台并深入推进相关政策，完善共享体制机制，打造共享平台为基础教育发展提质增效。

二 建立核心素养视角下提升基础教育质量的监督管理机制

加强和完善基础教育监管机制是使基础教育管理走向现代化、科学化和精细化的必然要求。

首先，就整个教育系统而言，提升教育质量要持续推进和完善教育督导制度。教育督导制度作为中国的基本教育制度，既发挥"督"的作用，又发挥"导"的作用。党的十八大以来，教育督导在督促落实教育法律法规和教育方针政策、规范办学行为、提高教育质量等方面发挥了重要作用。为适应新时代教育改革发展要求，2020年中共中央办公厅和国务院办公厅印发了《关于深化新时代教育督导体制机制改革的意见》拟针对教育督导存在的机构不健全、权威性不够和结果运用不充分等问题，提出要进一步深化教育督导管理体制、运行机制、问责机制、保障机制、聘用和管理改革②。未来教育督导制度将持续推进，为基础教育质量的提升保驾护航，继续发挥规范基础教育学校办学、提升管理水平和评估判定教育政策执行情况，为教育相关政策落实提出指导性建议。

其次，就基础教育阶段而言，需建立常态化、信息化、综合化的基础教育质量监管机制。常态化是针对监管的过程而言，主要发挥的是统

---

① 徐贵亮、朱成东、王伟：《课程改革视域下的联合教研：背景、路径及实践方略》，《课程·教材·教法》2022年第9期。
② 中共中央办公厅国务院办公厅：《关于深化新时代教育督导体制机制改革的意见》，2021年2月，http://www.gov.cn/zhengce/2020-02/19/content_5480977.htm。

筹协调监管基础教育发展的全过程和全方位的作用。常态化监管机制又包括风险防控管理机制、考核奖惩机制、统筹要素保障机制、资源共享机制、常态化教学评价机制等。信息化是针对监管的手段而言，信息化监管机制即技术支撑机制，是适应教育现代化发展要求、促进管理手段的更新的重要途径。要充分利用信息技术数字化、网络化、虚拟化和智能化等特点，随时更新、动态跟踪、自动评价系统管理和处理基础教育相关数据和信息，促使基础教育质量监管走向科学化、高效化和动态化。信息化监管机制，一方面能通过信息公开拓展监督渠道和丰富监督手段，促进基础教育实践实施内部控制，定期开展内部审查，构建良好的基础教育发展的内部生态环境；另一方面也能使基础教育信息透明化，保障群众的知情权、参与权、表达权和监督权。综合化是针对监管的主体而言，多主体协同监管机制能有效促进多主体协同监督管理基础教育质量。政府、教育行政部门、学校管理者、教师、家长和学生等多主体参与基础教育监督和管理，表达自我诉求，可以真正实现"家校社"协同育人作用，促进基础教育适应人和社会发展的需要。基于核心素养的三种基础教育质量监管机制联动，促使基础教育质量稳步、健康地持续向前发展。

三 构建核心素养视角下提升基础教育质量的评估指标体系

办学条件、普及水平、公平程度、教育质量和治理能力是衡量一个国家基础教育水平的五个基本维度[1]。基础教育质量的评价与提升是新时代基础教育加快战略转型的关键环节和内在要求。自21世纪以来，各国对基础教育质量的提升愈加重视，以由经合组织发起的国际学生评价项目PISA测试为例，其主要测评的是15岁学生是否具备参与和胜任未来社会生活的能力[2]。综合其他基础教育质量评估项目来看，全球基础教育质量评估具有评估内涵和维度深度化、能力要求全面化、数字信息技术常

---

[1] 王湛：《构建更公平、更高质量的基础教育发展新格局》，《光明日报》2022年3月29日，https：//news.gmw.cn/2022-03/29/content_35618904.htm。

[2] 陈法宝：《PISA测评对世界课程改革的影响与启示》，《现代教育管理》2021年第3期。

规化、测评工具多样化和情境化等新趋势。① 党的十八大以来，中国为适应世界教育改革的趋势和提升中国教育竞争力，将发展学生核心素养作为落实立德树人根本任务的重要举措，未来核心素养将持续引领基础教育质量提升。构建核心素养视角下提升基础教育质量的评价指标体系是加强和改善基础教育管理和实现基础教育整体优化的重要环节。

具体而言，构建以核心素养为导向的基础教育质量评估需从以下五个方面着手：一是基于学生核心素养概念框架和评价理念找准质量评估检测的功能定位和维度。中国核心素养是在基础理论研究、国际比较研究、传统文化分析和课程标准分析的基础上构建的素养框架，形成了文化基础、自主发展和社会参与三大领域、六种素养、十八个要点的核心素养体系。② 基础教育质量评估也应当以中国式的学生发展核心素养体系为导向确定评价维度，同时遵循人本性、过程性、发展性和科学性的教育质量评估理念和原则指引评估指标体系的构建。二是确定核心素养视角下基础教育质量的指标。构建指标的常用方法有综合法、目标层次法、指标属性分组法等，本书主要采用扎根理论的方法初步构建基于核心素养的基础教育质量评估指标体系。三是对初步构建的核心素养视角下的基础教育质量评估指标体系进行修正。本书对评估指标体系进行了三轮修正，分别是基于文本信息的首轮修正、基于现实考察的二次修正和基于访谈（含专家咨询）的三次修正。四是确立和呈现核心素养视角下基础教育质量评估指标体系。其中包括评估指标的权重分配、内容描述、具体呈现和使用指南，为基础质量评估提供参考。五是对基于核心素养所确立的基础教育质量评估指标体系进行实践检验，具体包括实践检验的方案设计、数据采集、数据分析和效果反思。

---

① 严文法、刘雯、李彦花：《全球基础教育质量评估变化趋势及其对我国基础教育质量监测的启示——以PISA、TIMSS、NAEP为例》，《外国教育研究》2020年第9期。
② 林崇德：《构建中国化的学生发展核心素养》，《北京师范大学学报》（社会科学版）2017年第1期。

第 四 章

核心素养视角下提升基础教育质量的主要依据

核心素养视角下提升基础教育质量具有重要作用，近几年来，中国基础教育以核心素养为导向，基础教育质量得到不断提升。核心素养视角下的基础教育在历史发展过程中不断进行实践探索，从"双基"到"三维"目标，再到今天的"核心素养"，这是中国教育界一直以来对基础教育之基础性探讨的结果，也是对基础教育之基础性研究的深化。基础教育质量的提升得益于核心素养的发展，经过近几年的努力，中国已经全面建立起以核心素养为导向的基础教育质量提升的政策体系与标准体系，这为基础教育教学实践的开展提供了强有力的指导与支持。通过对核心素养视角下的基础教育相关政策进行分析，可以深刻把握基础教育的改革发展趋势及其基本走向，更好地为基础教育质量的提升提供政策依据。通过对核心素养视角下的基础教育理论进行相关阐释，可以对核心素养的实施以及基础教育质量的提升提供强有力的理论支撑，对基础教育质量的实践起到推动作用。通过现实依据分析，可以依据现实需求和实践经验为核心素养视角下提升基础教育质量提供参考。

第一节 核心素养视角下提升基础教育质量的政策依据

中国基础教育正在开启一个以核心素养为背景的新时代。核心素养视角下提升基础教育质量要把坚持立德树人、促进人的全面发展、适应未来社会需要作为根本的质量标准。因此，正确理解与把握核心素养视角下提升基础教育的政策依据，有利于我们把握时代发展的要求，及时了解国家的政策文本，为提升基础教育的质量奠定良好的基础。具体涉及三方面内容：一是了解核心素养视角下引领基础教育质量发展的政策计量分析，通过政策计量分析，掌握当前核心素养视角下基础教育质量的发展规律，把握政策发展的趋势。二是熟悉核心素养引领基础教育质量发展的政策演进阶段，通过了解核心素养引领基础教育质量发展的不同阶段，分析不同阶段需要完成的任务，进而总结不同阶段下的不同特点，为中国基础教育质量的发展提供制度保障。三是聚焦核心素养引领基础教育质量发展的关注点，厘清中国核心素养视角下提升基础教育质量发展的过去、现在与未来状况，从而为中国基础教育质量的发展提供更广的空间。

一 核心素养引领基础教育质量发展的政策计量分析

基础教育在中国整个教育体系中处于基础地位，其质量状况直接影响学生未来的成长和发展。基础教育质量的提升，突出表现在学生核心素养的发展水平上。政策计量分析是一种量化分析的研究方法，通过这种方法能够从宏观层面上了解核心素养引领基础教育质量发展的演进规律，从而明确政策影响的范围、把握政策发展趋势。

（一）高频元素分析

将2013—2022年连续十年关于核心素养引领基础教育质量发展的政策文本导入 ROST CM6 文本挖掘软件，运用分词功能和词频分析（中文）功能筛选出排名前36位的高频元素，得到如表4-1所示的高频元素词性频数统计表。

表4-1　　　　　　　　高频元素词性频数统计

序号	元素	频数	词性	序号	元素	频数	词性	序号	元素	频数	词性
1	教育	342	名词	13	全面	73	副词	25	开展	47	动词
2	学生	178	名词	14	建设	69	动词	26	落实	46	动词
3	学校	159	名词	15	标准	68	名词	27	国家	44	名词

续表

序号	元素	频数	词性	序号	元素	频数	词性	序号	元素	频数	词性
4	教师	135	名词	16	学科	63	名词	28	科学	43	名词
5	教学	124	名词	17	培养	61	动词	29	制度	41	名词
6	发展	119	动词	18	部门	59	动词	30	实践	38	动词
7	评价	116	动词	19	建立	57	动词	31	引导	37	动词
8	培训	98	动词	20	社会	56	名词	32	资源	36	名词
9	加强	85	动词	21	育人	56	动词	33	现代化	36	形容词
10	改革	81	名词	22	机构	55	名词	34	素质	30	名词
11	质量	77	名词	23	人才	49	名词	35	教研	29	名词
12	服务	75	动词	24	体系	48	名词	36	劳动	26	名词

从元素的词性来看，样本高频元素的主要词性为名词、动词、形容词、副词，其中名词与动词的占比相较于形容词和副词而言更高。其中，诸如"教育""部门""学校""机构""国家"等名词集中体现了国家对核心素养引领基础教育的重视；"培训""培养""落实""实践""引导""开展"等动词体现了各教育主体推动落实核心素养引领基础教育的实际行动所在；而像"全面"等这样的副词则侧重阐明和强调推动核心素养引领基础教育领域的全面性和整体性。

从元素的基本内涵来看，高频词汇所指涉的内容大致可以概括为以下四个方面：一是具体落实核心素养引领基础教育的场域，"学校"出现的频次高达159次，位列全部元素的第三位，"社会"出现了56次，紧随其后的是"机构"，这充分说明社会和机构是除了学校以外承担推动和落实核心素养引领基础教育的两大场域阵地。二是引领基础教育发展的核心要素问题，"教师""教学""人才""资源""服务""劳动"等元素出现的频次也较高，反映了核心素养引领基础教育发展需要多样化的资源和更优质的服务，需要有一大批各类专业型人才作为动力支撑。三是"评价""质量""标准""体系""科学""制度"等元素的高频出现，其侧面反映了教育部门对新时代背景下推动核心素养引领基础教育发展的科学规划和战略要求；四是"实践""劳动""素质"等高频元素，体现了国家对实施核心素养引领基础教育具体实施方案和行动模式的探索。

(二) 语义网络分析

语义网络分析是指对文本中的高频关键词之间的内在联系进行更进一步挖掘的一种方法，旨在找出文本中处于核心地位的关键词，并通过知识图谱的方式呈现诸多高频关键词之间的联系。本书将2013—2022年连续十年关于核心素养引领基础教育质量发展的政策文本导入ROST CM6文本挖掘软件，结合自身对相关纸质文件的详细阅读，经反复校正和调整后生成如图4-1所示的核心素养与基础教育语义网络分析图谱。

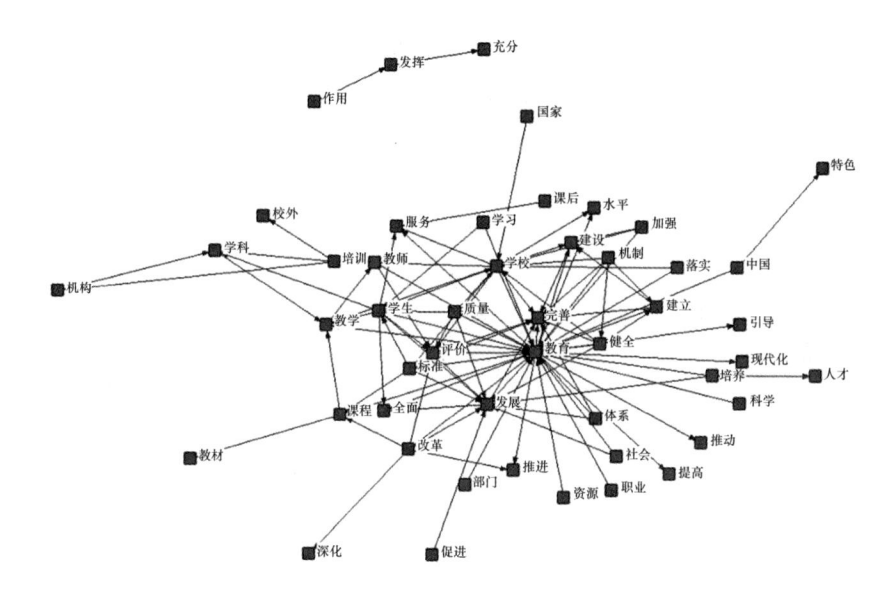

图4-1 核心素养与基础教育语义网络分析（2013—2022）

从图4-1可以看到，其整体上围绕"教育""学校""完善""发展"四大中心元素向四周发散，形成了一个较为明显的网状结构，各细微元素紧紧围绕中心元素发挥作用，彼此间具有密切的关联关系。四个中心元素大致体现了新时代背景下推动落实核心素养引领基础教育的基本架构，即以"学校"为主要场域阵地坚持发展基础教育，完善基础教育设施，提高核心素养引领基础教育的质量。其他的一系列次级元素则代表着基本维度下的次级培养要素，为较为全面展示语义网络分析效果提供了借鉴基础。

二 核心素养引领基础教育质量发展的政策演进阶段

政策本身即为一种有目的、有组织的动态发展过程。因此，以政策文件为切入点展开核心素养视角下提升基础教育质量的分析，探寻其所处时代的背景与相关教育要求，有利于更为深刻地理解核心素养的历史发展脉络对基础教育改革的深远影响。概括核心素养相关政策从初步探索阶段到逐步繁荣阶段再到深度发展阶段在中国教育过程中的发展特征，同时结合基础教育的发展脉络，以使政策能更好地体现党和国家的意志和决心，保障核心素养视角下提升基础教育质量的措施在中国更好地实现，深化推进中国基础教育综合改革。其核心素养引领基础教育质量发展的政策演进阶段具体可以划分为：

（一）核心素养政策演进的初步探索阶段（2013年）

中国基础教育的理念经历了从"双基教学"到"三维目标"再到"核心素养"的变化发展，其过程是在蕴涵了核心素养基本思想的基础上继承与发展的。中国为了积极应对21世纪的挑战和国际教育竞争，从2013年起开始了对学生培养核心素养的学术研究，并开启相应的实践探索与政策制定等工作。这也是中国为了适应世界教育改革发展趋势、提升中国教育国际竞争力的主动作为。2013年1月，中国第一篇关于学生核心素养的学术论文《我国义务教育阶段学生核心素养模型的建构》发表，9月教育部哲学社会科学研究重大课题委托项目"我国基础教育阶段和高等教育阶段学生核心素养模型研究"立项，为核心素养相关政策的制定和实施提供了强有力的理论支撑。同年，教育部启动普通高中课程方案和课程标准的修订工作，提炼出每一门学科的"学科核心素养"。因此，笔者认为可以把2013年作为核心素养政策演进的初步探索时期。

（二）核心素养政策演进的快速兴起阶段（2014—2017年）

为贯彻落实党的十八大提出的"要把立德树人作为教育的根本任务"的战略部署，2014年4月，教育部印发《关于全面深化课程改革落实立德树人根本任务的意见》，首次提出了要研究制定学生核心素养及学业质量标准，规定各阶段要从学生的实际情况出发，进一步规范和明确各个教育的时间段与目标，完善与学校教育相关的教学标准。2016年，中国学生发展核心素养研究成果发布，核心素养研究课题组公布了《中国学生发展核心素养》总体框架，把学生的核心素养划分为了6个方面、18个要点，并把学生的核心素养界定为"学生应具备的，能够适应终身发展和社会发展需要的必备品格和关键能力"。2017年9月，中共中央办公厅、国务院办公厅印发《关于深化教育体制机制改革的意见》，明确要求在培养学生基础知识和基础技能的过程中，强化支撑终身发展、适应时代要求的关键能力的培养，并进一步指出要培养四种关键能力，即认知能力、合作能力、创新能力、职业能力。这是中国教育政策文本中对核心素养最简明扼要、最切中要害的表述。

因此，这一系列关于核心素养政策文本的出台，不仅支撑了核心素养作为提升基础教育质量的突破口，也开启了全面深化基础教育课程改革的新征程。

（三）核心素养政策演进的深化提质阶段（2018—2022年）

2018年1月，普通高中新课程方案和课程标准发布。高中新课程方案和新课标要求"着力发展学生的核心素养"，并提出了"学科核心素养"的概念。每个学科都凝练了各自学科的素养。2018年10月教育部、中央政法委联合发布了《关于坚持德法兼修实施卓越法治人才教育培养计划2.0的意见》，明确要求注重培养学生的思想道德素养。2019年6月，《中共中央国务院关于深化教育教学改革全面提高义务教育质量的意见》发布，要求坚持立德树人，着力培养担当民族复兴大任的时代新人，提出要坚持"五育并举"，全面发展素质教育。

2021年3月教育部等六部门印发的《义务教育质量评价指南》是专门为落实两个中央文件而制定的，把立德树人、五育并举、培养时代新人等最后都落实到"培养学生正确价值观、必备品格和关键能力"上来。2021年7月，中共中央办公厅、国务院办公厅印发《关于进一步减轻义务教育阶段学生作业负担和校外培训负担的意见》，要求坚持学生为本，着眼学生身心健康成长，保障学生休息的权利，整体提升学校教育教学质量。即该文件提出的工作目标最后要落实到学生的培养质量特别是学生核心素养的发展水平上。2022年4月，修订后的义务教育课程方案和课程标准发布。义务教育新课程方案和课程标准要求着力发展学生核心素养。新课标的"核心素养导向"主要体现在以下方面：一是根据核心素养要求，确定各门课程的具体目标，体现正确价值观，遵寻培养必备品格和关键能力的要求；二是基于核心素养的要求，精选、设计课程内容、优化课程内容结构；三是根据核心素养发展水平，研制了学业质量标准，并对考试评价改革提出了相应的要求。总之，近年来的修订工作都是紧紧围绕核心素养展开的。

三 核心素养引领基础教育高质量发展的政策关注焦点

在现代化进程中，基础教育质量之"高"是以教育体系系统性变革为时代特征的，以核心素养为导向的基础教育高质量发展在其中发挥着重要的引领作用，这既顺应了世界教育变革发展之势，又是提升中国基础教育国际竞争力的有为之举。因此，为全面把握核心素养引领基础教育高质量发展，需深刻审视和把握核心素养推动下基础教育高质量发展的政策发展规律与趋势。通过梳理相关政策发现，核心素养是探寻基础教育高质量发展整体脉络的重要突破口与时代新视角，当前中国教育政策主要聚焦价值追寻、发展趋势与执行理路三大核心，推进核心素养与基础教育高质量发展的深度融合展开。

（一）价值追寻：契合时代之需，应对现实挑战

"质量"始终体现着教育政策发展的时代主旋律与永恒主基调。在当前国际形势复杂多变的形势下，基础教育高质量发展已然成为教育政策关注的核心焦点，也是21世纪各国共同关切的重要议题，更是中国教育体系高质量发展与时俱进的价值彰显。当前中国基础教育正步入"由有质量发展转向高质量发展"[①]的现代化新阶段，从政策文本可看出高质量发展的深刻意蕴是内涵式与跨越式发展，政策层面体现出其本质要求是从达到"数量"的扩张发展转向"优质"深度发展。中国基础教育发展正面临百年未有之大变局的深刻挑战，随着中国主要矛盾的转变，公平而有质量的基础教育的呼声也随之而来，以核心素养为指导的基础教育高质量发展是为迎接当前国际国内引发的新挑战，稳抓新机遇的关键举措，有利于进一步发挥基础教育"党之大计，国之大计"的奠基性、统领性、全局性的优势作用。基于此，政策关注焦点主要表现为以下两点。

---

① 柳海民、邹红军：《高质量：中国基础教育发展路向的时代转换》，《教育研究》2021年第4期。

第一，强化指向全人培养的育人目标。2014年颁布的《教育部关于全面深化课程改革落实立德树人根本任务的意见》是中国首次明确界定"核心素养"概念的官方政策文本。它首次强调了学生应具备适应终身发展和社会发展需要的必备品格和关键能力，并把核心素养纳入各学科与各学段学业质量标准，进一步明晰了各学科与学段细化具体的育人目标与本质要求，有利于基础教育高质量育人目标的标准化与精准化。政策中关于优化整全人才培养、成人成才之道、核心素养本位的人才目标定位与政策价值取向，成为推进核心素养引领基础教育高质量发展的首要前提。第二，凝练核心素养内核的价值纲领。2017年9月，中共中央办公厅、国务院办公厅印发了《关于深化教育体制机制改革的意见》，政策要求在培养基础知识素养的同时，不断涵养学生终身发展能力、适应时代变革的关键能力，并基于核心素养概念框架提炼出四种关键能力，即认知能力、合作能力、创新能力、职业能力。该政策文件将学生素养划分为基础素养与核心素养，并对核心素养之下各关键能力进行了具体详尽的表述，更聚焦于核心素养理念内核所隐含的关键能力。2018年1月，普通高中新课程方案和课程标准的发布将政策聚焦点深入具体学科核心素养的培养，"学科核心素养"的内涵真实生成，直接关涉到后续颁布的新课标及基础教育课程改革与教学改革奠定基础，深刻体现了政策视角下核心素养与基础教育有机结合的政策价值引领。

(二) 发展趋势：立足本国实情，坚守教育使命

通过回顾中国不同发展时期相关教育政策与政府工作报告发现，在"核心素养"概念明确提出之前，中国历来高度关注学生的各项素质全面发展，体现出中国立足本国实情不断推进"核心素养"落地生根。直至"核心素养"在中国正式提出，始终围绕教育应"培养什么样的人"与"怎么样培养人"的基本问题展开。中国核心素养的教育政策从具体聚焦维度看，具有三个方面的特征：一是基于核心素养的人才培养始终以坚持贯彻党的领导与社会主义方向为基本点。"核心素养"育人目标进一步丰富拓展了社会主义育人方向，接续发展了富有中国特色的教育发展方向，是中国教育领域不断持续创新的重要举措。二是基于核心素养的教育理念始终契合中国"德智体美劳"的育人主线，各学科的具体培养内容呈现多元化发展。中国教育政策的颁布从始至终强调核心素养推动下

的基础教育必须以人发展为根本，将立德树人与五育并举相结合，落实培养时代新人的育人使命，中国教育政策为落实核心素养提供了理论支撑，为核心素养细化到各学科提供了智力支持。三是高举立德树人旗帜，将道德素养作为学生核心素养培养的风向标。重视社会责任感、创新精神、实践能力等，六部委印发的《义务教育质量评价指南》强调"培养学生正确价值观、必备品格与关键能力"，可见立德树人是中国核心素养与基础教育发展的首要任务与育人根基，社会责任感、终身发展能力、社会发展能力、创新精神、实践能力等则是重要维度与育人方向，相关政策文本中正确价值观、必备品格与关键能力细分延伸出的各素养都愈发受到不同程度的重视。

（三）执行理路：推进多维并举，提升育人质量

基础教育是国民教育体系的核心，从对国家教育政策颁布的各项具体工作中发现，核心素养全面贯穿于各项教育大政方针。如学科核心素养、基础教育课程建设、五育并举、"双减"及新课标的落地执行等教育举措的全面融入都为建设高质量基础教育体系强根固本。首先，核心素养总体框架在各学科的深入细化体现为课程核心素养。相关政策的落实执行是中国基础教育回归教育育人本质与高质量发展的有力保障，凝练了各学段学生学习各学科课程需要养成的核心素养，从素养发展和高质量发展的视角来看，国家出台的各项政策中提出了各学段学生应在各核心素养细化指标之下达到的表现水平，从而确定核心素养在不同学段与学科之中的特殊内涵。其次，以核心素养为导向的基础教育教学改革聚焦五育并举。各项政策文件都要求要围绕培养核心素养为中心要义，深化基础教学改革，变革教学方式，创新育人新模式，尤其是2022年版的义务教育课程标准强调构建以学生核心素养为纲、统领课程教学的话语体系，全面深化基础教育改革，推进"五育"并举。再次，"双减"政策的出台是中国着眼于当前学生身心健康成长，让核心素养有效落实的宏观布局，既有效继承了立德树人、五育并举、减负增效的育人目标，又有效推进了教学变革、作业管理、课后服务等各项措施的优化升级，促进学生素养的全面发展，全力重塑基础教育的新样态。最后，核心素养导向是新课标的灵魂，具有风向标的作用。基于核心素养新修订的课程方案和课程标准突出了以核心素养统领并贯穿于课程目标、课程内容、

教学设计、教学方式、教学实施和教学评价各要素,将各要素统合为有机整体。在各项课程标准之中研制了相应的学业质量标准,使得核心素养更为直观具象。

第二节 核心素养视角下提升基础教育质量的理论依据

目前,核心素养视角下如何更有效地提升基础教育质量是一个需要深入研究的重要课题。通过梳理相关研究成果,国内外相关理论工作者在不断探索中形成的理论成果为本书开展相关研究提供了丰富的理论依据。

一 教育质量观为提升基础教育质量奠定概念基础

教育质量观是对教育质量的看法和反思,是提升基础教育质量的支架。教育质量观认为,教育质量标准具有综合性,其实质是评价学生全面发展、教学任务全面完成和全体学生全面提高的状况,其包括学生德、智、体、美、劳的发展是否做到知、情、意、行的统一,知识与能力的统一,理论与实际的结合以及智力与体力的协调发展。[①] 其价值理念和内在要求都为基础教育质量的提升提供了基础。

从价值理念上看,教育质量观强调教育的育人功能以及"以人为本"的教育理念。当前,要办人民满意的教育,引导人们去追求自我价值和"自我完善"。党的十八大明确指出,新时代的育人目标为"立德树人"。教育关注的焦点由外而内,开始回归教育的育人功能,将人民的需要作为教育的指向,强调教育要完成人的精神价值诉求。[②] 从内在要求上看,教育质量观强调人的全面发展。随着义务教育的普及和"扫盲运动"的成功,基础教育中原有的双基目标和三维目标已无法满足当前多元化的

[①] 顾明远:《教育大辞典》,上海教育出版社 1998 年版;冯超、潘新民:《论树立科学的教育质量观》,《中国成人教育》2014 年第 1 期。

[②] 樊改霞、陈扬:《新中国成立以来我国教育质量观的演变逻辑与价值旨趣——基于教育政策的审思》,《教育理论与实践》2020 年第 16 期。

时代发展需求。在教育高质量发展的今天,"核心素养"成为教育的新诉求,教育质量观认为应从素质教育视角出发去促进人的全面发展,从而促进中国基础教育质量的发展。

无论是发达国家还是发展中国家,对于基础教育的质量问题都十分的关注。不同国家对于基础教育质量发展的认识存在较大差异。教育质量观中的质量不仅仅停留在政府颁布的重大政策法规和制度文件上,而是体现在一个国家、一个民族、一个地区、一个学校实际践行的质量观上。那么,我们在发展基础教育过程中不管确立什么样的教育质量观都必须围绕三个问题而开展:一是基础教育的"基础"内涵是什么的问题;二是基础教育要达到的目标是什么的问题;三是衡量基础教育质量的标准是什么的问题。只有把这三个问题搞清楚以后,我们树立起来的教育质量观才是真正符合社会发展规律的教育质量观。

为了树立科学、合理的基础教育质量观,我们可从三个方面入手:一是进一步提高人们对科学教育质量观的认识,树立科学的教育质量观。教育的生命线是质量,教育工作者的主题是提高教育质量。在全面实施素质教育、提高教育质量的今天,我们要牢牢把握素质教育的内涵,在教书育人中发展学生的核心素养。二是深入开展课堂教学改革,提高课堂教学效果。课堂教学是提高教育质量的重要方式,是促进学生全面发展的重要载体,抓住课堂、把握教师,落实科学教育质量观,是提高课堂教学质量的有效途径。三是健全教育质量的保障体系,切实提高教育的服务水平。教育发展的核心任务是提高教育质量,扎实做好质量保障体系的总体规划,组织力量开展项目研究,有力、有序、有效地推进教育质量保障体系建设,从而更好地提高基础教育质量。

二 建构主义学习理论为基础教育质量发展提供分析思维

建构主义学习理论最初产生于20世纪80年代,其理论观点是在联结学习理论和认知学习理论的基础上对教学和学习等相关领域做出的新诠释,以及在知识观、学习观和教学观等方面的新理解。这些观点为中国基础教育质量的发展提供了分析的思路和方向。

首先,在知识观上,建构主义学习理论在知识的本质上有其独特的理解,认为知识不是一成不变的,而是动态的、不断更新的。而对于知识的理解，建构主义学习理论指出，基础知识并不是由教育工作者获取的，而是受教育者在相应的情景中，即在特定的文化氛围中，在旁人的协助下，积极主动地应用所学习的资料来构建实际意义。其次，在学习观上，建构主义学习理论认为每个受教育者都有自己的生活背景和成长经历，并不是对知识一无所知的。因此，学生们不是空着脑袋进教室，而是根据自己的已有经验，对知识主动进行加工和处理并最终形成自己的理解。每个受教育者已有的知识经验不同，对外来信息也会产生不同的解释。最后，在教学观上，建构主义学习理论认为教学不是简单传递知识，而是对知识进行处理和转换，因此建构主义学习理论强调教育者不应该只是做教书的机器，一味进行知识填灌，而是应该正视学生的已有经验，与学生一起对问题进行发现和探索。

由此可见，建构主义学习理论强调学生的主体性，认为教育应该以学生为核心，是培育学生主观能动性的创新性活动，是指引学生从原有的基础知识和相关经验中发展出新的基础知识和相关经验的过程，这些观点对中国发展基础教育具有重大意义。从建构主义学习理论的本质来看，建构主义学习理论与核心能力是以人的生理、心理和认知发展规律为基础的，具有很强的综合性。① 其主要包括注重基础知识、构建思想观念、宏观与微观相结合、实践性研究导向等多个方面，体现为学生不仅要掌握基本理论概念，还要能准确把握各模块之间的内在联系，能够跨模块和综合运用不同模块知识进行分析、归纳、演绎和综合，将零散知识和概念建构成相应的知识体系，最终内化。② 因此，根据建构主义学习理论的启示，中国基础教育应该注重知识的整体性，运用多种教学方法、根据问题构建相应的情景使学生能够自主学习。作为教育工作者，应当转变教学观念，尝试着去了解学生，弄清学生已有的学习经验之后再去进行教学。当然，强调建构主义学习理论是核心素养视角下提升基础教育质量的理论基础，并不意味着在教学过程中，必须排斥和抛弃其他的

---

① 于文文：《建构主义学习理论与化学核心素养培养目标的融合研究——以"金属的腐蚀与防护"教学设计为例》，《科学咨询》（教育科研）2020年第10期。

② 于文文：《建构主义学习理论与化学核心素养培养目标的融合研究——以"金属的腐蚀与防护"教学设计为例》，《科学咨询》（教育科研）2020年第10期；余文森：《从三维目标走向核心素养》，《华东师范大学学报》（教育科学版）2016年第1期。

学习理论，而应根据不同的教学内容和目标，整合不同的理论和方法，实现各取所长。

三 教育哲学为提升基础教育质量指明目标方向

教育哲学是人们对教育的哲学化表达，旨在对教育领域的重要理论和教育实践过程中的一些根本性问题进行哲学探讨，并从中总结出关于教育科学的一般规律。自教育哲学成为一门独立学科以来，不少学者都曾深入探究过这一学科，美国著名教育学家布莱克特在1886年将德国哲学家罗逊克兰兹的《教育学体系》一书改名为《教育哲学》，教育哲学学科由此产生。后来美国实用主义教育家杜威出版了《民主主义与教育》一书，该书以"教育哲学导论"作为副标题，深入探讨了教育科学的一些重大问题，对教育界产生了深远影响。从学科门类上而言，教育哲学属于教育科学的一个分支学科，具备高度概括性、严谨性、规范性以及批判性等特点。

马克思关于人的全面发展理论和人本主义理论认为，人的全面发展首先是个人的充分而完整的发展，从个人的各个方面：如身体、智慧、才能和思想品德等各种基本素质的全方位发展，使得个人的体力劳动和智力劳动等都能够得到充分发展；其次是个人创造力的充分发展，强调个人主观能动性的发挥，提高个人主动性和创造力，使每个人能够独立创造并享受自己的劳动成果；再次是充分发挥和丰富个人才能和个性，能够按照自己意愿参与社会活动，尽最大可能展示自己，发挥个人能力，真正按照"美的规律"进行生产和创造。[①] 培育中国学生的基本功，是马克思关于人的全面发展观的充分体现，是全面贯彻党的教育方针、推进素质教育、深化教育综合改革的重要举措。人道主义强调人的重要性，强调人的特殊需要；人文教育者的本质特征是对情感的理解，"读写是学习遗忘后留下的东西"。由立体化的目标向核心素养的转变，充分体现了人文理论的基本内容，也是核心素养的最高理念，体现了核心素养的基本价值。余文森教授阐述了立体化目标的人文内涵，指出立体化目标是

---

① 吕中楠：《马克思关于人的全面发展观对我国课程教育的作用和影响》，《教育教学论坛》2020年第45期。

核心素养教育的要素和手段。本书论述了三维目标与核心素养的关系，即"核心素养是三维目标的精炼：从知识与技能、过程与方法到关键能力，从情感态度和价值观到基本性格"。基本能力教育在课堂教学活动中的实施，体现了学生既要掌握本学科的基本知识和方法，又要在学习知识和方法的过程中实现自我发展的需要。

诚然，马克思主义关于教育哲学及其相关问题的论述和观点，是从人的自由而全面发展和全人类解放的高度上讲的，为教育事业的发展提供了科学的理论支撑和方法论借鉴，但其并不意味着"一劳永逸"，而是必须依据不同阶段的教学目标和教育政策进行动态调整，更新教育理念，实现长足发展。

四 德性伦理学为提升基础教育质量奠定育人根基

"基础"一词源于古代建筑实践中建筑物的底层，指起奠基作用的地基。《辞海》中把"基础"定义为"事物发展的起点"[①]。基础教育作为一种"基础性"教育，具有内在基础性。基础性是一种特殊的育人价值取向，它决定着基础教育在学科体系构建和课程设置建设中应遵循的基本原则与要求。"核心素养"是目前中国推进基础教育改革的关键之举，核心素养作为提升基础教育高质量发展的应然之义，应从立德树人的内在向度出发找寻核心素养的学理依据。在中国学生发展核心素养的框架中，除了普遍关注的"关键能力"之外，还提出了"必备品格"的成人之维，汲取了传统素养观所蕴含的德性伦理属性。由此可见，德性伦理学可成为核心素养提升基础教育研究的基础性依据。

当前，在中国"立德树人"的育人理念中，沿袭了传统哲学中德性之知的思想，即通过内心的道德修养所获得的认识，是对学生关于学习生活世界的根本认知，具有奠基性作用。培养什么人、怎样培养人是中国教育体系中一直以来关切的基本问题。立德树人既是对传统育人观点中明德修身、德性之知的批判继承，也是对现阶段教育功能论及人本论属性的时代回应。德性伦理学对于立德树人这一基础教育改革的主要方面，具有更丰富的育人内涵、更加分明的育人方向，以及更为有效的教

[①] 《辞海》，上海辞书出版社1982年版，第82页。

育实践价值。

德性观念是核心素养与基础教育的育人根基，具有内在一致性。希腊教育哲学中，"德性"一词有特点、功能之义，是使人为善并使其在实践中有效运用自身功能的一种美德品质①，德性伦理学具有目的论、美德论、方法论之意。在中国儒家教育思想中，德性意指人之本性即"性善"，教育的目的则是使人"向善"。德性伦理学正式发源于亚里士多德的哲学思想，即"幸福""德性"和"实践智慧"三位一体的基本概念。好的生活就是有德性的生活，德性伦理学以"过好生活的人"为目的导向与价值向度，凝结着"如何发展实现好的生活"的必备能力与实践智慧，与我国学生发展核心素养基本框架的育人目标的内涵具有一致性。

德性伦理学是基础教育高质量发展的学理依据，具有科学合理性。在 OECD 核心素养项目中，法国哲学家莫尼克·坎托－斯佩伯（Monique Canto-Sperber）和吉恩－皮埃尔·杜普伊（Jean-Pierre Dupuy）倡议将德性伦理学作为核心素养的哲学理论基础，并界定核心素养视角下的德性为："能够在特定情境下以适当方式行动、判断和感受的心理倾向和素养。"② 由此可见，各国素养体系中的核心素养在一定程度上正是以德性理论为参照而得以确立与完善的。在中国，"素养为本"体现着教育的价值追求，社会参与素养是新时期育人方式变革的时代之需，也是当前核心素养在提升基础教育高质量发展中责任担当的育人着力点。社会参与素养源于德性伦理学，强调学生学会处理自我与社会间的关系，在实践中增长知识、掌握技能、掌握方法；培养有益于社会的品德、习惯和行为，具有适应社会生活所必需的思维品质和行为方式。③ 因此，基础教育应紧跟现代化进程之需，培养具有明德修身、公共德性、公共参与素养的时代新人。

---

① ［古希腊］亚里士多德：《尼各马科伦理学》，苗力田译，中国社会科学出版社 1999 年版，第 36 页。

② Canto-Sperber M., Dupuy J. P., "Competencies for the Good Life and the Good Society", in Rychen D. S., Salganik L. H., eds., *Defining and selectin 9 key compuntencies*, Gottingen: hogrefe & huber, 2001.

③ 王冰倩：《基础教育育人功能异化及消解研究》，硕士学位论文，西南大学，2022 年。

第三节 核心素养视角下提升基础教育质量的现实依据

基础教育作为教育基础中的基础,对教育的发展和人的发展都起着至关重要的作用。目前,人们对基础教育的需求已经从"有学上"转向"上好学",基础教育已经走向以提升质量为主导的新发展阶段。基础教育质量的提升,突出表现在学生核心素养的发展水平上。[①] 可见,基础教育的发展与核心素养的发展息息相关,两者成正相关。此外,党的二十大明确提出,要办好人民满意的教育,必须坚持以人民为中心发展教育,加快建设高质量教育体系,发展素质教育等。基础教育质量提升不仅是顺应建设高质量教育体系的重要奠基部分,同时也顺应了核心素养发展背景下时代的潮流。在新的时代背景下,基础教育必须依托核心素养来提升其质量,不仅是满足人们对教育的美好现实需求,也是提升中国教育发展质量的现实需要。与此同时,在实践中提升基础教育质量必须以当前现实需要作为动因,以过去实践经验作为参考,从实践中来,到实践中去。

一 现实需要为核心素养视角下提升基础教育质量提供动因

中国基础教育的发展从"双基"到"三维目标"再到"核心素养"的落地,经历了很长时间的探索,在发展的过程中基础教育更加突出育人目标的整体性、整合性以及全面性。同时,核心素养的提出是中国基础教育从教书走向育人的重大变革,也是对新时期党和国家培养担当民族复兴大任时代新人的要求,更好地回答了新时期中国要"培养什么样的人"的问题。核心素养视角下的基础教育,不只是简单地教会学生知识、技能,更为重要的是培养学生的必备品格和关键能力。基础教育质量是否得以提升的关键在于核心素养是否真正落实到位,同时核心素养的评估是体现基础教育质量的关键指标。如今,随着时代的进步和发展,

---

① 褚宏启:《核心素养十年路:持续引领基础教育质量提升》,《中小学管理》2022年第7期。

基础教育质量变得越来越重要。提升基础教育质量无论对个人还是对社会、国家都是不可缺少的,它能影响整个社会的发展走向。然而,目前中国在核心素养视角下的基础教育质量发展还存在诸多难题和挑战,这些难题和挑战正在阻碍着基础教育质量的发展。为了使基础教育质量在核心素养视角下得到更快的发展,必须考虑到当前在核心素养视角下基础教育质量在发展过程中存在的问题。

一是现实问题突显,核心素养视角下基础教育质量亟待提升。核心素养从人的全面发展的角度出发,以培养"全面发展的人"为核心,体现的是促进人的全面发展以及适应社会的需要这一要求。同时,基础教育实践活动的根本目的也是培养人,且需要实现以核心素养为标准的内涵发展。① 由此可见,基础教育质量的提升必须将核心素养贯穿全程,用核心素养推动基础教育的高质量发展。然而,在基础教育质量的提升过程中仍然存在着诸多问题,主要包括以下几点:其一,基础教育缺乏培养学生创新精神和综合运用知识的能力。为满足信息时代的要求、促进知识经济的发展、解决复杂的现实问题、适应不可预测的情况,核心素养已成为一种全球性的品格和素质要求。培育学生的基本功,提高学生的创新能力和自主学习能力,满足国家和社会"立德树人"的需要,是顺应时代发展的要求。然而,在当前教育模式下缺乏创新精神,欠缺综合应用能力的学生群体,导致学生难以实现个性化发展,在未来的生活和工作中无法灵活运用所学知识。此外,现有的基础教育不能满足社会对高尖人才、跨学科创新融合能力的需求,与新时期的培养目标相背离。其二,基础教育缺乏培养自主发展的能力。自主发展包括学会学习和健康生活,具体表现为乐学善学、勤于反思、珍爱生命、自我管理等品质。当前,中国的基础教育对学生的兴趣爱好和原有知识经验衔接不够,导致学生厌恶学习。并且当前基础教育阶段的学生学业负担过重,学生过早地承担了厚重的学习压力,抑制了学生的学习兴趣。除此之外,由于学校、教师、家长等多主体注重对学生成绩的提高,而忽视了其他方面的成长,例如习惯的养成、个性品质的形成等。导致出现"高分低能"现象,不利于培养学生学会学习、自我管理等能力。其三,基础教育缺

---

① 倪娟:《基础教育高质量发展战略研究》,《上海教育科研》2022 年第 7 期。

乏培养学生将知识内化为素养的能力。基础教育中知识是教师传授给学生的知识,这种知识的传授是基础教育最基本的要求,以往基础教育更多关注的是学生掌握了多少知识,忽略了学生对知识的运用和内化。当前,如何从知识点的传授转向关注素养的养成是最为关键的。学生学会知识是最基本的一步,如何化知识为素养才是最重要的,要让知识养成学生的核心素养,更好地践行着外化于心,内化于行。

二是解决现实问题的条件不足,对核心素养视角下提升基础教育质量提出了系列挑战。中国基础教育发展随着时间推移,虽然在发展过程中取得了巨大成就,但还是不能满足当前人们对基础教育质量的需求,尤其是对于人们所追求的高质量教育的需求还存在一定的现实差距。当前,基础教育质量的提升是一项系统性工程,离不开相关主体的支持和帮助,需要加强顶层设计,统筹规划。然而,在实际中提升基础教育质量时缺乏相应条件,以致提升基础教育质量相关工作难以开展。基础教育质量提升面临诸多挑战,究其原因主要有以下几点:其一,师资力量薄弱,师资队伍有待提升。作为教育事业发展的第一资源,基础教育教师队伍的整体水平是影响基础教育质量的关键性因素。然而,党的十八大以来以教师队伍建设为代表的软件建设欠账较多,严重制约着中国基础教育事业的现代化发展进程。[①] 目前,国家出台了众多政策文件全面深化新时代教师队伍建设改革,大力推动高素质、专业化、创新型中小学教师队伍的建设。中国基础教育之下教师的数量在逐年增加,一定程度上缓解了教师数量的短缺。虽然基础教育中教师数量跟上了,但其教师质量以及素养还是参差不齐,教师与教师之间的核心素养存在两极分化的现象,其中不乏区域、城乡之间教师素养差异,阻碍着基础教育质量的发展。其二,课程资源整合度不高,育人效果不佳。核心素养的落地,关键在于课堂教学的支撑,而课堂教学又依赖于课程资源。课程资源是达成育人效果的丰富养料,也是有效挖掘课堂育人的方法。然而,在基础教育课堂上,知识整合度不高,横向纵向知识贯通不够,导致学生学习出现重复、脱节等问题。此外,部分教师在课上只是教会学生知识,

---

① 杜志强、王新烨:《我国基础教育教师队伍建设面临的问题与对策》,《中州学刊》2020年第10期。

却忽视了培养学生的核心素养。部分课程资源未能充分挖掘出来，导致课程育人效果不佳。课堂资源是提高课堂教学效果和教育质量的关键一步，系统整合课堂资源有利于加快核心素养落地，同时也有利于提升基础教育质量。其三，教育评价重智育轻素养，评价指挥有待优化。目前，在基础教育阶段，无论是对教师的评价还是对学生的评价都存在"唯分数"论的问题，教师以学生成绩来证明教学能力，学生以学业成绩来证明学习好坏。评价时多偏重学科知识，对学生的实践能力、创新精神等综合素质的考察评价不够重视，偏离了素质教育的目标。[①] 教育评价的功能被窄化，评价单一，对教师和学生来说都不利于全面发展。核心素养视角下基础教育更加关注的是学生的综合素养，强调从人的终身发展的长远角度考虑育人目标，而不是用短视化、功利化的眼光看待教育。

二 实践经验为核心素养视角下提升基础教育质量提供参考

自2014年核心素养被提出到现在已有八年之久，在这八年时间里，中国围绕核心素养的主题针对基础教育建立了一系列的政策文本和标准体系。从2014年《教育部关于全面深化课程改革落实立德树人根本任务的意见》的颁布，到2016年《中国学生发展核心素养》的出台，再到2017年9月，中共中央办公厅、国务院办公厅印发《关于深化教育体制机制改革的意见》……这些政策无一不在强调核心素养的重要性以及基础教育的高质量发展问题。在这些政策体系的指导下，中国基础教育的教师及相关工作人员对核心素养提升基础教育质量进行了大量的探索，为我们留下了众多丰富的实践经验，具体总结为以下几点：

一是核心素养导向下基础教育过程实施体系。基础教育质量的提升离不开核心素养的支撑，从教学目标到课堂建设，在基础教育的实施过程中，核心素养起着关键性作用。一方面，在教学目标上强调基础教育从知识本位走向核心素养本位，确立基于核心素养的教学目标是提升基础教育的前提。从教学目标上看，中国从"双基"本位到"三维目标"本位再到"核心素养"本位，从强调知识到强调学生，这一变化体现了

---

① 蔡群青、贺文凯、刘桐江：《基础教育质量提高的反思与展望》，《教育评论》2016年第12期。

中国基础教育对质量的重视。以数学课程为例，中国在 2022 年发布的《义务教育数学课程标准》中强调，教学目标的确定要充分考虑核心素养在数学教学中的达成。每一个特定的学习内容都具有培养相关核心素养的作用，要注重建立具体内容与核心素养主要表现的关联，在制订教学目标时将核心素养的主要表现体现在教学要求中。① 如今教师在设计教学目标时，不再以三维目标为主，而是根据学生的具体情况结合学科素养而制定，这些经验都为提升基础教育质量提供了强有力的参考。另一方面，在课堂教学上强调基础教育从知识割裂走向知识统整，从知识点到大概念，围绕核心素养展开课堂教学是提升基础教育的关键。从学科知识割裂为具体知识点到大单元、大主题教学，这一变化体现了基础教育的新发展——从量变转向质变。现在有很多教师在课堂教学上都围绕大概念组织教学内容和教学活动，以生物课程为例，2022 年生物新课标提出，要注重发挥大概念对解决相关生物学问题的广泛指导作用和对学习的引领作用，体现"少而精"，注重引导学生主动构建概念，加强概念间的联系。② 众多一线教育工作者都在尝试设计结合学科核心素养并以大单元、大概念为主题的课堂教学，由此提升教学效率以及课堂活力，使学生对知识有总体把握，进一步提高教学质量。

二是核心素养导向下基础教育评价监测机制。自核心素养提出以来，基础教育质量逐步提升，这些成就和表现离不开当前评价监测机制的作用。一方面，从评价内容上看，传统评价内容主要以单门学科为主。在这种评价机制上，不仅割裂了知识的统一性，还促使每位教师都只注重自己学科的教学，分割了学科的关联性。核心素养的提出给基础教育在内容评价上提供了指导，强调评价内容要多维度、多方面去进行。在2021 年《教育部等六部门关于印发〈义务教育质量评价指南〉的通知》中，关于学生发展质量评价部分指出，评价内容主要有品德发展、学业发展、身心发展、审美素养、劳动与社会实践五个方面，旨在促进学生

---

① 中华人民共和国教育部：《义务教育数学课程标准》，北京师范大学出版社 2022 年版，第 84 页。

② 中华人民共和国教育部：《义务教育生物学课程标准》，北京师范大学出版社 2022 年版，第 36 页。

德智体美劳全面发展，培养适应终身发展和社会发展需要的正确价值观、必备品格和关键能力。① 在核心素养视角下，众多地区教育质量评价机制也有了新的变化，以贵阳市为例，2022 年对小学六年级进行学业监测时，不再以单门学科如语文或数学作为考核标准，而是以人文素养和科学素养作为监测维度，通过学科整合，对学生进行综合评估。从这些实践经验中可以看出围绕核心素养去提升基础教育质量是科学的、可行的。另一方面，从评价组织方式上看，传统检测学生学业质量的方法主要以考试分数为主，这种评估方式不仅容易造成学校片面强调分数和追求升学率而忽视了学生品德和价值观的培养，还加大了学生的学业负担，不利于"双减"政策的落实。核心素养的提出给基础教育在评价方式上提供了方向，强调评价方法要涉及学生多个方面的考察，而不仅仅是分数。关于评价方式的要求，《教育部等六部门关于印发〈义务教育质量评价指南〉的通知》中提出：注重结果评价与增值评价相结合；注重综合评价与特色评价相结合；注重自我评价与外部评价相结合；注重线上评价与线下评价相结合。众多学校也在挖掘更加符合学生发展的评价方式，如学生成长档案袋、用等级评价代替具体分数等，这些经验做法都为素养教育下提升基础教育质量提供了有益的参考。

---

① 中华人民共和国教育部：《教育部等六部门关于印发〈义务教育质量评价指南〉的通知》，2021 年 3 月，http：//www.moe.gov.cn/srcsite/A06/s3321/202103/t20210317_520238.html。

第 五 章

提升基础教育质量的要素结构分析：基于扎根理论的初步建构

基础教育是国民素质的奠基工程，找准提升基础教育质量的影响因素，对于基础教育质量的有效提升有重要作用。因此，本章拟采用扎根理论的方法，通过对学界已有研究的梳理分析，初步建构提升基础教育质量的要素。具体而言，即通过文献检索收集资料并对资料进行初步的整理与分析后，利用扎根理论对资料进行编码。通过对资料不断地分析、比较、归纳、再分析、再比较、再归纳的方式自下而上归纳整理出影响基础教育质量的因素，最终形成影响基础教育质量的 12 个一级指标（核心范畴）和 23 个二级指标（主范畴）以及 69 个三级指标（范畴），从而构建起影响基础教育质量的要素结构，找出基础教育质量的影响要素，即 12 大核心范畴，包括学校建设、学校资源、师德师风、师资建设、教师专业发展、学生文化基础、学生自主发展、学生社会参与、课程、教学、社会支持以及家庭支持。并且在 12 大核心范畴下细分出其关键指标即二级指标，每个二级指标下又细分出其操作化的指标即三级指标（具体见附件三的附表 1）。

第一节 文献来源

文献来源部分将主要对资料的收集方法和资料来源进行具体阐述，以此呈现资料的合理性和可靠性。

一 资料的收集方法

本章主要是采用文献检索的方式对相关资料进行收集。具体而言，文献检索是通过对大量的、分散无序的文献信息进行搜集、加工、组织、存储，建立各种各样的检索系统，并通过一定的方法和手段使存储与检索所采用的特征标识进行匹配，从而获得和利用信息源的重要方法。由于目前少有对基础教育质量影响因素进行全面、系统梳理的相关研究成果，因此，为了全面有效获取提升基础教育质量的相关影响因素，本书选取该种方法，以对有关基础教育质量影响因素的相关研究文献进行收集、归纳，从整体上把握相关研究的学术成果，并对研究成果进行分类整合。

二 资料的具体来源

为全面探究基础教育质量的影响因素，本书采用文献检索的方法，在中国知网知识服务平台中系统、全面地对相关文献资料进行收集。具体而言，主要是在中国知网数据库中分别以"基础教育""基础教育质量""基础教育影响因素"和"基础教育质量影响因素"等为主题词进行高级检索获取相关文献。考虑到研究文献的代表性和时效性，截至2020年1月31日，本书主要搜集近十年（2010—2020年）有关研究基础教育质量影响因素等方面的文献，具体文献数量统计如表5-1所示。

表5-1 2010—2020年有关基础教育质量影响因素文献的数量统计

文献种类	基础教育	基础教育质量	基础教育影响因素	基础教育质量影响因素
普通期刊	37199	577	27	1
核心期刊、CSSCI	8114	184	27	2
博硕论文	10020	29	8	0
会议	1255	34	0	0
报纸	2975	131	1	0
合计	59563	955	64	3
核心期刊占研究文献的百分比（%）	13.6	19.3	42.2	66.7
研究占基础教育的百分比（%）	—	1.6	0.1	—

由表 5-1 可以看出，近十年来有关基础教育的相关研究文献多达 59563 篇，由此可见，学界对基础教育的研究是十分重视的。其中，核心期刊文献的占比均在 13.6% 以上，关于基础教育质量的相关文献中核心期刊占比都在 19.3% 以上，因此在对研究资料的选取上，核心文献筛选的比例也较大，研究资料的质量也相对较高。此外，由表上统计的数据可以看出，基础教育影响因素研究的文章仅占基础教育研究的 0.1%，并且关于基础教育质量影响因素的文献也仅 3 篇。因此，本书主要以"基础教育质量""基础教育影响因素"和"基础教育质量影响因素"等为主题词进行高级检索，来获取近十年与基础教育质量相关的研究文献，以此构建提升基础教育质量的要素结构。

经统计，以"基础教育质量""基础教育影响因素"和"基础教育质量影响因素"三个核心关键词为主题词进行高级检索，共收集相关文献 1022 篇，剔除与研究无关的文献 75 篇，共获取近十年有关基础教育质量影响因素的相关文献 947 篇。其中普通刊物 563 篇、核心期刊 198 篇、博硕论文 33 篇、会议文献 32 篇、报纸 121 篇。[①]

第二节 分析方法

这一节中主要介绍分析方法的选择、扎根理论简介以及扎根理论的程序与方法的运用等内容。

一 分析方法选择

在教育研究中，对资料的分析十分重要，与此同时资料分析的方法是多种多样的，基于本章的研究目的，该章主要采用扎根理论的方法进行资料分析。具体而言，本章的研究目的是通过探索基础教育质量的影响因素，进一步归纳得出影响基础教育质量的要素以建构提升基础教育质量的要素结构。对已有研究文献进行梳理、分析后，发现当前基础教育的研究十分丰富，但关于基础教育质量影响要素的研究较少，尚未形

---

① 筛选标准：通过仔细阅读分析文献的题目和摘要进行筛除，没有涉及"影响基础教育"或"基础教育质量"或"影响中小学教育"或"中小学教育质量"的文献则不纳入在内。

成系统、全面、科学的研究理论和框架，需要进一步从大量已有研究文献中去归纳、总结，以了解和建构提升基础教育质量的要素结构。而扎根理论作为质性研究的方法之一，主张扎根于实践从资料中建构理论，通过对资料的收集、分析、比较、再收集、再分析、再比较的循环过程，不断地以归纳的方式做比较分析，以建立反应社会现象的理论[1]。扎根理论也因为自身严密的分析逻辑得到了诸多研究者的认可，并将其用到自己的学术研究中。基于本章研究的目的和需要，扎根理论正好为本书提供了一种强有力的分析资料的方法。因此，为使得基础教育质量的要素结构构建得更加科学、合理，本章拟采用扎根理论的研究方法对资料进行分析研究，从而建构影响基础教育质量因素。

二 扎根理论发展简介

扎根理论最早由美国学者 Glaser 和 Strauss 在他们合著的《扎根理论的发现》中明确提出。在这本书中可以清楚地概括提炼出，扎根理论就是在事实资料的基础上建立理论的一种方法或者说是一种方法论[2]，其十分重视对经验资料的收集与分析，研究者在研究开始之前不能凭借主观想法去解读分析数据资料，而要从一而终的尊重客观数据资料信息。因此，扎根理论也因具有科学性、严谨性与灵活性的特点，被诸多学者将其应用在教育学、社会学与心理学等专业领域的研究中。至今，扎根理论已经成为教育领域质性研究中使用最为广泛的方法之一，它不是一种实体理论，而是一种研究路径或方式，或者说是一种分析工具。[3] 它是一种质的研究的方式，其主要宗旨是在经验资料的基础上建立理论，强调从资料中提升理论，认为只有通过对资料的深入分析才能逐步形成理论框架，这是一个归纳的过程，从下往上将资料不断地进行浓缩。[4]

---

[1] 钮文英：《质性研究方法与论文写作》，双叶书廊有限公司2014年修订版，第376页。
[2] Glaser B. G., Strauss A., *The Discovery of Grounded Theory: Strategies for Qualitative Research*, Chicago: Aldine, 1967.
[3] 沈茜、卢立涛：《扎根理论在我国教育研究中的应用与反思——基于文献和实证研究的分析》，《全球教育展望》2018年第6期。
[4] 陈向明：《扎根理论的思路和方法》，《教育研究与实验》1999年第4期。

自 Glaser 与 Strauss 开创扎根理论研究方法以来,其研究方法的科学性、严谨性、有效性受到众多学者的推崇,并应用于不同的学科领域。这些不同领域的学者由于其学科背景、研究范式以及研究问题的差异性,扎根理论在实际的运用中出现许多分歧与演化,使扎根理论本身也得到了很大的发展。其中影响较大的,首先是 Strauss 和 Corbin 合著的《质性研究基础:扎根理论程序与技术》,这本著作是在《扎根理论的发现》的基础上,结合具体的实践将扎根理论的方法程序化,这是一次理论的创新,与原本的《扎根理论的发现》在核心的理念上有较大的不同,但其突出的可操作性对扎根理论的普及和应用产生了巨大的推动作用;其次是 Charmaz 所著的《建构扎根理论:质性研究实践指南》,这是 Charmaz 在吸收 Glaser 和 Strauss 扎根理论的思想后,将建构主义的理念融入扎根理论中,使得扎根理论成为一种更具反思性和更加细致的研究方法[1]。三种理论在学界都受到不同学者的大力推崇,产生了深远的影响,基于此,学界将扎根理论划分为"经典扎根理论""程序化扎根理论""建构主义扎根理论"。这三种扎根理论流派之间的异同可以从理论基础以及具体实践方式上进行比较[2],具体见表5-2。

基于表5-2可以对扎根理论有一定的了解。不同的扎根理论流派在理论建构上,都强调理论的建构来源于数据资料、强调研究者对理论的敏感性、强调理论的构建是自下而上的归纳分析、强调灵活的运用文献最终构建理论,这是本书之所以选择扎根理论作为研究方法工具最重要的原因。另外,根据不同流派的差异(独有特点),本书在具体研究过程中选用的是程序化扎根理论。程序化扎根理论是以客观主义为哲学基础,趋向于建构,更加注重对数据资料的解释性分析,研究者在资料的整理与分析中保持中立,并且在资料的分析过程中有严谨的可操作的步骤,与此同时其具有突出的特点:一是不断地比较;二是数据的丰富

---

[1] 贾旭东、谭新辉:《经典扎根理论及其精神对中国管理研究的现实价值》,《管理学报》2010年第5期。

[2] 吴刚:《工作场所中基于项目行动学习的理论模型研究》,博士学位论文,华东师范大学,2013年,第70页。

和多元化；三是文献回顾延迟进行。① 在经典扎根理论中文献也可作为研究的数据来源。这与本书的研究思路十分契合，因此在本书中最终选用程序化扎根理论对资料进行分析，从而建构影响基础教育质量因素的理论。

表5-2　　　　　　　　扎根理论的三大流派异同比较

流派异同之处	相同点	不同之处			
		理论基础		具体实践方式	
		哲学基础	理论视角	资料收集	资料分析
经典扎根理论（Glaser&Strauss）	①归纳性的质化研究方法 ②在经验资料上建构理论	客观主义	实证主义（强调发现理论）	研究者在资料收集过程中尽可能地保持中立	编码过程分为实质性编码和理论性编码两个主要步骤
程序化扎根理论（Strauss&Corbin）	③研究结果具有可追溯性 ④研究程序具有可重复性 ⑤多用于中层理论的建构	客观主义	后实证主义（趋向于建构主义，认为数据是研究者的一种解释）	研究者在资料收集过程中尽可能地保持中立	采用开放编码、主轴编码和核心编码三级编码程序
建构主义扎根理论（Charmaz）	⑥强调对过程的研究（包括社会过程和心理学过程）	社会建构主义	解释主义（理论是解释性分析，是建构的）	强调研究者与被研究者之间的互动，对资料提问的能力	强调灵活使用，认为编码准则是启发性的而非公式

注：资料来源于吴刚《工作场所中基于项目行动学习的理论模型研究：扎根理论方法的应用》，博士学位论文，华东师范大学，2013年，第70页。

---

① 贾旭东、谭新辉：《经典扎根理论及其精神对中国管理研究的现实价值》，《管理学报》2010年第5期。

三 扎根理论的程序与方法的运用

基于不同的理论取向和对扎根理论的理解,学术界对扎根理论的操作程序或步骤各持己见,但实际上关于扎根理论的具体操作程序,整体上看是大同小异的。总的看来,程序化扎根理论是基于研究者的研究目的,扎根于原始实践数据或资料,主张利用系统化的程序对原始资料进行整理、分析、比较、归纳,从而验证假设并建立理论。其主要的步骤可以概括为(具体见图5-1):第一,理论抽样(理论取样);第二,对资料进行系统编码,包括开放编码(一级编码)、主轴编码(二级编码)、选择编码(三级编码)。在对资料的三级编码过程中,将已有的原始资料进行概念化,再将概念通过分析、比较、归纳,逐步进行范畴化、主范畴化、核心范畴化,最终形成研究结果。

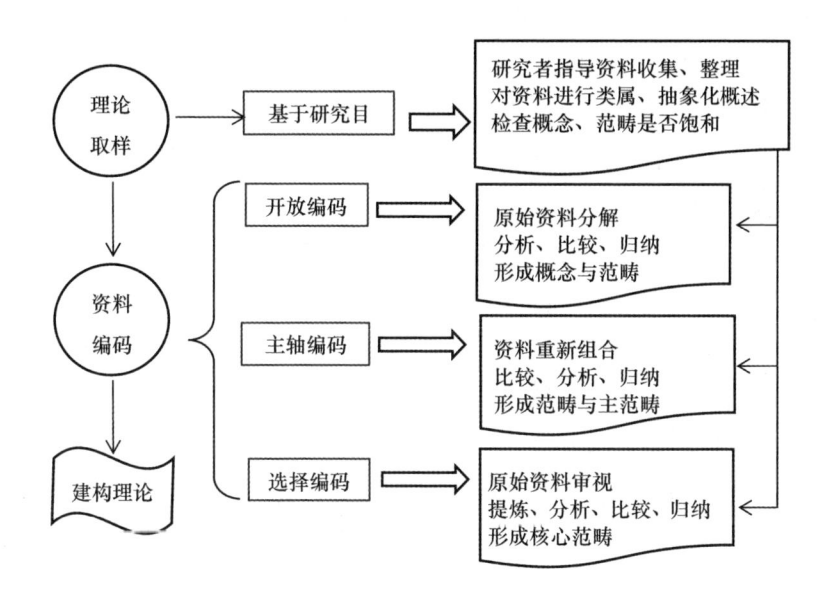

图5-1 扎根理论资料收集和分析过程

资料来源:整理自 Strauss 和 Corbin,1998。

首先,就理论抽样(理论取样)而言,理论抽样是指研究者将自己作为研究工具指导资料的收集过程。具体而言,研究者根据研究目的,对与之相关的数据或资料进行收集,并对资料进行类属、抽象化概述,形成概念,再检查概念范畴是否达到饱和,直到概念范畴达到饱和(又称理论饱和),理论抽样才完成。值得注意的是,扎根理论注重挖掘事实和数据资料的概念本身,而不是样本的代表性,因此样本的数量不是越多越好,而是样本能够提炼出的概念越丰富越好。基于以下三种情形可以判断理论是否饱和:第一,资料已经重复,无法再产生新资料或者相关资料;第二,资料的类属已经充分完善,无法产生新的类属;第三,类属之间的关系已经被建立和验证。当三种情况都满足,则可判断理论饱和。

其次,就开放编码(一级编码)而言,开放编码强调研究者在开始阅读资料时,必须反复仔细地推敲资料,要逐字逐行阅读分析,在文本中找出关键字、关键事件或话题,对其进行概念化以及范畴化,从而正确地反映资料内容。其目的在于指认现象、界定概念,并将属性特征相似的概念放在一起,向上发展成范畴,也就是处理聚敛问题[1]。理论抽样的过程同时也是开放编码的重要一环,在开放编码的过程中会对比较、归纳、分析得出的范畴进行再分析、再比较,以确保范畴是否完整、正确并且饱和;如若不是,则会进一步拓充资料并对概念重新比较分析归纳以确保范畴的正确、完整和饱和。

再次,就主轴编码(二级编码)而言,开放编码关注的是资料本身的分析,而主轴编码则是在开放编码得出的范畴基础上比较范畴之间的共通或相异之处,从而在范畴间建立联结形成主范畴概念,以此用来表示资料中各部分之间的关联,形成脉络化现象。研究者也能更进一步检视概念之间的关系。这些关系可以是结构关系、因果关系等。主轴编码是整个编码过程中最复杂,同时也是难度最大的一环,为了有效快速地在范畴间建立联结、形成主范畴概念,程序化扎根理论主要借助典范模型(Paradigm Model)来完成范畴间的结联,结联包括原因条件、脉络条件、介入条件、行动/互动、结果等几方面[2],这几个方面有助于将众多范畴进行比较分析,从而得出主范畴和次范畴并建立联结。在这一过程

---

[1] 白长虹、刘春华:《基于扎根理论的海尔、华为公司国际化战略案例相似性对比研究》,《科研管理》2014年第3期。

[2] 钮文英:《质性研究方法与论文写作》,双叶书廊有限公司2014年版,第386页。

中主范畴概念需要经过经验材料的反复验证。

最后,就选择编码(三级编码)而言,选择编码是指在已经发现的概念范畴中,对资料进行分析之后,系统地进行分析从而得出核心类别,再将分析集中到与核心类别相关的概念上,形成主范畴进而发展成理论。选择编码包括五个步骤:(1)明确资料的故事线;(2)在典范模型基础上,对主要范畴与次要范畴的属性和维度加以描述;(3)提出理论假设,发展或补充资料与相关范畴;(4)确定核心类属;(5)核心类属与次类属之间确立逻辑关系,并依据需要填满或发展范畴。通过三级编码,在范畴与子范畴间建立联结,由下至上构建理论模型。

当然,以上对扎根理论的操作步骤并不是独立分开的,也不是在某一环节进行的,而是贯穿整个研究过程。

第三节 资料的收集与整理

基于研究目的和分析工具,对文献资料进行收集和初步的整理分析,以便于后期对资料进行编码。过程如下所述。

一 资料的收集

本章采用文献检索作为资料收集的重要方式,以理论抽样的方法从所收集的资料中选出研究样本。与此同时,扎根理论方法注重的是样本信息收集的丰富度,而不是样本数量的多少。因此,本书主要是对样本进行深度分析,收集不同的信息建立样本数据系统。

具体而言,为深入探索基础教育质量的影响因素,在样本资料的选取上主要是遵循全面性、代表性原则。就全面性而言,本章是为了初步建构影响基础教育质量的要素结构,而对于基础教育的相关研究十分丰富,因此,为进一步探究基础教育的影响因素,在进行样本收集时要尽可能多地覆盖样本。就代表性而言,虽然扎根理论在建构理论时最为重视的是样本所能够提取信息的丰富度,但样本资料本身的代表性也十分重要,与此同时通过文献的可视化分析发现,基础教育相关研究数量庞大,并且基础教育质量本身的研究也多达1000多篇,因此本章利用文献检索以"基础教育质量""基础教育影响因素"和"基础教育质量影响因素"为主题词进行文献检索,以此进行资料的收集,从而可以更加聚焦本书的研究目的,也更具有代表性。经统计以上三个主题词在中国知网中收集到 5 种类型的文献共计 947 篇。以多种类型资料共同验证基础教育质量影响因素,有利于提高本书的研究效度。此外,为了进一步确保研究基础教育质量影响因素数据资料的相关性、真实性和有效性,本书对初步收集的 947 篇文献进行分析,在仔细比较、斟酌后确定研究样本。具体步骤为:(1) 为保证样本信息的丰富度,初步对样本量进行一定浓缩。主要是仔细阅读文献的题目和摘要,由研究小组成员共同分析、审判,从而剔除研究内容重复的文献共 336 篇(例如:若几篇文章通过题目和摘要的阅读比较分析都是描述教师队伍建设对基础教育质量的影响,则选取影响因素较多、期刊影响因子较高的文献作为研究对象,剔除其余研究内容重复的文献)。(2) 再次确定样本与研究主题的相关性。与上一步骤同时进行,也是通过仔细阅读分析文献的题目和摘要,筛选出与研究主题关联性不强的文章,经小组成员共同分析和审判,再次剔除 15 篇资料。最终共获得 596 篇文献,这些文章能全方面地揭示目前学界对基础教育质量的组成因素及影响因素的研究,具有很强的代表性。其中选取 550 篇作为构建理论使用,其余的 46 篇用于检验理论是否饱和。通过对以上资料进行分析整合,划分了以下不同的维度进行样本选择,其中包括资料的类型、内容、来源。如表 5-3 所示。

表 5-3　　　　　基础教育质量影响因素样本资料来源

资料类型	内容	来源
普通期刊	与基础教育质量研究相关的文献 269 篇(包括基础教育监测、改革、教学质量、教学组织形式、教育公平、质量评价形式标准等方面文献)	中国知网
核心期刊、CSSCI	与基础教育质量研究相关的核心期刊 184 篇(包括基础教育质量观、质量评价标准、评价体系、监测、质量保障体系等)	
博硕论文	与基础教育质量研究相关的博硕论文 22 篇(包括区域基础教育、教育质量监控)	

续表

资料类型	内容	来源
会议文稿	与基础教育质量相关会议25篇（包括区域基础教育、教育质量监控相关文献，其中国际会议4篇，中国会议21篇）	中国知网
报新闻报道	与基础教育质量相关的报道96篇（来自中国教育报、人民日报、中国教师报、各地方日报等）	

二 资料的初步整理

在利用扎根理论进行研究时，资料收集阶段的工作往往做得越细致越有利于后期资料的分析，尽管在这一过程会耗费大量的时间，但其会使得后续资料的分析与编码更加便捷和清晰。因此，为了更好地分析收集的文献资料，在利用扎根理论方法对资料进行编码之前，我们对已收集的资料进行了初步整理。具体而言，资料的初步整理是以边读边摘录的形式，从所收集的样本文献中标注出与基础教育质量相关的关键事件、词句或话题，将其摘录整理于 word 文档中保存，并进行理论饱和检验，以为后续扎根理论的编码奠定基础。首先，通过对收集到的550篇样本文献进行边读边录，即通过阅读相关研究文献，将其中涉及影响基础教育质量的事件、词句截取出来，建立数据资料保存在 word 文档中，其目的是将研究资料进行拆分，从中提炼出观念，便于研究者将注意力集中在与研究相关但意义不一定清晰的资料上，以思考资料能够提炼出的各种可能含义，而资料含义的分析有赖于研究者将碎片化的资料重新进行梳理、整合，使其符合逻辑，从而建构或发展理论。与此同时，为提高研究的效率、效果，在进行对比分析后，剔除了其中相同的事件、词句或话题，最终共收集到596个有关基础教育质量的事件、词句或话题。其次，对以上收集的相关资料进行理论饱和检验，将其余的46篇文献以同样的形式进行摘录，最终新增了7个新的事件、词句或话题。此外再分析已有文献资料，资料已经重复且无法产生新的类属，即可说明所收集的词句基本已饱和。由于涉及的相关文献有550多篇，样本量较大，现只摘取部分文献资料并将初步分析和标注的内容做展示，以证实研究的真实性。

例如本书对某篇基础教育相关文献的整理：

> 兴校，其实就是科研文化、个性文化问题。可见，就学校发展模式而言，目前各界普遍关注的焦点就是文化自觉问题。或者说，积极开展文化建设，发挥学校的文化育人（包括有意识的文化教育与无意识的文化熏陶）功能，已经成为基础学校改革与发展的基本价值取向。
>
> 在本质上，学校文化就是学校组织成员们无意识地共同分享的深层次的基本假定和信念，它是成员们"理所当然地"看待学校组织及其社会背景的根本依据。正是这些假定和信念决定着学校生活的基本方式。毋庸置疑，学校文化乃彰显学校魅力和办学品位的重要标识。遗憾的是，现实中的不少学校却成了有知识、有考试而没有文化的地方，成了有复制、有模仿而没有思想和创新的文化沙漠。我们知道，学校文化常常被划分为物质文化、制度文化、精神文化和行为文化四大板块。具体而言，一所学校的文化可以是一草一木、一砖一瓦、一桌一凳等硬件设施，即它的物质文化；也可以是政策文件、规章制度、奖惩条例等书面文字，即它的制度文化；还可以是校歌、校训、校徽、校志等办学思想，即它的精神文化；但最难得的是自然淳朴的教风、学风，最为生动的是师生优雅得体的言谈举止和真诚友好的日常交往，即它的行为文化。毕竟学校文化不
>
> **四、改变父母的家教观念：以家校合作为目标**
>
> 父母是孩子的第一任教师，家庭是儿童的第一所学校。有人说"一个好父亲胜过一百个校长"，也有人说"一个好母亲比得上一百所学校"。英国教育家塞缪尔·斯迈尔斯曾经强调："家庭是塑造一个人的品格的第一所而且也是最重要的一所学校。正是在家庭中，每个人受到他最好的或者是最坏的道德熏陶，因为正是在家庭中他接受了贯穿一生、直到生命结束才会放弃的行为准则。"[5]总而言之，家庭作为儿童成长过程中一个基本的社会单位，其教育状况直接影响到孩子的学校学习和人生走向。
>
> 良好的家庭教育为学校教育准备了良好的开端，而劣质的家庭环境则给未来的学校教育留下了一系列隐患。并不否认，中国具有极其丰富且今天依然闪烁着智慧光芒的家教思想和家教传统。但是，从批判性和建设性的角度来看，不得不承认，当前不少父母的教育思想和教育行为都经不起推敲和辩驳。尽管不同的研究者由于研究视角和研究方法不同，关于中国家庭教育的"问题清单"和解决方案会有一定差异，但不少父母家教理念陈旧、落后，很多家庭存在着大大小小、或明或暗的教育误区，尤其是缺失一颗养儿

从中摘取与基础教育质量相关的片段保存在 word 中并进行相应分析，并用括号中的文字进行简要概括。具体片段：毋庸置疑，学校文化乃彰显学校魅力和办学品位的重要标识。遗憾的是，现实中的不少学校却成了有知识、有考试而没有文化的地方，成了有复制、有模仿而没有思想和创新的文化沙漠。我们知道，学校文化常常被划分为物质文化、制度文化、精神文化和行为文化四大板块。具体而言，一所学校的文化可以是一草一木、一砖一瓦、一桌一凳等硬件设施，即它的物质文化；也可以是政策文件、规章制度、奖惩条例等书面文字，即它的制度文化；还可以是校歌、校训、校徽、校志等办学思想，即它的精神文化；但最难得的是自然淳朴的教风、学风，最为生动的是师生优雅得体的言谈举止和真诚友好的日常交往，即它的行为文化。（文化内涵、文化氛围）

基于此，通过对样本文献中的内容进行阅读分析，将与基础教育质

量相关研究文献中与本书相关的内容进行拆分以及简要概括标注后，剔除内容描述十分相似的片段，经理论饱和度检验后最终汇总得到596个片段资料，以供后期研究。

三 资料的编码

通过对多种来源的资料进行初步分析与整理后，接下来便是利用扎根理论的方法对资料进行编码。对于资料的编码是本章研究的重点，具体主要是通过对文献资料进行归纳、演绎，以典范模式为编码的重要工具螺旋式上升范畴及其之间的关系，以探究基础教育质量的组成要素及其影响因素，从而自下而上的建构影响基础教育质量因素的理论。

（一）开放编码（一级编码）

开放编码主要是指对已获取的资料逐步进行概念化和范畴化，用概念和范畴来正确反映资料内容。即对初步整理的资料进行概念化，然后通过反复的比较分析进行分类，并以类别命名加以归类，自下而上得出影响基础教育质量的范畴化概念。本书中的开放编码主要涉及如下三个步骤：

首先，将初步整理的与基础教育质量研究相关的资料进行分析并上升为概念，概念可以是一个词、一个短语或句子。通过对所收集到的样本资料进行整理后，将所搜集到的596个与基础教育质量研究十分紧密的原始片段资料进行编号，在尽量纯正地保留原始资料的前提下将其提炼形成较为精简的概念，因为在资料整理阶段已初步对原始片段进行简要分析提炼，所以该阶段较资料整理阶段稍要轻松些许，但在概念化的提炼后，通过比较、分析发现有部分概念化所得到的内涵是重复的，因此，本书进行了再比较、再分析、再提炼，最终从596个片段中共提炼形成412个概念，并对其进行a1—a412的编号。

其次，将概念进行范畴化。通过对概念进行分析、比较，将相同或类似的概念集中，统一归类到相应的范畴下。在对所搜集到的412个概念进行相同或类似的比较后发现，概念之间的相互关系与逻辑关系十分混乱，但通过分析可以看出：一是部分概念可以划分为同一维度，从而归属到同一范畴，如a4教师队伍编制结构、a5教师队伍的骨干教师数、a67学校新老师比例、a98学校教师学历结构、a267学校教师年龄构成等都是在描述学校教师队伍的建设情况等，同属于学校教师团队建设维度，因此可将这些概念归纳到同一维度。二是部分概念内涵较为丰富，其所包含的范畴较大，可将其上升为范畴，如 a7 教师专业发展、a17 教师专业知识发展、a58 教师专业能力发展、a101 教师专业素质养成、a183 教师专业情怀等都可以归纳到教师专业发展中。三是部分概念没有与之内涵相近的概念，且通过对其原始资料的再分析，将与基础教育质量研究并无较强相关性的舍去，相关的则保留。在该步骤中，为了有效节约时间，本书先将概念化所提炼的信息与其描述内涵相近的信息初步放在一起，通过再分析、再比较、再归纳，最终共提炼出 69 个影响基础教育质量的范畴化概念（A1—A69）。

最后，命名范畴。本书对所提炼的 69 个范畴进行命名的方式主要有两种。一是归纳重命名。若所归纳到一起的概念全同属于一个维度，就直接对这些概念进行再提炼命名。二是直接将某一概念命名为范畴。针对所归纳到一起的概念且概念间不属于同一维度，对可以对其余概念进行概括的部分概念，直接将其命名为其余概念的范畴。虽说本章中的开放编码主要由三个步骤共同完成，但三个步骤是同时进行且相互交织的，并且哪一步发生疑惑都会重新进行。由于提炼过程较为庞杂，在此便不过多赘述，下面只摘取部分对文献资料进行开放编码后形成概念和范畴（具体见表 5-4）。

表 5-4　　　　　影响基础教育质量因素一级编码举例

文献资料	一级编码（开放编码）	
	概念化	范畴化
提高英语教学质量的途径主要有两条：一是提高英语教师自身水平，营造教学气氛；二是提高学生学英语、用英语的兴趣。 省略部分资料	a_1 教师教学水平 a_2 教学的氛围 a_3 学生学习英语的兴趣	A_1 教师专业能力（a_1、a_{17}、a_{143}） A_2 教学心理环境（a_2、a_{56}） A_3 学生好奇心求知欲（a_3）

第五章 提升基础教育质量的要素结构分析:基于扎根理论的初步建构

续表

文献资料	一级编码(开放编码)	
	概念化	范畴化
针对学校教师缺编多、缺乏业务骨干、"老龄化"和"半公半农"现象明显以及师资调动平泛等实际问题,学校把教师专业发展作为提高教学质量的当务之急,多途径、多角度、多方位推进教师发展 省略部分资料	a_4 教师队伍编制结构 a_5 教师队伍的骨干教师数 a_6 教师的自身发展 a_7 教师专业发展	A_4 教师团队建设(a_4、a_5) A_5 教师专业发展(a_6、a_7)
坚持知行合一,就要注重学思结合、学以致用,促进教育教学与生产劳动、生活实践相结合,培养学生发现、提出、分析和解决问题的能力,特别是要培养学生的创新精神和实践能力。 省略部分资料	a_8 学生学习能力 a_9 培养学生运用能力 a_{10} 解决问题能力 a_{11} 创新精神 a_{12} 教育与实践结合	A_6 创新意识(a_8、a_9、a_{11}) A_7 实践能力(a_{12}、a_{10})
最终所得到的全部范畴	A_1 学校办学理念、A_2 学校办学规划、A_3 学校管理制度、A_4 学校领导能力、A_5 学校文化内涵、A_6 学校文化氛围、A_7 学校物力资源、A_8 学校人力资源、A_9 教师政治认同、A_{10} 教师教育精神、A_{11} 教师社会参与、A_{12} 教师团队建设、A_{13} 教师师资配备、A_{14} 教师管理、A_{15} 教师待遇、A_{16} 师资培训、A_{17} 教师专业知识、A_{18} 教师专业能力、A_{19} 教师文化修养、A_{20} 教师信息素养、A_{21} 教师教学经验、A_{22} 教师教育研究、A_{23} 教师职业发展、A_{24} 教师职业信念、A_{25} 教师身心健康、A_{26} 教师终身学习、A_{27} 教师教学反思、A_{28} 教师教学创新、A_{29} 学生人文积淀、A_{30} 学生审美情趣、A_{31} 学生创新意识、A_{32} 学生好奇心求知欲、A_{33} 学生主动学习、A_{34} 学生实践能力、A_{35} 学生自主管理、A_{36} 学生人格品质、A_{37} 学生人际沟通、A_{38} 学生情绪调控、A_{39} 学生乐学善学、A_{40} 学生国家认同、A_{41} 学生责任担当、A_{42} 学生劳动意识、A_{43} 学生问题解决、A_{44} 课程设置、A_{45} 课程结构、A_{46} 课程标准、A_{47} 课程组织、A_{48} 课程资源、A_{49} 课程开发、A_{50} 课程评价、A_{51} 教学目标、A_{52} 教学内容、A_{53} 教学过程、A_{54} 教学模式、A_{55} 教学方式、A_{56} 教学形式、A_{57} 教学手段、A_{58} 教学评价、A_{59} 教学效果、A_{60} 环境营造、A_{61} 政府资助、A_{62} 民众期望、A_{63} 民众参与、A_{64} 民众资助、A_{65} 文化资本、A_{66} 物质资本、A_{67} 家庭教育理念、A_{68} 家庭教养方式、A_{69} 亲子沟通	

(二) 主轴编码（二级编码）

主轴编码的主要任务是在概念间发现和建立"概念类别"，对开放编码中生成的范畴概念加以类聚，从而形成对影响教育质量的因素更加准确的把握。主轴编码是扎根理论中最关键同时也是最困难的一环，其目的是探索资料影响基础教育质量因素之间的关系以建构理论。在主轴编码阶段，主要是参照典范模式，将开放编码阶段得到的69个范畴按照故事发展的顺序进行联结。前已述及，典范模型结联包括原因条件、脉络条件、介入条件、行动/互动、结果等方面①，这几个方面有助于将影响基础教育的众多范畴进行比较分析，但要形成完整故事链是不够的。具体而言，根据典范模型，需要在69个范畴中确定谁是原因条件、脉络条件、介入条件、行动/互动、结果等。由于69个范畴本身数量就较多、难度较大，同时单从已经提炼后的概念来分析形成完整故事链是不够的，因此，在将69个范畴进行比较分析时也会参考原始资料，将故事进行还原。经过不断分析、比较、归纳、再分析、再比较、再归纳，逐渐发现影响基础教育质量的故事线，即在基础教育阶段的学校环境中，教师自身作为教育资源的同时有效利用学校办学资源以课程教学为重要的载体以实现学生发展。其中学生发展是基础教育质量的核心体现，学生自身的素质和能力是决定基础教育质量优劣的核心要素及表现，与此同时，教师、课程与教学则是作为影响基础教育质量最为直接的原因条件，而学校则是影响基础教育质量的脉络条件，校外的一切支持则是介入条件。基于此，通过主轴编码将开放编码生成的范畴概念再次反复比较，利用典范模式找出影响基础教育质量因素的故事主线，最终将范畴概念归纳得出学校发展规划、学校管理、校园文化、办学资源、师德内涵、师德行为、教师队伍结构、教师保障措施、教师专业品质、教师自主发展、学生人文素养、学生科学素养、学生健康心理、学生学会学习、学生品德发展水平、学生创新能力、课程规划、课堂教学、教学管理、政府支持、民众支持、家庭资本、家庭教育23个主范畴（具体见表5-5）。

---

① 钮文英：《质性研究方法与论文写作》，双叶书廊有限公司2014年版，第386页。

表 5-5　　　　　　　影响基础教育质量因素主轴编码举例

范畴	主范畴
学校办学理念、学校办学规划	学校发展规划
学校管理制度、学校领导能力	学校管理
学校文化内涵、学校文化氛围	校园文化
学校物力资源、学校人力资源	办学资源
教师政治认同、教师教育精神	师德内涵
教师社会参与	师德行为
教师团队建设、教师师资配备	教师队伍结构
教师管理、教师待遇、师资培训	教师保障措施
教师专业知识、教师专业能力、教师文化修养、教师信息素养、教师教学经验、教师教育研究、教师职业发展	教师专业品质
教师职业信念、教师身心健康、教师终身学习、教师教学反思、教师教学创新	教师自主发展
学生人文积淀、学生审美情趣	学生人文素养
学生创新意识、学生好奇心求知欲、学生主动学习、学生实践能力、学生自主管理	学生科学素养
学生人格品质、学生人际沟通、学生情绪调控	学生健康心理
学生乐学善学	学生学会学习
学生国家认同、学生责任担当	学生品德发展水平
学生劳动意识、学生问题解决	学生创新能力
课程设置、课程结构、课程标准、课程组织、课程资源、课程开发、课程评价	课程规划
教学目标、教学内容、教学过程、教学模式、教学方式、教学形式、教学手段	课堂教学
教学评价、教学效果、环境营造	教学管理
政府资助	政府支持
民众期望、民众参与、民众资助	民众支持
文化资本、物质资本	家庭资本
家庭教育理念、家庭教养方式、亲子沟通	家庭教育

（三）选择编码（三级编码）

选择编码指的是在所有已发现的概念类属中经过系统地分析以后选择一个"核心类属"，比较分析已有的概念类属将其集中到那些与核心类属有关的编码上，找到核心概念。即在检视主轴编码形成的范畴概念和范畴化概念之后，从范畴概念的内涵中找出核心类别。在本书的主轴编码的主范畴中可以发现，学校发展规划、学校管理对学校建设来说同属于其下位概念，且都属于同一个层面的范畴，因此就可以确定一个影响基础教育质量的核心概念为学校建设。以此类推，校园文化、办学资源属于同一层面的范畴，同属于学校资源，由此得出学校资源这一核心概念；师德内涵、师德行为则可归为师德师风这一核心概念；教师队伍结构、教师保障措施均可以归为师资建设这一核心概念；教师专业品质、教师自主发展则归为教师专业发展这一核心概念；学生人文素养、学生科学素养则归为学生文化基础这一核心概念；学生健康心理、学生学会学习归为学生自主发展这一核心概念；学生品德发展水平、学生创新能力则归为学生社会参与这一核心概念；学生健康心理、学生学会学习归为学生自主发展这一核心概念；学生品德发展水平、学生创新能力则归为学生社会参与这一核心概念；课程规划归为课程这一核心概念；课堂教学和教学管理归为教学这一核心概念；政府支持、民众支持则归为社会支持这一核心概念；家庭资本与家庭支持归为家庭支持这一核心概念。总结下来，得出影响基础教育质量的12个核心概念，即学校建设、学校资源、师德师风、师资建设、教师专业发展、学生文化基础、学生自主发展、学生社会参与、课程、教学、社会支持、家庭支持（具体见表5-6）。

表5-6　　　　　　　影响基础教育质量因素三级编码

主范畴	核心范畴	主范畴	核心范畴
学校发展规划、学校管理	学校建设	学生健康心理、学生学会学习	学生自主发展
校园文化、办学资源	学校资源	学生品德发展水平、学生创新能力	学生社会参与
师德内涵、师德行为	师德师风	课程规划	课程
教师队伍结构、教师保障措施	师资建设	课堂教学、教学管理	教学
教师专业品质、教师自主发展	教师专业发展	政府支持、民众支持	社会支持
学生人文素养、学生科学素养	学生文化基础	家庭资本、家庭支持	家庭支持

第四节　资料饱和度检验

　　饱和度检验是扎根理论的最后环节，也是是否停止抽样的唯一标准。具体而言，指通过继续增加样本数据来检验是否还能获得新的概念或类属。如果不再有新的类属出现，就表示每一个类属都已经达到理论饱和，此时理论抽样结束。检验理论是否饱和的方式主要有两种：其一，将所有的样本分成两个部分，使用较多的一部分进行初始编码，并用另一部分的样本进行饱和度检验；其二，每一次搜集的资料都用来编码，编码的过程与收集资料的过程同步进行，前一个阶段的编码与分析结果决定后一个阶段收集资料的方向，如此往复不断循环，直至没有新的概念或者类属出现。本书的理论饱和度检验是对二者进行一定程度上的融合。

　　在本章研究中，通过理论取样、资料编码、建构理论三个步骤得出了影响基础教育质量的要素结构理论模型，同时还需要对得出的要素结构理论模型进行进一步的准确性、饱和性检验，以保证通过扎根理论所得出的影响基础教育质量要素结构理论模型的客观性、真实性。其中准确性检验是指研究过程中数据资料是否是真实的、准确的，这是整个研究过程中最重要的一点。整个基础教育质量因素研究过程必须遵循这一点，在本章中，整个分析过程都有相关的过程性资料，并且在编码过程中都会不断地与原始资料再进行分析，因此整个过程其准确性都是比较高的。此外，就饱和性检验而言，理论饱和是开放编码工作完成的标志，具体而言理论达饱和是指通过对比分析剔除相同的事件、词句或语录，当不能提炼出新的概念和范畴时，则判定得到的要素结构理论模型达到"饱和"状态，即可停止对研究文献进行收集整理。本书在资料的初步整理过程中，预留了46篇文献作为资料饱和度检验的数据。对预留的46篇文献进行一级编码后，与已有的概念或范畴进行对比分析，并没有发现新的概念或范畴，因此可以说明本章所得出的影响基础教育质量的要素结构理论模型是饱和的。

第六章

指向核心素养的基础教育质量要素结构分析:基于文本信息的首轮修正

依据前文对核心素养和基础教育质量的概念界定,核心素养视角下基础教育质量是指受教育者在特定的环境与背景下,其本身所固有的、满足受教育者个体、社会以及学科发展显性或隐性需求的一系列特性以及支持这个过程不断发展的条件的总和。鉴于此,本章拟从两部分对文本信息进行修订:一是针对师生素养的内容性要素修正;二是指向素养形成的条件性要素修正。修订的目的在于得出指向核心素养的基础教育质量要素结构内容,进而采用内容分析法对所收集的资料进行整理与对比,建立影响基础教育质量要素表格。对中国学生核心素养、义务教育课程标准等文本资料通过分析、对比、归纳、综合的方式,概括总结出核心素养指向下影响基础教育质量的关键要素结构。从而得出指向核心素养的"学校规划、教师发展、学生发展、课程与教学、协同育人"5个一级指标,形成"学校建设、学校资源、职业道德、师资保障、专业发展、文化基础、自主发展"等共计12个二级指标,每个二级指标下有其类别范畴,即为23个三级指标,而三级指标下将其分类归纳为79个四级指标(详见附件三的附表2)。

第一节 针对师生素养的内容性要素修正

针对师生素养的内容性要素修正部分将主要介绍分析思路与方法、文本选取、文本整理和修正结果呈现等方面的内容,具体如下所述。

一 分析思路与方法

本书认为,在针对师生素养的内容性要素修正过程中,首先弄清楚具体的分析思路和方法能更好地帮助人们理解修正的过程和结果的科学性、合理性。

(一) 分析思路

基于研究需要,为使扎根理论得出的影响基础教育质量因素更加完善合理,本书进行了首轮修正,在核心素养视角下进一步探索影响基础教育质量的因素,从三级指标调整至四级指标,将原本扎根得到的三级指标变为四级指标、二级指标变为三级指标、一级指标变为二级指标,再通过对现有二级指标的归纳分析变为五个一级指标。同时为形成指向核心素养的基础教育质量要素结构,本书对有关核心素养的文本资料进行分析整理,得出有关于核心素养的文章维度划分主要指向教师和学生。因此文本分析主要是结合与教师核心素养和能力结构体系、学生发展核心素养基本要点、义务教育课程标准具体内容、高中学科课程标准、义务教育质量评价指标体系、义务教育质量评价指南、义务教育学校管理标准等相关的文本从以下五个方面对初步构建的基础教育质量要素结构中的"教师发展"和"学生发展"部分进行修正。

1. 引入教师核心素养和能力结构体系

教师作为教育领域的主力军,引领着学生的文化修养、人文素养、道德认识、行为举止、思想品质等方面的发展。教师素养是教师专业发展的必备条件之一,教师的素养直接关系到中国年轻一代的成长质量、关系到教育事业乃至社会主义建设事业的兴衰成败,因此教师核心素养和能力结构是评估基础教育质量的重要指标。对不同研究者提出的教师核心素养进行对比分析后,发现王光明等人提出的教师核心素养和能力结构体系受到较多研究者认可,在相关文献中,其文章下载率、引用率较高,因此最终选择引入王光明等人提出的教师核心素养和能力结构体系,同时参考与教师核心素养、能力相关的政策文本内容,将其纳入初步建构的基础教育质量要素结构当中,以弥补原有要素结构中"教师发展"部分的不足。

2. 纳入学生发展核心素养基本要点

学生发展核心素养作为新时代背景下衡量基础教育质量的重要指标，是促进学生全面发展、实现立德树人的关键内容。通过对中国知网文献的检索、分析、整理发现，林崇德关于学生发展核心素养与由核心素养研究课题组提出的中国学生发展核心素养的文献权威性较高，受学术界认可程度更高，对学生发展核心素养的内涵界定、维度划分、要点解读更为全面深入。由此最终将其纳入初步建构的基础教育质量要素结构，并在指标体系中融入涉及学生发展素养的政策文本内容，以弥补原有要素结构中"学生发展"部分的不足。

3. 对照义务教育课程标准具体内容

虽然将《中国学生发展核心素养》纳入初步建构的基础教育质量要素结构，已使得基础教育质量要素结构体现出核心素养意味，但还需检验指向核心素养的基础教育质量要素结构是否在义务教育课程标准中有所体现。相较于核心素养研究课题组得出的研究成果，义务教育课程标准显得更具权威性。因此，将初步调整的基础教育质量要素结构与义务教育课程标准具体内容进行对照，可使最终呈现的指向核心素养的基础教育质量要素结构更有说服力。

4. 保留高中学科课程标准涉及的核心素养要点

将《中国学生发展核心素养》包含的十八个基本要点与高中语文等学科课程标准进行一一对比，剔除高中语文等学科课程标准未涉及的中国学生发展核心素养基本要点。然而，经对比发现，《中国学生发展核心素养》的基本要点在高中语文等学科课程标准中都有所涉及。因此，就可将《中国学生发展核心素养》包含的十八个基本要点部分纳入初步构建的基础教育质量要素结构"学生发展"部分。

5. 形成指向核心素养的基础教育质量要素结构

基于对教师核心素养和能力结构体系、《中国学生发展核心素养》以及"义务教育语文等学科课程标准"与《义务教育质量评价指南》等政策文本的内容分析，最终选择将教师核心素养和能力、《中国学生发展核心素养》中的部分要点进行整理归纳，分别纳入初步构建的基础教育质量要素结构中的"教师发展"和"学生发展"部分。具体而言，将教师核心素养和能力中的"道德修养""家国情怀"要点放入四级指标中，此外还在四级指标中新增"自我管理"与"沟通合作"。同时将四级指标中"政治认同"修订为"政治素养",将二级指标中"师德师风"修订为"职业道德",将"师资建设"修订为"师资保障"。另外,将《中国学生发展核心素养》中的"人文情怀""抽象思维""珍爱生命""反思意识""信息素养""国际视野"和"技术应用"七个方面放入四级指标中。同时将四级指标中"责任担当"修订为"社会责任",以及将四级指标中"创新意识"与"好奇心求知欲"合并为"批判质疑",并将"主动学习""实践能力"合并为"自主探索"。此外,还将三级指标科学素养维度下的四级指标"自主管理"调整到健康心理维度中。

(二) 分析方法

基于对文本信息的首轮修正,主要采用内容分析法对所搜集的资料进行对比整合,并对相关文本进行数据处理与编码。研究团队分成政策文本、专业标准、学术论文三个编码组,对每一类文本分别编码。然后研究人员采取内容分析的形式进行独立编码,通过分析节点之间的相互关系,如类属关系、因果关系、过程关系、并列关系等,对节点进行分类整合[①],最终得出指向核心素养的基础教育质量要素结构指标。

二　文本选取

本书选取中国知网的中文核心期刊中教育类排名靠前的期刊,结合创刊时间及研究的可行性,最终选择引入核心素养研究课题组提出的《中国学生发展核心素养》、林崇德关于构建中国化的学生发展核心素养、教师核心素养和能力结构体系国际标准化组织(ISO)开发的"ISO9001质量管理体系"《义务教育质量评价指标体系》《义务教育质量评价指南》《义务教育学校管理标准》《中共中央国务院印发的关于深化教育教学改革全面提高义务教育质量的意见》《关于大力加强中小学线上教育教学资源建设与应用的意见》"义务教育语文等学科课程标准(2011年版)""普通高中语文等学科课程标准(2017年版)"《义务教育课程方案和课程标准(2022年版)》为文本分析对象。其中,政策文件包括与学

---

① Strauss A., *Qualitative Analysis for Social Scientists*, London: Cambridge University Press, 1987, pp. 29 – 30.

生核心素养相关的学科课程标准、学生核心素养质量管理体系以及义务教育质量学校管理标准和质量评价指标体系与指南等；学术论文包括以"教师核心素养""学生发展核心素养"为主题的 CSSCI 刊源论文。

第一，选取与教师核心素养能力相关的文本。虽然众多研究者对教师核心素养内涵、特征、框架等进行了相关探讨，但是出于对完善程度、影响程度、认可程度等因素的考虑，最终确定将王光明等人提出的教师核心素养和能力的结构体系中的部分要点纳入初步建构的基础教育质量要素结构。具体而言，王光明等人提出的教师核心素养和能力的结构体系包括六个核心范畴、二十一个教师核心素养和能力的条目。其中，六个核心范畴分别是"道德修养""教育精神""文化修养""教育教学能力""学习与创新能力"和"沟通与合作能力"；二十一个教师核心素养和能力的条目分别是"职业道德""思想政治""心理健康""教育理想""教育信念"和"教育情感"等。① 同时，《义务教育质量评价指标体系》《义务教育质量评价指南》《义务教育学校管理标准》等政策文本均对教师教育素养与能力发展提出要求，例如，《义务教育学校管理标准》提出，学校应提高教师教育教学能力、加强教师管理和职业道德建设。这些内容均涉及教师发展所需素养与能力，因此在构建指标体系时将相关文本纳入。

第二，选取学生发展核心素养相关文本。虽然各国际组织或经济体都制定了不同的核心素养框架，比如 OECD 核心素养框架、欧盟核心素养框架、美国核心素养框架等，但是由于国情差异，以上框架可能并不适用于修正初步建构的基础教育质量要素结构。因此，最终确定将中国核心素养研究课题组建构的包括三个方面六大素养十八个要点的《中国学生发展核心素养》纳入初步建构的基础教育质量要素结构。具体而言，《中国学生发展核心素养》的三个方面分为"文化基础""自主发展"和"社会参与"；六大素养分为"人文底蕴""科学精神""学会学习""健康生活""责任担当"和"实践创新"；十八个要点分为"人文积淀""人文情怀""审美情趣""理性思维""批判质疑"和

---

① 王光明、张楠等：《教师核心素养和能力的结构体系及发展建议》，《中国教育学刊》2019 年第 3 期。

"勇于探究"等。① 除《中国学生发展核心素养》结构体系以外，相关文本中对学生发展的核心素养做出了相关规定。例如，《义务教育质量评价指标》对学生发展质量状况、学生行为习惯、学生身心发展等内容有详细规定，故在指标构建过程中加入了与学生发展核心素养相关的文本进行分析。

第三，选取义务教育课程标准。对比义务教育阶段和高中阶段的课程标准，最终主要参考"义务教育语文等学科课程标准（2011年版）"和《义务教育课程方案和课程标准（2022年版）》。为确保已引入核心素养的基础教育质量要素结构具有更强的说服力，将其中的核心素养要点与"义务教育语文等学科课程标准（2011年版）"和《义务教育课程方案和课程标准（2022年版）》中的内容进行对比，从而剔除课程标准中未涉及的核心素养要点。研究团队对文本进行梳理后发现，《中国学生发展核心素养》中提及教师与学生发展的素养与相关要点在"义务教育语文等学科课程标准（2011年版）"和《义务教育课程方案和课程标准（2022年版）》中有所涉及。例如，《义务教育语文课程标准（2011年版）》提出，"为学生形成良好个性和健全人格打下基础""使他们提高思想道德修养和审美情趣"，② 此处就涉及《中国学生发展核心素养》中的"健全人格"和"审美情趣"两项内容；《义务教育课程方案和课程标准（2022年版）》提出的"乐学善学，勤于思考，保持好奇心与求知欲，形成良好的学习习惯，初步掌握适应现代化社会所需要的知识与技能，具有学会学习的能力"③ 也涉及中国学生发展核心素养中"学会学习"这一指标。此外，其他学科也在不同程度上涉及《中国学生发展核心素养》基本要点。

---

① 核心素养研究课题组：《中国学生发展核心素养》，《中国教育学刊》2016年第10期。
② 中华人民共和国教育部：《教育部关于印发义务教育语文等学科课程标准（2011年版）的通知》，2011年12月，http://www.moe.gov.cn/srcsite/A26/s8001/201112/t20111228_167340.html。
③ 中华人民共和国教育部：《教育部关于印发义务教育课程方案和课程标准（2022年版）的通知》，2022年4月，http://www.moe.gov.cn/srcsite/A26/s8001/202204/t20220420_619921.html。

三 文本整理

基于对文本的初步整理,从相关资料中提取核心素养构成要素,以教师素养、学生发展与义务教育课程标准为主要维度,纳入涉及的相关指标因素,最终得出影响教育质量的因素框架。

(一)筛选教师核心素养和能力结构体系

王光明等人提出的教师核心素养和能力结构体系与本书初步构建的基础教育质量要素结构中的"教师发展"部分具有较高的契合度。其结构中涉及教师核心素养的二级指标为"道德修养、教育精神、文化修养",二级指标下包括"思想政治、职业道德、心理健康、教育理想、教育信念、教育情感、专业素养、人文底蕴、科学精神"9个三级指标,由于政策文本《关于加强中小学线上教育教学资源建设与应用的意见》明确提出"把提高信息素养作为师范生培养的重要目标",对于教师的信息运用能力提出要求,故在三级指标中加入"信息素养"。教师核心能力素养二级指标为"教育教学能力、学习与创新能力、沟通与合作能力",二级指标下包括"课程理解能力、课程开发能力、教学设计能力、教学实施能力、教学管理能力、教学评价能力、自我认知能力、终身学习能力、教研科研能力、创新能力、沟通能力、合作能力"12个三级指标,详见表6-1。

表6-1 指向核心素养的基础教育质量要素结构(教师部分)

文本类型	一级节点	二级节点	三级节点
学术论文	教师核心素养	道德修养、教育精神、文化修养、教育教学能力、学习与创新能力、沟通与合作能力	思想政治、职业道德、心理健康、教育理想、教育信念、教育情感、专业素养、人文底蕴、科学精神、信息素养、课程理解能力、课程开发能力、教学设计能力、教学实施能力、教学管理能力、教学评价能力、自我认知能力、终身学习能力、教研科研能力、创新能力、沟通能力、合作能力
政策文本	教师核心能力		

（二）提取学生发展核心素养包含的基本要点

因为《中国学生发展核心素养》框架与本书初步构建的基础教育质量要素结构中的"学生发展"部分具有较高的适切性，所以将其部分纳入基础教育质量要素结构。具体而言，《中国学生发展核心素养》框架中主要包含"文化基础、自主发展、社会参与"3个一级指标，"人文底蕴、科学精神、学会学习、健康生活、责任担当和实践创新"6个二级指标，将"人文积淀、人文情怀、审美情趣、理性思维、批判质疑、勇于探究"等18个要点作为三级指标，详见表6-2。

表6-2　指向核心素养的基础教育质量要素结构（学生部分）

文本类型	一级节点	二级节点	三级节点
政策文本	社会参与 文化基础 自主发展	责任担当、实践创新、人文内涵、科学精神、健康生活、个性人格、学会学习	国家认同、国际理解、社会责任、问题解决、技术应用、劳动意识、人文积淀、人文情怀、审美情趣、批判质疑、勇于探究、理性思维、珍爱生命、健全人格、自我管理、情绪行为调控、人际沟通、行为习惯、公民素养、思想道德、乐学善学、勤于反思、信息意识
学术论文	文化基础 自主发展 社会参与	人文底蕴、科学精神、学会学习、健康生活、责任担当、实践创新	人文积淀、人文情怀、审美情趣、理性思维、批判质疑、勇于探究、乐学善学、勤于反思、信息意识、珍爱生命、健全人格、自我管理、社会责任、国家认同、国际理解、劳动意识、问题解决、技术应用

（三）梳理义务教育课程标准涉及的核心素养要点

通过对比"义务教育语文等学科课程标准（2011年版）"和《义务教育课程方案和课程标准（2022年版）》，发现《中国学生发展核心素养》中的"科学精神""健康生活""学会学习""责任担当""实践创新""人文底蕴"六大素养在其中有明显涉及。例如，《义务教育体育课程标准（2011年版）》提出"为学生健康生活奠定良好的基础"[①]，与

[①] 中华人民共和国教育部：《教育部关于印发义务教育语文等学科课程标准（2011年版）的通知》，2011年12月，http://www.moe.gov.cn/srcsite/A26/s8001/201112/t20111228_167340.html。

《义务教育课程方案和课程标准（2022年版）》提出的"强身健体，健全人格，掌握基本的健康知识和适合自身的运动技能，树立生命安全与健康意识"①都体现了《中国学生发展核心素养》中的"健康生活"素养。此外，《中国学生发展核心素养》中的"问题解决、技术应用、珍爱生命、健全人格"等要点在其中也有明确提及，"国家认同、国际理解、劳动意识、人文积淀、人文情怀、批判质疑、勇于探究、理性思维、自我管理、乐学善学、勤于反思"等要点在其中也有明显涉及。例如，《义务教育数学课程标准（2011年版）》提出"培养学生的问题意识"②，这一点就体现了《中国学生发展核心素养》中的"批判质疑"要点；又如《义务教育课程方案和课程标准（2022年版）》提出要把学生培养成为"乐于提问，敢于质疑，学会在真实情境中发现问题，解决问题，具有探究能力和创新精神"的人，这一点体现了《中国学生发展核心素养》中"批判质疑、勇于探究"的要点。总之，《中国学生发展核心素养》框架中的内容在"义务教育语文等学科课程标准（2011年版）"和《义务教育课程方案和课程标准（2022年版）》中都有体现。

四 修正结果呈现

核心素养的要素结构修正是以文本分析的形式，从已有文献对核心素养的维度划分进行整理，标注出与核心素养相关的指标与因素，将其整理并进行对比分析，为后续核心素养视角下基础教育质量关键要素的提炼奠定基础。

（一）教师核心素养能力体系结构修正

通过统计各维度资料文本可以发现，在中国教育研究领域中，关于教师核心素养能力的研究内容与研究范式是紧密联系、相辅相成的。因此，结合教师核心素养和能力结构体系，具体而言，对原有基础教育质

---

① 中华人民共和国教育部：《教育部关于印发义务教育课程方案和课程标准（2022年版）的通知》，2022年4月，http://www.moe.gov.cn/srcsite/A26/s8001/202204/t20220420_619921.html。

② 中华人民共和国教育部：《教育部关于印发义务教育语文等学科课程标准（2011年版）的通知》，2011年12月，http://www.moe.gov.cn/srcsite/A26/s8001/201112/t20111228_167340.html。

量要素结构中一级指标"教师发展"下的二级指标、三级指标以及四级指标进行了一定调整。一是将教师发展维度中的二级指标"师德师风""师资建设"修正为"职业道德""师资保障"。因为"师德师风"归属于教师的"职业道德",并且职业道德在一定程度上既体现了教师的师德师风,也体现了教师作为一门职业应有的素养。与此同时"师资建设"在该维度主要是表现出教师队伍发展的保障情况,故修正为"师资保障"更贴切。二是将教师发展维度中三级指标"专业品质"修正为"专业素质"。因为"专业素质"内蕴了专业品质的内涵,同时教师的专业素质也体现了教师的核心素养,故修正。三是将教师发展维度中的四级指标进行指向教师核心素养的修正。首先将"政治认同"修订为"政治素养",后者比前者内涵更加丰富、涵盖面更广;因为教育部颁布的《关于加强和改进新时代师德师风建设的意见》提出"要把师德师风作为评价教师队伍素质的第一标准",而"道德修养"是"师德师风"范畴的重要组成部分,同时,习近平总书记在学校思想政治理论课教师座谈会上指出,"教师应当保持家国情怀,心里装着国家和民族"。由此,将"道德修养""家国情怀"作为四级指标纳入"师德内涵"三级指标;"自我管理"和"沟通合作"是新时代促使教师自主发展的重要内容,因此将其作为四级指标纳入"自主发展"三级指标。修正后的指向核心素养的基础教育质量要素结构"教师发展"维度如表6-3所示。

表6-3 指向核心素养的基础教育质量要素结构"教师发展"维度修正结果呈现

一级指标	二级指标		三级指标		四级指标	
	修正前	修正后	修正前	修正后	修正前	修正后
教师发展	师德师风	职业道德	师德内涵	师德内涵	无	道德修养
					政治认同	政治素养
					无	家国情怀
					教育精神	教育精神
			师德行为	师德行为	社会参与	社会参与

续表

一级指标	二级指标	三级指标		四级指标	
师资建设	师资保障	队伍结构	队伍结构	团队建设	团队建设
				师资配备	师资配备
		保障措施	保障措施	教师管理	教师管理
				教师待遇	教师待遇
				师资培训	师资培训
教师发展	专业发展	专业品质	专业素质	专业知识	专业知识
				专业能力	专业能力
				文化修养	文化修养
				信息素养	信息素养
				教学经验	教学经验
				教育研究	教育研究
				职业发展	职业发展
		自主发展	自主发展	职业信念	职业信念
				身心健康	身心健康
				终身学习	终身学习
				无	自我管理
				无	沟通合作
				教学反思	教学反思
				教学创新	教学创新

（二）学生核心素养能力结构体系修正

本书针对初步构建的学生核心素养结构体系，进行文本分析对比，在此基础上，进一步探讨影响教育质量关乎学生核心素养因素的开放性问题，深度了解学生核心素养和能力的组织构成，并汲取教育领域中学者关于对结构体系的修改建议，完善学生核心素养结构体系。

结合《中国学生发展核心素养》和"义务教育语文等学科课程标准"，对调整后的基础教育质量要素结构中一级指标"学生发展"下的三级指标以及四级指标进行一定程度的修正。基于对各维度开放题的编码分析，首先，结合"义务教育语文等学科课程标准（2011年版）"和《义务教育课程方案和课程标准（2022年版）》对融合了《中国学生发展核心素养》的三级指标进行一定调整，将学生发展维度中三级指标"品德发展水平"修正为"公民素养"。其次，对各文本进行综合整理，为更加凸显学生的素养发展，学生健康成长需要全面发展理想人格，使得学生能够对个人的尊严、价值、命运进行维护、追求和关切，故在"人文素养"三级指标中增加"人文情怀"作为四级指标。当前教育注重培养学生在认识活动中运用判断、推理、演绎等思维能力，由此将"抽象思维"作为四级指标加入"科学素养"指标。教育不仅要注重发展学生的智力，还需培养学生的安全意识，使得学生具有自我保护能力，爱护生命。故将"珍爱生命"加入"健康心理"作为四级指标。学生学会自主管理有利于激发学生的学习情趣，调动学生参与的积极性、主动性，有利于增强学生的创新意识、提高实践能力，培育高尚的品格、健全的身心。故将四级指标"自主管理"从三级指标"科学素养"维度调整到"健康心理"维度。当前的教育教学十分重视学生反思能力的培养，增强学生反思意识有利于提高学生的认知水平、激发学生潜能；在数字化时代，信息能力已成为学生的必备素养，而社会亦需要信息化人才。故将"反思意识"和"信息意识"作为四级指标加入"学会学习"维度。当前的课程改革强调并注重国家理解教育，要求学生具有国际视野、尊重文化差异。故将四级指标"国际视野"加入"公民素养"维度。技术应用能力属于实践创新能力，具备技术应用能力有利于发展学生问题解决能力，故将"技术应用"四级指标纳入"创新能力"维度，以丰富原有指标体系的素养指向。与此同时，将"责任担当"修订为"社会责任"，因为社会责任既包含了学生的责任担当，也体现了新时期对学生素养发展的要求。另外，将学生发展维度四级指标中的"创新意识"与"好奇心求知欲"合并为"批判质疑"，批判质疑高度融合了学生的创新意识与好奇心求知欲，因此将其合并。除此之外，还将"主动学习""实践能力"合并为"自主探索"，因为自主探索这一素养基本囊括了主动学习、实践能力与自主管理的基本内涵。修正后的指向核心素养的基础教育质量要素结构"学生发展"维度如表6-4所示。

表6-4　指向核心素养的基础教育质量要素结构"学生发展"维度修正结果呈现

一级指标	二级指标	三级指标		四级指标	
		修正前	修正后	修正前	修正后
学生发展	文化基础	人文素养	人文素养	人文积淀	人文积淀
				无	人文情怀
				审美情趣	审美情趣
		科学素养	科学素养	创新意识	批判质疑
				好奇心求知欲	
				主动学习	自主探索
				实践能力	
				自主管理	—
				无	抽象思维
	自主发展	健康心理	健康心理	无	珍爱生命
				无	自主管理
				人格品质	人格品质
				人际沟通	人际沟通
				情绪调控	情绪调控
		学会学习	学会学习	乐学善学	乐学善学
				无	反思意识
				无	信息意识
	社会参与	品德发展水平	公民素养	国家认同	国家认同
				无	国际视野
				责任当担	社会责任
		创新能力	创新能力	劳动意识	劳动意识
				无	技术应用
				问题解决	问题解决

第二节　指向素养形成的条件性要素修正

针对师生素养的条件性要素修正部分将主要介绍分析思路与方法、文本选取、文本整理和修正结果呈现等方面的内容，具体如下所述。

第六章 指向核心素养的基础教育质量要素结构分析:基于文本信息的首轮修正

一 分析思路与方法

如前所述,本书认为,在针对师生素养的内容性要素修正过程中,首先弄清楚具体的分析思路和方法能更好地帮助人们理解修正的过程以及结果的科学性和合理性。

(一) 分析思路

基于研究需要,为了使扎根理论得出的影响基础教育质量因素更加完善合理,同时为了形成指向核心素养的基础教育质量要素结构,本书借助内容分析法,对有关教育部门颁布的指向核心素养的政策文本,如《义务教育质量评价指南》《义务教育质量评价指标》《义务教育学校管理标准》等文件进行收集、分类、整理、归纳,对涉及指向素养形成的学校发展、课程与教学、协同育人三个条件性要素进行修正,以完善指向核心素养的基础教育质量要素结构内容。选择该类型政策文本的原因在于:一是此类政策文本具有较高权威性与认可度;二是政策文本内容与影响基础教育质量因素较为契合,有助于作为修正指向素养形成的条件性要素的参考依据。具体思路为:首先,对指向素养形成的条件性要素的有关政策文本进行收集,对每一类政策文本内容分别编码。其次,对文本内容进行分析和独立编码,通过分析节点之间的相互关系,最终得出指向素养形成的条件性要素。

(二) 分析方法

本书主要采用的研究方法是内容分析法,它是通过对"内容"进行分析以获得结论的一种科学研究手段[①],该方法通常旨在对研究对象的本质性事实和发展趋势进行梳理和了解,以此对其中所蕴含的深层次内容进行进一步的揭示和挖掘,并对其发展趋势加以预测和把握[②]。第一,内容分析法是较为客观的分析方法,有助于研究者客观公正地分析问题,保持中立的态度。第二,它是对"内容"进行深入分析,而不是停留于现象表面,所得出的结论更加具有参考价值。第三,所需要分析的内容

[①] 刘伟:《内容分析法在公共管理学研究中的应用》,《中国行政管理》2014 年第 6 期。
[②] 唐烨伟、樊雅琴等:《基于内容分析法的微课研究综述》,《中国电化教育》2015 年第 4 期。

大多可获得,具有便于收集与处理的优势,研究者在分析过程中处理大量资料、数据,通过分析结果可以掌握研究对象在一定时期内的变化趋势。第四,内容分析法所需要的人力、物力、财力较少,在一定程度上可降低研究成本。

基于此,本书主要借助内容分析法对所收集到的相关政策文本进行数据处理与编码,对有关影响基础教育质量的因素进行整理与归纳,以对通过扎根理论得出的影响基础教育质量因素的要素进行补充与完善,由此获得指向素养形成的条件性要素。

二 文本选取

为保证指向素养形成的条件性要素的规范与科学,本书选取的政策文本主要来源于中国政府网与中华人民共和国教育部等具有权威性的网站,且选取时间较为前沿。因此,主要选取了《义务教育质量评价指南》《义务教育质量评价指标》《义务教育学校管理标准》《关于深化教育教学改革全面提高义务教育质量的意见》《教育部关于做好普通高中新课程新教材实施工作的指导意见》《中小学教材管理办法》等政策文本为分析对象,对涉及学校规划、课程与教学、协同育人三个指向素养形成的条件性要素进行修正。

首先,选取涉及"学校规划"的相关政策文本。不同层次、不同阶段的学校规划具有不同特点,因此为使所选取政策文本更加契合于基础教育阶段,本书主要以《义务教育学校管理标准》《义务教育质量评价指标》《义务教育质量评价指南》为分析对象,将涉及学校规划的部分要点纳入指向核心素养的基础教育质量要素结构修正。具体而言,通过对搜集到的政策文本的初步整理,发现政策文本中所涉及的有关学校规划的内容,如学校对办学规划的要求、学校文化氛围建设、学校基础设施建设等与本书中所确定的指标要点高度吻合,可作为指向素养形成的学校规划要素修正的主要依据。例如《义务教育学校管理标准》提出的学校要"提供便利实用的教学资源、建设安全卫生的学校基础设施、营造健康向上的学校文化"等任务均在评估指标"物力资源、氛围营造"中有所体现,故此可作为政策参考,将其融入要素结构修正中。

其次,选取涉及"课程与教学"相关政策文本。课程与教学作为指向素养形成的重要条件性要素,其质量将直接影响基础教育的质量水平,因此,为保证课程与教学条件性要素修正的合理、科学、全面,本书主要选取了《教育部关于做好普通高中新课程新教材实施工作的指导意见》《义务教育学校管理标准》《义务教育质量评价指标》《中小学教材管理办法》等政策文本作为修正依据。通过对以上政策文本内容的梳理,发现研究团队首轮确定的评估指标在政策文本中大部分有所提及或表述相似。具体而言,如《义务教育质量评价指标》提出了课程教学评价的关键指标是"落实课程方案、规范教学实施、优化教学方式",而本书中所确立的"课程开发、课程标准、课程资源、教学评价、教学方式"等评估指标均能在以上关键指标的具体内容描述中找到对应之处,因此可将其纳入要素结构修正。

最后,选取涉及"协同育人"相关政策文本。近年来,伴随家校社协同育人理念不断被提及,学界对其的定义也不断更新变化,不同学者之间对待"协同育人"的观念也有所差异,因此,为保证指向素养形成的协同育人要素修正的权威性与规范性,本书主要选取《义务教育学校管理标准》《义务教育质量评价指标》为政策文本参考,对其中涉及"协同育人"维度的内容进行提取。通过对政策文本内容的对比分析,发现无论是学校管理还是义务教育质量评价,对于协同育人都较为重视,对其的描述也较为细致。如《义务教育学校管理标准》提及要"构建和谐的家庭、学校、社区合作关系",具体而言就是要"健全和完善家长委员会制度,建立家长学校,设立学校开放日,提高家长在学校治理中的参与度,形成育人合力;引入社会和利益相关者的监督,密切学校与社区联系"。以上对于"协同育人"的具体描述均可作为要素结构修正的依据。

三 文本整理

基于对政策文本的初步整理,从相关内容中提取核心素养构成条件性要素,以学校发展、课程与教学、协同育人为主要维度,纳入涉及的相关指标因素,最终得出影响教育质量的因素框架。

(一)筛选指向素养形成的学校规划要素结构体系

《义务教育学校管理标准》《义务教育质量评价指标》《义务教育质量评价指南》提出的有关学校规划内容,如"立足学校实际和文化积淀,结合区域特点，建设体现学校办学理念和思想的学校文化，发展办学特色，引领学校内涵发展；制定学校发展规划，确定年度实施方案，客观评估办学绩效"与本书初步建构的基础教育质量要素结构中"学校规划"部分的学校办学理念、学校办学规划等内容具有较高的契合度，因此将有关"学校规划"的政策文本内容作为指标修正参考。其结构涉及二级指标"学校建设、学校资源"、三级指标"学校发展规划、学校管理、校园文化、办学资源"，以及"办学理念、办学规划、管理制度、领导能力、文化内涵、文化氛围、物力资源、人力资源"8个四级指标。详见表6-5。

表6-5　指向素养形成的"学校规划"要素结构体系修正

政策文件	参考内容	涉及指标
《义务教育学校管理标准》《义务教育质量评价指标》《义务教育质量评价指南》	1. 立足学校实际和文化积淀，结合区域特点建设体现学校办学理念和思想的学校文化，发展办学特色，引领学校内涵发展	办学理念 办学规划 管理制度 领导能力 文化内涵 文化氛围 物力资源 人力资源
	2. 制定学校发展规划，确定年度实施方案，客观评估办学绩效	
	3. 健全管理制度，建立便捷规范的办事程序，完善内部机构组织规则、议事规则等	
	4. 加强县（市、区）教育部门领导班子和校长队伍建设，选配政治素质过硬、热爱教育事业、尊重教育规律、有较强组织协调能力的干部担任县级教育部门书记、局长（主任），按照《中小学校领导人员管理暂行办法》选优配强学校书记和校长	
	5. 加强校园文化建设，创建平安校园、文明校园、和谐校园、美丽校园，为师生创造安定有序、和谐融洽、充满活力的工作、学习和生活环境	
	6. 配齐配足教学实验设施设备、图书、音体美器材、计算机，加强学校教育信息化建设；配备团队活动、心理辅导、卫生保健等必要场所	

（二）筛选指向素养形成的课程与教学要素结构体系

《教育部关于做好普通高中新课程新教材实施工作的指导意见》《义务教育学校管理标准》《义务教育质量评价指标》《中小学教材管理办

法》中涉及课程与教学要素结构的内容，如"落实国家义务教育课程方案和课程标准，严格遵守国家关于教材、教辅管理的相关规定，确保国家课程全面实施；不拔高教学要求，不加快教学进度；采取启发式、讨论式、合作式、探究式等多种教学方式，提高学生参与课堂学习的主动性和积极性"等要点与本书初步构建的基础教育质量要素结构中"课程与教学"部分中的学校课程标准、教学方式等内容具有较高的适切性，因此将其纳入指向素养形成的课程与教学要素结构修正。其结构共涉及"课程、教学" 2 个二级指标，"课程规划、课堂教学、教学管理" 3 个三级指标，以及"课程体系、课程结构、课程标准、教学目标、教学内容、教学过程"等 17 个四级指标。详见表 6-6。

表 6-6　　指向素养形成的"课程与教学"要素结构体系修正

政策文件	参考内容	涉及指标
《教育部关于做好普通高中新课程新教材实施工作的指导意见》《义务教育学校管理标准》《义务教育质量评价指标》《中小学教材管理办法》	1. 认真做好课程实施，开设好国家规定课程	课程设置
	2. 加强课程建设，特别是德育、体育、美育、劳动教育等课程建设，重视法治教育、安全教育和心理健康教育，有效开发和实施地方课程、校本课程	课程结构 课程标准 课程组织
	3. 教材的编写要符合课程标准规定的知识类别、覆盖广度、难易程度等，及时反映经济社会发展新变化、科学技术进步新成果	课程资源 课程开发 课程评价
	4. 完善教师集体备课制度，健全教学评价制度，注重教学诊断与改进	教学目标 教学内容
	5. 学校要健全以校为本的教研制度，鼓励和支持教师创新教学方式关注学生个体差异和学习过程，促进学生自主、合作、探究学习，不断提高教学质量	教学过程 教学模式 教学方式
	6. 积极学习应用优秀教学成果和信息化教学资源，鼓励教师改进和创新教育教学方法，注重启发式、互动式、探究式教学，推进信息技术与教育教学深度融合	教学形式 教学手段 教学评价
	7. 实施综合素质评价，建立学生综合素质档案，做好学生成长记录，真实反映学生发展状况	教学效果 环境营造

（三）筛选指向素养形成的协同育人要素结构体系

《义务教育质量评价指标》《义务教育学校管理标准》中提到的关于

"协同育人"内容,如:"密切家校协同育人,强化家庭教育指导;引入社会和利益相关者的监督,密切学校与社区联系,促进社区代表参与学校治理;主动争取社会资源和社会力量支持学校改革发展;健全和完善家长委员会制度,建立家长学校,设立学校开放日,提高家长在学校治理中的参与度,形成育人合力"与素养形成的协同育人要素结构中的社会支持、家庭支持等内容吻合,因此将涉及的相关政策文本纳入协同育人要素结构修正。在《义务教育质量评价指标》中还提到要"加强党对教育工作的全面领导,落实立德树人根本任务,坚持德智体美劳'五育'并举,发展素质教育,培养担当民族复兴大任的时代新人",这体现了党和政府对学生素养发展的重视,因此该部分保留原有要素结构"社会支持、家庭支持"2个二级指标、"政府支持、民众支持、家庭资本、家庭教育"4个三级指标,以及"政府资助、民众期望、民众参与、民众资助、文化资本、物质资本、教育理念、教养方式、亲子沟通"9个四级指标,另外新增"政府期望"作为四级指标,因为政府对学生发展的期望在一定程度上也会影响学生核心素养的养成,且政府期望是教育教学开展的价值导向与教育政策实施的支持,政府期望亦是政府支持的具体表现。详见表6-7。

表6-7 指向素养形成的"协同育人"要素结构体系修正

政策文件	参考内容	涉及指标
《义务教育学校管理标准》《义务教育质量评价指标》	1. 加强党对教育工作的全面领导,落实立德树人根本任务,坚持德智体美劳"五育"并举,发展素质教育,培养担当民族复兴大任的时代新人 2. 密切家校协同育人,强化家庭教育指导 3. 引入社会和利益相关者的监督,密切学校与社区联系,促进社区代表参与学校治理 4. 主动争取社会资源和社会力量支持学校改革发展 5. 健全和完善家长委员会制度,建立家长学校,设立学校开放日,提高家长在学校治理中的参与度,形成育人合力 6. 充分利用社会艺术教育资源,利用当地文化艺术场地资源开展艺术教学和实践活动,有条件的学校可与社会艺术团体及社区建立合作关系	政府资助 民众期望 民众参与 民众资助 文化资本 物质资本 教育理念 教养方式 亲子沟通

四 修正结果呈现

基于相关政策文本对指向素养形成的条件性要素结构进行的修正，本书主要对"学校规划""课程与教学""协同育人"进行了一定的调整，最终得出"学校规划"部分包含"学校建设"与"学校资源"2个二级指标、"学校发展规划""学校管理""校园文化""办学资源"4个三级指标、"办学理念""管理制度""文化内涵""物力资源"等8个四级指标。在"课程与教学"部分，共包含"课程"与"教学"2个二级指标、"课程规划""课堂教学""教学管理"3个三级指标、"课程设置""课程标准""教学目标""教学过程"等17个四级指标。在"协同育人"部分，共包括"社会支持"与"家庭支持"2个二级指标、"政府支持""民众支持""家庭资本""家庭教育"4个三级指标，以及"政府期望""民众参与""文化资本""教育理念"等10个四级指标，详见表6-8。

表6-8　　　　指向素养形成的条件性要素修正结果呈现

一级指标	二级指标	三级指标		四级指标	
		修正前	修正后	修正前	修正后
学校规划	学校建设	学校发展规划	学校发展规划	办学理念	办学理念
				办学规划	办学规划
		学校管理	学校管理	管理制度	管理制度
				领导能力	领导能力
	学校资源	校园文化	校园文化	文化内涵	文化内涵
				文化氛围	文化氛围
		办学资源	办学资源	物力资源	物力资源
				人力资源	人力资源

续表

一级指标	二级指标	三级指标		四级指标	
课程与教学	课程	课程规划	课程规划	课程设置	课程设置
				课程结构	课程结构
				课程标准	课程标准
				课程组织	课程组织
				课程资源	课程资源
				课程开发	课程开发
				课程评价	课程评价
	教学	课堂教学	课堂教学	教学目标	教学目标
				教学内容	教学内容
				教学过程	教学过程
				教学模式	教学模式
				教学方式	教学方式
				教学形式	教学形式
				教学手段	教学手段
		教学管理	教学管理	教学评价	教学评价
				教学效果	教学效果
				环境营造	环境营造
协同育人	社会支持	政府支持	政府支持	无	政府期望
				政府资助	政府资助
		民众支持	民众支持	民众期望	民众期望
				民众参与	民众参与
				民众资助	民众资助
	家庭支持	家庭资本	家庭资本	文化资本	文化资本
				物质资本	物质资本
		家庭教育	家庭教育	教育理念	教育理念
				教养方式	教养方式
				亲子沟通	亲子沟通

第三节　首轮修正后内容性要素和条件性要素的变化情况分析

通过上述对内容性要素和条件性要素的分析与修正，本节将对首轮修正后内容性要素和条件性要素的变化情况进行分析。内容性要素方面主要包括对首轮修正后教师发展、学生发展核心素养的变化情况进行分析；条件性要素方面主要包括对首轮修正后学校规划要素和课程与教学要素未发生变化原因进行深入分析，同时也对修正后协同育人要素的变化情况进行分析。

一　首轮修正后内容性要素的变化情况分析

针对首轮修正后内容性要素的变化情况分析，将具体就首轮修正后教师发展核心素养的变化情况和首轮修正后学生发展核心素养的变化情况进行具体分析。

（一）首轮修正后教师发展核心素养的变化情况分析

根据王光明等人提出的教师核心素养和能力结构体系中有关教师发展的内容拟定指向"教师发展"指标的结构体系并进行修正。

首先，"职业道德"指标的变化情况分析。在二级指标中将"师德师风"修正为"职业道德"，更能体现教师职业的专业化发展的需要，也展现出教师职业相较于其他职业的特殊属性。在三级指标中保持"师德内涵"和"师德行为"不变，是对二级指标"职业道德"的合理性划分，使读者能在理论层面和行动层面厘清其逻辑意蕴。在四级指标中增加"道德修养"和"家国情怀"，更能体现党和国家对于教师队伍师德层面的严格要求，以及教师职业本身所要求的相较于常人更高的道德标准。将四级指标的"政治认同"修正为"政治素养"，更能体现教师职业"为党育人，为国育才"的政治属性，以及教育部门对于教师政治敏感性的严格要求。在四级指标中保持"教育精神"不变，凸显出崇高的"教育精神"在教师职业发展过程中的鞭策警醒作用。

其次，"师资保障"指标的变化情况分析。在二级指标中将"师资建设"修正为"师资保障"，更能体现组建教师队伍后，保持教师队伍长期化发展的关键地位。在三级指标中保持"队伍结构"和"保障措施"不变，这既是在结构层面和措施层面对二级指标"师资保障"的合理化划分，也是为四级指标的顺利划分奠定基础。保持"团队建设""师资配置""教师管理""教师待遇""师资培训"四级指标不变，有利于清楚明确地衡量"队伍结构"和"师资保障"指标。

最后，"专业发展"指标的变化情况分析。在二级指标中保持"专业发展"不变，是对一级指标"教师发展"的体现和回应。在三级指标中将"专业品质"修正为"专业素质"，凸显出"专业素质"较强的包容性，这也与一级指标"教师发展"相匹配。保持"自主发展"三级指标不变，是对二级指标"专业发展"的关照和回应。在四级指标中增加"自我管理"和"沟通合作"，这是对新课标中有关教师自主发展新要求的回应，是对先前教师核心素养能力体系的发展。在四级指标中保持"专业知识""专业能力""文化修养""信息素养""教学经验""教育研究""职业发展""职业信念""身心健康""终身学习""教学反思""教学创新"不变，这是对先前教师核心素养能力体系的继承。

（二）首轮修正后学生发展核心素养的变化情况分析

根据《中国学生发展核心素养》框架中有关学生发展的内容拟定指向"学生发展"指标结构体系并进行修正。

其一，"文化基础"指标的变化情况分析。在二级指标中保持"文化基础"不变，这是对学生发展核心素养的准确划分，体现出基础知识和基础能力在学生发展过程中的重要作用。在三级指标中保持"人文素养"和"科学素养"不变，体现出"人文素养"和"科学素养"对于奠基学生文化基础的重要作用，这种划分也对应社会科学和自然科学两大领域，具有内在的合理性。在四级指标中增加了"人文情怀"和"抽象思维"，其中"人文情怀"表达出学生应尊重个人价值、敬畏生命，而"抽象思维"也传达出对学生形成并运用高阶思维的要求。在四级指标中将"创新意识"和"好奇心求知欲"合并为"批判质疑"，更能体现出"批判质疑"对于学生科学素养形成的重要作用。在四级指标中将"主动学习"和"实践能力"合并为"自主探索"，这既是对新课标中学生核心素养要求的有效转化，又是对学生科学素养发展的更高要求。在四级指标中保持"人文积淀"和"审美情趣"不变，这是对先前研究的选择性继承。

其二,"自主发展"指标的变化情况分析。在二级指标中保持"自主发展"不变,体现出现代教育应着重培养学生的自主学习能力,使学生能够持续应对未来世界的挑战。在三级指标中保持"健康心理"和"学会学习"不变,凸显出"健康心理"充当学生持续发展动力的重要作用,也有助于学生避免负面情绪的干扰,积极乐观的生活。在四级指标中增加"珍爱生命""自主管理""反思意识""信息意识",这既是根据新课标要求对三级指标"健康心理"和"学会学习"的合理解释,又是根据学生新时代心理发展特点对其做出的新要求。

其三,"社会参与"指标的变化情况分析。在二级指标中保持"社会参与"不变,体现了学校教育与社会发展相结合的必要性,以及教育促进学生社会化发展的重要功能。在三级指标中将"品德发展水平"修正为"公民素养",这是对"品德发展水平"更高层级的概括,更能体现出学生作为新时代公民应该具备的素养。在三级指标中保持"创新能力"不变,体现出培养学生创新能力的必要性。在四级指标中增加"国际视野"和"技术应用",这是对三级指标"公民素养"和"创新能力"的合理解释,体现出拥有开阔的国际视野和技术应用能力对于学生社会化发展的重要作用。在四级指标中将"责任担当"修正为"社会责任",更能切合"社会参与"指标,也能着眼于学生的社会属性。在四级指标中保持"国家认同""劳动意识""问题解决"不变,凸显这些指标对于增强学生社会参与素养的重要作用。

二 首轮修正后条件性要素的变化情况分析

针对首轮修正后条件性要素的变化情况的分析将具体从首轮修正后学校规划要素未发生变化的原因、首轮修正后课程与教学要素未发生变化的原因和首轮修正后协同育人要素的变化情况等内容进行具体分析。

（一）首轮修正后学校规划要素未发生变化的原因分析

根据《义务教育学校管理标准》《义务教育质量评价指标》以及《义务教育质量评价指南》中有关学校规划的内容拟定指向素养形成的"学校规划"指标结构体系并进行修正,以下针对首轮修正后"学校规划"指标未发生变化的原因进行分析。一是"学校建设"未发生变化的原因分析。在二级指标中保持"学校建设"不变,体现出学校建设对于学校规划的重要作用。在三级指标中保持"学校发展规划"和"学校管理"不变,这是在仔细分析政策文本后,对于政策文本逻辑的正确反映,既能有效拆分"学校建设"指标,又能合理衔接后续的四级指标,体现了学校规划和学校管理在学校建设过程中的主体地位和重要作用。在四级指标中保持"办学理念""办学规划""管理制度""领导能力"不变。在这四个指标中:"办学理念"为学校建设指明方向;"办学规划"指标将办学理念落实于实践层面;"管理制度"作为学校建设的重要支撑,保障学校各个环节有条不紊地运行;"领导能力"作为学校建设的先导者和主心骨,带领着全校师生共同前进。二是"学校资源"未发生变化的原因分析。在二级指标中保持"学校资源"不变,体现出"学校资源"在学校规划过程中所发挥的动力和支撑作用。在三级指标中保持"校园文化"和"办学资源"不变,既符合政策文本的划分要求,也体现出"校园文化"作为一种独特的学校资源,维持着优良的校风和学风。在四级指标中保持"文化内涵""文化氛围""物力资源""人力资源"不变,这既是对三级指标中"校园文化""办学资源"的合理划分,也是将三级指标有效转化为更具测量意义和操作价值的四级指标。其中,"文化内涵"和"文化氛围"指标,是对办学资源的一种创新性理解和提炼,能够更好地发挥条件性要素的功能进而培养师生的核心素养。

(二)首轮修正后课程与教学要素未发生变化的原因分析

根据《教育部关于做好普通高中新课程新教材实施工作的指导意见》《义务教育学校管理标准》以及《义务教育质量评价指标》中有关课程与教学的内容拟定指向素养形成的"课程与教学"指标结构体系并进行修正,以下针对首轮修正后"课程与教学"指标未发生变化的原因进行分析。

首先,"课程"指标未发生变化的原因分析。在二级指标中保持"课程"不变,这是对一级指标"课程与教学"的合理划分,体现出"课程"指标对于促进师生核心素养发展的重要作用。在三级指标中保持"课程规划"不变,这是对二级指标中"课程"的正确阐释,也表明了"课程规划"指标对于指明学生未来发展方向和引领教师课堂教学方向的关键作用。在四级指标中保持"课程设置""课程结构""课程标准""课程组织""课程资源""课程开发""课程评价"要素不变,这是对

"课程规划"中真正有利于师生核心素养发展的条件性要素的清晰界定。其中:"课程设置"指标指明学校应该开展哪些课程;"课程结构"指标说明学校课程安排等整体性架构;"课程资源"指标说明学校开展本门课程应准备哪些资源;"课程开发"指标衡量学校进行校本课程开发做了哪些工作,也要求学校应对国家课程和地方课程进行二次开发以满足学校实际教学需要;"课程评价"指标是对课程实施各环节进行的整体性评价,为后续课程实施总结相关的经验。四级指标是对三级指标"课程规划"的清晰说明,涵盖了"课程规划"涉及的方方面面,明确了"课程规划"指标应从哪些方面进行理论阐释和实践证明,有利于其后续的测评。

其次,"教学"指标未发生变化的原因分析。在二级指标中保持"教学"不变,这是对一级指标"课程与教学"的合理划分,体现出"教学"指标对于促进师生核心素养发展的关键作用。在三级指标中保持"课堂教学"不变,说明"课堂教学"指标对于师生发展的深远影响,应着重对其进行研究。在四级指标中保持"教学目标""教学内容""教学过程""教学模式""教学方式""教学形式""教学手段"不变,按照课堂教学实际顺序进行划分。其中:"教学目标"指标明确了通过课堂教学学生应达到的实际水平;"教学内容"指标是师生进行课堂活动所依赖的教学中介;"教学过程"指标是对师生开展教学活动的过程性评价;"教学模式""教学方式""教学形式""教学手段"都指向在课堂上教师开展教学活动所采用的方法、形式、手段。

(三) 首轮修正后协同育人要素的变化情况分析

根据《义务教育质量评价指标》和《义务教育学校管理标准》中有关协同育人的内容拟定指向素养形成的"协同育人"指标结构体系并进行修正,以下针对首轮修正后"协同育人"指标的变化情况进行分析。

其一,"社会支持"指标的变化情况分析。在二级指标中保持"社会支持"不变,这是对一级指标"协同育人"的合理划分,体现"社会支持"指标对于"协同育人"的重要作用。在三级指标中保持"政府支持"和"民众支持"不变,这是遵循政策文件的划分逻辑得出的关键指标的体现,有利于详细阐明"社会支持"二级指标的内涵意蕴。增加"政府期望"于四级指标,这既是对"民众期望"指标的合理关照,又凸显出政府对于教育事业的关怀和重视。保持"政府资助""民众期望""民众参与""民众资助"四级指标不变,表明其契合三级指标中"政府支持"和"民众支持"的内涵。其中:"政府资助"指标对于学校教育的顺利开展有着至关重要的作用,能帮助学校教育走向优质均衡的发展方向;"民众期望"指标引领着学校教育走向大众化的发展方向;"民众参与"指标巩固了学校教育的人民根基,使其能更加坚定地应对各种挑战;"民众资助"指标也使得学校教育有了多元化的发展方向,激发了学校教育的生机活力。

其二,"家庭支持"指标未发生变化的原因分析。在二级指标中保持"家庭支持"不变,体现了现代学校教育中家校协同育人的关键作用,表现了家庭对于学生核心素养发展的重要影响。在三级指标中保持"家庭资本"和"家庭教育"不变,这既是对"家庭支持"指标的正确理解,又为后续继续划分四级指标明确了方向。在四级指标中保持"文化资本""物质资本""教育理念""教养方式""亲子沟通"不变,这是对于政策文本划分逻辑的有效运用。其中:"文化资本"指标展现出不同家庭中不同文化资本对学生核心素养发展的影响;"物质资本"指标传达出家庭物质经济条件对于学生未来发展的影响;"教育理念"指标从思想理论层面解释不同家庭对于孩子教育观念的不同;"教养方式"指标从行为层面衡量不同家庭将"教育理念"转化为教育行动的不同之处;"亲子沟通"指标着眼于家长与孩子的沟通互动以探讨家庭教育对孩子发展的影响。

第 七 章

核心素养视角下基础教育质量关键要素提炼:基于现实考察的二次修正

本章内容主要是基于现实考察对核心素养视角下基础教育质量关键要素进行二次提炼修正,重点涉及考察方案的设计、考察过程描述、考察结果呈现等基本内容。具体而言,考察方案的设计主要包括设立考察目标、确立考察对象、编制考察工具及数据处理与分析说明;考察过程的概述主要包括整个现实考察过程所使用的研究工具以及具体的研究过程;考察结果的呈现则主要分为教师卷的考察结果呈现、学生卷的考察结果呈现及整个考察过程的反思与总结。基于此,对已经研制的指向核心素养的基础教育质量要素进行关键要素再提炼,完成基于现实考察的二次修正,提炼出了影响基础教育质量的74个四级指标、23个三级指标、12个二级指标以及5个一级指标(详见附件三的附表3)。

第一节 考察方案设计

考察方案的设计主要包括设立考察目标、确立考察对象、编制考察工具及数据处理与分析说明。其中,考察目标的设立是设计考察方案的重点,也是考察方案实施的前提,它确保了设计方案的顺利进行。考察对象的确立要保障问卷调查结果的代表性,以便于清晰、全面地了解和掌握影响 G 省基础教育质量的因素并在此基础上提炼出关键要素。本章所使用的工具主要是教师问卷和学生问卷。通过预调查与修改完善确保问卷自身质量，通过数据清洗确保研究数据质量的可靠性，确保有效地提取出研究信息。

一 设立考察目标

考察目标的设立是设计考察方案重点，是考察方案实施的前提，它确保了设计方案的顺利进行。在之前的研究中，本书已经通过文献梳理明晰了核心素养视角下提升基础教育质量的基本内涵，并借助已有研究，采用扎根理论分析获得影响基础教育质量的关键要素。之后在指向核心素养的第一轮指标修订基础上，从已有理论研究的角度基本确立了指向核心素养的基础教育质量要素结构。因此，本章的研究目标主要是通过现实考察，对已有指标进行二次修正，从实践的角度修正已有的"指向核心素养的基础教育质量要素结构分析表"，为构建核心素养视角下基础教育质量的指标体系奠定研究基础。

具体而言，首先，通过问卷调查探索基础教育阶段一线师生认为影响基础教育质量的因素，以及这些因素的影响程度。其次，运用描述分析法、主成分分析法等多种量化研究方法将现有的关键性要素进行重要性排序，检验其重要程度。对于那些认可度较低的要素，结合人口学变量去探究数据背后的深层次原因，并以此决定是否对现有的关键性要素进行修改，或者采取一些配套措施去应对一些意外发现。最后，通过主成分分析、因子分析等方式去计算出各要素所占的比重，并在后续研究中结合理论研究者赋权得到最终权重，构建核心素养视角下评估基础教育质量的指标体系，以便在后续研究中探索出核心素养视角下提升 G 省基础教育质量的具体措施与策略。

二 确立考察对象

为清晰、全面地了解和掌握影响 G 省基础教育质量的因素并在此基础上提炼出关键要素、保障问卷调查结果的代表性，课题组从 G 省 9 个地（州）市按比例选取部分学校，以这些学校中具有代表性的教师、学生作为考察对象，分层分类进行调查研究。考察对象具体涵盖不同学段（高中、初中、小学）、不同行政区域（市级、县城、城乡接合部、乡镇、村）的一线教师和学生。

三 编制考察工具

本章主要采用问卷调查法进行实证研究，因此考察工具主要是问卷。通过问卷这种现实考察的方式，可以更好地了解不同利益群体的意见，使二次修正后的关键要素更为合理。问卷编制的原则主要有目的性原则、顺序性原则、简明性原则和客观性原则等。

由于教师与学生在人口学上存在较大差异，课题组将这两类群体分开进行调查，编制了"教师卷"和"学生卷"两类问卷。两类问卷都是由三部分组成。第一部分是基本信息题，主要条目是一些人口学变量，便于了解不同人群对同一个问题的不同态度，从而去分析数据背后的深层次原因。第二部分是关键要素再提炼题，具体是以课题组已经提取的核心素养视角下影响基础教育质量的关键要素为基础，通过编制问卷在教师与学生间进行调查，并以此为依据，构建基础教育质量评估指标体系。其中教师卷第二部分是排序题，以调查一线教师对基础教育质量相关要素影响程度的看法。一线教师根据自己的了解及体会，由高到低地对相关影响要素排序。这里有三点需要说明：一是由于在已提取的关键要素中，"管理制度""领导能力""文化内涵"这三个要素不便于用问卷进行考察，以访谈的方式更为适切，因此计划以访谈的形式对这三个要素进行考察提炼（具体见第八章）；二是为了减少学生对自主管理和情绪调控的理解难度，在学生问卷中将二者合并设问；三是"环境营造"拟在学生问卷和访谈中重点关注。问卷调查的第三部分是一个开放式问题，尝试通过扎根理论的方式，去探索基础教育阶段一线师生认为影响基础教育质量的其他关键要素以及选择这些要素的原因。

第二节 考察过程概述

考察过程如图 7-1 所示，主要分为以下五个步骤。

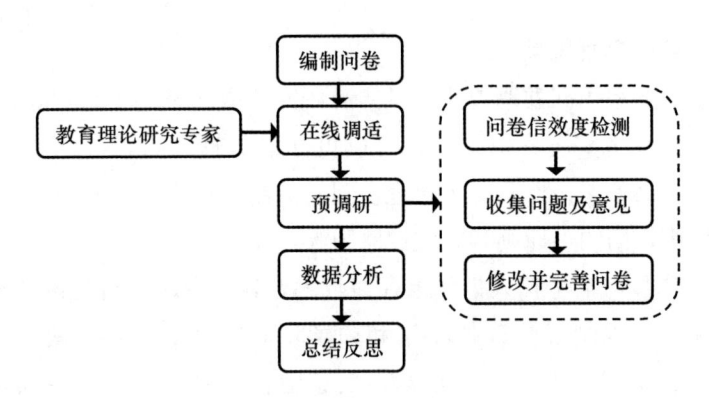

图 7-1 现实考察流程

一 编制问卷

考察问卷主要基于第六章的指标体系的四级指标进行编制，问卷发放主要采取网络问卷和实地发放的形式。网络问卷的回收相对简单，是直接在"问卷星"平台通过"下载数据"功能下载分析。本次问卷的编辑、发放和回收均使用"问卷星"平台。纸质问卷相比网络问卷而言，在数据录入时出错概率较大，数据核对不方便，因此，本次考察采用网络问卷收集调研数据。采用网络问卷能增加回收的便捷性、降低数据错误率、通过答题来源增加样本量少的区域问卷，通过收集调查对象答题时间从而筛选掉部分无效问卷。但是，网络问卷虽然方便，也正是由于其填写的灵活性，常常会导致问卷被非调研对象填写或多份问卷被同一人填写。为尽可能避免该现象，本书采取实地发放的形式来控制问卷质量，尽量减少部分调研对象乱填、重填问卷或让非调研对象填写等问题。

二 在线调适

问卷形成后，先是课题组成员间相互讨论，进行初步修改。然后通过腾讯会议的方式邀请教育理论研究专家对本次问卷进行在线调适。之后，课题组结合专家给出的修改意见进一步修改、完善问卷，形成问卷初稿。

三 预调研

问卷初稿形成后，有针对性地选取部分调查对象进行预调查。预调查主要检测问卷的试题表达方式、选项合理性以及问卷信效度等。课题组预调研以随机取样的方式，在 G 省选取来自不同地区与学校的 48 名教师与 57 名学生为调研对象，共回收有效问卷 105 份。被调查者平均分布于不同地区、学校与年级，具有一定的代表性。被调查者的意见主要集中于问卷的专业术语、题目阐述与选项设置，如"有些概念不清楚，要不要换个通俗易懂的表达""分不清，就不知道怎么排序""看不懂，理解不了，有些概念的界定不清楚，不知道具体指的是什么。教学模式，教学方式，好像还有一个教学形式"等。本书对测试卷每道题的结果都进行了分析，对问卷题目、选项设置等均进行了修改完善。

四 数据分析

针对问卷数据，主要处理和分析的思路是先筛选再分析。筛选工具主要是问卷星平台和 WPS 软件。筛选过程包括以下四个方面：一是通过答题时间剔除无效问卷。答题时间明显低于正常答题时间的问卷应将其剔除，因为此类问卷多半是胡乱填写；明显高于答题时间的问卷则检查其答案的逻辑性和意见建议类填空题的内容是否存在乱填现象，从而判断是否保留。二是检查问卷的相似度。如果两份问卷或多份问卷高度相似，也就是除个别题目外其他题目答案一致，则考虑问卷重复，可能为同一个人多次填写，只保留其中一份问卷。三是通过题目逻辑判断问卷的可靠性。如果被调查教师或学生的选择有明显不太合乎逻辑的问卷应予以删除，如学段选择"初中"或"高中"，但年级选择"四年级""五年级"和"六年级"的问卷。四是通过箱线图筛选出包含异常值的问卷。先用箱线图筛选出异常值，再结合问卷实际情况判断问卷数据的有效性。分析工具主要包括用 SPSS 和 SPSSAU 进行数据分析，用 Excel 和图表秀等软件绘制出图表，以及采取扎根理论的方法进行意见建议分析等。分析过程主要包括以下几个步骤：首先用 SPSS 和 SPSSAU 计算频率、交叉表、信效度、公因子方差等，然后用 Excel 和图表秀绘制出图表，最后用 Word 进行描述分析。针对意见建议题，首先用 Excel 将其概念化，然后对概念进行一级、二级、三级编码，最后根据编码绘制出标签云图再分析。

五 总结反思

总结与反思主要是结合现实考察结果，对已有指标进行二次修正，从实践的角度修正已有的"指向核心素养的基础教育质量要素结构分析表"，为构建核心素养视角下基础教育质量的指标体系奠定研究基础。同时，梳理考察过程和考察结果中出现的问题，为之后的研究积累经验。

第三节 考察结果呈现

考察结果主要从问卷发放与回收、问卷信效度检验和调查结果分析三个方面来呈现。由于调查问卷分为教师卷和学生卷，考察结果也从教师和学生两个维度进行分析。对考察结果的分析主要采用统计选项频率、通过交叉表进行对应分析、计算选项公因子方差[①]、绘制标签云图和程序化扎根理论等方法。针对调查对象的基本情况，主要采用统计选项频率、通过交叉表进行对应分析等方法进行分析；针对相关要素对基础教育质量的影响程度，主要采用统计选项频率、计算选项公因子方差等方法进行分析；针对被调查对象的意见建议，主要采用标签云图和程序化扎根理论等方法进行分析。同时，对于教师和学生都涉及的要素，也设置了部分对照组，以便统计不同调查对象对同一个要素的认可度。针对问卷中设置的排序题，在实际计算中发现，如果采用选项平均综合得分[②]计算，计算结果都和选项顺序相同，并不能提取出有效信息。检查问卷数据后发现，部分填写不够认真的调查对象会按照选项顺序填写排序题，也就是说排序题会受到选项顺序的影响。基于此，本次调查问卷中的排序题均采用公因子方差来表示被调查教师对选项的认可度。

[①] 公因子方差能反映出该选项对总体的重要程度。公因子方差越大，携带的信息量就越高，则该选项对总体就越重要，通过比较信息量可判断出选项的重要程度。

[②] 选项平均综合得分 = (Σ 频数×权值)/本题填写人次，权值由选项被排列的位置决定。

一　教师卷的考察结果呈现

教师卷的考察结果呈现主要包括问卷发放与回收、问卷信度和效度及教师卷调查结果。其中教师卷的调查结果主要分为调查样本的基本情况分析与相关要素对基础教育质量的影响程度。对于一些较为复杂的问题，则将基本情况中的人口学变量与要素题结合起来进行考察，了解不同人群对同一个问题的不同态度，从而去分析数据背后反映的深层次原因。

（一）问卷发放与回收

在研究过程中，根据调研学校和地区的实际情况，有针对性地发放问卷。本次问卷调查（教师卷）总共发放2191份。将被调查教师填写问卷时间的平均数、中位数、众数等进行统计，结果如表7-1所示。

表7-1　　　　　　　　被调查教师答题时间统计结果

统计项目		时长（分钟）
被调查教师答题时间	平均值	7.18
	中位数	5.02
	众数	3.63
	最小值	0.95
	最大值	408.92

从表7-1可以看出，2191名被调查教师的平均答题时间为7.18分钟，中位数答题时间为5.02分钟，最长答题时间408.92分钟；最短答题时间0.95分钟。最长答题时间远远大于平均答题时间和中位数答题时间，说明答题时间中存在少数极大值，衡量平均答题时间应以比平均答题时间短的中位数和众数答题时间为准。也就是说本次问卷调查中，被调查教师的平均答题时间在7.18分钟左右，同时还应核查极端答题时间问卷的有效性。

将2191名被调查教师的答题时间（60分钟以内）按从小到大排序后绘制成散点图，结果如图7-2所示。

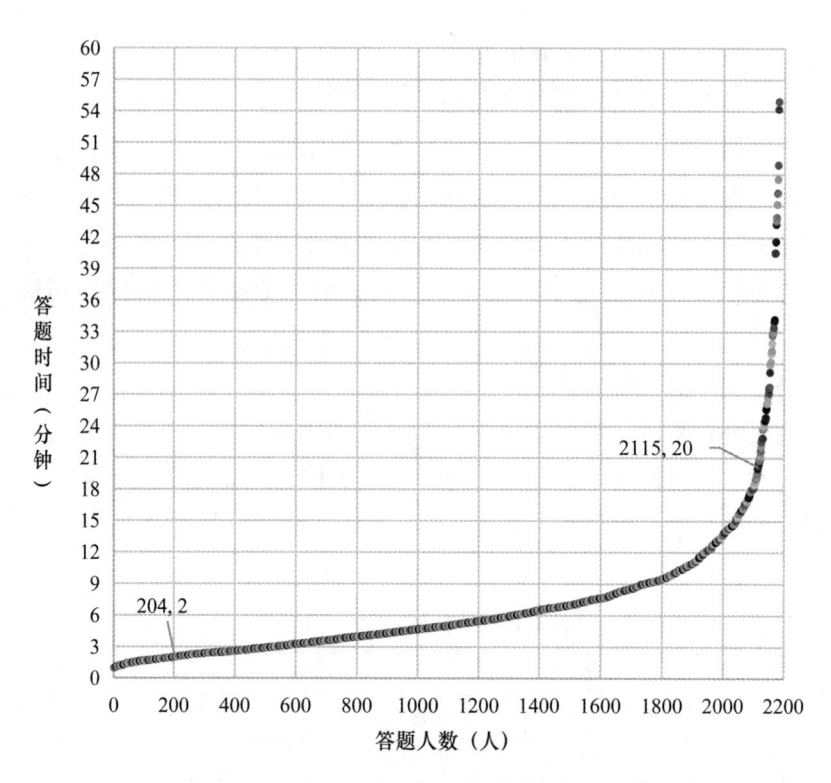

图 7-2 被调查教师答题时间统计（60 分钟内）

从图 7-2 可以看出，被调查教师答题时间主要集中在 2—20 分钟，在 2191 人中，有约 204 人的答题时间在 2 分钟及以下，约 76 人的答题时间在 20 分钟以上。通过预答题测试，以正常阅读速度答题时，答题时间的平均数为 2 分 30 秒，因此，将答题时间在 1 分 30 秒以下的 34 份教师问卷作为无效问卷予以删除。对答题时间在 25 分钟以上教师问卷进行检查后发现，这部分问卷内容完整，填空题逻辑性强，无乱填现象，予以保留。

本次研究的教师问卷中有 37 道题采用李克特 5 级量表，数字 1 表示非常不认可；数字 2 表示比较不认可；数字 3 表示认可；数字 4 表示比较认可；数字 5 表示非常认可。将剩余 2157 份答题时间在一分半以上的教师问卷答题数据绘制成箱线图，如图 7-3 所示。

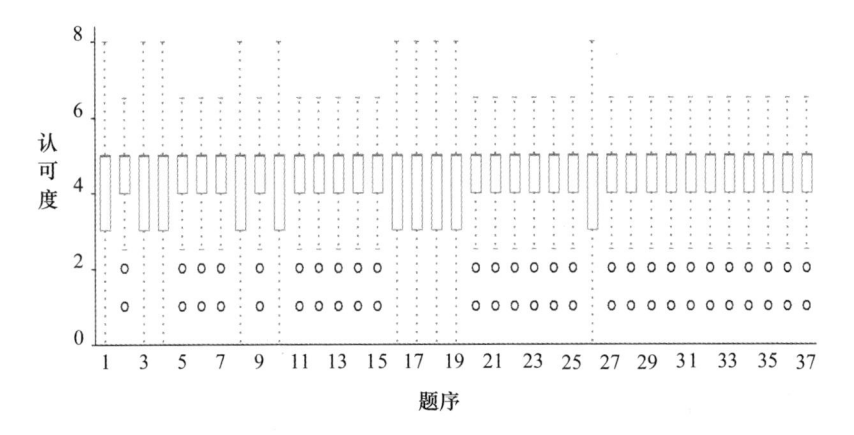

图 7-3 教师卷数据箱线

从上图可以看出，37 道量表题中，第 2 题、第 3 题等 27 道题具有异常值。查看问卷数据后发现，2157 份问卷中有 85 份问卷出现被调查教师所有题目都选择 1（非常不赞同），以及年龄选择 26—35 岁、教龄选择 0—5 年，职称却选择高级教师等不同程度不符合逻辑的现象。另外，本问卷涉及的影响基础教育质量的因素均来源于理论和政策的研究，因此所涉及因素在一定程度上对基础教育质量都有影响。故而将此类问卷当作无效问卷予以删除。同时，箱线图上限超过了选项最高数字 5，指的是被调查教师选择"非常认可"或"比较认可"的人数较多。

总体而言，2191 份问卷中，答题时间在 20 分钟以上的问卷予以保留，答题时间在 1 分半钟以下的 34 份问卷予以删除，具有异常值的 85 份问卷予以删除，最后保留 2072 份有效问卷。

（二）问卷信度和效度

本次调研教师问卷共设 52 道题。为了便于分析，分别用 S1 到 S9 表示定类题、Q1 到 Q37 表示定量题、P1 到 P5 表示排序题、Y1 表示填空题。

1. 问卷信度分析

该问卷主要基于文本信息的首轮修正结果编制而成。问卷形成后，先是课题组成员间相互讨论，进行初步修改；然后咨询有关方面专家，根据专家给出的意见进一步修改；最后进行预测试，删除和调整该问卷中不合理的题目。其中 Q1 到 Q37 共 37 道量表题均采用 Cronbach 信度分析，结果如表 7-2 所示。

表 7-2　　　　　调查问卷（教师卷）信度分析结果

题号	校正项总计相关性（CITC）	项已删除的 α 系数	Cronbach α 系数
Q1	0.828	0.992	
Q2	0.832	0.992	
Q3	0.824	0.992	
Q4	0.837	0.992	
Q5	0.841	0.992	
Q6	0.885	0.991	
Q7	0.767	0.992	
Q8	0.848	0.992	
Q9	0.868	0.991	
Q10	0.845	0.992	
Q11	0.853	0.992	
Q12	0.895	0.991	
Q13	0.894	0.991	
Q14	0.906	0.991	
Q15	0.917	0.991	0.992
Q16	0.892	0.991	
Q17	0.799	0.992	
Q18	0.865	0.991	
Q19	0.879	0.991	
Q20	0.896	0.991	
Q21	0.896	0.991	
Q22	0.910	0.991	
Q23	0.912	0.991	
Q24	0.903	0.991	
Q25	0.913	0.991	
Q26	0.892	0.991	
Q27	0.857	0.991	
Q28	0.875	0.991	
Q29	0.886	0.991	

续表

题号	校正项总计相关性（CITC）	项已删除的 α 系数	Cronbach α 系数
Q30	0.878	0.991	
Q31	0.864	0.991	
Q32	0.861	0.991	
Q33	0.896	0.991	0.992
Q34	0.873	0.991	
Q35	0.879	0.991	
Q36	0.885	0.991	
Q37	0.885	0.991	

从上表可以看出，信度系数值为 0.992，大于 0.9，说明研究数据信度质量很高。针对"项已删除的 α 系数"，任意题项被删除后，信度系数并不会有明显的上升，说明题项不应该被删除处理。被分析项的 CITC 值均大于 0.4，说明分析项之间具有良好相关关系，同时也说明信度水平良好。

总体而言，研究数据信度质量很高，所有题目都不应该被删除，题目间相关关系良好，可用于进一步分析。

2. 问卷效度分析

此次效度分析主要采用结构效度分析，设计问卷之初 37 道量表题分属 6 个维度：

Q01 到 Q05 表示职业道德相关要素对基础教育质量的影响程度；

Q06 到 Q10 表示师资保障相关要素对基础教育质量的影响程度；

Q11 到 Q18 表示教师专业发展相关要素对基础教育质量的影响程度；

Q19 到 Q26 表示教师自主发展相关要素对基础教育质量的影响程度；

Q27 到 Q32 表示学生发展相关要素对基础教育质量的影响程度；

Q33 到 Q37 表示学校办学与管理相关要素对基础教育质量的影响程度。

将 37 道量表题进行验证性因子分析，结果如表 7-3 所示。

表7-3　　　　　　　调查问卷（教师卷）效度分析结果

预设维度	题号	因子载荷系数						共同度（公因子方差）
		因子1	因子2	因子3	因子4	因子5	因子6	
1 （职业道德）	Q01	0.233	0.800	0.214	0.205	0.214	0.185	0.864
	Q02	0.263	0.820	0.208	0.201	0.180	0.210	0.897
	Q03	0.295	0.810	0.189	0.160	0.141	0.203	0.871
	Q04	0.225	0.800	0.229	0.237	0.224	0.176	0.879
	Q05	0.265	0.780	0.231	0.239	0.230	0.196	0.875
2 （师资保障）	Q06	0.359	0.455	0.276	0.265	0.269	0.520	0.828
	Q07	0.117	0.288	0.338	0.258	0.398	0.550	0.742
	Q08	0.434	0.363	0.175	0.220	0.154	0.640	0.837
	Q09	0.318	0.344	0.280	0.325	0.304	0.600	0.852
	Q10	0.435	0.329	0.191	0.213	0.179	0.640	0.821
3 （教师专业 发展）	Q11	0.363	0.261	0.223	0.236	0.686	0.212	0.821
	Q12	0.384	0.327	0.273	0.286	0.664	0.221	0.901
	Q13	0.392	0.180	0.292	0.262	0.666	0.223	0.902
	Q14	0.430	0.361	0.278	0.285	0.579	0.233	0.863
	Q15	0.500	0.300	0.375	0.271	0.516	0.225	0.867
	Q16	0.610	0.277	0.340	0.185	0.356	0.254	0.790
	Q17	0.730	0.173	0.202	0.075	0.190	0.237	0.702
	Q18	0.694	0.244	0.290	0.166	0.244	0.216	0.759
4 （教师自主 发展）	Q19	0.638	0.293	0.277	0.271	0.231	0.223	0.746
	Q20	0.666	0.276	0.316	0.284	0.216	0.226	0.798
	Q21	0.502	0.302	0.328	0.416	0.317	0.213	0.770
	Q22	0.584	0.307	0.296	0.413	0.269	0.213	0.811
	Q23	0.628	0.319	0.320	0.401	0.228	0.131	0.829
	Q24	0.624	0.288	0.271	0.414	0.279	0.125	0.810
	Q25	0.607	0.310	0.300	0.434	0.252	0.164	0.833
	Q26	0.656	0.278	0.285	0.411	0.166	0.139	0.804
5 （学生发展）	Q27	0.288	0.251	0.725	0.272	0.196	0.185	0.818
	Q28	0.362	0.234	0.734	0.289	0.163	0.181	0.868
	Q29	0.377	0.245	0.718	0.310	0.178	0.165	0.872
	Q30	0.409	0.231	0.713	0.286	0.150	0.165	0.860

续表

预设维度	题号	因子载荷系数						共同度（公因子方差）
		因子1	因子2	因子3	因子4	因子5	因子6	
5（学生发展）	Q31	0.243	0.241	0.665	0.365	0.329	0.187	0.836
	Q32	0.235	0.261	0.627	0.384	0.348	0.180	0.817
6（学校办学管理）	Q33	0.353	0.280	0.393	0.627	0.226	0.203	0.843
	Q34	0.289	0.241	0.377	0.693	0.203	0.209	0.849
	Q35	0.271	0.238	0.394	0.683	0.226	0.233	0.856
	Q36	0.296	0.285	0.380	0.686	0.232	0.208	0.881
	Q37	0.319	0.281	0.336	0.695	0.233	0.214	0.877
特征根值%（旋转前）		25.367	1.819	1.292	0.893	0.757	0.722	—
方差解释率%（旋转前）		68.559	4.917	3.491	2.415	2.046	1.951	—
累积方差解释率%（旋转前）		68.559	73.476	76.966	79.381	81.427	83.378	—
特征根值（旋转后）		7.338	5.942	5.584	5.082	3.853	3.051	—
方差解释率%（旋转后）		19.832	16.061	15.092	13.734	10.413	8.245	—
累积方差解释率%（旋转后）		19.832	35.893	50.985	64.719	75.133	83.378	—
KMO值		0.984						—
巴特球形值		49698.46						
df		666						
p值		0						—

从上表可以看出，所有研究项对应的共同度值均高于0.4，说明研究项信息可以被有效提取。使用 KMO 和 Bartlett 检验进行效度验证，KMO 值为0.984，大于0.8，说明研究数据效度非常好。另外，6个因子旋转后的方差解释率分别是 19.832%，16.061%，15.092%，13.734%，10.413%，8.245%，旋转后的累积方差解释率为 83.378% > 50%，意味着研究项的信息量可以有效地提取出来。[①] 另外，从效度分析结果还可以看出，Q16（职业发展）、Q17（教育研究）、Q18（信息素养）三道题的维度与预设维度不相符，须进一步修正。总的来说，该问卷数据的效度比较好，研究信息可以被有效提取，信息量也可以被有效地提取出来。

---

① 注：因子载荷系数绝对值大于0.4时即说明选项和因子有对应关系。

各选项和不同因子分别具有对应关系,和预期基本相符,除个别题项外,均属同一维度。

(三)教师卷调查结果

针对教师卷的调查结果分析,主要是从调查样本的基本情况和相关要素对基础教育质量的影响程度两个方面着手进行分析。

1. 调查样本的基本情况

对调查样本的基本情况分析主要采用的是描述分析和对应分析两种方法。

(1)被调查教师性别分析

调查显示,在参与此次调查的教师中,女性教师约占被调查教师的59%,男性教师约占41%,如图7-4所示。由此可见,参与调查的教师在性别结构方面存在一定的差异,女性教师多于男性教师,男性教师相对缺乏,在性别结构上相对不均衡。

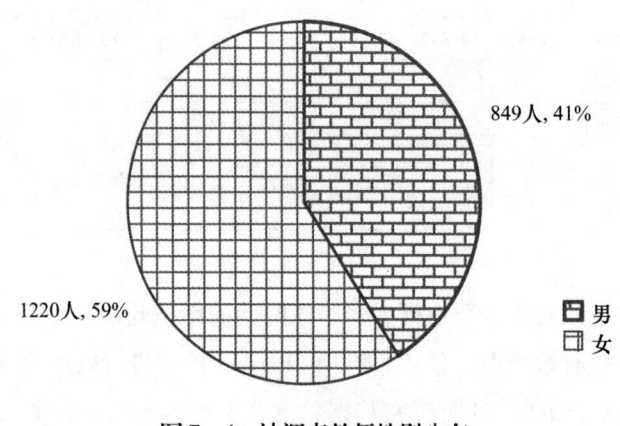

图7-4 被调查教师性别分布

(2)被调查教师年龄分析

数据显示,在参与此次调查的教师中,年龄在55岁以上的教师最少,占比约为4%,这与女教师55岁退休有很大的关系;25岁以下的教师相对较少,占比约为12%;其他年龄层次的教师相对较多,26—35岁、36—45岁、46—55岁占被调查教师年龄的比重分别为38.1%、28%、17.9%,如图7-5所示。以上数据表明被调查教师多以青年教师为主,也说明教师主力为青中年教师群体,这为中小学生提供了较为稳定的师资，也有利于研究的顺利开展。

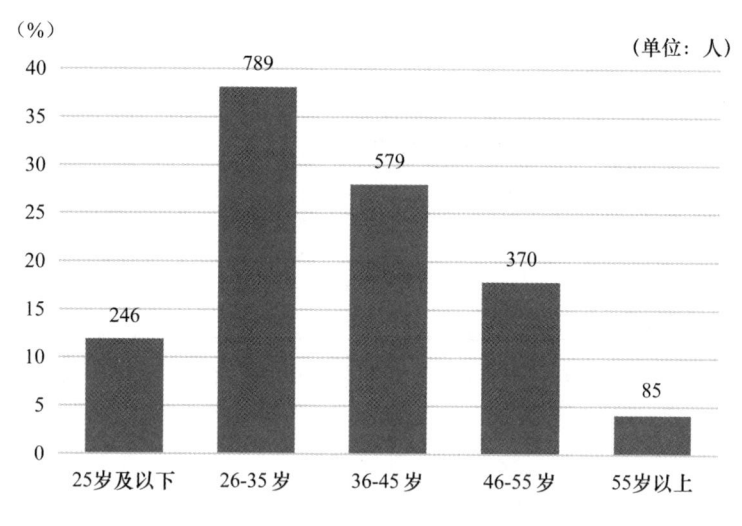

图 7-5　被调查教师年龄分布

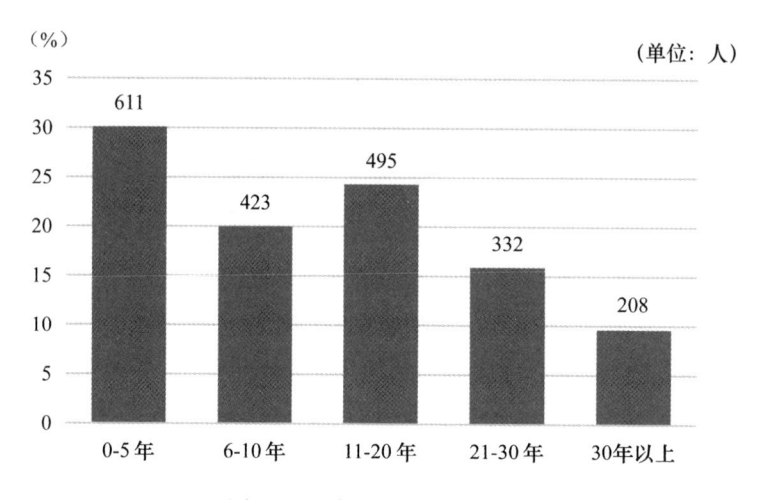

图 7-6　被调查教师教龄分布

（3）被调查教师教龄分析

数据显示，参加此次调查的教师在教龄结构上也存在着较大的差别，教龄在 0—5 年的教师人数最多，高达 611 人，占比约为 30%；其次是教龄在 11—20 年的教师，占比约为 24%；而教龄在 6—10 年的教师有 423 人，占比约为 20%；教龄为 21—30 年、30 年以上的教师占比约为 16%

和10%，具体如图7-6所示。整体来看，教师教龄在0—10年的教师占比约为50%，教师教龄在30年以上的只有10%左右。由此可见，被调查教师中教龄分布存在差异，新入职教师比较多，其他教龄段教师分布相对合理。

(4) 被调查教师年龄和教龄对应分析

将被调查教师的年龄和教龄进行对应关系分析，结果如图7-7所示。

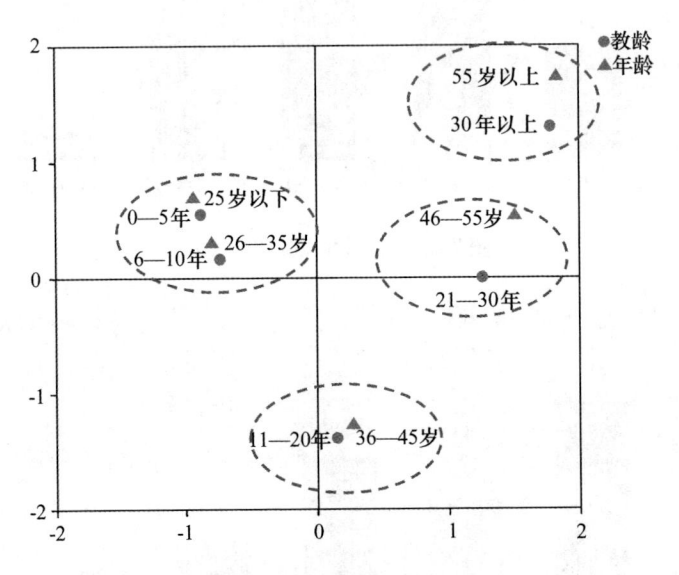

图7-7 被调查教师年龄和教龄对应分析结果

从图7-7可以看出，年龄在25岁以下与教龄在0—5年教师之间有着很强的对应关系，年龄在26—35岁与教龄6—10年教师之间有着很强的对应关系；年龄在36—45岁与教龄11—20年教师之间有着很强的对应关系；年龄在46—55岁与教龄21—30年教师之间有着对应关系；年龄在55岁以上与教龄30年以上的教师也存在着较强的对应关系。由此可见，教龄为0—10年的教师年龄多数在25岁至35岁之间；11—20年教龄的教师年龄多集中于36—45岁；有20年以上教龄的教师，其年龄很可能都在46岁以上。

(5) 被调查教师职称分析

根据调查数据，被调查教师的职称情况如图 7-8 所示。

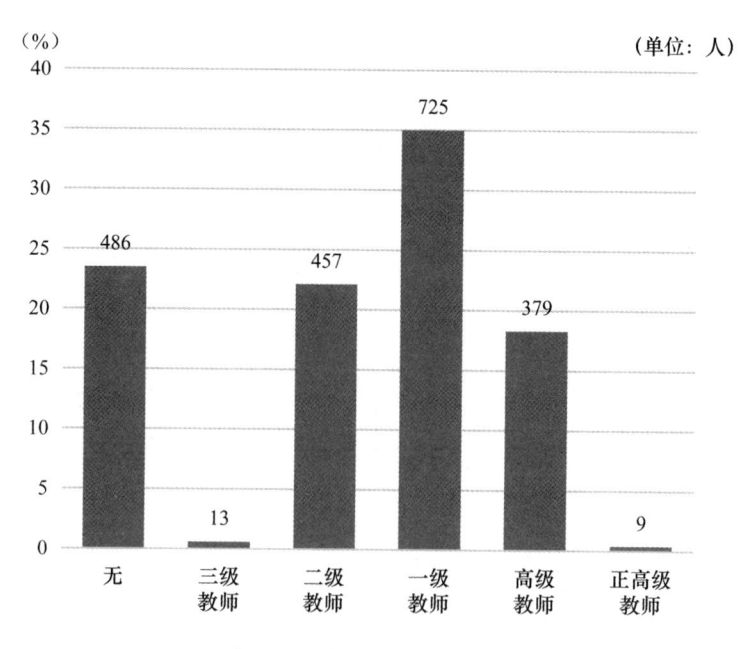

图 7-8 被调查教师职称分布

由图可知，在参与本次调查的教师中，没有职称的教师较少，约占 23.5%，有职称的教师较多，总占比约为 76.5%。在有职称的教师中存在着明显的差异，其中三级教师、正高级教师的人数最少，总占比仅为 0.6%、0.4%，三级教师与正高级教师共约占被调查教师人数的 1%。一级教师、二级教师占比分别约为 35.0%、22.1%；高级教师占比约为 18.3%。由此可知，一级教师、二级教师占比超过一半，是中小学教师队伍的主力军。教师职称在一定程度上反映了教师的教学水平与教学经验，这与参与调查教师的年龄、教龄呈现出了一致性。三级教师少的一个原因是，本科及以上大学扩招导致近年来本科毕业的学生增多，新入职教师大多是本科及以上学历，而本科学历列入编制后会直接被评为二级教师，而专科学历教师初评只能评三级教师。正高级教师比例较低是因为评选条件很高，其本身比例就低。

(6) 被调查教师年龄和职称对应分析

将被调查教师的年龄与职称进行对应关系分析,结果如图 7-9 所示。

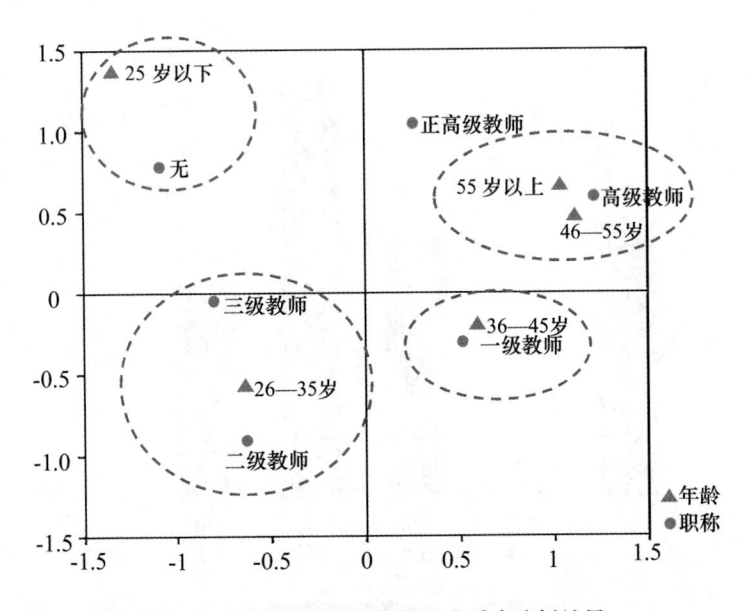

图 7-9 被调查教师年龄和职称对应分析结果

由图 7-9 可知,未评级教师与年龄在 25 岁以下有着较强的对应关系;年龄在 26—35 岁与二级教师、三级教师之间存在着对应关系;年龄在 36—45 岁与一级教师之间有着很强的对应关系;年龄在 46—55 岁、56 岁以上与高级教师之间有着很强的对应关系,值得注意的是,正高级教师的对应关系并不明显。未评级教师多是 25 岁以下,原因在于新入职教师有一年实习期,一年后才能评上职称;三级教师、二级教师的年龄基本在 26—35 岁之间;一级教师则主要集中与 36—45 岁;高级教师基本都是 46 岁以上,而正高级教师的年龄更大。职称越高,其岗位比例越小,部分教师也因名额限制而未能评上,因而一级教师的年龄基本在 35 岁以上才能评上。

(7) 被调查教师所教学科分析

根据调查数据,被调查教师所教学科分布如图 7-10 所示。通过对参与调查教师任教学科的统计发现,在参与调查的教师所教学科中,语文、数学、英语的人较多，分别有 371 人、337 人、231 人，分别约占总数的 17.9%、16.3%、11.2%；其次是所教学科为音乐的教师有 196 人，占比约为 9.5%；任教学科为体育、物理的教师分别有 96 人、91 人，占比分别约为 4.6%、4.4%；任教学科为化学、生物、历史的教师分别有 74 人、71 人、65 人，占比分别约为 3.6%、3.4%、3.1%；而所教学科为地理、信息技术、美术、政治、综合实践等学科的教师总占比也不超过 10%。

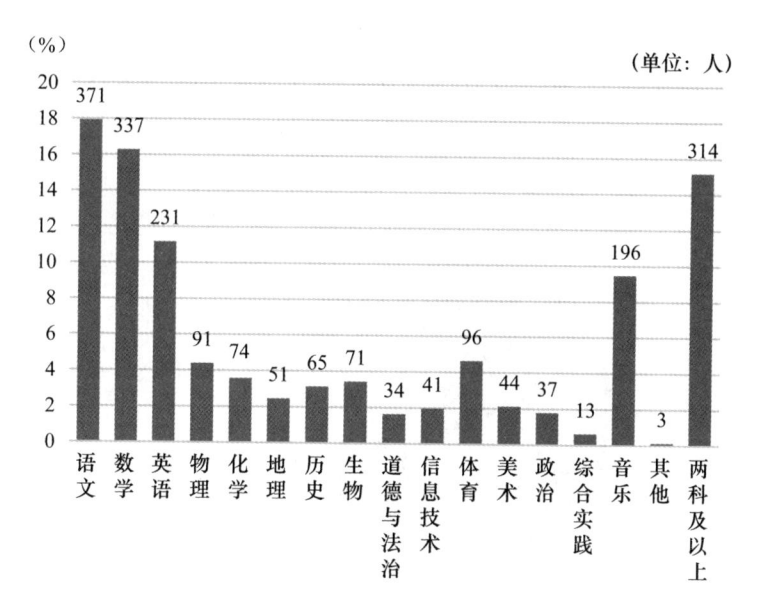

图 7-10　被调查教师所教学科分布

通过分析可以发现，语文、数学、英语、音乐等学科的科任教师较多，而政治、地理、信息技术等学科的科任教师较少。且从图中可直观地发现，所教学科两科及以上的教师有 314 人，总占比为 15.2%，说明多学科型教师在中小学中仍有一定占比。

（8）被调查教师所教学科与所学专业一致情况

调查数据显示，参与调查的教师所教学科与所学专业一致的有 1737 人，总占比约为 83.9%，而非专业的有 332 人，总占比约为 16.1%。具体如图 7-11 所示。

16.1%　　　　　　　　　　　83.9%

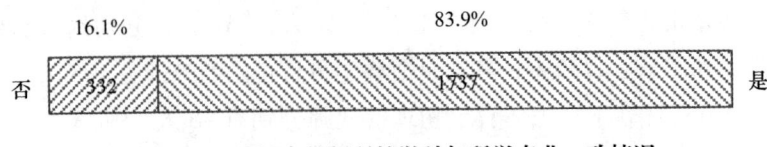

否　332　　　　　　1737　　　　是

图7-11　被调查教师所教学科与所学专业一致情况

由此可见，在中小学教师队伍中，绝大部分人都是专业教师，只有少数是非专业教师。

（9）被调查教师学历分析

调查数据显示，在参与调查的教师中，教师学历为本科的占绝大部分，其次是专科及以下的学历，硕士研究生以上的学历总占比最小。具体如图7-12所示。

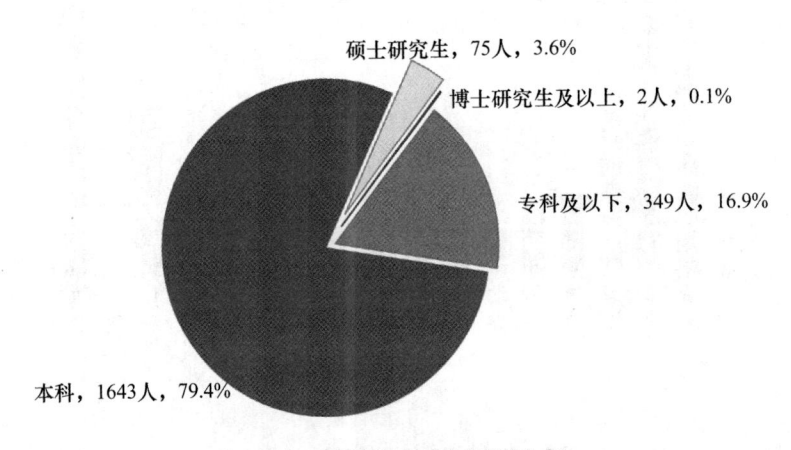

硕士研究生，75人，3.6%
博士研究生及以上，2人，0.1%
专科及以下，349人，16.9%
本科，1643人，79.4%

图7-12　被调查教师学历分布

由图7-12可直观得出，被调查教师学历为本科的占比最大，约为79.4%；其次是专科及以下学历，占比约为16.9%；最后是硕士研究生与博士研究生及以上，总占比分别约为3.1%、0.1%。因此从图中数据可得出，被调查教师的学历较高，本科及以上学历的教师约占总数的83.1%，专科以下学历占比较低，仅为16.9%。从被调查教师的学历分布来看，教师队伍的专业性得到了一定的保障。

（10）被调查教师受教育类型分析

从参与调查教师的受教育类型来看，有1692人的受教育类型是师范类，占比约为82%，占被调查教师总数的绝大部分；而受教育类型为非师范类的人仅有 377 人，占比约为 18%，只占被调查教师总数的一小部分。具体如图 7-13 所示。

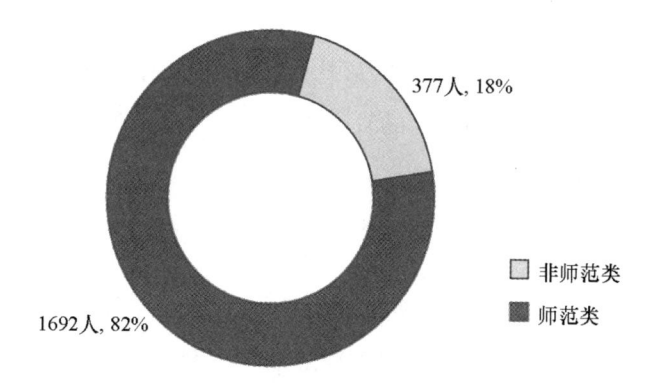

图 7-13　被调查教师受教育类型分布

由此可知，被调查教师绝大部分毕业于师范类专业，学习了相应的教育教学理论知识与实践知识，具有一定的专业知识、专业技能，为本书提供了有价值的数据。

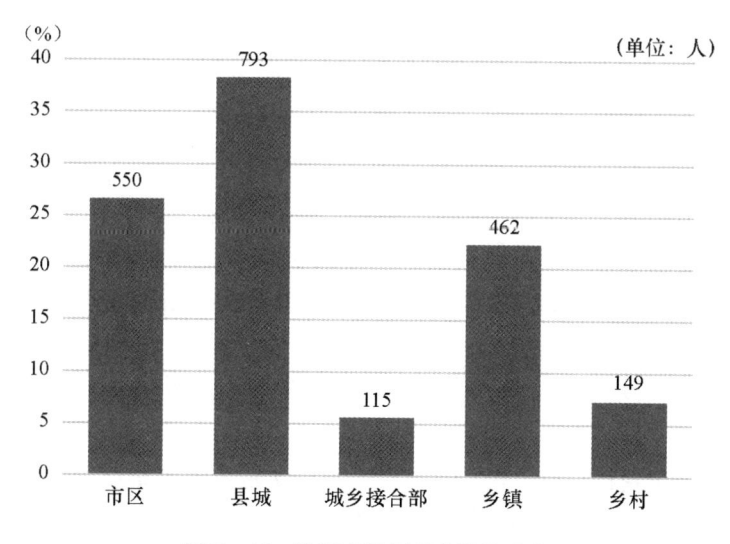

（11）被调查教师所在学校分布

从教师所在学校分布来看，被调查教师主要集中在县城、市区，其次是乡镇，最后是乡村与城乡接合部。具体如图 7-14 所示。

图 7-14　被调查教师所在学校分布

从图中数据可知，在县城的教师最多，有 793 人，占比约为 38.3%；在市区的教师有 550 人，占比约为 26.6%；在乡镇任教的教师有 462 人，约占被调查教师的 22.3%；城乡接合部与乡村的教师分别有 115 人、149 人，占比约为 5.6%、7.2%，城乡接合部由于区域地理位置的特殊性，参与的调查人数最少，而农村的教师占比也只约为 7.2%，这从侧面反映出了城镇化进程对教育的影响。

(12) 被调查教师年龄和所在学校对应分析

调查数据显示，年龄在 25 岁以下与市区教师之间有着较强的关系；年龄在 26—35 岁与乡镇教师之间存在较强的关系；年龄在 36—45 岁与县城教师之间有着强烈的关系；同时年龄在 46—55 岁与城乡接合部的教师有着强烈的关系；年龄在 56 岁以上与乡村教师之间也存在着较强烈的关系。具体如图 7-15 所示。

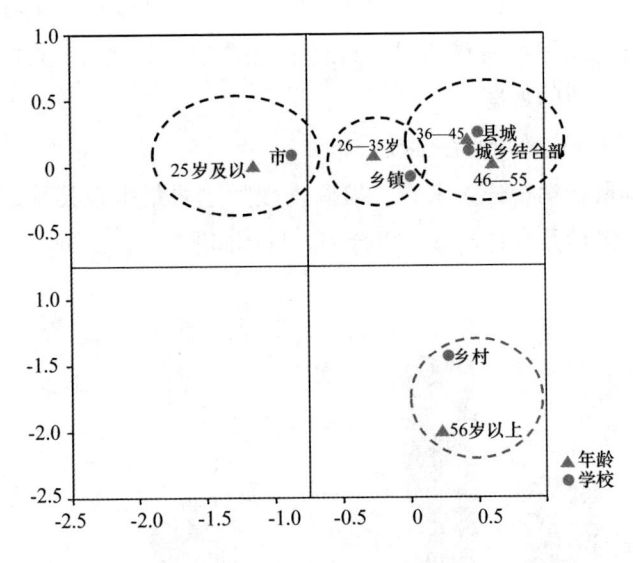

图 7-15 被调查教师年龄和学校对应分析结果

通过数据分析可发现：25 岁以下的年轻教师大多数在市区；年龄在 26—55 岁的教师多数在县城、乡镇、城乡接合部等地区；而 56 岁以上的年龄则集中在了农村。由此可见，乡村的教师队伍中不可避免地出现了老龄化现象，年轻教师不愿到条件稍差的农村任教，农村的基础教育注入不了新鲜的血液，师资得不到补充，这在一定程度上会影响乡村教育的发展。

综上所述，参与调查的教师中，教师群体的性别相对不平衡，女性教师略多于男性教师；且多以青中年教师为主，教师年龄结构合适，但农村教师年龄偏大；教师教龄大多数都为 0 至 5 年，其次是 11 至 20 年；参与调查教师中，未评级与有正高职称的教师少，大部分教师都是一级或二级。这是因为学校评职称有名额限制，评上一级教师的年龄多半都在 36—45 岁，这说明一级教师及以上教师职称较难获得。从参与教师的任教学科来看，担任语文、数学、音乐以及担任了两科及以上的教师较多，担任英语学科的教师其次。此外，从参加调查的教师学历与受教育类型来看，大专学历以下与硕士研究生以上学历的教师较少，且绝大部分教师都经历了师范类专业的学习。从参与调查教师所在学校来看，绝大多数的教师都是在县城以上的学校。总的来说，参与调查教师反映出的整体情况与 G 省教师现状基本相同，作为本书的研究样本具有一定的代表性。

2. 相关要素对基础教育质量的影响程度

分析相关要素对基础教育质量的影响程度主要采用的方法有频率统计、计算公因子方差和程序化扎根理论分析。

（1）职业道德的影响程度

在本书中，为了了解相关要素，对基础教育质量的影响程度设计了相应的题目。将参与调查教师的问卷收集，进行处理数据后得到以下几个图。首先，对职业道德进行调查，其结果如图 7-16 所示。

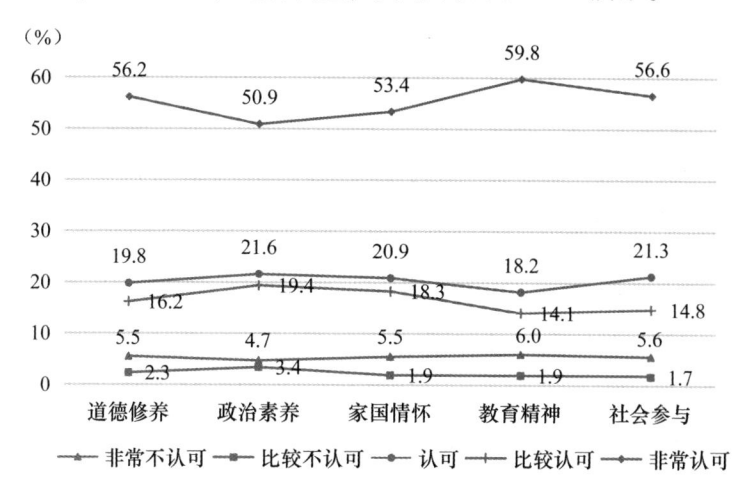

图 7-16 职业道德相关要素的频率统计

由图7-16可知，对职业道德相关要素，选择"非常认可"的教师较多，均超过50.0%，且这五个要素的"非常认可""比较认可"与"认可"人数占比之和都在90%以上。被调查教师对"教育精神"要素"非常认可"的较高，占比为59.8%，"比较认可"和"认可"的教师占比较低，"非常不认可"的教师占比最高，为6.0%。也就是说被调查教师对这个要素的争议较大，认可的就非常认可，不认可的就非常不认可。其次是"道德修养""社会参与""非常认可"的教师占比分别为56.2%和56.6%；"非常认可"占比最低的是政治素养，只有50.9%，同时，其"比较认可""认可"和"比较不认可"占比最高，"非常不认可"最低。由此可知，被调查教师认为职业道德相关要素对基础教育质量的影响程度较大，前期扎根提出的职业道德相关要素，被调查教师基本上均认可。

将职业道德相关要素用SPSS计算出选项公因子方差，结果如表7-4所示。

表7-4　　　　　　　职业道德相关要素公因子方差计算结果[a]

公因子方差	初始	提取
道德修养	1	0.897
政治素养	1	0.863
家国情怀	1	0.878
教育精神	1	0.879
社会参与	1	0.863

注：a：提取方法为主成分分析法。

从上表可看出，职业道德相关要素中"社会参与"等5个要素公因子方差的大小，也就是各要素携带信息量的多少。公因子方差越大，携带的信息量就越高，该选项对总体就越重要，通过比较信息量可判断出选项的重要程度。将各要素公因子方差乘以100%并绘制成条形图，结果如图7-17所示。

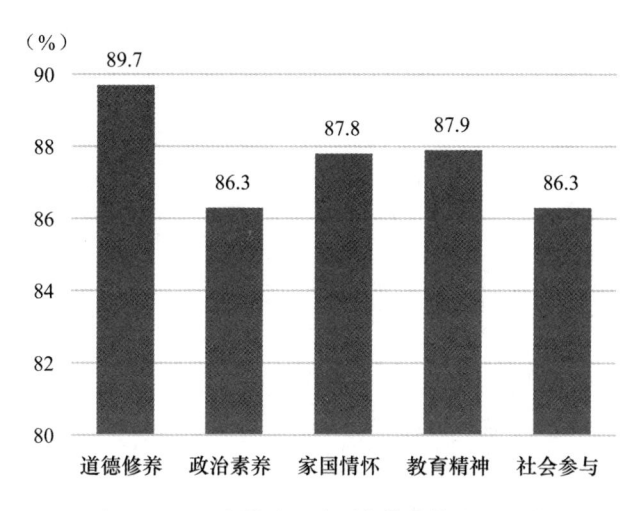

```
       (%)     89.7
        90
                        87.8   87.9
        88
                 86.3                  86.3
        86

        84

        82

        80
              道德修养  政治素养  家国情怀  教育精神  社会参与
```

图 7-17 职业道德相关要素携带信息量统计

从图 7-17 可以看出，职业道德相关要素中，"道德修养"的公因子方差最大，携带的信息量最高，为 89.7%；其次是"教育精神"和"家国情怀"，分别为 87.9% 和 87.8%；公因子方差最小、携带信息量最少的是"社会参与"和"政治素养"，均为 86.3%。也就是说，被调查教师认为，"道德修养"对基础教育质量的影响程度最高，"教育精神"和"家国情怀"其次，"社会参与"和"政治素养"的影响程度最低。

（2）师资保障的影响程度

通过扎根理论等研究方法的分析，得出与师资保障相关的要素主要有"团队建设""师资配备""教师管理""教师待遇""师资培训"。收集、统计、处理被调查教师的意见后，其结果如图 7-18 所示。

由图 7-18 可直观地看到，参与调查的教师对"教师待遇"要素"非常认可"的占比最高，为 64.4%，同时，其"比较认可"和"认可"的人数比例最低，"非常不认可"的占比最多。由此可见被调查教师中，对"教师待遇"是影响基础教育质量的重要因素这一结论争议较大，认可的非常认可，不认可的非常不认可；其次是"师资配备"要素，"非常认可"的教师占比为 59.9%，良好的师资配备直接关系到师资队伍的建设；而对"团队建设"这一要素"非常认可"的占 56.4%；同时，"教师管理""师资培训"这两个要素的"非常认可"占比较低，分别为

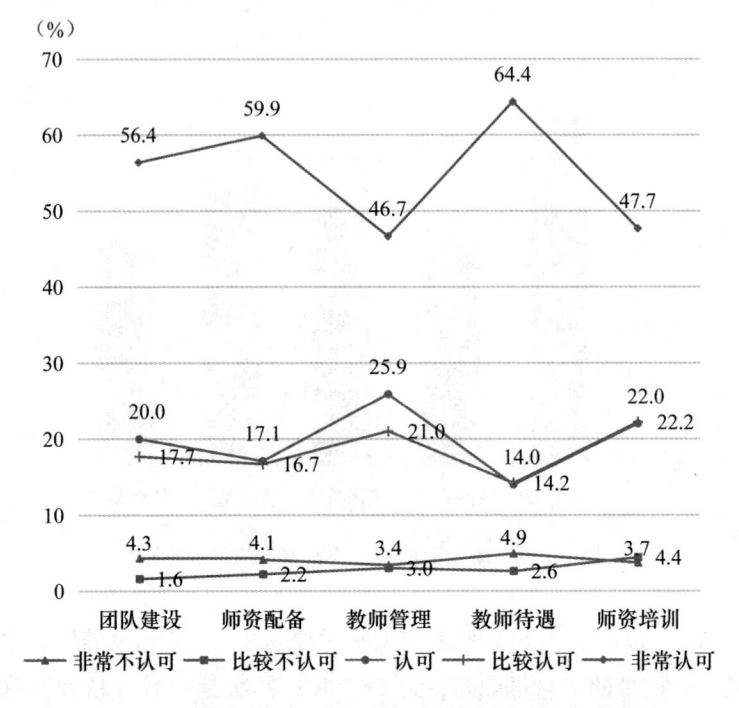

```
                                   64.4
        59.9
 56.4                                      47.7
                      46.7

                      25.9              22.0
 20.0    17.1              21.0             22.2
   17.7      16.7             14.0
                                 14.2
   4.3    4.1    3.4    4.9    3.7  4.4
       1.6    2.2    3.0    2.6

 团队建设  师资配备  教师管理  教师待遇  师资培训
  非常不认可   比较不认可   认可   比较认可   非常认可
```

图 7-18　师资保障相关要素对基础教育质量的影响程度

46.7%、47.7%。总体而言，师资保障的相关要素影响基础教育质量的总体认可度都在90%以上。"非常不认可""比较不认可"的占比不到10%。由此可见，师资保障相关要素对基础教育质量的提升有着重要作用。

将师资保障相关要素用 SPSS 计算出选项公因子方差，结果如表 7-5 所示。

表 7-5　　　　　师资保障相关要素公因子方差计算结果[a]

公因子方差	初始	提取
团队建设	1	0.835
师资配备	1	0.854
教师管理	1	0.797
教师待遇	1	0.679
师资培训	1	0.781

注：a：提取方法为主成分分析法。

从上表可以看出师资保障相关要素中"团队建设"等5个要素公因子方差的大小,也就是各要素携带信息量的多少。公因子方差越大,携带的信息量就越高,该选项对总体就越重要,通过比较信息量可判断出选项的重要程度。将各要素公因子方差乘以100%并绘制成条形图,结果如图7-19所示。

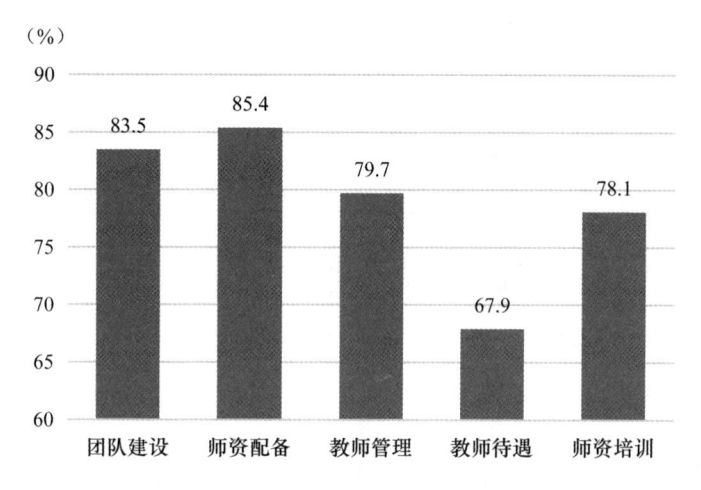

图7-19 师资保障相关要素携带信息量统计

从图7-19可以看出,师资保障相关要素中,"师资配备"和"团队建设"携带的信息量较高,分别为85.4%和83.5%;其次是"教师管理"和"师资培训",分别为79.7%和78.1%;携带信息量最少的是"教师待遇",为67.9%。也就是说,被调查教师认为,"师资配备"和"团队建设"对基础教育质量的影响程度最高,"教师管理"和"师资培训"的影响程度次之,"教师待遇"影响程度最低。

(3) 教师专业素质的影响程度

同样地,经过前面的研究,与教师专业素质相关的要素主要有"专业知识""专业能力""文化修养""信息素养""教学经验""教育研究""职业发展"。将参与调查教师的数据进行统计分析,得到结果如图7-20所示。

由图7-20可知,影响基础教育质量提升的要素中,对教师的"专业知识""专业能力""文化修养""职业发展"四个要素"非常认可"的教师占比都在55%以上,且这四个要素的"非常认可"占比很相近,

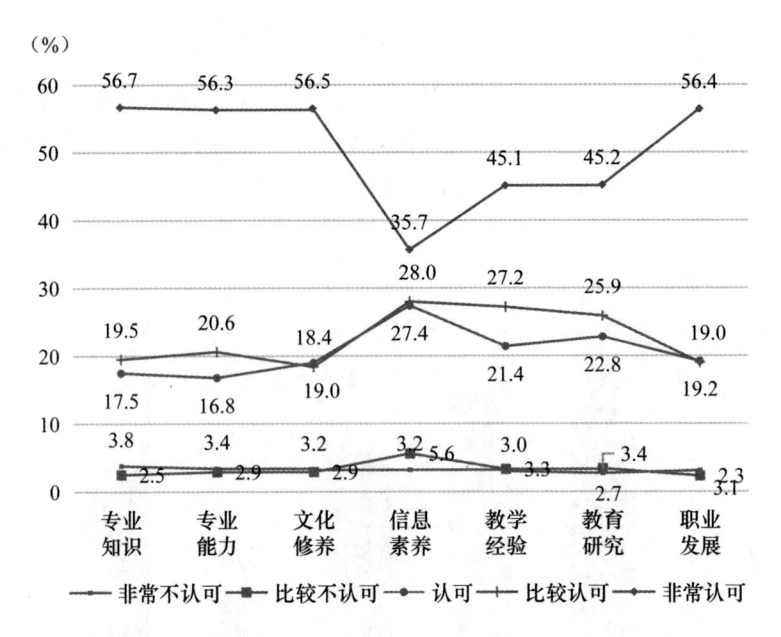

图 7-20　教师专业素质相关要素对基础教育质量的影响程度

由此可见，参与调查教师认为"专业知识""专业能力""文化修养"等要素对教师专业素质有着重要作用。其次，"教学经验"要素"非常认可"的教师占比为45.1%，而"非常不认可"的占比为3.0%，由此可见，"教学经验"对教师专业成长也有着重要的作用。教师专业素质这七个相关要素对基础教育质量的影响程度各有不同，但"认可""比较认可""非常认可"的总占比都在90%以上。对"信息素养""教育研究"两个相关要素非常认可的教师占比分别为35.7%、45.2%，在图中也明显出现拐点，且幅度较大。这从侧面也反映出，虽然被调查教师认可"信息素养""教育研究"要素会影响基础教育质量，但该要素是否在教师专业维度还需要进一步研究修正。

将教师专业素质相关要素用 SPSS 计算出选项公因子方差，结果如表 7-6 所示。

表 7-6　教师专业素质相关要素公因子方差计算结果[a]

公因子方差	初始	提取
专业知识	1	0.853

续表

公因子方差	初始	提取
专业能力	1	0.845
文化修养	1	0.846
信息素养	1	0.705
教学经验	1	0.759
教育研究	1	0.601
职业发展	1	0.775

注：a：提取方法为主成分分析法。

从上表可看出教师专业素质相关要素中"专业知识"等7个要素公因子方差的大小，也就是各要素携带信息量的多少。公因子方差越大，携带的信息量就越高，该选项对总体就越重要，通过比较信息量可判断出选项的重要程度。将各要素公因子方差乘以100%并绘制成条形图，结果如图7-21所示。

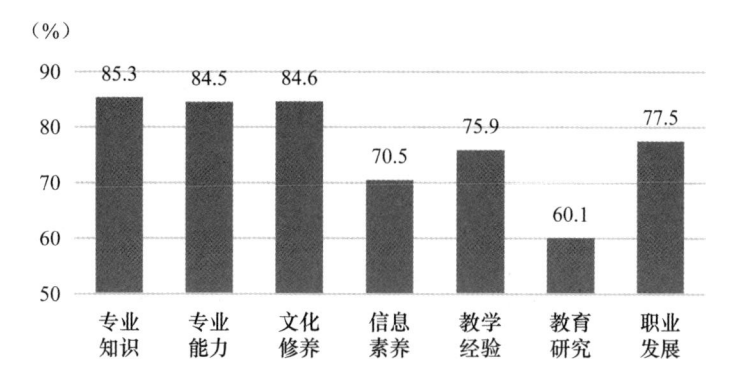

图7-21 教师专业素质相关要素携带信息量统计

从图7-21可以看出，教师专业素质相关要素中，教师的"专业知识""文化修养""专业能力"携带的信息量较高，分别为85.3%、84.6%和84.5%；教师的"职业发展"和"教学经验"次之，分别为77.5%和75.9%；教师"信息素养"和"教育研究"携带的信息量最少，信息量分别为70.5%和60.1%。由此可知，被调查教师认为教师

"专业知识""文化修养"和"专业能力"对基础教育质量的影响程度较高,教师的"教学经验"和"职业发展"次之,教师"信息素养"和"教育研究"影响程度最低。

(4) 教师自主发展的影响程度

由前期的研究可知,教师自主发展这一维度中,影响基础教育质量的相关要素有"职业信念""身心健康""终身学习""自我管理""沟通合作""教学反思""教学创新"。将参与调查教师的数据收集、处理得到结果如图7-22所示。

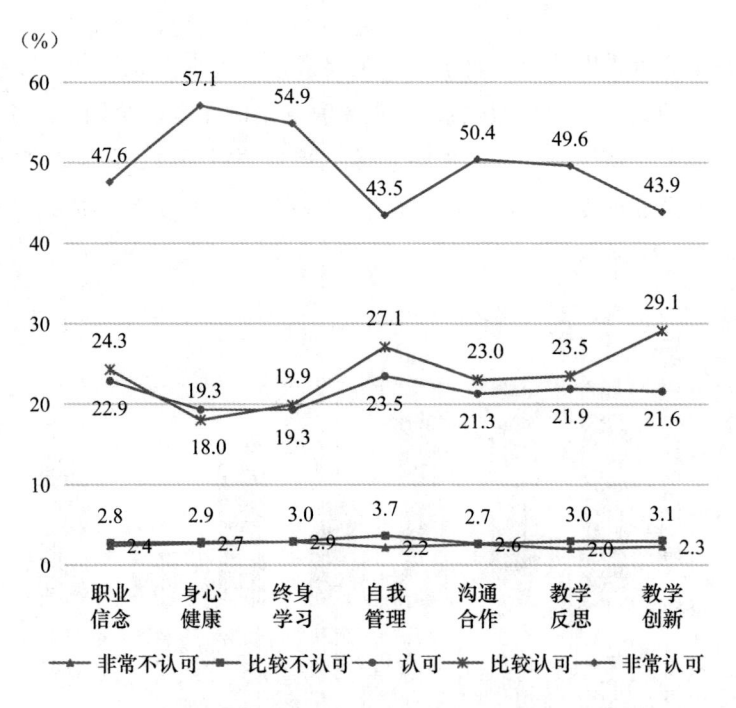

图7-22 教师自主发展相关要素对基础教育质量的影响程度

从图7-22中可以直观地发现,参与调查的教师对自主发展相关要素认可度比较高,"非常认可""比较认可"和"认可"的教师占比均已超过90%,"非常不认可"和"比较不认可"的教师占比不足10%。其中,对"身心健康"这一要素"非常认可"的教师占比最高,达到了57.1%,但对其"比较认可"和"认可"的教师较少;对"终身学习"

要素"非常认可"的教师占比为54.9%,对其"比较认可"和"认可"的教师较少;虽然对"沟通合作""职业信念"和"教学反思"要素"非常认可"的教师较少,但"比较认可"和"认可"的教师相对多些;参与调查教师中,对"自我管理"和"教学创新"的认可度较低,"非常认可"的占比只有43%左右。综上所述,被调查教师基本上都认可自主发展相关要素对基础教育质量的影响,其中教师"身心健康"对基础教育质量影响程度争议较大,"终身学习""沟通合作"等认可度较高,"自我管理""教学创新"认可度较低。

将教师自主发展相关要素用SPSS计算出选项公因子方差,结果如表7-7所示。

表7-7　　教师自主发展相关要素公因子方差计算结果[a]

公因子方差	初始	提取
职业信念	1	0.814
身心健康	1	0.772
终身学习	1	0.813
自我管理	1	0.766
沟通合作	1	0.820
教学反思	1	0.799
教学创新	1	0.770

注:a:提取方法为主成分分析法。

从表7-7可以看出教师自主发展相关要素中"职业信念"等7个要素公因子的方差大小,也就是各要素携带信息量的多少。公因子方差越大,携带的信息量就越高,该选项对总体就越重要,通过比较信息量可判断出选项的重要程度。将各要素公因子方差乘以100%并绘制成条形图,结果如图7-23所示。

从图7-23可以看出,教师自主发展相关要素中,教师的"沟通合作""职业信念"和"终身学习"携带的信息量较高,分别为82.0%、81.4%和81.3%;其次是教师的"教学反思",为79.9%;教师的"身

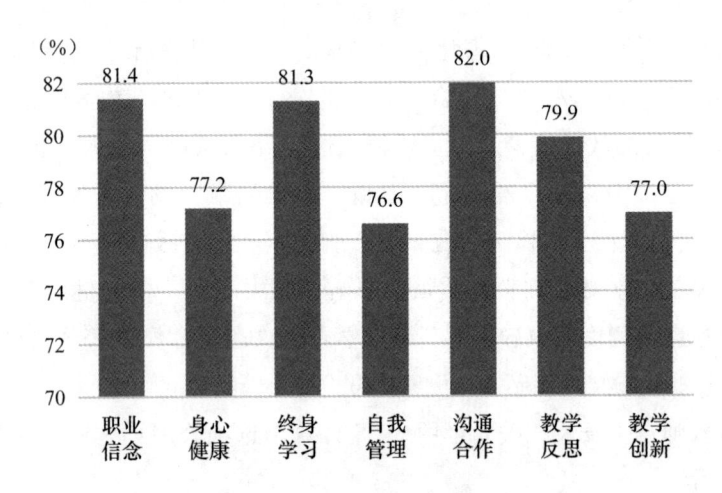

```
(%)
82  81.4           81.3        82.0
                                    79.9
80
78      77.2                              77.0
                        76.6
76
74
72
70
    职业   身心   终身   自我   沟通   教学   教学
    信念   健康   学习   管理   合作   反思   创新
```

图 7-23 教师自主发展相关要素携带信息量统计

心健康""教学创新"和"自我管理"携带的信息量较少,分别为 77.2%、77.0% 和 76.6%。也就是说,被调查教师认为,教师的"沟通合作""职业信念"和"终身学习"对基础教育质量的影响程度较高,教师的"教学反思"次之,教师的"身心健康""教学创新"和"自我管理"影响程度较低。

(5) 学生发展的影响程度

从前文研究可知,学生发展相关要素主要有"人文素养""科学素养""健康心理""学会学习""公民素养"和"创新能力"。将数据收集、处理后得到结果如图 7-24 所示。

从图 7-24 可以看出,对影响基础教育质量的学生发展相关要素,"非常认可""比较认可"和"认可"的教师占比加起来均超过 90%,"比较不认可"和"非常不认可"的教师占比不足 10%。参与调查的教师对学生"学会学习"和"健康心理"要素"非常认可"的占比较高,分别为 65.9% 和 62.7%,但对其"比较认可"和"认可"的教师较少,选择"非常不认可"的教师较多。总体而言,影响教育质量提升的学生发展相关要素普遍得到被调查教师的认可,其中"学会学习"和"健康心理"相对来说差异较大,出现了认可的教师就非常认可,不认可的教师就非常不认可的情况。

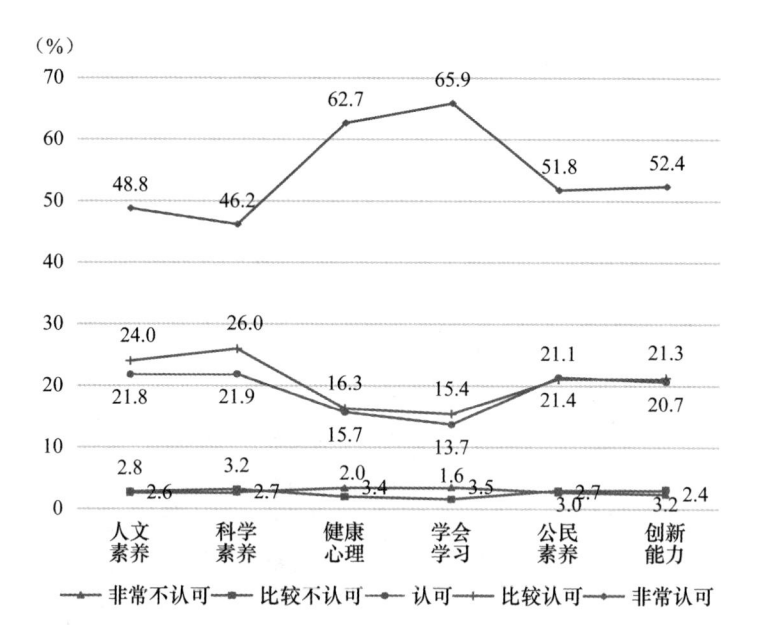

第七章 核心素养视角下基础教育质量关键要素提炼:基于现实考察的二次修正

```
(%)
70                              65.9
           62.7
60
    48.8                                    51.8    52.4
50  46.2
40
30  24.0  26.0
    21.8  21.9                              21.1    21.3
20              16.3                        21.4    20.7
                15.7   15.4
10              2.0    13.7
                       1.6
    2.8   3.2   3.4    3.5     2.7     3.2  2.4
    2.6   2.7                  3.0
0
    人文   科学   健康   学会   公民   创新
    素养   素养   心理   学习   素养   能力

—◆— 非常不认可 —■— 比较不认可 —●— 认可 —+— 比较认可 —★— 非常认可
```

图 7-24　学生发展相关要素对基础教育质量的影响程度

将学生发展相关要素用 SPSS 计算出选项公因子方差,结果如表7-8所示。

表 7-8　　　　　　　　学生发展相关要素公因子方差计算结果[a]

公因子方差	初始	提取
人文素养	1	0.865
科学素养	1	0.840
健康心理	1	0.832
学会学习	1	0.805
公民素养	1	0.803
创新能力	1	0.857

注:a:提取方法为主成分分析法。

从表7-8可以看出学生发展相关要素中"人文素养"等6个要素公因子方差大小,也就是各要素携带信息量的多少。公因子方差越大,携带的信息量就越高,该选项对总体就越重要,通过比较信息量可判断出选项的重要程度。将各要素公因子方差乘以100%并绘制成条形图，结果如图7-25所示。

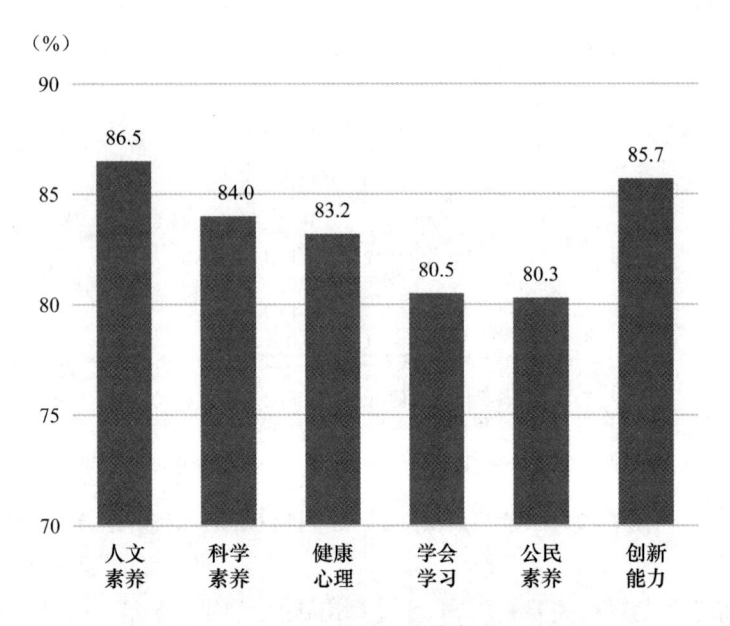

图7-25 学生发展相关要素携带信息量统计

（人文素养：86.5；科学素养：84.0；健康心理：83.2；学会学习：80.5；公民素养：80.3；创新能力：85.7）

从图中可以看出，学生发展相关要素中，被调查教师认为学生的"人文素养"和"创新能力"携带的信息量较高，分别为86.5%和85.7%；其次是学生的"科学素养"和"健康心理"，分别为84.0%和83.2%；学生的"学会学习"和"公民素养"携带的信息量最少，为80.5%和80.3%。也就是说，被调查教师认为，学生的"人文素养"和"创新能力"对基础教育质量的影响程度较高，学生的"科学素养"和"健康心理"次之，学生的"人文素养"和"创新能力"影响程度最低。

（6）学校规划的影响程度

由前文的研究可知，与学校规划相关的要素主要有"办学理念""办学规划""文化氛围""物力资源""人力资源"。为了解学校规划相关要素对基础教育质量提升的影响，本书通过问卷调查收集处理数据，结果如图7-26所示。

从图中可知，参与调查教师对"文化氛围"要素"非常认可"的占

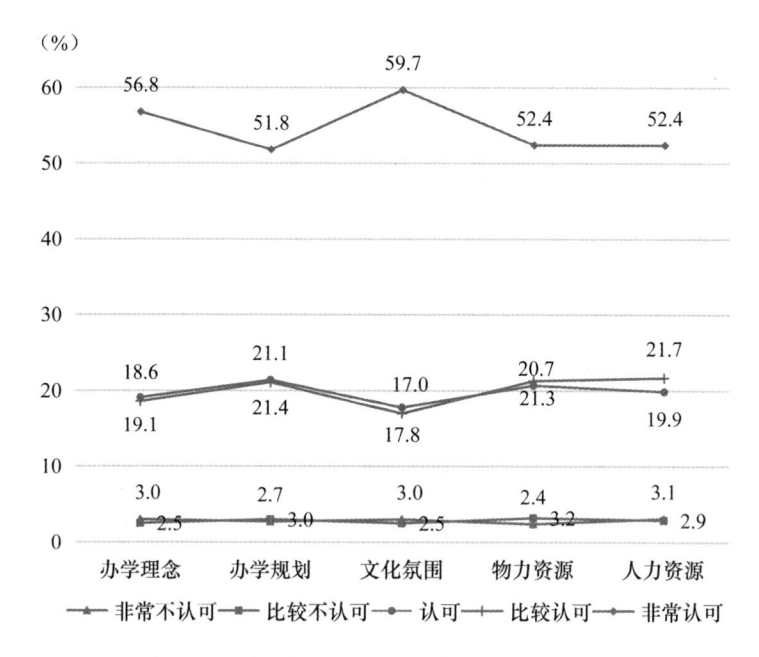

```
        (%)
                              59.7
     60  56.8
                 51.8                    52.4    52.4
     50

     40

     30
                    21.1                         21.7
     20  18.6              17.0    20.7
            19.1   21.4                  21.3    19.9
                           17.8
     10
            3.0    2.7     3.0     2.4    3.1
       0    2.5    3.0     2.5     3.2    2.9
          办学理念  办学规划  文化氛围  物力资源  人力资源
          ──★── 非常不认可 ──■── 比较不认可 ──●── 认可 ──+── 比较认可 ──●── 非常认可
```

图 7-26 学校规划对基础教育质量的影响程度

比较高，为 59.7%；其次是"办学理念"，"非常认可"的教师占比为 56.8%；而"物力资源""人力资源"两个要素的"非常认可"占比都为 52.4%；"非常认可"的教师占比最低的是"办学规划"，为 51.8%。总体而言，影响基础教育质量提升的学校规划相关要素绝大多数都得到参与调查教师的认可，其"认可""比较认可""非常认可"的占比之和均在 90% 以上，"比较不认可""非常不认可"的教师占比均未超过 10%。由此可见，参与调查教师认为学校规划相关要素都在不同程度地影响基础教育质量的提升。

将学校规划相关要素用 SPSS 计算出选项公因子方差，结果如表 7-9 所示。

表 7-9　　　　学校规划相关要素公因子方差计算结果[a]

公因子方差	初始	提取
办学理念	1	0.877
办学规划	1	0.843
文化氛围	1	0.881

续表

公因子方差	初始	提取
物力资源	1	0.849
人力资源	1	0.856

注：a：提取方法为主成分分析法。

从表 7-9 可看出学校规划相关要素中"办学理念"等 5 个要素公因子方差大小，也就是各要素携带信息量的多少。公因子方差越大，携带的信息量就越高，该选项对总体就越重要，通过比较信息量可判断出选项的重要程度。将各要素公因子方差乘以 100% 并绘制成条形图，结果如图 7-27 所示。

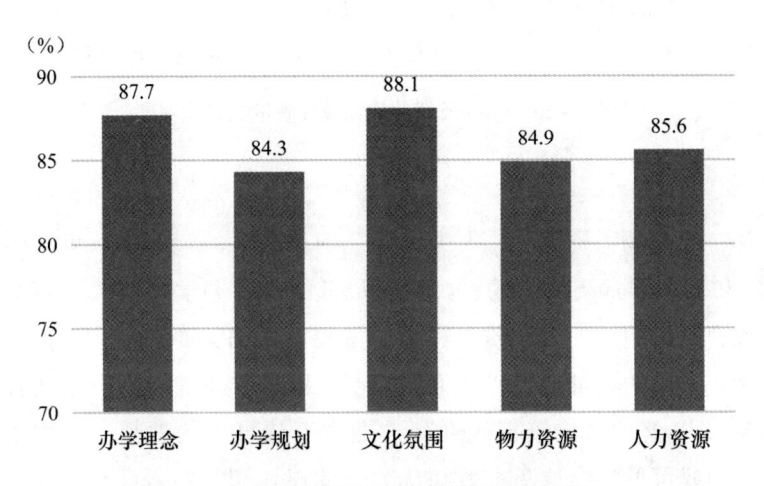

图 7-27 学校规划相关要素携带信息量统计

从图 7-27 可以看出，学校规划相关要素中，学校的"文化氛围"和"办学理念"携带的信息量相对较高，分别为 88.1% 和 87.7%；其次是学校"人力资源"和"物力资源"，分别为 85.6% 和 84.9%；携带信息量最少的是"办学规划"，为 84.3%。由此可以看出，被调查教师认为，学校规划相关要素中，学校"文化氛围"和"办学理念"对基础教育质量的影响程度较高，学校"人力资源"和"物力资源"次之，学校"办学规划"影响程度最低。

(7) 课程要素的影响程度

将课程要素的选项数据按被排列的顺序进行赋值①,用 SPSS 计算出选项公因子方差,结果如表 7-10 所示。

表 7-10　　　　　　　　课程要素公因子方差计算结果[a]

公因子方差	初始	提取
课程设置	1	0.402
课程结构	1	0.533
课程标准	1	0.479
课程组织	1	0.515
课程资源	1	0.618
课程开发	1	0.693
课程评价	1	0.653

注:a:提取方法为主成分分析法。

从表 7-10 可看出课程要素维度中"课程设置"等 7 个要素提取的信息量多少。将各要素公因子方差乘以 100% 并绘制成条形图,结果如图 7-28 所示。

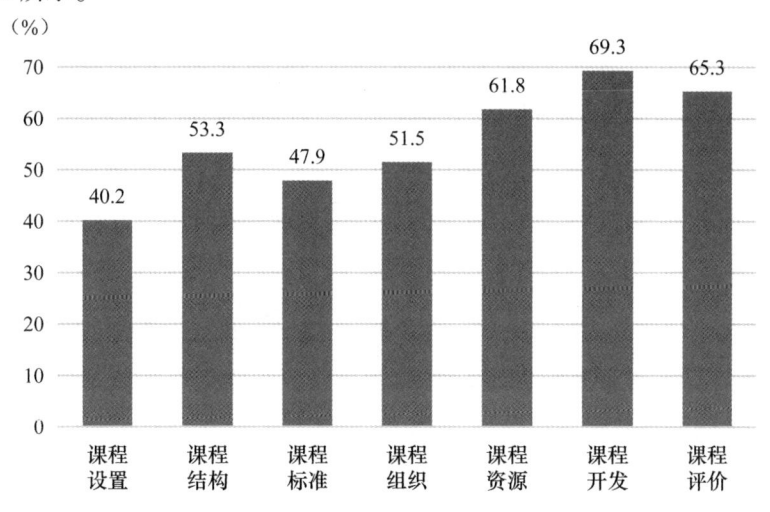

图 7-28　课程要素对基础教育质量的影响程度

---

① 注:如果有 N 个选项,选第一个选项赋值 N,选第二个选项赋值 N-1,以此类推。

由图 7-28 可以直观地观察出,"课程开发""课程评价"和"课程资源"的影响程度较高,公因子方差分别为 69.3%、65.3% 和 61.8%;"课程结构"和"课程组织"的影响程度次之,公因子方差分别为 53.3% 和 51.5%;影响程度较低的是"课程标准"和"课程设置",公因子方差分别为 47.9% 和 40.2%。也就是说,被调查教师认为"课程开发"对基础教育的影响程度最大,"课程资源"等次之,"课程设置"影响程度最小。

(8) 教学要素的影响程度

将教学要素的选项数据按被排列的顺序进行赋值①,用 SPSS 计算出选项公因子方差,结果如表 7-11 所示。

表 7-11　　　　　　教学要素公因子方差计算结果[a]

公因子方差	初始	提取
教学目标	1	0.705
教学内容	1	0.778
教学过程	1	0.680
教学模式	1	0.513
教学方式	1	0.592
教学形式	1	0.599
教学手段	1	0.233
教学评价	1	0.531
教学效果	1	0.610

注：a：提取方法为主成分分析法。

从表 7-11 可看出教学要素维度中"教学目标"等 9 个要素提取的信息量多少。将各要素公因子方差乘以 100% 并绘制成条形图,结果如图 7-29 所示。

由图 7-29 可以直观地观察出,"教学目标""教学内容"和"教学过程"的影响程度较高,公因子方差分别为 70.5%、77.8% 和 68.0%;

---

① 注：如果有 N 个选项,选第一个选项赋值 N,选第二个选项赋值 N-1,以此类推。

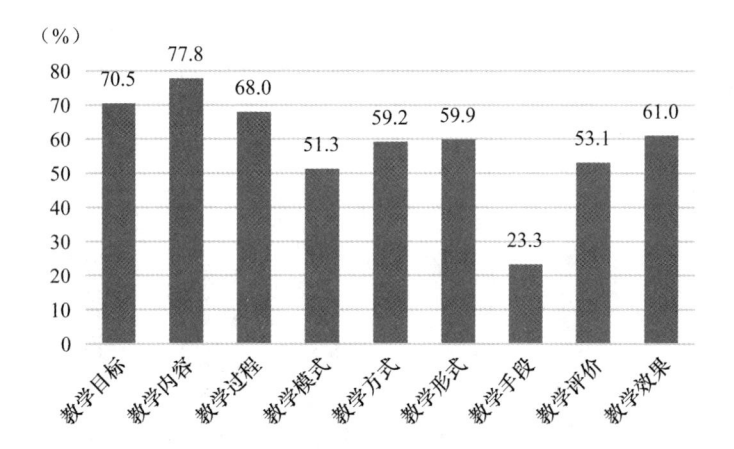

图 7-29 教学要素对基础教育质量的影响程度

"教学方式""教学形式"和"教学效果"的影响程度次之,公因子方差分别为59.2%、59.9%和61.0%;影响程度较低的是"教学模式""教学手段""教学评价",公因子方差分别为51.3%、23.3%和53.1%。也就是说,被调查教师认为"教学目标""教学内容"和"教学过程"对基础教育的影响程度较大;"教学方式""教学形式""教学效果"和次之;"教学手段"对基础教育质量的影响程度最小。

(9) 家庭支持的影响程度

将家庭支持的选项数据按被排列的顺序进行赋值[①],用 SPSS 计算出选项公因子方差,结果如表 7-12 所示。

表 7-12　　　　家庭支持公因子方差计算结果[a]

公因子方差	初始	提取
文化资本	1	0.750
物质资本	1	0.734
教育理念	1	0.491
教养方式	1	0.678
亲子沟通	1	0.637

注:a:提取方法为主成分分析法。

[①] 注:如果有 N 个选项,选第一个选项赋值 N,选第二个选项赋值 N-1,以此类推。

从表 7-12 可看出家庭支持维度中"文化资本"等 5 个要素提取的信息量多少。将各要素公因子方差乘以 100% 并绘制成条形图,结果如图 7-30 所示。

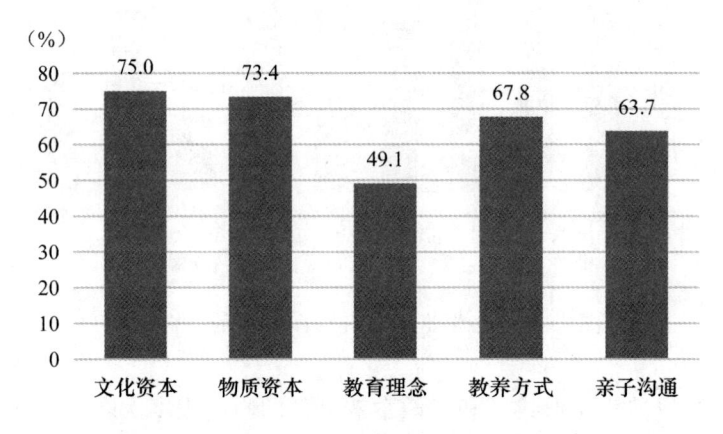

图 7-30 家庭支持对基础教育质量的影响程度

从图 7-30 可以看出,被调查教师认为影响基础教育质量的家庭支持要素中,"文化资本"和"物质资本"的影响程度较高,分别达到了 75.0% 和 73.4%;其次是"教养方式"和"亲子沟通",影响程度分别为 67.8% 和 63.7%;"教育理念"影响程度最低,只有 49.1%。由此可见,多数一线教师认为家庭"文化资本""物质资本"对基础教育质量提升有着比较大的影响,"教育理念"对基础教育的影响程度则较低。

(10) 社会支持的影响程度

将社会支持的选项数据按被排列的顺序进行赋值[①],用 SPSS 计算出选项公因子方差,结果如表 7-13 所示。

表 7-13   社会支持公因子方差计算结果[a]

公因子方差	初始	提取
政府期望	1	0.604
政府资助	1	0.559

---

① 注:如果有 N 个选项,选第一个选项赋值 N,选第二个选项赋值 N-1,以此类推。

续表

公因子方差	初始	提取
民众期望	1	0.475
民众参与	1	0.845
民众资助	1	0.777

注：a：提取方法为主成分分析法。

从表 7-13 可以看出社会支持维度中"政府期望"等 5 个要素提取的信息量多少。将各要素公因子方差乘以 100% 并绘制成条形图，结果如图 7-31 所示。

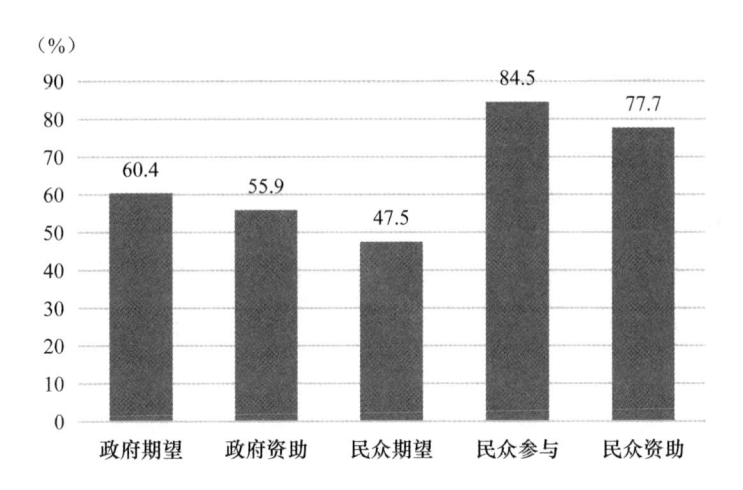

图 7-31 社会支持对基础教育质量的影响程度

从图 7-31 可以看出，被调查教师认为"民众参与"和"民众资助"对基础教育质量影响程度较大，公因子方差分别为 84.5% 和 77.7%；"政府期望"和"政府资助"次之，公因子方差分别为 60.4% 和 55.9%；影响程度最小的是"民众期望"，公因子方差为 47.5%。由此可见，被调查教师认为"民众参与"和"民众资助"对基础教育质量影响最大，"民众期望"对基础教育质量影响最小。

(11) 被调查教师意见建议分析

用程序化扎根理论的方法将所有教师意见建议进行编码，并将标签化结果绘制成标签云图，结果如图 7-32 所示。

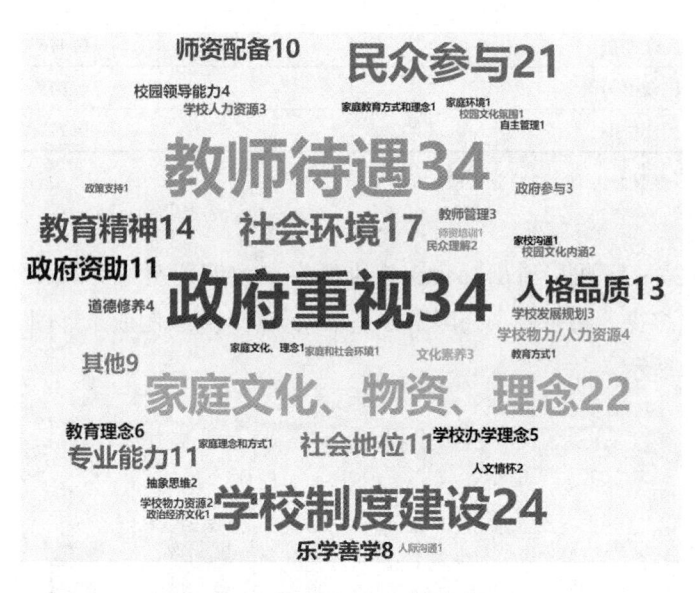

图 7-32 被调查教师意见建议标签云

从图 7-32 可以看出，被调查教师提出的意见建议中，出现频率最高的是"教师待遇"和"政府重视"，出现的频率均为 34 次；其次是"学校制度建设"，出现的频次是 24 次；然后是"家庭文化、物资、理念"，出现频次为 22 次。针对教师待遇，多数被调查教师认为提高教师待遇有助于提升基础教育质量，并且应该落到实处，按时发放年终奖。部分教师认为提高教师待遇有助于安居乐业、减少压力、增加幸福感，同时应该减少政府派遣工作和做资料应付检查等。针对政府重视，参与调查教师认为各部门和领导应重视教育、减少行政干涉，教育行政部门人员应由懂教育的人员来担任，政府派遣人员也应懂教育、尊重教师等。另外，被调查教师认为建立激励机制、减少教学无关事务、减少形式主义、加大教育投入、避免商业化、教师地位降低、重视家庭教育等均能影响基础教育质量。

结合第六章第一次修订的指标体系，将被调查教师意见建议标签化结果进行编码，其结果如表 7-14 所示。

表 7-14　　　　　　　被调查教师意见建议编码结果

一级编码	频次	二级编码	频次	三级编码	频次
政府支持	50	社会支持	103	协同育人	165
社会背景	29				
民众支持	23				
政治层面	1				
家庭教育	39	家庭支持	62		
家庭资本	23				
保障措施	38	师资保障	49	教师发展	91
队伍结构	11				
专业素质	23	专业发展	23		
师德内涵	18	职业道德	18		
个人素养	1	个人发展	1		
学校管理	34	学校建设	37	学校规划	50
学校发展规划	3				
办学资源	9	学校资源	13		
校园文化	4				
健康心理	14	自主发展	23	学生发展	27
学会学习	9				
科学素养	2	文化基础	4		
人文素养	2				
其他建议	8	其他建议	8	其他建议	8

表 7-14 中，一级编码结果基本对应三级指标，二级编码结果基本对应二级指标，三级编码基本对应一级指标。从表中可以看出，经过一级编码后，"政府支持"出现的频次最多，为 50 次；其次是"家庭教育"，出现 39 次；然后是"保障措施"，达到 38 次。经过二级编码后，出现频次最多的是"社会支持"，为 103 次；其次是"家庭支持"，出现 62 次；然后是"师资保障"，出现 49 次。经过三级编码后，出现频次最多的是"协同育人"，达到 165 次，其次是"教师发展"，达到 91 次，然后是"学校规划"，出现 50 次。从编码结果来看，被调查教师主要是从"协同育人""教师发展""学校规划""学生发展"等方面提出意见建议。其

中占比最高的是"协同育人",由此可见,被调查教师认为"协同育人"是影响基础教育质量最主要的因素。

二 学生卷的考察结果呈现

学生卷的考察结果呈现主要包括问卷发放与回收、问卷信度和效度及学生卷调查结果。其中学生卷的调查结果主要分为调查样本的基本情况分析与相关要素对基础教育质量的影响程度。对于一些较为复杂的问题,则将基本情况中的人口学变量与要素题结合起来进行考察,了解不同人群对同一个问题的不同态度,从而去分析数据背后的深层次原因。

(一)问卷发放与回收

研究过程中,课题组根据调研学校的实际情况,有针对性地发放问卷。本次调查问卷(学生卷)总共发放8954份。将被调查学生的学段和年级绘制成交叉表,结果如表7-15所示。

表7-15 被调查学生学段和年级交叉

学段	年级						总计
	一年级	二年级	三年级	四年级	五年级	六年级	
小学	783	659	681	681	1078	954	4836
初中	484	365	396	14	18	696	1973
高中	1187	848	35	3	1	71	2145
总计	2454	1872	1112	698	1097	1721	8954

从表7-15可以看出,收回的8954份调查问卷中,小学一至六年级、初中一至三年级、高中一至二年级的样本量比较均衡,具有代表性。其中,小学一至三年级的问卷在教师或家长的帮助下填写完成。高中三年级的样本量较少,但在问卷发放时高中三年级远不止35份。询问发放问卷的人员和检查数据后发现,选择初中六年级的部分学生为高三学生,但具体是哪些问卷已无法筛选出来。为保证数据的有效性,将其和选择初中四至五年级、高中四至六年级的问卷共803份,作为无效问卷予以删除。删除后剩下8151份问卷,如表7-16所示。

表 7 - 16　　　　被调查学生学段和年级交叉（删除无效问卷）

学段	年级						总计
	一年级	二年级	三年级	四年级	五年级	六年级	
小学	783	659	681	681	1078	954	4836
初中	484	365	396				1245
高中	1187	848	35				2070
总计	2454	1872	1112	681	1078	954	8151

将这些问卷填写时间的平均数、中位数、众数等进行统计，结果如表 7 - 17 所示。

表 7 - 17　　　　被调查学生答题时间统计结果

统计项目		时长（分钟）
被调查学生答题时间	平均值	6.31
	中位数	4.08
	众数	1.20
	最小值	0.40
	最大值	628.10

从表 7 - 17 可以看出，8151 份学生卷的平均答题时间为 6.31 分钟，中位数答题时间为 4.08 分钟，最长答题时间 628.10 分钟，最短答题时间 0.40 分钟，最长答题时间远远大于平均答题时间、中位数和众数答题时间，说明答题时间中存在少数极大值，应核查极端答题时间问卷的有效性。

将剩余 8151 名被调查学生的答题时间按从小到大排序后绘制成散点图，结果如图 7 - 33 所示。

从图中可以看出，8151 名被调查学生中，答题时间基本集中在 30 分钟内，约有 397 人的答题时间是 1 分钟或以下，约有 107 人的答题时间等于或超过 30 分钟。经过预答题测试，若以正常阅读速度进行答题，答题时间在一分半钟左右，结合实际，将答题时间在 0.9 分（54 秒）以下的 227 份学生问卷作为无效问卷予以删除。对答题时间在 30 分钟以上的学生问卷进行检查后发现，这部分问卷内容完整，填空题逻辑性强，无乱

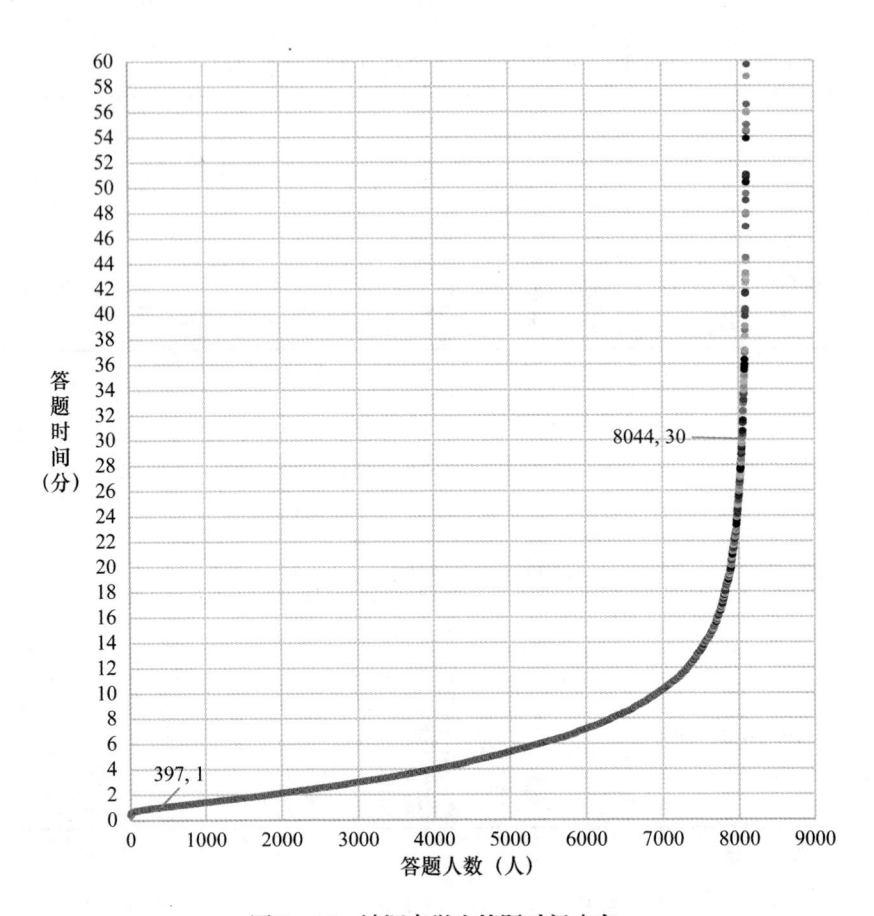

图 7-33 被调查学生答题时间分布

填现象，予以保留。本次筛选后还剩 7924 份学生问卷。

本次研究的学生问卷中有 36 道题采用李克特 5 级量表，数字 1 表示非常不认可；数字 2 表示比较不认可；数字 3 表示认可；数字 4 表示比较认可；数字 5 表示非常认可。因此在 37 道量表题的答题数据中可能出现 1、2、3、4、5 共 5 个数值。将剩余 7924 份学生问卷答题数据绘制成箱线图，如图 7-34 所示。

从图 7-34 可以看出，36 道量表题均无异常值。说明经过两轮筛选后，问卷的可靠性基本得以保证。

总体而言，8954 份问学生问卷中，将答题逻辑不合理的 803 份学生问卷予以删除；答题时间在 0.9 分（54 秒）以下的 227 份学生问卷作为无效问卷予以删除；答题时间在 30 分钟以上的问卷予以保留，最后保留

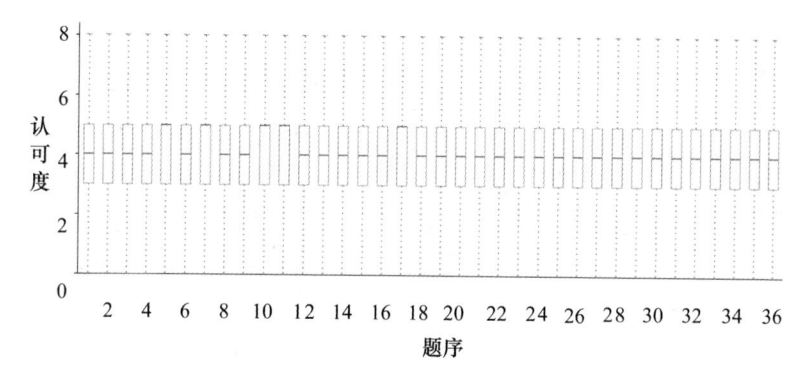

图 7-34　被调查学生答题时间分布

7924 份有效问卷。

（二）问卷信度和效度

本次调研学生问卷共设 42 道题。为便于分析，分别用 S1 到 S5 表示定类题、Q1 到 Q36 表示定量题、Y1 表示填空题。

1. 问卷信度分析

该问卷主要基于文本信息的首轮修正结果编制而成。问卷形成后，首先是课题组成员相互讨论，进行初步修改；然后咨询有关方面专家，根据专家给出的意见进一步修改；最后进行预测试，删除和调整该问卷中不合理的题目。其中 Q1 到 Q36 共 36 道量表题均采用 Cronbach 信度分析，结果如表 7-18 所示。

表 7-18　　　　　调查问卷（学生卷）信度分析结果

题号	校正项总计相关性（CITC）	项已删除的 α 系数	Cronbach α 系数
Q1	0.691	0.979	0.979
Q2	0.709	0.979	
Q3	0.646	0.979	
Q4	0.639	0.979	
Q5	0.730	0.979	
Q6	0.747	0.979	
Q7	0.718	0.979	
Q8	0.782	0.978	

续表

题号	校正项总计相关性（CITC）	项已删除的 α 系数	Cronbach α 系数
Q9	0.800	0.978	
Q10	0.769	0.978	
Q11	0.768	0.978	
Q12	0.713	0.979	
Q13	0.771	0.978	
Q14	0.793	0.978	
Q15	0.807	0.978	
Q16	0.786	0.978	
Q17	0.808	0.978	
Q18	0.787	0.978	
Q19	0.800	0.978	
Q20	0.651	0.979	
Q21	0.804	0.978	
Q22	0.792	0.978	0.979
Q23	0.597	0.979	
Q24	0.788	0.978	
Q25	0.639	0.979	
Q26	0.745	0.979	
Q27	0.759	0.978	
Q28	0.767	0.978	
Q29	0.759	0.978	
Q30	0.827	0.978	
Q31	0.833	0.978	
Q32	0.771	0.978	
Q33	0.721	0.979	
Q34	0.789	0.978	
Q35	0.786	0.978	
Q36	0.698	0.979	

从表 7-18 可以看出，信度系数值为 0.979，大于 0.9，说明研究数据信度质量很高。针对"项已删除的 α 系数"，"家庭教育"如果被删除，信度系数会有较为明显的上升，因此可考虑对此项进行修正或者删

除处理。其他任意题项被删除后，信度系数并不会有明显的上升，因此说明该项不应该被删除处理。被分析项的 CITC 值均大于 0.4，说明分析项之间具有良好的相关关系，同时也说明信度水平良好。

总体而言，研究数据信度质量很高，所有题目都不应该被删除，题目间相关关系良好，可用于进一步分析。

2. 问卷效度分析

此次效度分析主要采用结构效度分析方法。设计问卷之初，37 道量表题分属 6 个维度：Q1 到 Q6 表示文化基础相关要素对基础教育质量的影响程度、Q7 到 Q13 表示自主发展相关要素对基础教育质量的影响程度、Q14 到 Q19 表示社会参与相关要素对基础教育质量的影响程度、Q20 到 Q24 表示学校与家庭相关要素对基础教育质量的影响程度、Q25 到 Q29 表示教师素养相关要素对基础教育质量的影响程度、Q30 到 Q36 表示课程与教学相关要素对基础教育质量的影响程度。将 36 道量表题进行验证性因子分析后，结果如表 7-19 所示。

表 7-19　　　　调查问卷（学生卷）效度分析结果

预设维度	题号	因子载荷系数						共同度（公因子方差）
		因子1	因子2	因子3	因子4	因子5	因子6	
1（文化基础）	Q1	0.426	0.241	0.629	0.162	0.129	0.059	0.681
	Q2	0.373	0.215	0.692	0.174	0.185	0.108	0.740
	Q3	0.154	0.170	0.706	0.183	0.309	0.245	0.741
	Q4	0.253	0.247	0.689	0.129	0.146	0.168	0.665
	Q5	0.664	0.220	0.465	0.224	-0.054	0.082	0.765
	Q6	0.633	0.207	0.473	0.224	0.023	0.126	0.734
2（自主发展）	Q7	0.678	0.1240	0.197	0.257	0.231	0.169	0.661
	Q8	0.601	0.201	0.24	0.235	0.325	0.282	0.700
	Q9	0.694	0.232	0.229	0.229	0.231	0.233	0.747
	Q10	0.732	0.231	0.187	0.231	0.176	0.163	0.736
	Q11	0.736	0.263	0.212	0.235	0.153	0.088	0.742
	Q12	0.300	0.204	0.336	0.183	0.541	0.358	0.698
	Q13	0.679	0.292	0.228	0.172	0.219	0.156	0.700

续表

预设维度	题号	因子载荷系数						共同度（公因子方差）
		因子1	因子2	因子3	因子4	因子5	因子6	
3（社会参与）	Q14	0.452	0.265	0.192	0.246	0.509	0.157	0.718
	Q15	0.430	0.290	0.200	0.245	0.571	0.129	0.760
	Q16	0.311	0.335	0.260	0.182	0.612	0.144	0.750
	Q17	0.619	0.321	0.182	0.222	0.345	0.015	0.754
	Q18	0.360	0.291	0.251	0.218	0.569	0.140	0.723
	Q19	0.565	0.377	0.179	0.175	0.368	0.019	0.726
4（学校与家庭）	Q20	0.178	0.541	0.280	0.037	0.308	0.360	0.629
	Q21	0.488	0.554	0.238	0.178	0.246	0.170	0.723
	Q22	0.599	0.468	0.190	0.205	0.150	0.181	0.712
	Q23	0.182	0.293	0.175	0.126	0.137	0.789	0.807
	Q24	0.569	0.438	0.185	0.257	0.167	0.198	0.682
5（教师素养）	Q25	0.209	0.217	0.169	0.327	0.166	0.714	0.764
	Q26	0.358	0.330	0.162	0.624	0.163	0.211	0.723
	Q27	0.376	0.272	0.193	0.722	0.156	0.154	0.821
	Q28	0.355	0.276	0.216	0.715	0.182	0.164	0.821
	Q29	0.272	0.411	0.207	0.606	0.197	0.224	0.742
6（课程与教学）	Q30	0.399	0.604	0.251	0.340	0.229	0.137	0.774
	Q31	0.423	0.614	0.238	0.331	0.213	0.140	0.787
	Q32	0.234	0.605	0.273	0.323	0.279	0.218	0.725
	Q33	0.243	0.493	0.266	0.257	0.277	0.312	0.613
	Q34	0.406	0.596	0.208	0.363	0.124	0.150	0.733
	Q35	0.347	0.586	0.196	0.418	0.132	0.208	0.737
	Q36	0.290	0.586	0.194	0.300	0.047	0.276	0.634
特征根值（旋转前）		21.22	1.52	1.238	0.852	0.711	0.629	—
方差解释率（旋转前）(%)		58.95	4.22	3.44	2.37	1.98	1.75	—
累积方差解释率(旋转前)(%)		58.95	63.17	66.61	68.97	70.95	72.70	—
特征根值（旋转后）		8.163	5.276	3.85	3.756	2.683	2.441	—
方差解释率（旋转后）(%)		22.674	14.655	10.695	10.434	7.452	6.781	—
累积方差解释率(旋转后)(%)		22.67	37.33	48.02	58.46	65.91	72.69	—
KMO值		0.988						—

续表

预设维度	题号	因子载荷系数						共同度（公因子方差）
		因子1	因子2	因子3	因子4	因子5	因子6	
巴特球形值		261359.109						—
df		630						—
P 值		0						

从表7-19可以看出，所有研究项对应的共同度值均高于0.4，说明研究项信息可以被有效地提取。使用 KMO 和 Bartlett 检验进行效度验证，KMO 值为0.988，大于0.8，说明研究数据效度非常好。另外，6个因子旋转后的方差解释率值分别是 22.674%、14.655%、10.695%、10.434%、7.452%、6.781%，旋转后累积方差解释率为 72.69% > 50%，意味着研究项的信息量可以被有效地提取出来。36道题中，大部分题目与预设维度相同，少部分不在预设维度（Q12、Q17、Q19、Q20、Q21、Q22、Q23、Q24、Q25）或存在"纠缠"（Q5、Q6）的现象。总的来说，该问卷数据的效度非常好，研究信息可以被有效地提取，信息量也可以被有效提取出来。各选项和不同因子分别具有对应关系，除个别要素外基本和预期相符，属同一维度。

（三）学生卷调查结果

针对学生卷的调查结果分析，主要是从调查样本的基本情况和相关要素对基础教育质量的影响程度两个方面进行分析。

1. 调查样本的基本情况分析

对调查样本的基本情况分析主要采用的是描述分析和对应分析两种方法。

（1）被调查学生性别分析

数据显示，参与此次调查的女学生占被调查学生的48%，男学生占52%。由此可见，参与调查的学生在性别结构方面差异不大，男学生虽然多于女学生，但总体来说，在性别结构上相对均衡。具体见图7-35。

4149人,52%

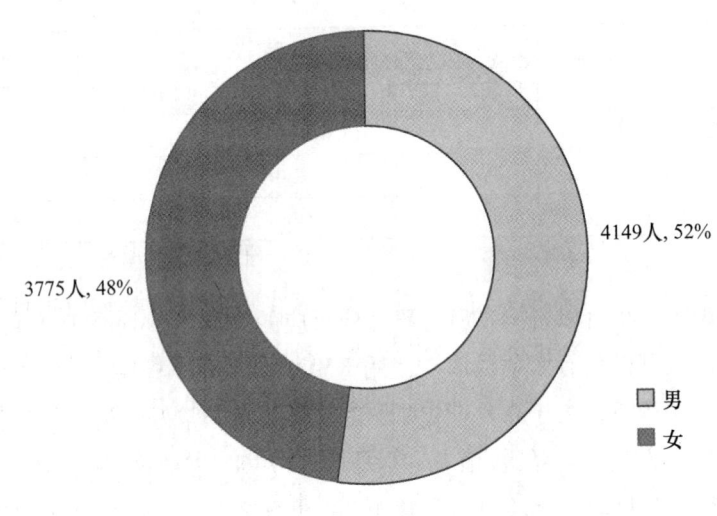

3775人,48%

☐ 男
☐ 女

图7-35 被调查学生性别分布

(2) 被调查学生的学校类型和学段分析

调查显示，被调查的7924名学生中，91%的学生来自公办学校，共7198人，如图7-36所示。这体现了中国特色社会主义制度中公有制的主体地位，在推动制度变革时也更易上行下效。被调查学生学段分布中，小学、初中与高中三个学段人数差别较大，如图7-37所示。其中小学生

726人,9%

7198人,91%

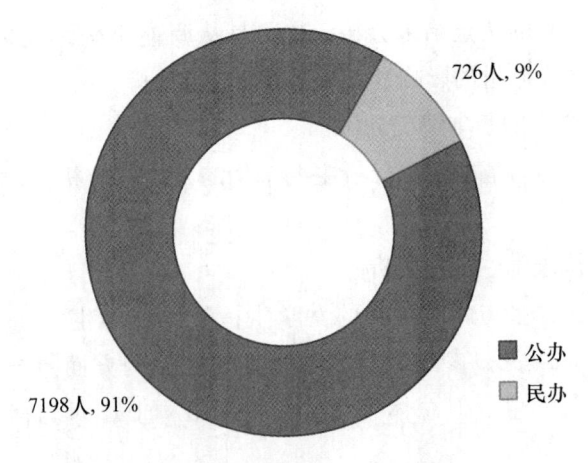

☐ 公办
☐ 民办

图7-36 被调查学生的学校类型分布

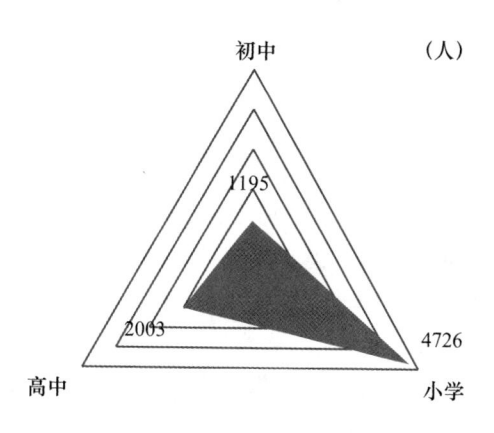

```
         初中       (人)
          /\
         /  \
        /1195\
       /      \
      /  ▓▓▓   \
     /  ▓▓▓▓▓▓  \
    /2003▓▓▓▓▓▓▓▓4726
   /_____\
  高中                小学
```

图 7 - 37　被调查学生学段分布

人数最多，共 4726 人，约是高中人数的两倍，初中人数的四倍。小学人数最多，普通中学人数较少，可能是学生辍学与分流所致。初中人数远远低于高中人数的现象并不正常，可能是样本选择与数据清洗时删除了大量初中学段的数据。经过反复论证，数据清洗前后数据分析结果差别不大，因此，目前的学段分布并不影响已有数据的代表性。

（3）被调查学生的学校类型和学段交叉分析

调查显示，被调查的 7924 名学生所在学校类型和学段中，来自民办学校的学生主要集中在小学阶段，共 525 人，初中为 152 人，高中仅为 49 人，如图 7 - 38 所示。这一现象与中国义务教育阶段推行的"就近入学"政策密切相关，家长在选择小学时更多考虑的是距离与便利程度，而非学校类型与质量。但到了中学阶段尤其是高中以后，家长普遍会让学生就读优质学校，这些优质学校主要以公办重点中学为主。随着"指标到校"政策的推进，原本来自农村或普通城市家庭的学生也有了从私立学校择校生变成公办重点指标生的可能，因此生源进一步向公办学校靠拢。之前很多地方在推行"指标到校"政策时把民办初中排除在外，打击了民间资本的积极性，使其将其他教育产业作为新的兴趣点。随着上海等地公办中学与民办中学享受同等待遇政策的推行，民办中学数量或许会逐渐增加。

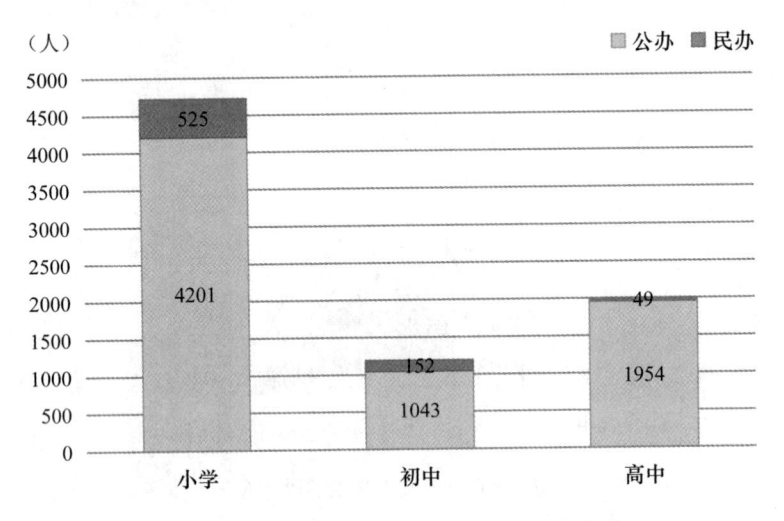

图 7-38 被调查学生的学校类型和学段统计

(4) 被调查学生的学校所在地

调查显示,被调查学生中,共 5366 人来自县城学校,约占 68%,如图 7-39 所示。此外,分别有 921 人和 1027 人来自市区与乡镇学校,约占 12% 与 13%,具有代表性。只有 243 人和 367 人来自城乡接合部与乡村学校,约占 3% 与 5%。这与中国当前乡村学校撤点并校有着较大的关

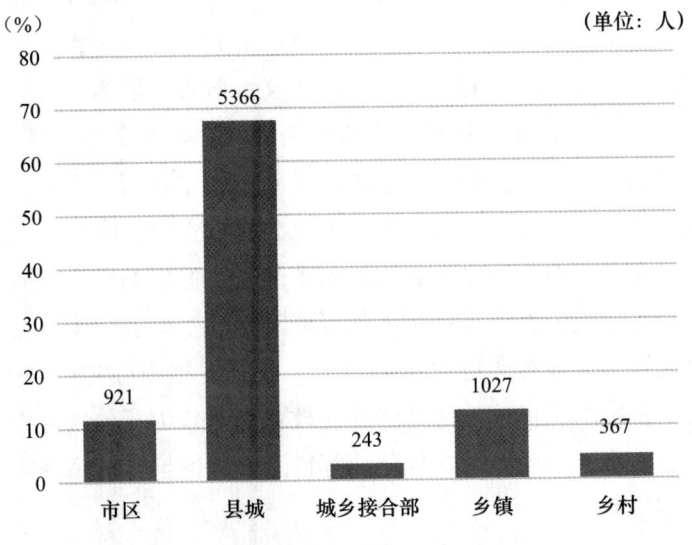

图 7-39 被调查学生的学校所在地分布

系，是一种正常现象。也就是说，被调查学生反映出的整体情况与 G 省学生现状基本相同，作为样本具有代表性。

2. 相关要素的影响程度

调查问卷（学生卷）中，主要涉及文化基础、自主发展、社会参与、家庭支持、教师素养、课程与教学 6 个维度的要素，因此，分析被调查学生认为相关要素对基础教育质量影响的认可度也从这六个维度展开。

（1）文化基础的影响程度

数据显示，文化基础相关要素对基础教育的影响程度均较高，"非常认可""比较认可""认可"之和均在 85% 以上，"比较不认可"和"非常不认可"不足 15%，也就是说被调查学生比较认可前两轮修订的结果，如图 7-40 所示。其中，对"自主探索"要素"非常认可"的比例最高，为 50.3%，"非常不认可"的比例最低，为 1.5%，但对其"比较认可"的比例最低，"认可"的比例也很低。这说明在文化基础相关要素中被调查学生对"自主探索"的认可度较高。"抽象思维"的情况与"自主探

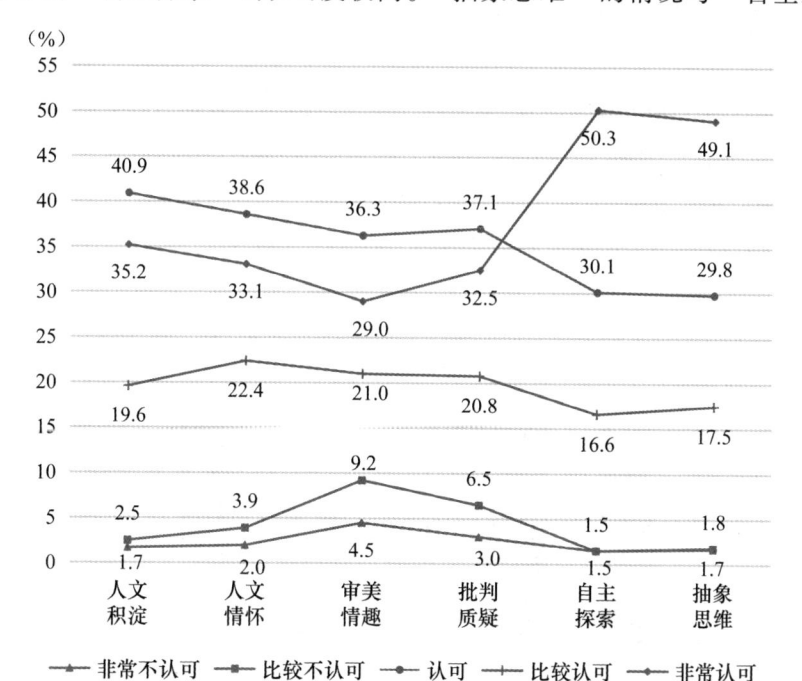

图 7-40 文化基础对基础教育质量的影响程度

索"基本相同。对"审美情趣"要素"非常认可"的比例最低,对其"非常不认可""比较不认可"的比例却最高,这说明被调查学生认为"审美情趣"对基础教育质量的影响相比其余5个要素来说最低。

将文化基础相关要素用 SPSS 计算出选项公因子方差,结果如表7-20所示。

表7-20　　　　文化基础相关要素公因子方差计算结果[a]

公因子方差	初始	提取
人文积淀	1	0.665
人文情怀	1	0.716
审美情趣	1	0.590
批判质疑	1	0.596
自主探索	1	0.669
抽象思维	1	0.682

注：a：提取方法为主成分分析法。

从表7-20可看出文化基础相关要素公因子方差的大小,也就是各要素携带信息量的多少,其中,"人文情怀"的公因子方差最大,为0.716;"审美情趣"的公因子方差最小,为0.590。将各要素公因子方差乘以100%并绘制成条形图,结果如图7-41所示。

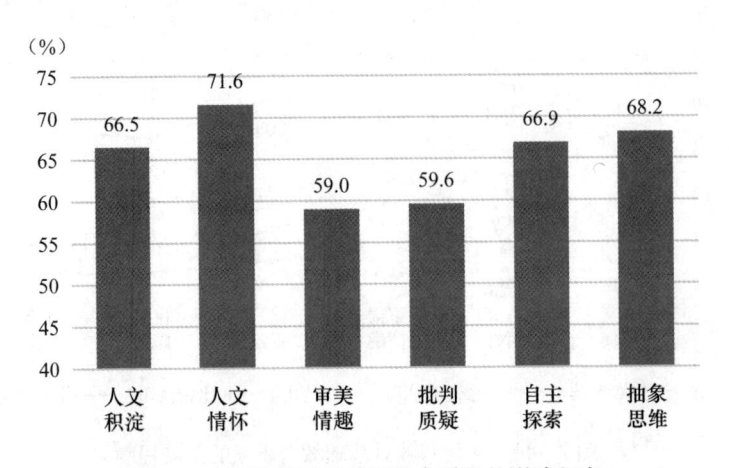

图7-41　文化基础对基础教育质量的影响程度

从上图可以看出，被调查学生认为，在影响基础教育质量的文化基础相关要素中，"人文情怀"携带的信息量最高，达到了71.6%；其次是"抽象思维""自主探索"和"人文积淀"，分别为68.2%、66.9%和66.5%；"批判质疑"和"审美情趣"携带的信息量较少，只有59.6%和59.0%。由此可见，多数被调查学生认为"人文情怀"对基础教育质量的提升有着较大的影响，"批判质疑"和"审美情趣"的影响则较低。

在前面两次的数据分析结果中，"审美情趣"的认可度都最低。因此，课题组决定对"审美情趣"这一要素进行进一步分析，以决定是否修改或删除。在经过多组交叉表的对比分析后，课题组发现这一现象在不同地区学校之间较为显著。将不同地区学校学生对审美情趣的认可度绘制成条形统计图，结果如图7-42所示。

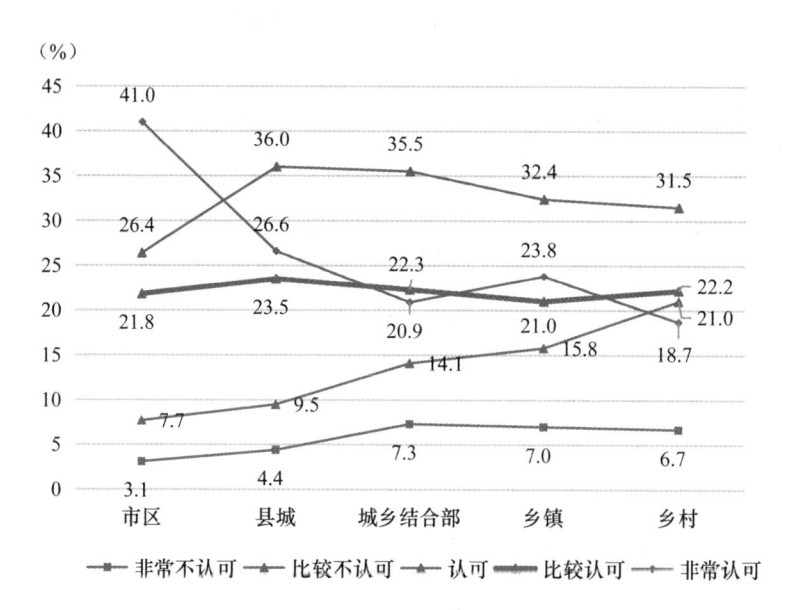

图7-42 不同地区学校学生认为审美情趣对基础教育质量的影响程度

从图中可以看出，不同地区（学校所在地）学生对"审美情趣"的态度并不一样。除个别数据外，从市区到乡村选择"非常不认可"与"比较不认可"的比值在逐渐增加，而选择"非常认可"的比值却在急剧减少。其中选择"非常认可"的市区学生占比41%，而乡村仅有21%，前者几乎是后者的2倍。然而，在选择"比较不认可"的学生中，这一比值却正好相反。

此外，2020年发布的《关于全面加强和改进新时代学校美育工作的意见》中明确指出"审美情趣"的重要性："美是纯洁道德、丰富精神的重要源泉。美育是审美教育、情操教育、心灵教育，也是丰富想象力和培养创新意识的教育，能提升审美素养、陶冶情操、温润心灵、激发创新创造活力。"因此，课题组认为应该将"审美情趣"予以保留，并结合已有研究在之后的访谈中继续挖掘这一现象背后的深层原因。

（2）自主发展的影响程度

数据显示，自主发展相关要素对基础教育的影响程度均较高，"非常认可""比较认可""认可"之和均在88%以上，"比较不认可"和"非常不认可"不足12%，也就是说被调查学生比较认可前两轮修订的结果，如图7-43所示。其中，"非常认可"比例最高的是"珍爱生命"，为56.8%，但对其"比较认可"的比例最低，"认可"的比例也不高，这说明被调查学生比较认可"珍爱生命"要素对基础教育质量的影响。对"信息意识"要素"非常认可"的学生比例最低，仅为34.6%，同时其"非常不认可""比较不认可"的比例却是各要素中最高的一个，分别为4.1%和7.3%。这说明在自主发展的要素中，大部分学生均认为"信息意识"对基础教育质量的影响最低。

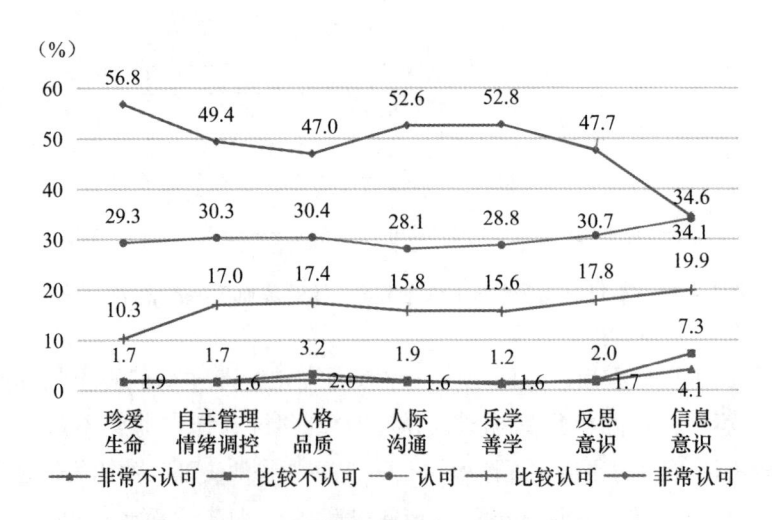

图7-43 自主发展对基础教育质量的影响程度

将自主发展相关要素用 SPSS 计算出选项公因子方差,结果如表 7-21 所示。

表 7-21　　　　　　　自主发展相关要素公因子方差计算结果

公因子方差	初始	提取
珍爱生命	1	0.580
自主管理/情绪调控	1	0.722
人格品质	1	0.666
人际沟通	1	0.679
乐学善学	1	0.644
反思意识	1	0.625
信息意识	1	0.457

从表 7-21 可看出自主发展相关要素公因子方差的大小,也就是各要素携带信息量的多少,其中,公因子方差最大的是"自主管理/情绪调控",为 0.722;最小的是"信息意识",为 0.457。将各要素公因子方差乘以 100% 并绘制成条形图,结果如图 7-44 所示。

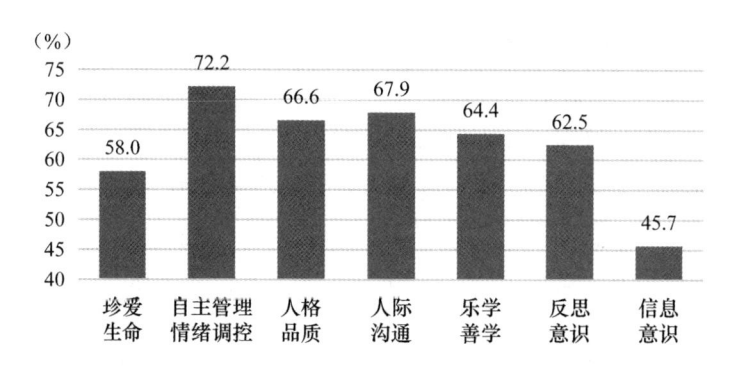

图 7-44　自主发展对基础教育质量的影响程度

从图 7-44 可以看出,被调查学生认为影响基础教育质量的自主发展相关要素中,"自主管理/情绪调控""人际沟通"和"人格品质"携带的信息量较高,分别为 72.2%、67.9% 和 66.6%;其次是"乐学善学""反思意识"和"珍爱生命",携带的信息量分别为 64.4%、62.5% 和

58.0%；"信息意识"携带的信息量最少，只有45.7%。由此可见，多数学生认为"自主管理/情绪调控"对基础教育质量提升有着较大的影响，"信息意识"影响最低。

被调查者对"信息意识"的总体认可态度明显较低，且不同学生之间意见并不一致，其标准偏差（1.13）与方差（1.276）都较高。在经过多组交叉表的对比分析后，课题组发现这一现象在不同学校类型之间较为显著，如图7-45所示。

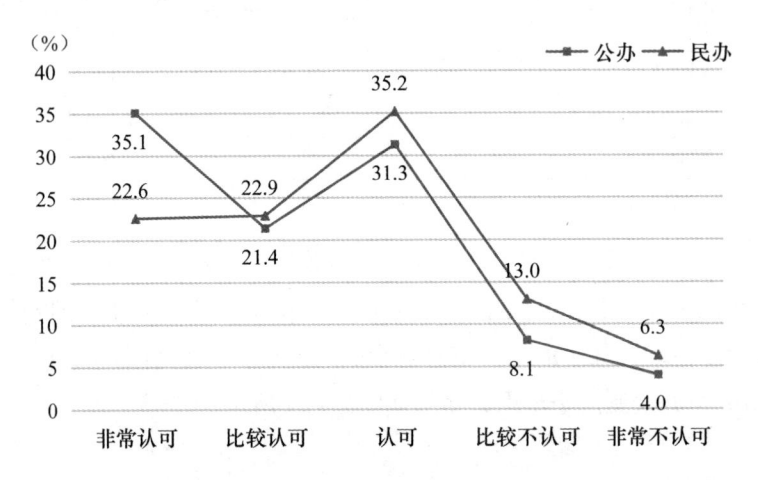

图7-45 不同学校类型学生认为信息意识对基础教育质量的影响程度

由图7-45可以看出，针对"信息意识"这一要素，公办学校选择最多的是"非常认可"，占比为35.1%。将公办学校的"非常认可"与"比较认可"合并以后，占比就可以超过50%，达到56.5%。而在民办学校，选择"非常认可"与"比较认可"的人数占比都不超过25%，合并占比45.5%。大多数人倾向于选择"认可"这一中间维度，占比35.2%。而民办学校中选择"非常不认可"与"比较不认可"的都比公办学校略高，分别占比6.3%、13.0%。说明在这一课题的后续研究中需要注意这一现象。

（3）社会参与的影响程度

前已述及，社会参与这一维度中，影响基础教育质量的相关要素有"国家认同""国际视野""社会责任""劳动意识""技术应用""问题解决"6个要素。将参与调查学生的数据收集、处理得到图7-46。

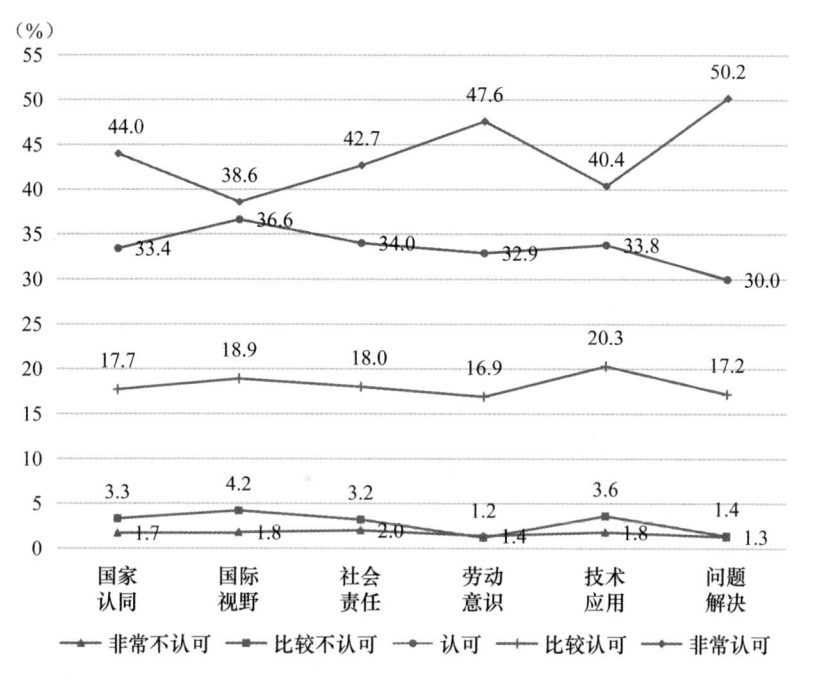

图7-46 社会参与相关要素对基础教育质量的影响程度

由图7-46可知，在社会参与的这6个要素中，选择"非常认可"的人数都占据第一位。而且这六个要素的"非常认可""比较认可"与"认可"人数占比之和都超过90%。这说明"社会参与"相关要素对基础教育质量的影响程度都较大，被调查的学生都对其较为认可。其中，对"问题解决"这一要素选择"非常认可"的学生占比超过50%，选择"非常不认可"的学生占比仅有1.3%，由此可见，"问题解决"认可度最高。其次是"劳动意识""国家认同""社会责任""技术应用""国际视野"这5个要素，认可度都在35%—50%之间，且"认可"和"比较认可"的占比都较高，"非常不认可"和"比较不认可"的占比都低于5%，这就表明这些要素总体上认可度都较高。将文化基础相关要素用SPSS计算出选项公因子方差，结果如表7-22所示。

表7-22 社会参与相关要素公因子方差计算结果[a]

公因子方差	初始	提取
国家认同	1	0.672
国际视野	1	0.649
社会责任	1	0.649
劳动意识	1	0.697
技术应用	1	0.642
问题解决	1	0.736

注：a：提取方法为主成分分析法。

从表7-22可看出社会参与相关要素公因子方差的大小，也就是各要素携带信息量的多少。将各要素公因子方差乘以100%并绘制成条形图，结果如图7-47所示。

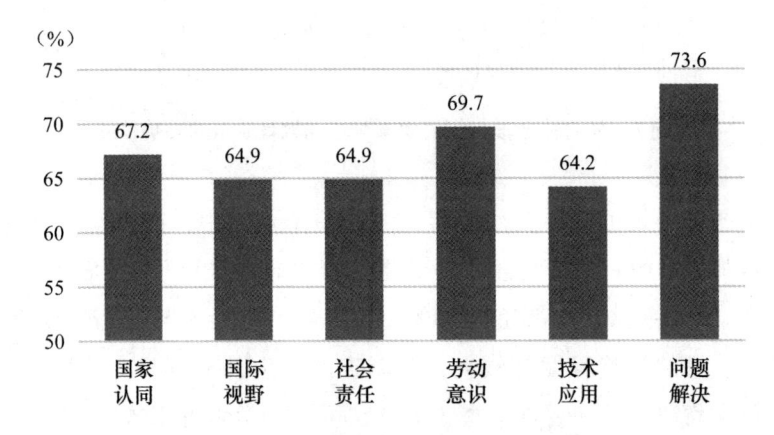

图7-47 社会参与相关要素对基础教育质量的影响程度

从图中可以看出，被调查学生认为，在影响基础教育质量的社会参与相关要素中，"问题解决"携带的信息量最高，达到了73.6%；其次是"劳动意识"和"国家认同"，分别为69.7%和67.2%；"国际视野""社会责任"和"技术应用"携带的信息量较少，只有64.9%、64.9%和64.2%。由此可见，多数学生认为"问题解决"对基础教育质量提升有着较大的影响，"技术应用"对基础教育质量的影响程度较低。

（4）家庭支持的影响程度

前已述及，家庭支持这一维度中，影响基础教育质量的相关要素有"文化资本""物资资本""教育理念""教养方式""亲子沟通"5个要素。将参与调查学生的数据收集、处理后得到图7-48。

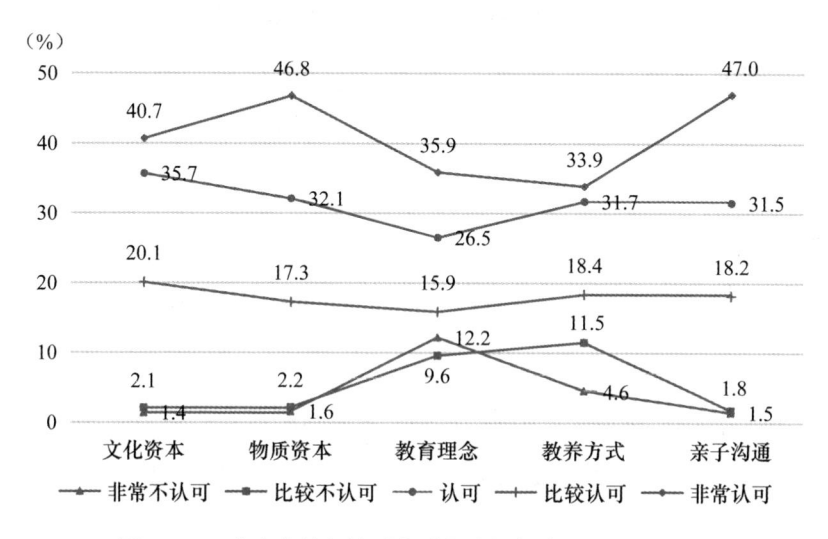

图7-48　家庭支持相关要素对基础教育质量的影响程度

由图7-48可知，在家庭支持的相关要素中，所有要素"非常认可""比较认可""认可"的学生占比之和均超过75%。其中"文化资本""亲子沟通""物质资本"3个要素选择"非常认可""认可""比较认可"的学生占比之和均已超95%，"非常不认可""比较不认可"的学生占比之和不足5%，由此可见，在家庭支持维度中这3个要素对基础教育质量有重要影响。此外，就"教养方式"这一要素而言，其对基础教育质量影响的认可度也较高，"非常认可""比较认可"的学生占比之和达60%以上，认可程度较"文化资本""亲子沟通""物资资本"这3个要素要少一些。而"教育理念"，虽然对其"非常认可"的比例为35.9%，比教养方式高一些，但其"非常不认可"的比例达到12.2%，因此相较而言，"教育理念"对基础教育质量的影响程度比其余4个要素稍低。总体而言，被调查学生基本上都认可家庭支持相关要素对基础教育质量的影响，"文化资本""物质资本""亲子沟通"认可度较高，"教育理念"

"教养方式"认可度则较低。

将家庭支持相关要素用 SPSS 计算出选项公因子方差,结果如表 7-23 所示。

表 7-23　　　　家庭支持相关要素公因子方差计算结果[a]

公因子方差	初始	提取
文化资本	1	0.664
物质资本	1	0.658
教育理念	1	0.580
教养方式	1	0.550
亲子沟通	1	0.669

注:a:提取方法为主成分分析法。

从表 7-23 可以看出家庭支持相关要素公因子方差的大小,将各要素公因子方差乘以 100% 并绘制成条形图,结果如图 7-49 所示。

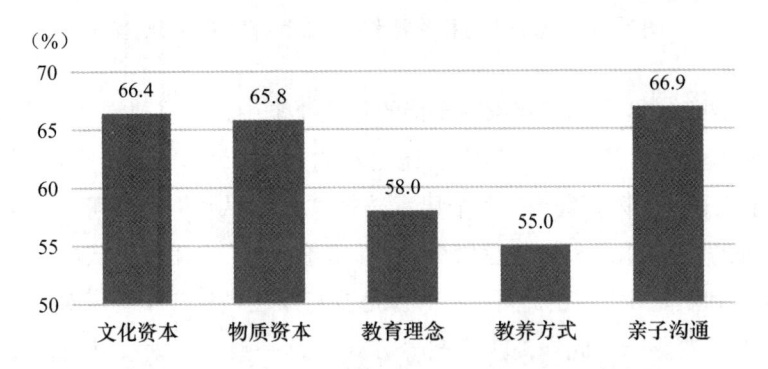

图 7-49　家庭支持相关要素对基础教育质量的影响程度

从图中可以看出,被调查学生认为,在影响基础教育质量的家庭支持相关要素中,"亲子沟通"携带的信息量最高,达到了 66.9%;其次是"文化资本"和"物质资本",携带的信息量分别为 66.4% 和 65.8%;"教育理念"和"教养方式"携带的信息量较少,只有 58.0% 和 55.0%。由此可见,多数学生认为"亲子沟通"对基础教育质量提升有着较大的影响,"教育理念"和"教养方式"的影响较低。

(5) 教师素养的影响程度

数据显示，教师素养包括了 5 个相关要素，如图 7-50 所示。从图中可直观地发现"教师的品行会影响学生的身心发展"的认可度最低，"非常认可"的占比仅为 35.4%，且"非常不认可""比较不认可"的占比之和也高达 16%，远大于其他 5 个相关要素。然而，针对"喜欢平易近人、和蔼可亲的教师""喜欢教学经验丰富的教师""喜欢知识渊博的教师""喜欢上课幽默风趣的教师"而言，大部分学生对其认可度较高，"非常认可"的占比均在 46% 以上，比较接近 50%。从对 5 个相关要素不认可的占比来看，"非常不认可"的占比最低仅为 1.9%，且"喜欢上课幽默风趣的教师"的"非常不认可"的总占比也仅有 2.2%。

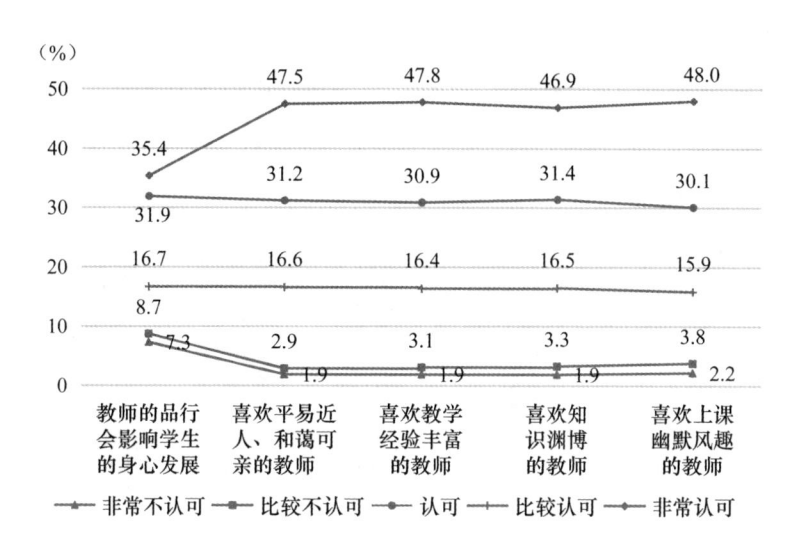

图 7-50　教师素养相关要素对基础教育质量的影响程度

总的来看，对"喜欢平易近人、和蔼可亲的教师""喜欢教学经验丰富的教师""喜欢知识渊博的教师""喜欢上课幽默风趣的教师"不认可的占比均没有超过 10%。由此可知，绝大多数学生都认可"喜欢平易近人、和蔼可亲的教师""喜欢教学经验丰富的教师""喜欢知识渊博的教师""喜欢上课幽默风趣的教师"，也有学生不认可"教师的品行会影响学生的身心发展"。

将教师素养相关要素用 SPSS 计算出选项公因子方差，结果如表

7-24所示。

表7-24　　　　　教师素养相关要素公因子方差计算结果[a]

公因子方差	初始	提取
教师的品行会影响学生的身心发展	1	0.448
喜欢平易近人、和蔼可亲的教师	1	0.672
喜欢教学经验丰富的教师	1	0.747
喜欢知识渊博的教师	1	0.750
喜欢上课幽默风趣的教师	1	0.681

注：a：提取方法为主成分分析法。

从表7-24可以看出教师素养相关要素公因子方差的大小，将各要素公因子方差乘以100%并绘制成条形图，结果如图7-51所示。

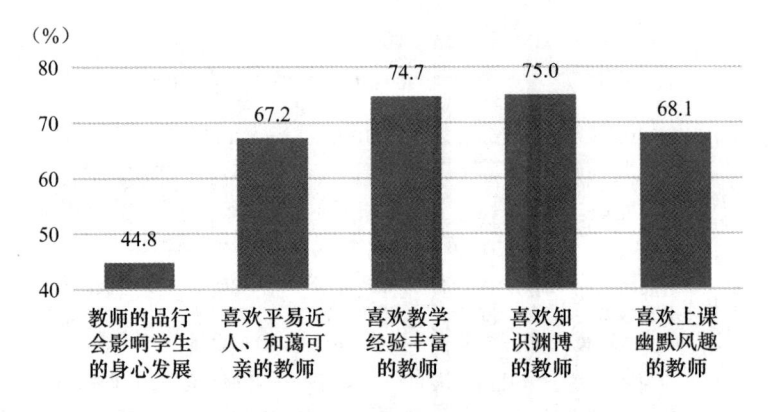

图7-51　教师素养相关要素对基础教育质量的影响程度

从图7-51可以看出，被调查学生认为，在影响基础教育质量的教师素养相关要素中，"喜欢知识渊博的教师"和"喜欢教学经验丰富的教师"携带的信息量较高，分别为75.0%和74.7%；其次是"喜欢上课幽默风趣的教师"和"喜欢平易近人、和蔼可亲的教师"，携带的信息量分别为68.1%和67.2%；"教师的品行会影响学生的身心发展"携带的信息量最少，只有44.8%。由此可见，大多数学生都喜欢知识渊博和和蔼可亲的教师，多数学生喜欢平易近人、和蔼可亲及上课幽默的教师。

(6) 课程与教学的影响程度

为有效佐证教师问卷中有关课程与教学要素的合理性，在学生问卷中重点选取了"课程设置""课程结构""课程组织""教学内容""教学方式""教学评价"和"环境营造"要素进行问卷调查。通过调查发现，课程与教学相关要素认可度比较高，"非常认可""比较认可"和"认可"的学生占比之和均已超过85%，"非常不认可"和"比较不认可"的占比之和不足15%，如图7-52所示。其中，对"环境营造"这一要素"非常认可"的学生占比最高，达到了47.4%，但对其"比较认可"和"认可"的学生相对较少；对"教学内容"非常认可的学生占比为47.3%，存在"比较认可"和"认可"的学生相对较少的情况；虽然对"课程设置""课程结构"和"教学评价"要素"非常认可"的教师相对较少，但对其"比较认可"和"认可"的学生相对多些；参与调查的学生中，对"教学方式"认可度较低，"非常认可"的学生占比只有37.6%。综上所述，被调查学生基本上都认可课程与教学相关要素对基础教育质量的影响；其中"教学方式"对基础教育质量影响程度争议较大，"教学内容""环境营造"等认可度较高，"课程组织""教学方式"认可度相对较低。

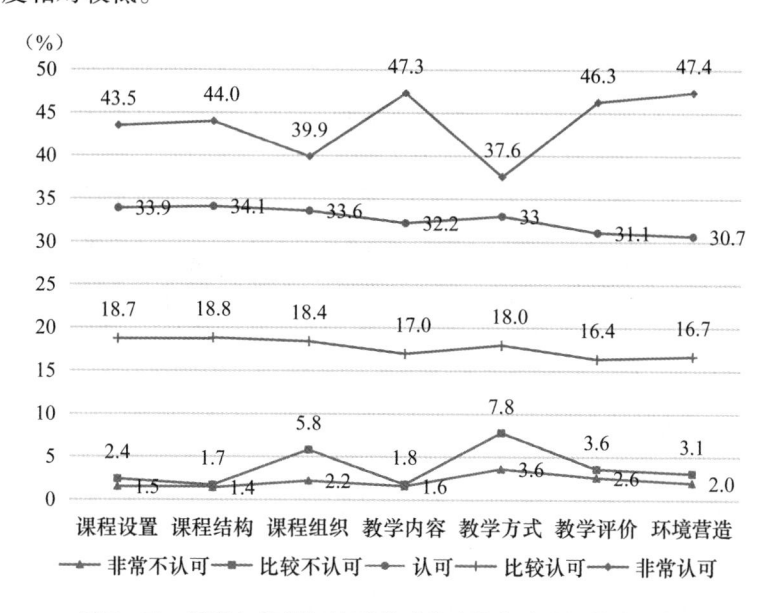

图 7-52　课程与教学相关要素对基础教育质量的影响程度

将课程与教学相关要素用 SPSS 计算出选项公因子方差,结果如表 7-25 所示。

表 7-25　　课程与教学相关要素公因子方差计算结果[a]

公因子方差	初始	提取
课程设置	1	0.730
课程结构	1	0.742
课程组织	1	0.673
教学内容	1	0.680
教学方式	1	0.552
教学评价	1	0.533
环境营造	1	0.682

注：a：提取方法为主成分分析法。

从表 7-25 可以看出课程与教学相关要素公因子方差的大小,也就是各要素携带信息量的多少。将各要素公因子方差乘以 100% 并绘制成条形图,结果如图 7-53 所示。

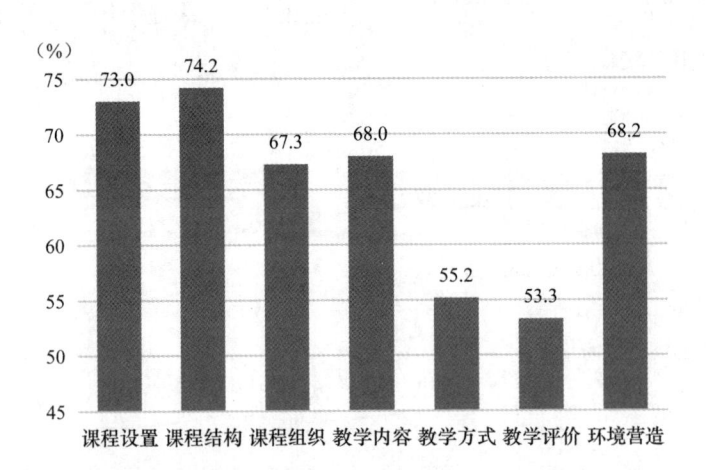

图 7-53　课程与教学相关要素对基础教育质量的影响程度

从上图可以看出,课程与教学相关要素中,"课程结构""课程设置"携带的信息量较高,分别为 74.2% 和 73.0%；其次是"环境营造""教学内容"和"课程组织",分别为 68.2%、68.0% 和 67.3%；"教学方式"和"教学评价"携带的信息量较少,分别为 55.2% 和 53.3%。也就是说,被调查学生认为,"课程结构"和"课程设置"对基础教育质量的影响程度较高,"环境营造""教学内容"和"课程组织"其次,"教学方式"和"教学评价"影响程度较低。

(7) 被调查学生意见建议分析

数据显示,被调查学生提出的意见建议中,出现频率最高的是"反思意识",频次为 440 次;其次是"批判质疑",频次是 315 次;之后是"物质资本",频次为 295 次。具体如图 7-54 所示。针对"反思意识"与"批判质疑",多数被调查的学生都有自己独立思考的意识。对于现实生活、网络平台上的各种事情,他们往往能够进行深入且细致地思考,并产生很多发人深省的见解。部分同学认为家长现在的行为习惯会影响孩子的一生,经常郊游与外出亲近大自然有利于视野的开阔和身心发展。部分同学认为学生考试考砸了,老师不应该总是要学生抄书,因为有些知识点不懂的话即使抄得再多也没用,以及老师正确地引导学生认识社会上的人和事,将有利于学生的学习和身心发展。学生们普遍认为包括

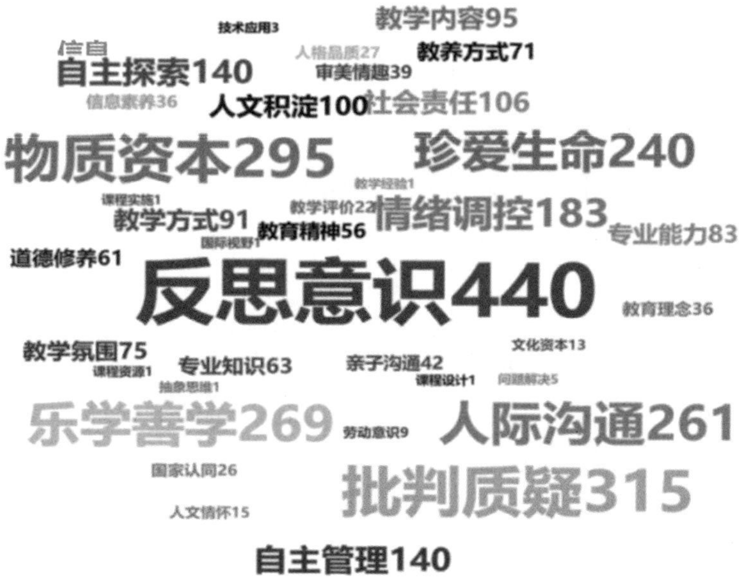

图 7-54 被调查学生意见建议标签云

物质资本在内的各种资本也很重要，这在一定程度上决定了他们的生活与教育条件，以及他们的原生文化视野、可用的社会资源。

结合第六章第一次修订的指标体系，将被调查学生意见建议标签化结果进行编码，其结果如表 7-26 所示。

表 7-26　　　　　　　被调查教师意见建议编码结果

标签化结果	频次	一级编码	频次	二级编码	频次	三级编码	频次
人际沟通	261	健康心理	851	自主发展	1597	学生发展	2257
珍爱生命	240						
情绪调控	183						
自主管理	140						
人格品质	27						
反思意识	440	学会学习	745				
乐学善学	269						
信息意识	36						
批判质疑	315	科学素养	456	文化基础	611		
自主探索	140						
抽象思维	1						
人文积淀	100	人文素养	154				
审美情趣	39						
人文情怀	15						
社会责任	106	公民素养	133	社会参与	151		
国家认同	26						
国际视野	1						
劳动意识	9	创新能力	18				
技术应用	3						
问题解决	5						
物质资本	295	家庭资本	308	家庭支持	458	协同育人	458
文化资本	13						
教养方式	71	家庭教育	149				
亲子沟通	42						
教育理念	36						

续表

标签化结果	频次	一级编码	频次	二级编码	频次	三级编码	频次
专业能力	83	自主发展	1	专业发展	148	教师发展	265
专业知识	63	专业素质	146				
教学经验	1						
道德修养	61	师德内涵	117	职业道德	118		
教育精神	56						
教学内容	95	课堂教学	283	教学	284	课程与教学	284
教学方式	91						
教学氛围	75						
教学评价	22						

从上表可以看出，一级编码结果基本对应三级指标，二级编码结果基本对应二级指标，三级编码基本对应一级指标。可以看出，经过一级编码后，"健康心理"出现的频次最多，为851次；其次是"学会学习"，出现745次；然后是"科学素养"，达到456次。经过二级编码后，出现频次最多的是"自主发展"，为1597次；其次是"文化基础"，出现611次；然后是"家庭支持"，出现458次。经过三级编码后，建议最多的是"学生发展"，达到2257次；其次是"协同育人"，达到458次；然后是"教师发展"，出现265次。从编码结果来看，被调查学生主要是从"家庭支持""协同育人""教师发展"等方面提出的意见建议。其中占比最大的是"协同育人"，由此可见，被调查学生认为"协同育人"是影响基础教育质量最主要的因素。

三 小结与反思

（一）小结

从问卷本身来看，教师问卷和学生问卷信度质量都很高，问卷效度也都比较好，说明研究信息可以被有效地提取。从调查对象基本信息来看，调查样本分布合理，具有一定的代表性。总体来说，大部分被调查对象认为第一次修订得到的四级指标对基础教育的影响程度都比较高，极少部分被调查对象认为第一次修订的四级指标存在争议。

1. 特殊指标

经过分析发现,指标体系中存在如下几个方面的特殊指标需要做进一步交代。

(1)"教育精神"和"教师待遇"

在问卷分析中统计频率时发现,相较于同维度的其他指标,对"教育精神"和"教师待遇"要素"非常认可"的人数比例最高,"比较认可"和"认可"的人数比例最低,与此同时"非常不认可"的人数比例也最高。也就是说认可这两个指标的教师就非常认可,不认可的教师就非常不认可。这就导致在计算认可度的时候,这两个指标的认可度均不高,特别是教师待遇反而最低。然而,在统计教师意见建议时发现,"教师待遇"和"政府重视"一样,被提到的频率最多。说明教师对"教育精神"和"教师待遇"的认可度的确比较高。

(2)"生活习惯"和"自主学习"

在问卷分析时发现,在学生发展的维度下,对"生活习惯"和"自主学习"要素"非常认可"的人数比例最高,多出其他指标十多个百分点,但"非常不认可"的人数比例也最高。而在计算公因子方差时,这两个指标的权重却并不高,也就是说通过计算信息量判断得到的教师对指标的认可度中,教师对这两个指标的认可度并不高。在检查问卷数据后发现,导致这种现象的原因可能是有一部分教师大部分题目(甚至全部题目)均选择"非常认可"。

(3)"自主探索"和"珍爱生命"

在统计指标频率时发现,"自主探索"和"珍爱生命"在各自的维度中"非常认可"的人数比例最高,"比较认可"的人数比例最低,"认可"的人数比例较低,同时,"非常不认可"和"比较不认可"的人数比例较低(不是最低)。然而,在用公因子方差计算其认可度时,这两个指标的认可度比较低,与频率统计结果有些差别。

(4)"亲子沟通"和"文化资本"

通过问卷分析发现,在家庭支持维度下的"文化资本""物质资本""教育理念""教养方式""亲子沟通"5个指标中,不同考察对象对这5个指标的认可度并不一致。教师认为家庭支持中"文化资本"对基础教育质量的影响最大,而学生则认为"亲子沟通"对基础教育质量的影响最大。

2. 指标修正

本书通过现实考察发现部分维度的要素需要进一步修改确定，具体涉及学校规划、教师发展、学生发展、课程与教学以及协同育人五个维度，以及五个维度下的25个四级指标。通过数据分析发现主要问题有三个，具体修正过程如下：

一是部分四级指标在其对应的一级指标维度下认可度较低，但在整个指标体系中均衡来看认可度较高，因此考虑不对该部分指标进行修改。具体涉及的要素包括"办学规划""社会参与""自我管理""审美情趣""信息素养""技术应用""教养方式""教育理念"8个四级指标，这些指标的认可度均在60%以上，整体来看认可度都在中等及以上。

表7-27 教师发展维度的部分四级指标修正前后对比

三级指标	专业素质		自主发展	
	修正前	修正后	修正前	修正后
四级指标	专业知识	专业知识	职业发展	职业规划
			职业信念	
	专业能力	专业能力	身心健康	身心健康
	文化修养	文化修养	终身学习	终身学习
	信息素养	信息素养	自我管理	自我管理
	教学经验		沟通合作	沟通合作
	教育研究		教学反思	教学反思
	职业发展		教学创新	教学创新
				教学经验
				教育研究

二是在教师发展维度下"专业素质"与"自主发展"三级指标中四级指标的维度划分存在一定问题，因此本书再次对三级指标"专业素质"与"自主发展"中的要素进行全面的分析讨论，重新将其维度进行调整（具体见表7-27）。一方面，将"职业发展""教育研究""教学经验"归为"自主发展"，"信息素养"保留在"专业素质"里。具体缘由：在

结构效度测试时发现,"职业发展""教育研究"和"信息素养"3个指标不在"专业素质"中,而是在"自主发展"下,与此同时,频率分析还发现,"教学经验""教育研究"和"信息素养"明显异于其他选项,由此经过再次地讨论和逻辑分析,确定将"职业发展""教育研究""教学经验"归为"自主发展","信息素养"保留在"专业素质"里。另一方面,将四级指标"职业发展""职业信念"融合为"职业规划"。具体缘由:在数据分析发现"职业发展"与"职业信念"的认可度具有高度的一致性,与此同时"职业信念"是"职业发展"的核心要素,将"职业发展"与"职业信念"融合为"职业规划"更加精简,能较好地体现出教师的"自主发展"。

三是针对部分认可度低且在整个指标体系中认可度都低的要素,对其进行分析后进行了一定调整(具体见表7-28)。主要涉及的要素包括"课程设置""教学手段"等2个四级指标。具体而言,首先是将"课程设置""课程结构"合并为"课程体系"。"课程设置"认可度最低仅有40.2%,而"课程结构"的认可度为53.3%,考虑到"课程设置"与"课程结构"都是"课程体系"的核心组成要素,因此将两者合并为"课程体系"较为合理。其次是"教学手段""教学形式""教学方法"三个要素需进一步确认。一方面就"教学手段"而言,虽然在课程教学维度中,其认可度较低仅23.3%,但从教学维度来说,教学手段是课堂教学的核心要素之一,因此考虑保留该要素;另一方面就"教学形式""教学方式"而言,其认可度分别为59.9%、59.2%,在其维度中认可度属中等,且两者认可度十分接近,因此本书对二者关系进行再分析、再比较后,发现两者同属于教学方法的重要内容,属于其维度中的重要组成要素,因此考虑将两者融合为"教学方法"。再一方面,就"教学效果""教学形式"而言,考虑将"教学效果""教学评价"融合为"效果评价"。"教学效果"认可度为61.0%,"教学评价"仅53.1%,教学要素中"教学评价"在教学的9个要素中认可度排在第8位,因此考虑与"教学效果"合并为"效果评价"。

四是分析发现部分认可度较高的四级指标可以考虑进一步融合,因此进行了部分调整(具体见表7-28)。具体涉及"课程资源""课程开发""教学效果""教学评价"4个四级指标。一方面是将"课程资源"

融入"课程开发"。"课程资源"与"课程开发"两个要素认可度都较高,分别为61.8%、69.3%,且"课程资源"是"课程开发"的重要组成部分,因此考虑将"课程资源"融入"课程开发"。

表7-28　　　　课程与教学维度四级指标修正前后对比

一级指标	二级指标	三级指标	四级指标	
			修正前	修正后
一级指标	课程	课程规划	课程设置	课程体系
			课程结构	
			课程标准	课程标准
			课程组织	课程组织
			课程资源	课程开发
			课程开发	
			课程评价	课程评价
	教学	课堂教学	教学目标	教学目标
			教学内容	教学内容
			教学过程	教学过程
			教学模式	教学模式
			教学方式	教学方法
			教学形式	
			教学手段	教学手段
		教学管理	教学评价	效果评价
			教学效果	
			环境营造	环境营造

(二) 反思

这里主要针对问卷题目设置、指标对应考察对象、问卷量纲、量表选项设置等方面的问题进行反思,具体如下:

1. 部分问卷题目设置不够合理

本次现实考察所用的问卷中,有个别题目设置不够合理,导致信息提取难度增加。如在师生关系维度中,教师品行的提问方式"我觉得教师的个人品行会影响我的身心发展"和其他题目的提问方式"我喜欢什么样的教师?"不一致,导致教师品行的数据异于其他题目数据。另外,学生问卷的学段和年级未设置跳题,导致部分高三学生选的是初中六年级。

2. 指标未对应所有考察对象

在问卷设计初本来是让每个指标都涉及教师和学生,让其一一对应。但是在编辑问卷的时候发现,学生可能对部分指标不能理解,比如学校规划之类的指标。因此,本次问卷只在学生发展、协同育人及教学等维度实现一一对应,以此作为对照组进行分析。

3. 问卷量纲不一致

本次考察的对象涉及教师和学生,因此问卷分为教师卷和学生卷,又由于各个维度下指标个数不一致,且并非所有题目都采用李克特量表(部分题目为排序题),导致不同维度和不同问卷的量纲不一致,这会导致指标赋权难度增加。针对这个问题,为消除量纲不一致的影响,在第九章权重计算的时候将会采用归一化进行处理。

4. 量表选项设置问题

本次问卷采用的是李克特5级量表,分别是"非常不认可""比较不认可""认可""比较认可""非常认可"。其中"认可""比较认可"和"非常认可"可归为认可,"比较不认可"和"非常不认可"可归为不认可,如此看来,认可比不认可多了一个选项。因此,可将中间选项改为中间立场,如"无所谓"等,也可改为7级量表。可以改为"非常不认可""比较不认可""不认可""不确定""认可""比较认可""非常认可"的7级量表;或者改为"非常不认可""比较不认可""比较认可""非常认可"的4级量表。

第 八 章

核心素养视角下基础教育质量关键要素再提炼:基于访谈的三次修正

为研制核心素养视角下影响基础教育质量的指标体系,本书采用扎根理论的方法初步建构了提升基础教育质量的要素结构,并通过两次修正,从理论和实践的角度对该要素结构进行了严格的修订,已经基本形成了指向核心素养的基础教育质量要素指标体系。为进一步保障指标体系的科学性与可靠性,本书进行了第三次修正。主要是基于已有研究成果,采用访谈和德尔菲法对"核心素养视角下影响基础教育质量的指标体系"的关键要素进行再提炼,通过对高校基础教育理论研究者与一线教育行政人员及教研人员进行半结构式访谈,对指标体系表进行再分析、再比较、再归纳、再提炼,以此提炼修正出指向核心素养的"学校规划、教师发展、学生发展、课程与教学、协同育人"的5个一级指标,形成"学校建设、学校资源、职业道德、师资保障、专业发展、文化基础、自主发展"等12个二级指标,每个二级指标下有其类别范畴,即为23个三级指标,而三级指标下将其分类归纳为75个四级指标(详见附件三的附表4),最终建立形成核心素养视角下影响基础教育质量指标体系。

第一节 半结构式访谈的前期准备

在进行半结构式访谈之前,需要对访谈问题、访谈对象、访谈思路和方法等相关内容进行准备和说明,具体如下:

一 聚焦问题

本书在基于扎根理论初步建构的基础上，通过文本信息的首次修正和现实考查的二次修订，基本形成了指向核心素养的基础教育质量指标体系，通过梳理已有研究，对现存问题进一步聚焦，发现还存在一些不完善之处：首先，研究指标修正主体须进一步丰富，需要从设计主体多元的角度完善已有的指标体系。前两次修正涉及了一线教师、基础教育阶段的学生以及理论研究者与教育政策制定者，未涉及高校基础教育理论研究者与行政人员及教研员的直接参与。从某种意义上说，扎根理论与首次修正运用的研究文献与政策文本涉及了理论研究者与教育政策制定者的参与。其次，本书的指标体系建立基本完成，需要进一步征询意见进行最终完善。需要通过征集理论研究者、行政人员及教研人员对本书研制的核心素养视角下基础教育质量评估的指标体系所提出的意见与建议，进一步完善指标表，保证其科学性及合理性。最后，两次修正新增和修改了部分指标，尚未能为一级指标及修改后的指标进行赋权。需要通过半结构式访谈对本书研制的核心素养视角下影响基础教育质量的评估指标进行具体赋权。因此，基于访谈的三次修正，主要解决以下三个问题：一是诊断现有指标体系的合理性；二是征集理论研究者、行政人员及教研人员的意见进一步完善该指标体系；三是对核心素养视角下基础教育质量评估的指标进行赋权。

二 确定对象

为解决三次修正的重点问题、进一步完善已有指标体系并为接下来的指标赋权做好前期准备，本次修正主要是以高校基础教育理论研究者以及市、县教育局工作者和教研员作为访谈对象，对已有评估指标全面地进行诊断和完善。首先，选取10名长期从事基础教育研究的高校理论研究者，为保证研究的可靠性和有效性，这些理论研究者都具有一定理论修养并在基础教育研究方面取得一定的研究成果，同时理论研究方向也存在差异，以保障研究方向有效涵盖基础教育的不同方面。其次，从G省9个地（州）市按比例选取部分地区中24名具有代表性的教育局行政及教研人员作为对象，从一线行政工作的角度审视已有研究指标表，以共同支持第三次修正。

三 确立思路

根据本章拟重点解决的问题，以前两次修订后形成的"核心素养视角下基础教育质量关键要素"为依据，针对高校基础教育的理论研究者和一线行政人员及教研员分别设计半结构式访谈提纲，并进行资料的收集，通过对反馈资料进行比较、分析与提炼，达到对核心素养视角下基础教育质量关键要素的再提炼，最终完成指标体系的建构。其中，提纲不仅包含了理论研究者、行政人员及教研人员的基本情况，还包含了理论研究者、行政人员、教研人员对当前基础教育质量的总体情况评价，以及对一级指标和修改后的指标进行赋权。同时重点探究理论研究者、行政人员及教研人员对本书中研究指标体系表的意见和建议（半结构式访谈提纲详见附件二）。通过半结构式访谈的反馈对本书中研究指标体系涉及的各个维度下的要素进行修正，最终完成核心素养视角下影响基础教育质量指标体系的建立。

四 选择方法

本次修订主要是采用德尔菲法，通过半结构式访谈的方式，以电子邮件的形式向专家组的理论研究人员、一线行政人员及教研员发放访谈提纲，根据反馈意见对指标进行第三次修正。以理论研究者和行政人员为意见征求对象，通过设计半结构式访谈提纲、利用网络发送电子邮件等方式征询专家组理论研究者成员以及一线行政人员及教研员的意见，根据意见对核心素养视角下基础教育质量指标体系表中的各维度、各维度下各要素以及要素间的关系进行修改，最终建立指标体系。

第二节 半结构式访谈的资料收集与整理

这一节主要针对半结构式访谈的资料收集与整理情况进行交待，以确保数据收集和整理的真实性、合理性和可靠性。

一 半结构式访谈的资料收集

本次访谈主要采取半结构式访谈的方式，选取了10名高校长期从事基础教育研究的专家（以下称：理论研究者）和24名来自市、县教育局工作者及教研员等作为访谈对象，通过发送电子邮件等形式向理论研究者、行政人员及教研人员发送咨询提纲，并以线上回收的方式共计回收理论研究者有效咨询意见10份、行政人员及教研员有效咨询意见24份。通过对理论研究者、行政人员及教研员的访谈资料收集，获取不同理论研究者与行政人员对已有指标体系的建议，以便对指标体系进行诊断与完善。

其中，就理论研究者的选取而言，考虑到访谈对象的代表性和对本章研究的促进作用，在对象选取上综合考虑了理论研究者的研究专长和其在学界的影响力，最后选择了10名理论研究者作为访谈对象，访谈对象的具体情况见表8-1。其中理论研究者研究专长涵盖基础教育、课程与教学论、教育质量检测与测评等，基本包括基础教育的主要研究方向。在职称构成上，访谈对象涉及教授5人、副教授3人、研究员2人，与此同时，研究者的研究年限最高为25年，最低为3年，平均研究年限14年，因此，访谈对象具有丰富的教育研究经验和较高研究能力。具体见表8-1。

表8-1　　　　　理论研究者个人基本信息

姓名	职称	研究专长	研究年限
Z1	研究员	基础教育	25
Z2	教授	课程与教学论	12
Z3	副教授	教育质量检测与测评	10
Z4	研究员	学校课程与教学	3
Z5	教授	基础教育测量与评价	14
Z6	教授	课程与教学论	17
Z7	副教授	课程与教学论	16
Z8	教授	教育领导与管理	20
Z9	教授	教育与社会学	6
Z10	副教授	课程设计与教学诊断	22

与此同时,就行政人员及教研员的选取而言,综合考虑后选择了24名行政人员、教研员作为访谈对象,行政人员及教研员的具体情况见表8-2。行政及教研人员职务包括校党委书记、研究中心主任、股室主任、教研室主任等,管理任务主要包括党建工作、中小学教育教学、教学研究、教育督导等,涵盖教学工作的各个环节。在研究年限构成上,研究年限最高为39年,最低为3年,平均研究年限20年,多数访谈对象具有极为丰富的一线工作经验,能较好地帮助我们达到本章的研究目的。

表8-2　　　　　　　行政人员及教研员个人基本信息

姓名	行政职务	管理任务	从业年限
X1	业务室主任	党建工作、师德师风、档案管理	12
X2	无	政工科负责人	18
X3	不确定	党建	3
X4	教育督导办公室主任	教育督导	39
X5	副主任	初中教育教学	29
X6	基础教育教学研究中心主任	高中教学	31
X7	基础教育研究中心副主任	小学教学	31
X8	教研员	小学教育教学	28
X9	股室主任	学生安全监督管理	22
X10	股室主任	办公室管理	25
X11	股室主任	教学研究（教研室）	30
X12	校党委书记	党的建设	33
X13	不确定	教研活动	38
X14	不确定	教研活动	7
X15	科室负责人	初中数学教研	23
X16	不确定	教研活动	15
X17	主任	教育教学研究	7
X18	教研室主任	教研员	8
X19	无	语文教研	3
X20	无	数学教研	3
X21	教研员	教学数学、道德与法治教研工作	25
X22	教研员	思政与心理学教研员	9

续表

姓名	行政职务	管理任务	从业年限
X23	教研员	教研活动	10
X24	教研员	教研活动	29

二 半结构式访谈的资料整理

根据理论研究者、行政人员及教研员对于当前基础教育质量的总体评价，基于五个维度对核心素养视角下影响基础教育质量指标体系的建议分别进行整理，归纳出当前基础教育质量的总体评价以及基于五个维度的具体修正意见。首先，根据理论研究者反馈意见来看，当前基础教育质量总体呈上升发展趋势，但也存在一些问题亟待解决，如注重学生全面发展、加强师资队伍培训、缩小城乡教育质量差距等；此外，针对五个维度，理论研究者对基础教育质量指标体系进行增添、删除、合并等修改，且修改意见主要集中于指标体系中分数权重较多的教师发展、学生发展、课程与教学三方面。其次，从行政人员及教研员反馈意见来看，一方面，当前基础教育质量总体稳步上升，但也存在义务教育发展不均衡、优质教育资源稀少、不注重学生全面发展等问题；另一方面，行政人员及教研员对学校规划、教师发展、学生发展、课程与教学、协同育人指标体系提出了新增指标、合并指标、重新划分指标维度等建议。

第三节 半结构式访谈的数据处理与分析

在对理论研究者、行政人员及教研人员的访谈反馈资料做进一步的比较、分析后，为了对整个指标进行第三次修正，本书又对指标的各个维度、各维度下的各要素以及要素间的关系进行了再分析、再比较与再归纳。具体情况如下：

一 理论研究者的修正情况

有关理论研究者的修正情况，主要从两个方面进行阐释：一是理论研究者的意见呈现；二是理论研究者的意见采纳情况说明。

第八章 核心素养视角下基础教育质量关键要素再提炼:基于访谈的三次修正

（一）理论研究者的具体意见

本次修正共收回 10 份理论研究者的提纲反馈意见。对回收的反馈意见进行整理、归纳与分析后得出关于第三次修订意见的六个方面：

一是建议新增指标共 17 个。包括新增四级指标 12 个，三级指标 3 个，二级指标 2 个。新增的 12 个四级指标具体体现为：在学校规划维度的"校园文化"中新增"制度文化""人文关怀""氛围营造"；在教师发展维度的"专业素质"中新增"组织策划"和"专业情意"；在"师德行为"中新增"社会理解"；在学生发展维度的"人文素养"中新增"品德发展"；在"健康心理"中新增"学会生存"；在课程与教学维度的"课程规划"中新增"教材"；在"课堂教学"中新增"教学组织"；在"教学管理"中新增"反馈机制"；在协同育人维度的"社会支持"中新增"政府参与"。新增的 3 个三级指标具体体现为：在协同育人维度的"社会支持"中新增"社会机构支持"；在教师发展维度的二级指标"职业道德"中新增"师德意志""师德行为"；并将二级指标"专业发展"换为"专业素质"和"文化素养"两个三级指标。综合分析后新增 2 个四级指标，具体是"社会理解""政府参与"。根据新增指标修改后采纳 2 个，具体是采纳理论研究者的建议，新增"专业情意"并将其修改为"专业情怀"，作为教师发展维度中"专业素质"的四级指标。此外，将学校发展维度中原四级指标"文化氛围"改为"氛围营造"。

二是建议合并个别四级指标。主要涉及 4 个指标。分别是：第一，建议将学校发展规划维度中"文化内涵""文化氛围"两个四级指标合并为"文化氛围"。第二，建议将协同育人维度中"教养方式""亲子沟通"两个四级指标合并为"亲子沟通"。综合分析后采纳合并了两个指标，具体是将理论研究者建议的"教养方式""亲子沟通"合并为"亲子沟通"。

三是建议部分指标更换顺序，共涉及 6 个指标。分别是：其一，更换四级指标顺序。建议将学校规划维度三级指标"学校发展规划"中的四级指标"办学理念"更换至三级指标"校园文化"中；建议将教师发展维度三级指标"自主发展"中的四级指标"沟通与合作"更换至三级指标"专业素质"中。其二，建议将教师发展维度中的二级指标"职业道德、师资保障、专业发展"指标的顺序调整为"师资保障、专业发展、职业道德"。综合分析后未采纳该意见，但将教师发展维度中的二级指标"职业道德、师资保障、专业发展"指标的顺序调整为"职业道德、专业发展、师资保障"。

四是建议修改部分四级指标名称，共涉及2个四级指标。即建议将学生发展维度中的四级指标"反思意识""信息意识""抽象思维"更改为"反思总结""信息处理""综合思维"，综合分析后均采纳意见。

五是建议部分维度需要斟酌并重新划分维度。第一，对学生发展维度中的三级指标"健康心理"与"学会学习"进行再思考。第二，对课程与教学维度的四级指标"效果评价""环境营造"进行再思考，考虑是否重新划分为"教学常规管理"与"考试管理"。第三，参照布迪厄的社会资本理论，建议将协同育人维度下的三级指标"家庭资本"中的"文化资本""物质资本"改为"经济资本""文化资本""社会资本""符号资本"。综合分析后直接采纳意见0个，修改后采纳2个，即将教学维度中的三级指标"教学管理"中的四级指标分为"学业评价"与"常规管理"；将学生发展维度中三级指标"健康心理"换成"学会生存"。

六是建议参照部分文件和最新说法完善指标。如参照"四有"好老师标准对教师发展维度的二级指标进行再分析；参照"中国学生核心素养"再分析学生发展维度。概言之，本书基于理论研究者意见对相关的政策文件进行剖析，重新再审视提炼已有指标要素。

（二）理论研究者的意见采纳详情

根据理论研究者所给出的具体意见，本书对所研制的"核心素养视角下影响基础教育质量的指标体系"进行了全方位修订，最终各个维度意见的采纳及修正具体情况如下：

1. 学校规划维度的具体修正情况

通过统计反馈的10份访谈提纲，关于学校规划维度的修正意见主要包括以下三点：一是建议将四级指标"文化内涵""文化氛围"合并为"文化氛围"，相关理论研究者认为文化氛围本身体现了文化的内涵，两者有重复之处。最终通过研究讨论，借助该建议将四级指标中的"文化氛围"修改为"氛围营造"。具体缘由：将"文化氛围"改为"氛围营造"是为了与"文化内涵"进行区分，一个指向学校文化的具体落实，另一个指向学校文化的内蕴。在学校的文化建设中其"文化内涵"是校园文化的重要体现，但具体校园文化的氛围营造是否体现了学校办学文化的内涵则是校园文化建设的重要体现，原本"文化氛围"也是想表达这个涵义，但由于用词不够准确造成涵义模糊，故在此修正。二是建议将四级指标"办学理念"归到三级指标"校园文化"中，理论研究者Z6认为学校的办学理念通常体现在学校的办学文化中。最终通过研究讨论，并未采纳该建议。具体缘由："办学理念"之所以放在"学校发展规划"三级指标下是考虑到学校的具体发展规划的核心就体现在其"办学理念"上，因此才将"办学理念"放在其指标下，当然其也是学校文化的重要来源，但办学理念不属于校园文化的下位概念，因此该意见未采纳。三是建议在三级指标"校园文化"中新增"制度文化""人文关怀营造"，理论研究者Z8认为"制度文化""人文关怀营造"也是学校文化的重要组成部分。最终通过研究讨论，并未采纳该建议。具体缘由：制度文化、人文关怀营造确实是学校校园文化的重要组成部分，但在本指标体系表中，学校规划维度的三级指标"学校管理"也能体现出学校的"制度文化"以及氛围营造也能体现人文关怀营造，因此可以考虑将其在具体的评估要点中体现，但不必将其归在"校园文化"下，以免造成评估内容重复、繁琐。四是建议将四级指标"领导能力"修订为"组织领导"，经讨论采纳该建议。因此，综合反馈意见与研究讨论，对原有学校规划维度的指标作出一定调整，具体如表8-3所示。

表8-3 学校规划维度的理论研究者三轮修正前后对比

一级指标	二级指标	三级指标	四级指标	
			修正前	修正后
学校规划	学校建设	学校发展规划	办学理念	办学理念
			办学规划	办学规划
		学校管理	管理制度	管理制度
			领导能力	组织领导
	学校资源	校园文化	文化内涵	文化内涵
			文化氛围	氛围营造
		办学资源	物力资源	物力资源
			人力资源	人力资源

2. 教师发展维度的具体修正情况

通过统计反馈的 10 份访谈提纲，关于教师发展维度的修正意见主要包括以下七点：

一是建议将二级指标"职业道德""师资保障""专业发展"三者的顺序换为"师资保障、专业发展、职业道德"。最终通过研究讨论，并未采纳该建议，但将其顺序换为"职业道德、专业发展、师资保障"。具体缘由：首先，教师应该以德为先，教师的品德是师之为师的先决条件，因此，将"职业道德"放在首位；其次，教师的"专业发展"是教师发展的核心，因此将其放在第二位；最后，"师资保障"是促进教师专业发展朝着更加专业、更科学方向发展的重要内容，故在此将顺序修改为如上所述。

二是建议二级指标可以参考"四有"好教师标准。理论研究者 Z7 认为教师专业发展应该以"四有"好教师来拟定二级指标。通过研究讨论，并未采纳该建议，因为在已经有的指标中已经体现了"四有"好教师标准，并且在评估要点的具体描述中会融入该建议。具体缘由：教师发展维度下的二级指标"职业道德""专业发展""师资保障"是教师发展的不同方面。"四有"好老师确实是评价一个好老师的重要标准，但其没有囊括教师发展的所有方面，如"师资保障"，教师发展除了需要自身的内在发展动力，同时还需要一定的外在保障条件以支持教师成长。与此同时，在已有指标体系中的不同指标下已含有"四有"好老师的内涵，如"职业道德"指标下的四级指标就体现了"有道德情操、有仁爱之心"；再如"专业发展"指标下三级、四级指标就包含了"有理想信念、有扎实学识"。课题组在评估要点的设置中也考虑纳入该条建议，因此该意见未采纳。

三是建议二级指标"职业道德"下新增"师德意志""师德习惯"两个三级指标。理论研究者 Z5 认为职业道德的三级指标还可以包括师德意志、师德习惯等内容。通过研究讨论，并未采纳该建议。具体缘由："师德意志"能归到"道德修养"指标下，并且在本维度下已有体现，因此，考虑其作为评估要点设立的参考。此外，"师德习惯"也有所体现，也可归到"师德行为"中，具体体现在教师的社会参与，可以考虑作为评估要点设立的参考，故未采纳该建议。

四是在"师德行为"下新增四级指标"社会理解"。通过研究讨论，采纳该建议。

五是建议"专业素质"下新增四级指标"专业情意"。通过研究讨论，并未采纳该建议，但将该维度下的四级指标"文化修养"修正为"专业情怀"。具体缘由："文化修养"在教师的"道德修养"中有所体现，且在该处新增"文化修养"更能体现出教师原有的知识、能力与情怀，原本"文化修养"也是想侧重这一涵义，但由于用词不够准确造成涵义模糊，故在此修正为"专业情怀"。

六是建议将二级指标"专业素质"分为"专业素质"与"文化素养"两部分。通过研究讨论，并未采纳该建议。具体缘由：专业素质在四级指标中有所体现，在三级指标中新增会产生混淆，故不采纳。而文化素养涉及范围太广，在"职业道德"中有诸多指标均体现，故不采纳该建议。

七是建议在"专业素质"中新增四级指标"策划组织"。通过研究讨论，并未采纳该建议。具体缘由：策划组织在专业规划中已有所体现，为避免造成重复未增加该指标。因此，综合反馈意见与本团队的研究讨论，对原有学校规划维度的指标作出一定调整，具体如表8-4所示。

表8-4　教师发展维度的理论研究者三轮修正前后对比

一级指标	二级指标		三级指标		四级指标	
	修正前	修正后	修正前	修正后	修正前	修正后
教师发展	职业道德	职业道德	师德内涵	师德内涵	道德修养	道德修养
					政治素养	政治素养
					家国情怀	家国情怀
					教育精神	教育精神
			师德行为	师德行为	无	社会理解
					社会参与	社会参与

续表

一级指标	二级指标	三级指标	四级指标	
教师发展	师资保障	专业素质	专业知识	专业知识
			专业能力	专业能力
			文化修养	专业情怀
			信息素养	信息素养
	专业发展	自主发展	职业规划	职业规划
			教育研究	教育研究
			教学经验	教学经验
			身心健康	身心健康
			终身学习	终身学习
			自我管理	自我管理
			沟通合作	沟通合作
			教学反思	教学反思
			教学创新	教学创新
	师资保障	队伍结构	团队建设	团队建设
			师资配备	师资配备
		保障措施	教师管理	教师管理
			教师待遇	教师待遇
			师资培训	师资培训

3. 学生发展维度的具体修正情况

通过统计反馈的 10 份访谈提纲，关于学生发展维度的修正意见主要包括以下四点：

一是建议将三级指标"学会学习"中四级指标"反思意识""信息意识"改为"反思总结""信息处理"。理论研究者 Z4 认为将"反思意识""信息意识"放在"学会学习"指标下不妥当。最终通过研究讨论，采纳该建议。具体缘由：原本"反思意思"与"信息意识"也是想表达理论研究者所表达的含义，但由于用词不够准确造成涵义模糊，故在此修正。

二是建议在"人文素养"中新增"品德发展"四级指标，在"健康心理"中新增"学会生存"四级指标，同时另有理论研究者在该处建议将此处二级指标下的"健康心理"与"学会学习"这两个指标重新划分。理论研究者 Z9 认为在指标中应凸显学生的品德发展，因此建议斟酌该维度的划分。最终通过研究讨论，并未采纳该建议，不过对此条建议进行了深入探讨，最终将"健康心理"修改为"学会生存"。具体缘由："品德发展"在"人格品质"中有所体现，将其考虑为评估要点的重点参考内容，在此不增加该指标。"学会生存"这一指标涵盖内容广泛，不适合做四级指标，且在"健康心理"这块所涵盖的内容均可归到"学会生存"中，故考虑将"健康心理"换成"学会生存"。

三是建议仔细斟酌核心素养是否有效反映学生发展标准。最终通过研究讨论，采纳该建议，在整个指标表的修正以及后期的评估要点设立中均认真思考这一点。

四是建议将"抽象思维"修改为"综合思维"。经分析后，采纳该建议。具体缘由：理论研究者 Z10 认为以"抽象思维"来概括学生的科学素养中的思维素养过于狭窄，这里应该体现的是学生严谨求知、实事求是的思维意识具备感性、理性、悟性等思维能力。考虑到此，用"抽象思维"来概括确实过于狭隘，故采纳该建议。因此，综合反馈意见与本团队的研究讨论，对原有学校规划维度的指标作出一定调整，具体如表 8-5 所示。

表 8-5　　学生发展维度的理论研究者三轮修正前后对比

一级指标	二级指标	三级指标		四级指标	
		修正前	修正后	修正前	修正后
学生发展	文化基础	人文素养	人文素养	人文积淀	人文积淀
				人文情怀	人文情怀
				审美情趣	审美情趣
		科学素养	科学素养	批判质疑	批判质疑
				自主探索	自主探索
				抽象思维	综合思维

续表

一级指标	二级指标	三级指标	四级指标	
学生发展	自主发展	健康心理	学会生存	珍爱生命	珍爱生命
				自主管理	自主管理
				人格品质	人格品质
				人际沟通	人际沟通
				情绪调控	情绪调控
		学会学习	学会学习	乐学善学	乐学善学
				反思意识	反思总结
				信息意识	信息处理
	社会参与	公民素养	公民素养	国家认同	国家认同
				国际视野	国际视野
				社会责任	社会责任
		创新能力	创新能力	劳动意识	劳动意识
				技术应用	技术应用
				问题解决	问题解决

4. 课程与教学维度的具体修正情况

通过统计反馈的 10 份访谈提纲反馈，关于课程与教学维度的修正意见主要包括以下两点：

一是建议在"课程规划"中新增"教材"四级指标，理论研究者 Z7 认为在课程规划中教材是课程重要内容。最终通过研究讨论，并未采纳该建议。具体缘由："课堂教学"三级指标下"教学内容"就包含了教材，为避免指标重复、繁琐，未采纳。

二是建议在三级指标"教学管理"中新增"反馈机制"，同时另有建议将该指标下的"效果评价"与"环境营造"改为"教学常规管理"与"考试管理"。理论研究者 Z5 认为教学管理应包含教学反馈机制，与此同时认为教学管理分为"效果评价"和"环境营造"也不妥，可以考虑分为教学常规管理、考试管理等。最终通过研究讨论，并未采纳该建议，但将"效果评价"修正为"学业评价"，"环境营造"修正为"常规管理"。具体缘由：首先，"学业评价"替代"效果评价"，原本效果评价就是侧重于"学业评价"，修改后更加具有操作性，同时其包含考试管理、评价反馈机制是否合理，因此并未新增"反馈机制"，但在评估要点中将其作为重要参考。其次，将"环境营造"修正为"常规管理"确实更加符合该维度，同时原先的"环境营造"可能会与学校规划中的"氛围营造"重复，故修改。因此，综合反馈意见与本团队的研究讨论，对原有学校规划维度的指标作出一定调整，具体如表8-6所示。

表8-6　　　　课程与教学维度的理论研究者三轮修正前后对比

一级指标	二级指标	三级指标	四级指标	
			修正前	修正后
课程与教学	课程	课程规划	课程体系	课程体系
			课程标准	课程标准
			课程组织	课程组织
			课程开发	课程开发
	教学	课堂教学	课程评价	课程评价
			教学目标	教学目标
			教学内容	教学内容
			教学过程	教学过程
			教学模式	教学模式
			教学方法	教学方法
			教学手段	教学手段
		教学管理	效果评价	学业评价
			环境营造	常规管理

5. 协同育人维度的具体修正情况

通过统计反馈的10份访谈提纲反馈，关于学校规划维度的修正意见主要包括以下三点：一是建议在二级指标"社会支持"下新增三级指标"社会机构支持"，理论研究者 Z2 认为"社会支持"部分可以继续细化。最终通过研究讨论，并未采纳该建议，但经过再分析后新增了四级指标"政府参与"。具体缘由："社会支持"指标下的"民众支持"原本便包含了"社会机构支持"、一般民众组织支持以及个人支持，为避免重复交叉，未采纳该建议，与此同时，须新增"政府参与"才能完整概括政府对基础教育的支持作用。二是建议三级指标"家庭资本"下的四级指标

"文化资本""物质资本"修改为"经济资本""文化资本""社会资本""符号资本",理论研究者 Z5 认为"家庭资本"的级指标可以按照布迪厄的社会资本理论来进行划分,即经济资本、文化资本、社会资本、符号资本。未采纳该建议,具体缘由:经济资本、文化资本、社会资本、符号资本从研究角度分析能让资本更具体、细化,但在具体实践中很难有现实操作性,因此不采纳该建议。三是建议将三级指标"家庭教育"中"教养方式""亲子沟通"融合成"亲子沟通",理论研究者 Z7 认为家庭教育中教养方式、亲子沟通内涵有重复。最终通过研究讨论,采纳该建议。具体缘由:家庭教养方式确实表现在日常亲子沟通中,故将两个指标合并为"亲子沟通"。因此,综合反馈意见与本团队的研究讨论,对原有学校规划维度的指标作出一定调整,具体如表 8-7 所示。

表 8-7 协同育人维度的理论研究者三轮修正前后对比

一级指标	二级指标	三级指标	四级指标	
			修正前	修正后
协同育人	社会支持	政府支持	政府期望	政府期望
			无	政府参与
			政府资助	政府资助
		民众支持	民众期望	民众期望
			民众参与	民众参与
			民众资助	民众资助
	家庭支持	家庭资本	文化资本	文化资本
			物质资本	物质资本
		家庭教育	教育理念	教育理念
			教养方式	亲子沟通
			亲子沟通	

二 行政及教研人员的修正情况

针对行政及教研人员的修正情况,主要呈现行政及教研人员的具体意见和行政及教研人员的意见采纳详情两部分内容,具体如下:

（一）行政及教研人员的具体意见

通过对行政及教研人员的 24 份访谈意见反馈的整理、归纳、分析，得出行政人员及教研员对本书中的研究指标体系总体上较为认可，并没有给出太多修改意见。行政及教研人员的观点主要集中在以下两方面：其一，对基础教育质量的总体情况评价整体较好，认为当前义务教育质量相较以往有较大提升，并呈现继续向好趋势，但仍存在城乡教育差距大、应试教育没有得到很好转变等问题。其二，对本书所研制的指标体系认可度较好，并对"学校规划、教师发展、学生发展、课程教学、协同育人"五个维度给出了具体可操作的建议。

（二）行政及教研人员的意见采纳详情

根据行政及教研人员所给出的具体意见，本书对所研制的"核心素养视角下影响基础教育质量的指标体系"进行了全方位的审视，最终在各个维度上对意见的采纳及修正具体情况如下：

1. 学校规划维度的具体修正情况

在学校规划维度中，行政及教研人员所给出的意见均有体现，该部分指标认可度较高，因此并未有指标修改。具体而言，通过比较、分析行政人员及教研员对学校规划的建议，发现行政人员及教研员的观点主要集中在学校办学条件、文化建设、办学理念、管理制度、发展规划、教师队伍建设方面。其中，对学校文化建议颇多，如 X5 建议"要加强校园文化建设、校园文化要更加浓郁、规划应注重文化元素与建筑文化的深度融合、提升学校内涵品质"。X14 认为"要打造学校特色、个别学校校园文化建设缺乏主题文化内涵、要开展一系列有特色的校园文化活动以增强校园文化氛围"，这些建议有效支撑了本维度中的三级指标"校园文化"的研制。此外，行政及教研人员给出的其他意见包括：X13 说道，"学校应按照国家对学校的要求，结合学校实际，充分发挥党组织的核心作用，把握学校发展方向，落实立德树人根本任务"；X4 说道，"学校规划要长远，要从办学理念、学校建设等方面进行全面规划"；X3 说道，"管理制度要完善，学校教师专业有待提高，校园文化要更加浓郁"。这些意见都有效支撑了该维度指标的可靠性，并且能有效促进学校教育质量的提升。

2. 教师发展维度的具体修正情况

在教师发展维度中，行政人员及教研员所给出的意见均有体现，该部分指标认可度较高，因此并未有指标修改。通过比较、分析教师发展维度所给出的意见，发现行政及教研人员认为教师发展可以从三个方面进行：其一，强调内部驱动，激发教师内在发展动力、提升教师自我发展的自主性与主动性。如行政及教研人员 X2 提到的"教师提高思想认识，强化师德修养"、X4 提到的"教师要坚持终身学习思想，不断完善自我，不断提高自身的教学能力和水平"等。其二，强调从外部环境的营造规范教师发展。如行政及教研人员 X3 提到的"学校应确立一个有利于教师发展的明确目标，学校要创造一个教师专业发展的机会"、X14 提到的"加强教师文化建设，用'名校文化'凝聚教师队伍，以教师为依靠主体，充分发挥教师的积极性和创造性"等。其三，强调从制度管理角度促进教师发展。如 X9 提到"职业道德中建议增加'法治素养'"、X5 提到"在做好教师专业能力考核的同时，更要注重育人能力的考核"、X17 提到"建议考虑教研员队伍建设和教育督导队伍建设"等。这三个方面在本书所研制的指标表中均有体现，并且更完善，因此该维度并未修改，与此同时行政及教研人员的具体意见对教师发展具有良好的实践操作性，能为本书设计的评估指标提供良好的借鉴。

3. 学生发展维度的具体修正情况

在学生发展维度中，行政及教研人员所给出的意见均有体现，因此该部分指标认可度较高，并未有指标修改。通过比较、分析发现学生的"品德发展""心理健康""全面发展"有很高的认可度，如行政及教研人员 X3 提及的"学校为学生创造良好的适合学生德智体美劳全面发展的校园环境"、X4 提到的"学生的发展要把'德'放在第一位，要培养学生今天学会学习、学会做人，明天会做事，培养学生能为社会为国家作贡献的人"、X5 提到的"品学兼优，德才兼备，既能够达到良好的学业水平，又具有健康的体魄与心理，同时个人潜能得以发挥"、X6 提到的"学生的发展是综合性的，既要发展综合素质，也要适应当前社会，既要有文化课知识的进步，也要发展自己的情商，面对社会各种复杂情况的抗压能力"、X12 提到的"强化学生的心理健康教育、人文礼仪教育、公民品德教育、科学素养教育和知识的运用与创新发展"等。通过梳理可以看出，行政及教研人员对"以人为本"教育观念有着深刻的认识，这符合教育发展规律，也对本维度的指标研制有着导向作用。本维度的指标研制也是切实从这些维度出发，因此综合意见后并未对本维度的指标作出修改。

4. 课程与教学维度的具体修正情况

在课程与教学维度中，行政及教研人员所给出的意见均有体现，因此该部分指标认可度较高，并未有指标修改。通过比较、分析得出行政人员及教研员意见集中在"课程"方面，主要包括两点：一是加强校本课程建设。如 X18 强调要"开足开齐课程，加大课程督查督导，加大地方课程的开发和利用"。二是强调课程需要进一步改革以促进学生发展。如 X4 提到"课程必须改革，要将对学生有用和长远发展的知识体系贯穿在学生的学习活动中"、X12 提到"课程的设置与评价应随国家的发展而变化，如英语学科，学生学英语的时间永远比学习语文的多，但多数学生并没有学好，且一生中用英语也很少，这是巨大浪费"。在本书中已将这两点具体细化到课程的各个要素中，包括课程的"体系、标准、组织、开发、评价"的具体描述。在教学方面主要从教学管理、教学方式、教学评价角度给出建议。包括 X17 说的"教学管理建议纳入精细化管理督导结果"、X4 提及的"教学必须多样化，要坚持提高课堂教学质量作为教学的强烈手段实施教学，教师要学会当'教授'也要学会当'演员'"以及 X7 提到的"教学评价、效果评价未有完整体系"等，这些建议本指标也有包含，同时行政人员所给建议较为具体，具有良好的操作性，有利于后期指标的具体实践操作。

5. 协同育人维度的具体修正情况

在协同育人维度中，行政及教研人员所给出的意见均有体现，因此该部分指标认可度较高，并未有指标修改。比较、分析后发现行政及教研人员对该维度的意见主要集中在三个方面。一是强调家庭教育的重要性，做好家校合作育人。如行政人员 X3 认为"家庭教育很重要，教师应协调家长做好学生的思想工作，社会环境符合学生健康发展"等。二是强调家—校—社协同育人的重要性，搭建好平台。如行政人员 X2 认为要"推动建立街道、社区（村）家庭教育指导机构建设"、X4 认为"坚持社会主义正能量的传递，团结社会以及部门持之以恒关心教育、支持教育，教育是一个社会、家庭、学校共同发力的工程，每一方面都缺一不可；与此同时，家校沟通存在个体差异，这些都是需要考虑的。三是要对欠发达地区增加政府投入。如 X12 提到"欠发达地区政府投入不足，农村家长进城务工，留守学生家庭教育缺失，学生个性心理发展不健全，这是目前教育之痛"等。行政及教研人员对该维度的建议具有很强的实践指向，并且有助于进一步为指标的具体评估实践提供有利参考。与此同时本维度下的指标也涵盖了这三个方面，会将其建议纳入评估要点描述的重要参考内容。

第四节　基于访谈的修正情况反思

本书的研究指标体系从初步建构到最终建立完善经历了三次修正，构成了从理论—实践—理论的循环修订，最终得出了核心素养视角下影响基础教育质量的关键要素，为评估指标体系的具体操作与运用提供理论与实践支持。第三次修订主要是聚焦已有研究需要完善之处，包括对已有指标进行诊断保证其科学合理性、征集理论研究者和行政及教研人员的意见以保障指标设计的主体多元性、对部分指标进行赋权等。以聚焦的核心问题为依据设计半结构式访谈提纲，进而对高校基础教育理论研究者与行政及教研人员的进行访谈，获得理论研究者与行政及教研人员的具体意见，通过对具体意见的再比较、再分析、再提炼最终建立形成核心素养视角下影响基础教育质量指标体系，包括 5 个一级指标、12 个二级指标、23 个三级指标以及 75 个四级指标（详见附件三的附表 4）。考虑本次修正整个过程的科学性、合理性，在此将从以下三个方面做进一步的总结反思。

一　访谈设计的合理性反思

通过对高校基础教育理论研究者与行政人员及教研员的关于核心素养视角下影响基础教育质量的指标体系的半结构式访谈，获得了基础教育理论研究者与行政人员及教研员针对课题组所聚焦的三个问题的具体参考意见，但同时也需要对整个访谈设计过程进行合理性反思——访谈设计是否科学合理将直接影响到访谈结果，以及后续的研究思路。首先，课题组所聚焦的三个问题（诊断现有指标体系的合理性；征集理论研究者、行政人员及教研人员的意见进一步完善该指标体系；对核心素养视角下基础教育质量评估的指标进行赋权）是从已有理论研究进行扎根、基于重要研究理论和政策文本的首次修订、对一线教师和学生进行现实考查的实践角度进行的二轮修正这三个环节中存在的、还尚未解决的重要难题，需要通过半结构式访谈向基础教育理论研究者与行政人员及教研人员征集意见与建议来完善已有的研究。其次，在两轮修订过程中，未涉及基础教育理论研究者与行政人员及教研员的具体参与，因此还需要对这两大群体人员进行半结构式访谈，以获得他们对于通过前两轮修订得到的核心素养视角下影响基础教育质量指标体系的具体意见与建议，以及关于指标体系一级指标和部分新增指标的赋权。最后，课题组采用的访谈形式是通过线上发放及回收问卷来收集被访谈者的意见与建议，主要考虑到基础教育理论研究者是来自全国各地的理论研究专家，因此不能采取线下面对面式的访谈方式，经过综合考虑，最终采取线上发放的形式获得基础教育理论研究者与行政人员及教研员的具体意见与建议，具有一定的合理性。

二 访谈成效的总结与反思

针对本次访谈，共计回收到10份高校基础教育理论研究者反馈意见和24份行政及教研人员的反馈意见，理论研究者与行政及教研人员针对本次访谈提出了中肯的意见，对课题组所聚焦的三个问题提出了合理的建议与反馈。具体来看，高校基础教育理论研究者对于课题组基于初步建构、首轮修正以及二轮修订所得到的指标体系按照不同维度分别给予了肯定以及具体的意见与建议，特别是学生发展维度、教师发展维度以及课程与教学维度，包括修订、增添、合并有关评估指标体系，为课题组反思、完善评估指标体系提供了不同的思路。同时，对指标体系一级指标与部分新增指标进行具体赋权；行政及教研人员在基本认可本书的研究指标体系的基础上，还针对五个维度提出了一些具体可操作、指向实践操作的建议，为课题组后续在具体教学实践中检验研究成果提供了实践操作依据。总的来看，通过对高校基础教育研究者与行政及教研人员反馈意见进行比较、分析、提炼，一方面佐证了首轮修正、二轮修订工作的科学性、逻辑性，以及所得出的指标表体系的合理性；另一方面，最终基本形成了核心素养视角下影响基础教育质量指标体系。

三 访谈过程的问题与反思

通过梳理本次访谈过程，基本达到了访谈目的，解决了课题组所聚焦的三个基本问题，但也存在一些有待完善之处，主要体现在以下四个方面。一是所得到的指标体系需要进一步指向实践，通过实践检验指标体系的有效性。通过首轮修正、二轮修订、三轮修正得出的指标体系符合理论—实践—理论的逻辑体系，具有严密的逻辑性，但得到的指标体系并没有进行下一步的实践检验，未在实践中得以验证，没有形成闭合的逻辑，这就为后面实施实践检验创造了条件。二是访谈未涉及所有指标的赋权。针对高校基础教育理论研究者和行政及教研员对指标体系的赋权，只涉及一级指标和部分新增指标，而新增和修改部分指标未涉及，最后的指标体系赋权应该包含所有指标，将现实考查所得到的指标赋权与高校基础教育研究者和行政及教研员的赋权结果联系起来，共同构成指标体系的最终赋权。三是访谈对象的数量以及其代表性、推广性有待进一步增加。本次访谈对象选取了国内 10 名高校基础教育理论研究者和 G 省 24 名行政及教研员，基本能够达到访谈目的，但为了获得更多高校基础教育理论研究者和行政及教研员的反馈意见，可以适当增加访谈对象的人数，以便获得更充足的反馈意见和建议。四是访谈方式有待进一步优化。本次访谈主要采取的是线上发放及回收的方式来收集被访谈者的意见与建议，主要原因是所选取的高校基础教育理论研究者分布于全国各地，所获得的信息还不够深入、全面，因此，如果条件允许可以采取面对面式访谈，以更全面地获得被访谈者对这些核心问题的信息。

第 九 章

核心素养视角下基础教育质量评估指标体系的确立与呈现

经过前期对核心素养视角下基础教育质量关键要素的多次提炼,已基本确立核心素养视角下基础教育质量评估指标体系。但为了准确深入地把握核心素养视角下基础教育质量的关键要素,本章主要通过赋权和特殊处理等方式重新对评估指标进行分配,并对每一个评估指标的内容详尽地进行描述,整体呈现了评估指标体系。在此基础上,还精心研制了相应的弹性化评估指标使用指南,以便在具体实践中为基础教育质量的评估提供可参照的依据。

第一节 评估指标的权重分配

为了让本书所研制的指标体系更具有操作性,需要给各个指标赋权,一方面能说明每个指标在整个体系中所占差异性比重,另一方面能根据赋权(赋值)进行积分统计。本节主要讨论指标赋权的基本含义、主要依据、数据处理和最终结果呈现等内容。

一 指标赋权的基本含义

核心素养视角下基础教育质量评估指标体系中包含多个指标,但并非每一个指标都处于同等重要的地位。为了更科学精确地找到核心素养视角下影响基础教育质量的关键要素,从而有效地评估基础教育质量,需要采取指标赋权法来确定指标权重,即以指标赋权的方式来赋予相应评估指标不同的权重。权重是指在评价过程中对被评价对象的不同侧面重要程度的定量分配①，指标权重则是指标在评价过程中不同重要程度的反映，是对评估问题中指标相对重要程度的一种主观评价和客观反映的综合度量。② 对各个指标赋予权重是确定评估体系中关键要素的核心环节，因为指标赋权的合理程度会对评估结果的信效度产生重要影响。若某一指标的权重发生变化，将会影响整个评估结果。在核心素养视角下提升基础教育质量的评估指标体系中，各个指标的相对重要程度是不一样的，需要进行一定的区分。若将各个指标都放于同等重要的地位，评价过程就难以突出重点以致评价流于表面。因此，为了使评价的结论更令人信服，应对每一指标赋予不同的权重。

综上所述，结合目前已基本建构形成的核心素养视角下提升基础教育质量的评估指标体系，需要对评估过程中涉及的所有指标进行量化处理，即赋予各个指标不同的权重以便评估打分，以此在实际评估过程中能够准确、科学且高效地评判基础教育质量高低。核心素养视角下提升基础教育质量的评估指标体系中各个指标对基础教育质量均会产生不同程度的影响。例如，通过指标赋权的方式得出，在课程与教学维度中，"课堂教学"等指标显然会对基础教育质量产生直接影响，重要程度相对较高；在协同育人维度中，"家庭资本"等指标显然会对基础教育质量产生间接影响，重要程度相对较低。如上，对基础教育质量进行评估时，指标的选取和权重的确定都将直接影响最后的评估结果。

二　指标赋权的主要依据

为保证评估过程的可操作性、高效性和评估结果的公正性、合理性，必须有一套客观、可量化的方法应用于基础教育质量评估中。据此，本书通过指标赋权的方式来确定核心素养视角下提升基础教育质量的评估指标体系中各个指标的重要程度，以此找到提升基础教育质量的关键要

---

① 曾永泉：《转型期中国社会风险预警指标体系研究》，华中科技大学出版社2015年版，第87页。
② 苏醒：《绿色生态村镇环境指标体系及评估标准》，同济大学出版社2017年版，第97页。

素。指标赋权常见的方法有三种：一是主观指标赋权法，主观赋权法采取定性的方法，由专家根据经验进行主观判断而得到权数，例如德尔菲法、专家调查法等；二是客观指标赋权法，客观赋权法是根据指标之间的相关关系或各项指标的变异系数来确定权数，例如信息熵赋权法、因子分析法等；三是主客观结合的组合赋权方法，例如粗糙集等。① 不同的赋权法各有利弊，主观指标赋权法的优势在于简单易行、充分体现决策者意向，但主观随意性强，合理性认可度不高；客观赋权法结果相对客观科学，然而实际结果受到所选指标样本随机误差影响较大，实际结果和预计结果差异明显；主客观结合的组合赋权方法是定性与定量分析有机结合的科学决策方法，具有很强的条理性和科学性，以及结果的准确性。②

因此，指标赋权要做到科学合理，就需要选择恰当的权重确定方式。在核心素养视角下提升基础教育质量的评估指标体系中，一部分指标可以通过问卷调查的方式反映出重要程度的差异，而另一部分指标难以通过此种方式进行考察，就需要通过访谈的方式反映出指标间重要程度的差异。基于此，本书基于研究需要，采取主客观结合的组合赋权方法。主观赋权法是根据专家主观上对各属性的重视程度来确定属性权重的方法，其优点是专家可以根据实际的决策问题和专家自身的知识经验合理地确定各属性权重的排序。客观赋权法属性权重应当是各属性在属性集中的变异程度和对其他属性的影响程度的度量，赋权的原始信息应当直接来源于客观环境，处理信息的过程应当是深入探讨各属性间的相互联系及影响，再根据各属性的联系程度或各属性所提供的信息量大小来决定属性权重，其优点是由此确定的权重客观性强且不增加决策者的负担。具体而言，本书主要选取了主观赋权法中的专家打分法和客观赋权法中的主成分分析法。专家打分法即是由少数专家直接根据经验并考虑反映某评价的观点后定出权重。主成分分析也称主分量分析，旨在利用降维

---

① 王淑慧、胡毅、戴菁菁：《多主体财政重点专项支出绩效评价方法研究——基于改进的 AHP 指标赋权》，《预测》2013 年第 6 期。

② 王淑慧、胡毅、戴菁菁：《多主体财政重点专项支出绩效评价方法研究——基于改进的 AHP 指标赋权》，《预测》2013 年第 6 期；王淑慧、胡景男：《高等教育支出绩效评价指标赋权方法比较研究》，《中国证券期货》2011 年第 3 期。

的思想，把多指标转化为少数几个综合指标（即主成分），其中每个主成分都能够反映原始变量的大部分信息，且所含信息互不重复。

三 指标赋权的数据处理

核心素养视角下提升基础教育质量评估指标体系中的指标权重主要来源于现实考察中被调查教师、学生对指标的认可度和访谈中理论研究者、行政人员对指标的打分。一级指标权重由理论研究者和行政人员赋值的均值决定。四级指标大小由考察对象的认可度（包括访谈人员赋分）、指标个数和一级指标权重决定。二三级指标大小由该指标下的四级指标的数量和大小决定，为该指标下所有四级指标权重的和。在权重的计算过程中，由于考察对象不同，不同维度下指标个数不同等，其量纲也不一致，因此采用归一化的方法来处理。其中，四级指标权重计算过程如表9-1所示。

表9-1　　　　　　　　四级指标权重计算过程示例

一级指标权重	四级指标	教师卷公因子方差	学生卷公因子方差	访谈赋分	四级指标权重
A	Q_1	t_1	s_1	f_1	$Q_1 = A \dfrac{\dfrac{t_1}{\sum_1^n t} + \dfrac{s_1}{\sum_1^n s} + \dfrac{f_1}{\sum_1^n f}}{3}$
	⋮	⋮	⋮	⋮	⋮
	Q_n	t_n	s_n	f_n	$Q_n = A \dfrac{\dfrac{t_n}{\sum_1^n t} + \dfrac{s_n}{\sum_1^n s} + \dfrac{f_n}{\sum_1^n f}}{3}$

上表中的 $\dfrac{t_1}{\sum_1^n t}$、$\dfrac{s_1}{\sum_1^n s}$、$\dfrac{f_1}{\sum_1^n f}$、…、$\dfrac{t_n}{\sum_1^n t}$、$\dfrac{s_n}{\sum_1^n s}$、$\dfrac{f_n}{\sum_1^n f}$ 为归一化处理过程，此过程的目的是统一量纲，让 $t_1 \sim t_n$、$s_1 \sim s_n$、$f_1 \sim f_n$ 为0—1的数，且 $\sum_1^n t = \sum_1^n s = \sum_1^n f = 1$。

$\dfrac{\dfrac{t_1}{n}}{\dfrac{\sum_{1}^{n} t}{3}} + \dfrac{\dfrac{s_1}{n}}{\sum_{1}^{n} s} + \dfrac{\dfrac{f_1}{n}}{\sum_{1}^{n} f}$、…、$\dfrac{\dfrac{t_n}{n}}{\dfrac{\sum_{1}^{n} t}{3}} + \dfrac{\dfrac{s_n}{n}}{\sum_{1}^{n} s} + \dfrac{\dfrac{f_n}{n}}{\sum_{1}^{n} f}$ 为计算不同考察对象认可度归一化处理后的均值。在实际考察的数据中，由于学生不能理解学校层面指标等因素，t 值、s 值和 f 值不一定都有，但最少有其中一组值，只有 t 值的计算过程为 $Q_n = A \dfrac{\dfrac{t_n}{n}}{\sum_{1}^{n} t}$。另外，如果 $\sum_{1}^{n} Q \neq A$，则继续进行归一化处理，即进行 $A \dfrac{Q_n}{\sum_{1}^{n} Q}$ 计算。

（一）一级指标权重计算

一级指标权重主要根据访谈中理论研究者、行政及教研人员对各指标的打分计算得出，访谈的理论研究者有 10 人，行政及教研人员有 24 人[①]，综合占比取理论研究者和行政及教研人员分值的平均分，各指标权重则是将综合占比乘以 100% 得来。结果如表 9-2 所示。

表 9-2　　　　　　　一级指标权重计算结果　　　　　　　（单位:%）

一级指标	理论研究者[a]	行政及教研人员[b]	综合占比[c]	权重[d]
学校规划	15.50	15.53	15.51	15.51
教师发展	26.50	24.74	25.62	25.62
学生发展	25.00	24.47	24.74	24.74
课程与教学	23.00	23.68	23.34	23.34
协同育人	10.00	11.58	10.79	10.79

注：a：取 10 位理论研究者赋分的平均值。

b：取 20 位行政及教研人员赋分的平均值。

c：取理论研究者和行政及教研人员赋分的平均值。其中"学校规划"综合实际值为 0.155131578947368，保留两位小数后该维度数据之和的百分位并不等于 0，因此，将五入差距最大的"学校规划"综合值为 15.51%；"学生发展"综合实际值为 0.247368421052632，保留两位小数取 24.74%。

d：取综合占比再乘以 100 的值。

---

① 24 人中有 4 人的赋权数值有误，故只采用了 20 人的赋权数值。

从表 9-2 可以看出，理论研究者与行政及教研人员对一级指标的打分基本一致，差异较小，说明理论研究者与行政及教研人员的看法基本一致。其中差异最大的是"教师发展"，理论研究者给的平均分值为 26.50%，行政及教研人员给的平均分值为 24.47%，两类调查对象所给的平均分值相差 2.03%，说明被调查的理论研究者比行政及教研人员更加注重"教师发展"。针对"协同育人"，行政及教研人员给的平均分值为 11.58%，理论研究者给的平均分值为 10.00%，相差 1.58%，说明被调查的行政及教研人员比理论研究者更加注重"协同育人"。从平均得分结果来看，5 个一级指标中，理论研究者认为"教师发展"最重要，而行政及教研人员认为"协同育人"最重要。从综合占比和权重来看，"教师发展"的平均分值最高，权重最大。

（二）四级指标权重计算

有关学校规划、教师发展、学生发展、课程与教学和协同育人的四级指标权重的计算细节如下：

1. 学校规划相关要素

学校规划共涉及"办学理念""办学规划"等 8 个四级指标，其中"管理制度""组织领导"和"文化内涵"为访谈对象建议新增指标，现实考察并未涉及，因而指标权重主要根据被访谈的理论研究者、行政及教研人员赋分得出。理论研究者、行政及教研人员分值取被调查对象平均值，综合占比取两者平均值。四级指标权重为综合占比乘以学校规划权重（15.51）。计算结果如表 9-3 所示。

表 9-3　　　　学校规划相关要素权重计算结果　　　　（单位:%）

学校规划相关要素	被调查教师认可度[a]	理论研究者[b]	行政及教研人员[c]	综合占比[d]	权重[e]
办学理念	20.37	13.00	12.00	12.50	1.94
办学规划	19.58	11.50	10.53	11.01	1.71
管理制度	未考察	11.00	17.11	14.05	2.18
组织领导	未考察	16.00	18.00	17.00	2.64
文化内涵	未考察	13.50	10.68	12.09	1.87
氛围营造	20.46	11.00	9.21	10.11	1.57

续表

学校规划相关要素	被调查教师认可度[a]	理论研究者[b]	行政及教研人员[c]	综合占比[d]	权重[e]
物力资源	19.72	11.50	11.00	11.25	1.74
人力资源	19.88	12.50	11.47	11.99	1.86

注：a：被调查教师认可度为选项公因子方差×100%后，再归一化处理得到的数据；其中，"未考察"所涉及的三个指标是问卷调查之后，访谈综合分析增加的指标。因此该项赋权依据主要是理论研究者和行政及教研人员赋值的综合占比。

b：取10位理论研究者赋分的平均值。

c：取20位行政及教研人员赋分的平均值。

d：取理论研究者和行政及教研人员赋分的平均值。其中"办学规划"实际值为0.110131578947368，保留两位小数取11.01%；"管理制度"实际值为0.140526315789474，保留两位小数取14.05%。

e：取综合占比再乘以学校规划权重（15.51）的值。其中"文化内涵"实际值为1.87548552631579，保留两位小数后学校规划维度的总权重大于15.51，故将四舍五入差距最小的"文化内涵"最终权重取1.87。

从表9-3可以看出，理论研究者与行政及教研人员对学校规划相关要素赋分规律基本一致，两者均认为"组织领导"对基础教育质量的影响最大，说明被调查的理论研究者和行政及教研人员对学校规划相关要素看法基本一致。其中区别较大的是"管理制度"，理论研究者赋分为11.00%，行政及教研人员赋分为17.11%，相差6.11%，也就是说被调查的行政及教研人员比理论研究者更注重"管理制度"对基础教育质量的影响。同时，理论研究者和行政及教研人员均认为"组织领导"对基础教育质量影响最大。从权重结果来看，也是"组织领导"的权重最高，最低的是"氛围营造"。值得注意的是，从仅有的教师数据库来看，被调查教师认为除无数据指标外"氛围营造"的认可度最高，与理论研究者和行政及教研人员的看法存在一定差异。

2. 教师发展相关要素

教师发展相关要素共涉及24个四级指标，其指标权重主要根据被调查教师填写的问卷数据得出。计算结果如表9-4所示。

表9-4　　　　　教师发展相关要素权重计算结果　　　　（单位:%）

教师发展相关要素		公因子方差[a]	归一化百分比[b]	权重[c]
职业道德	道德修养	89.70	4.63	1.19
	政治素养	86.30	4.46	1.14
	家国情怀	87.80	4.54	1.16
	教育精神	87.90	4.54	1.16
	社会理解	87.00	4.49	1.15
	社会参与	86.30	4.46	1.14
专业发展	专业知识	85.30	4.41	1.13
	专业能力	84.50	4.36	1.12
	专业情怀	84.60	4.37	1.12
	信息素养	70.50	3.64	0.93
	职业规划	81.40	4.20	1.08
	教育研究	60.10	3.10	0.79
	教学经验	75.90	3.92	1.00
	身心健康	77.20	3.99	1.02
	终身学习	81.30	4.20	1.08
	自我管理	76.60	3.96	1.02
	沟通合作	82.00	4.24	1.09
	教学反思	79.90	4.13	1.06
	教学创新	77.00	3.98	1.02
师资保障	团队建设	83.50	4.31	1.10
	师资配备	85.40	4.41	1.13
	教师管理	79.70	4.12	1.06
	教师待遇	67.90	3.51	0.90
	师资培训	78.10	4.03	1.03

注：a：此处为教师卷公因子方差。通过计算选项的公因子方差来判断被调查教师对选项的认可度。公因子方差越大信息量越大，教师的认可度就越高，反之亦然。

b：将公因子方差归一化再乘以100%后得到的数值。

c：取教师发展权重（25.62）乘以归一化百分比得到的数值。其中，"自我管理"实际值为1.014552，保留两位小数后学校规划维度的总权重小于25.62，故将四舍五入差距最小的"自我管理"最终权重取1.02。

d："职业发展"（公因子方差：77.5%）和"职业信念"（公因子方差：81.4%）在前文指标体系修订时已经融合为"职业规划"，此处取两个指标的最大值，即"职业信念"的公因子方差。

从表9-4可以看出，被调查教师选择公因子方差均已超过60%，公因子方差越高，其所含信息量越大，教师认可度越高，也就是说被调查教师基本上都认可教师发展相关要素对基础教育质量的影响。从权重结果来看，在教师发展相关要素中"道德修养"权重最高（1.19），对基础教育质量的影响最大；"教育研究"权重最小（0.79），对基础教育质量影响最小。在"职业道德"相关要素中，"道德修养"权重最高（1.19），对基础教育质量影响最大；"家国情怀"和"教育精神"次之；"社会参与"和"政治素养"权重最低，均为1.14，对基础教育质量影响最小。在"专业发展"中，"专业知识"权重最高（1.13），对基础教育质量的影响最大；"专业能力"和"专业情怀"次之；"教育研究"权重最低（0.79），对基础教育质量影响最低。在"师资保障"中，"师资配备"权重最高（1.13），对基础教育质量影响最大；"团队建设"次之；"教师待遇"权重最低（0.90），对基础教育质量影响最低。但现实考察时发现，对"教师待遇"要素"非常认可"和"非常不认可"的人都最多，且意见建议中"教师待遇"出现的频率也最高，也就是说"教师待遇"对基础教育质量的影响出现两极分化，具有较大的争议。

3. 学生发展相关要素

学生发展相关要素共涉及20个指标，其指标权重主要根据被调查学生和教师填写的问卷数据得出。计算结果如表9-5所示。

表9-5　　　　　学生发展相关要素权重计算结果　　　　（单位:%）

学生发展			教师卷公因子方差[a]	学生卷公因子方差[b]	归一化百分比[c]	权重[d]	平均权重
文化基础	人文素养	人文积淀	86.5	66.5	5.39	1.33	1.32
		人文情怀		71.6	5.80	1.44	
		审美情趣		59.0	4.78	1.18	
	科学素养	批判质疑	84.0	59.6	4.83	1.20	1.30
		自主探索		66.9	5.42	1.34	
		综合思维		68.2	5.53	1.37	

续表

学生发展			教师卷公因子方差[a]	学生卷公因子方差[b]	归一化百分比[c]	权重[d]	平均权重
自主发展	学会生存	珍爱生命	83.2	58.0	4.70	1.16	1.06
		自主管理[e]		36.1	2.93	0.72	
		人格品质		66.6	5.40	1.34	
		人际沟通		67.9	5.50	1.36	
		情绪调控[f]		36.1	2.93	0.72	
	学会学习	乐学善学	80.5	64.4	5.22	1.29	1.15
		反思总结		62.5	5.07	1.25	
		信息处理		45.7	3.70	0.92	
社会参与	公民素养	国家认同	80.3	67.2	5.45	1.35	1.32
		国际视野		64.9	5.26	1.30	
		社会责任		64.9	5.26	1.30	
	创新能力	劳动意识	85.7	69.7	5.65	1.40	1.39
		技术应用		64.2	5.20	1.29	
		问题解决		73.6	5.97	1.48	

注：a：通过计算选项的公因子方差来判断被调查教师对选项的认可度。公因子方差越大信息量越大，教师的认可度就越高，反之亦然。

b：通过计算选项的公因子方差来判断被调查教师对选项的认可度。公因子方差越大信息量越大，教师的认可度就越高，反之亦然。

c：将公因子方差归一化再×100%后得到的数值。

d：取学生发展权重（24.74）乘以归一化百分比得到的数值。

e：自主管理和情绪调控在问卷中编制为一个题目，此处各取一半权重。

f：自主管理和情绪调控在问卷中编制为一个题目，此处各取一半权重。

从表9-5可见，在学生发展相关要素中，被调查教师认为，"人文素养"对基础教育质量影响最大，公因子方差为86.5%；"创新能力"次之，公因子方差为85.7%；"公民素养"对基础教育质量影响最低，公因子方差为80.3%。从平均权重来看，平均权重最高的是"创新能力"（1.39）；其次是"人文素养"和"公民素养"，权重均是1.32；最小的是"学会生存"（1.06）。结合教师公因子方差和平均权重来看，被调查教师和学生对"学会学习""人文素养""创新能力"和"科学素养"的认可度差别不大；对

"公民素养"和"学会生存"认可度差别较大。从权重计算结果来看,"问题解决"权重最高(1.48),对基层教育质量的影响最大;"人文情怀"次之(1.44);权重最低的是"自主管理"和"情绪调控",权重为0.72,值得注意的是,此处为一个题目拆分而来,除此之外最低的是"信息处理"(0.92),对基础教育质量影响最小。在"文化基础"中,"人文情怀"权重最高(1.44),对基础教育质量影响最大;"批判质疑"权重最低(1.20),对基础教育质量影响最小。在"自主发展"中,"人际沟通"权重最高(1.36),对基础教育质量影响最大;除"自主管理"和"情绪调控"外,"珍爱生命"权重最低(1.16),对基础教育质量影响较小。"社会参与"中,"问题解决"权重最高(1.48),对基础教育质量影响最大;"技术应用"权重最低(1.29),对基础教育质量影响最小。

4. 课程与教学相关要素

课程与教学相关要素共涉及13个指标,其指标权重主要根据被调查教师填写的问卷数据得出。这些要素在问卷中设置的是排序题,采取哑变量处理后再计算公因子方差。部分指标结合现实考察和访谈意见后进行了修改和合并,合并后的公因子方差视具体情况决定是取最大值还是取平均值,主要依据访谈建议和课题组讨论进行修改。计算结果如表9-6所示。

表9-6　　　　课程与教学相关要素权重计算结果　　　　（单位:%）

课程与教学		修正前的指标	教师卷公因子方差[a]	修正后公因子方差	归一化百分比[b]	权重[c]
课程	课程规划	课程体系	课程设置	40.2	53.3[d]	7.21	1.68
			课程结构	53.3			
		课程标准	课程标准	47.9	47.9	6.48	1.51
		课程组织	课程组织	51.5	51.5	6.96	1.62
		课程开发	课程资源	61.8	69.3[e]	9.37	2.19
			课程开发	69.3			
		课程评价	课程评价	65.3	65.3	8.83	2.06

续表

课程与教学			修正前的指标	教师卷公因子方差[a]	修正后公因子方差	归一化百分比[b]	权重[c]
教学	课堂教学	教学目标	教学目标	70.5	70.5	9.53	2.22
		教学内容	教学内容	77.8	77.8	10.52	2.46
		教学过程	教学过程	68.0	68.0	9.20	2.15
		教学模式	教学模式	51.3	51.3	6.94	1.62
		教学方法	教学方式	59.2	59.55[f]	8.05	1.88
			教学形式	59.9			
		教学手段	教学手段	23.3	23.3	3.15	0.73
	教学管理	学业评价	教学评价	53.1	61.0[g]	8.25	1.93
			教学效果	61.0			
		常规管理	常规管理	40.77	40.77	5.51	1.29

注：a：通过计算选项的公因子方差来判断被调查教师对选项的认可度。公因子方差越大信息量越大，教师的认可度就越高，反之亦然。

b：第八章通过访谈对部分指标有所修改，此处为修改后的值，如果是合并则将前两个指标百分比相加，如果是拆分，则取前一个指标的一半。

c：取课程与教学权重（23.34）乘以归一化百分比得到的数值。其中"教学手段"实际值为0.73521，保留两位小数后学校规划维度总权重大于23.34，故将四舍五入差距最小的"教学手段"最终权重取0.73。

d：前文在指标修订时已将课程结构和课程设置合并为课程体系，此处取二者中认可度高的指标公因子方差。

e：前文在指标修订时已将"课程资源"融入"课程开发"，此处取"课程开发"的公因子方差。

f：前文在指标修订时已将"教学方式"和"教学形式"合并成"教学方法"，此处取两者平均值。

g：前文在指标修订时已将"教学评价"和"教学效果"合并成"学业评价"，此处取两者最大值。

从表9-6可以看出，在课程与教学相关要素中，"教学内容"的权重最大（2.46），信息量最高，即被调查教师认为"教学内容"对基础教育质量影响最大；其次是"教学目标"（2.22）；对基础教育质量影响最小的是"教学手段"（0.73）。在合并的指标中，"教学方式"和"教学形式"的含义和公因子方差均比较接近，取两者平均值，其他指标根据前文修订结果均取最大值。在"课程规划"中,"课程开发"权重最大(2.19),对基础教育质量影响最大;其次是"课程评价"(2.06);对基础教育质量影响最小的是"课程标准"。在"课堂教学"中,"教学内容"权重最大(2.46);其次是"教学目标"(2.22);对基础教育质量影响最小。"教学管理"经过合并后只剩"学业评价"和"常规管理"两个指标,其中"学业评价"权重较高(1.93),"常规管理"权重较低(1.29)。

5. 协同育人相关要素

协同育人相关要素共涉及10个指标,其指标权重主要依据被调查教师和学生填写的问卷数据及被访谈人员得出。计算结果如表9-7所示。

表9-7　　　　　协同育人相关要素权重计算结果　　　　(单位:%)

协同育人		修正前指标	教师卷公因子方差[a]	学生卷公因子方差[b]	访谈分值[c]	归一化百分比[d]	权重[e]
社会支持	政府支持	政府期望	60.4	未考察	13.12	7.88	0.85
		政府参与	78.6	未考察	17.79	10.25	1.11
		政府资助	55.9	未考察	27.91	11.66	1.26
	民众支持	民众期望	47.5	未考察	12.84	6.74	0.73
		民众参与	84.4	未考察	14.70	9.87	1.07
		民众资助	77.7	未考察	13.64	9.03	0.97
家庭支持	家庭资本	文化资本	75.0	58.85	未访谈	12.08	1.30
		物质资本	73.4	58.33	未访谈	11.89	1.28
	家庭教育	教育理念	49.1	57.01	未访谈	9.71	1.05
		教养方式	67.8	49.78	未访谈	10.88[f]	1.17
		亲子沟通	63.7	59.43	未访谈		

注:a. 通过计算选项的公因子方差来判断被调查教师对选项的认可度。公因子方差越大信息量越大,教师的认可度就越高,反之亦然。

b：通过计算选项的公因子方差来判断被调查教师对选项的认可度。公因子方差越大信息量越大,教师的认可度就越高,反之亦然。

c：取理论研究者和行政及教研人员平均赋分归一化处理后的数值。

d："社会支持"取教师卷公因子方差和访谈分值归一化处理后均值,"家庭支持"取教师和学生公因子方差均值。

e：取协同育人权重(10.79)乘以归一化百分比得到的数值。

f：取被调查教师和学生公因子方差的平均值,合并后取"教养方式"和"亲子沟通"的平均值。

从表9-7可以看出，在协同育人相关要素中，"文化资本"权重最高（1.30），对基础教育质量影响最大；其次是"物质资本"（1.28）；对基础教育质量影响最小的是"民众期望"（0.73）。在"社会支持"中，"政府资助"权重最高（1.26），对基础教育质量影响最大；"政府参与"次之（1.11）；对基础教育质量影响最小的是"民众期望"（0.73）。在"家庭支持"中，"文化资本"权重最高（1.30），对基础教育质量影响最大；其次是"物质资本"（1.28）；对基础教育质量影响最小的是"教育理念"（1.05）。值得注意的是，教师、学生和被访谈人员对部分指标的看法并不一致。在"社会支持"中，教师和被访谈人员均认为"民众期望"对基础教育质量的影响最小；其对"政府资助"和"民众参与"的看法有较大的区别，教师认为"民众参与"对基础教育质量影响最大，而被访谈者则认为"政府资助"对基础教育质量影响最大。在"家庭支持"中，被调查教师和学生对"文化资本"和"亲子沟通"的看法区别较大，教师认为"文化资本"对基础教育质量的影响最大，学生则认为"亲子沟通"对基础教育质量的影响最大。

（三）二级和三级指标权重计算

本书中，二级指标和三级指标权重是该指标下所有四级指标权重相加的和。即二级指标和三级指标权重可通过将该指标下所有四级指标权重相加得到。以学校规划为例，该指标下的二三级指标计算结果如表9-8所示。

三级指标权重为该指标下所有四级指标权重相加的和，二级指标权重为该指标下所有三级指标权重相加的和。一级指标权重为该指标下所有二级指标权重相加的和。学校规划的权重（15.51）等于"学校建设"的权重（8.47）加上"学校资源"的权重（7.04）；"学校建设"的权重（8.47）等于"学校发展规划"的权重（3.65）加上"学校管理"的权重（4.82）；"学校发展规划"的权重（3.65）等于"办学理念"的权重（1.94）加上"办学规划"的权重（1.71）。其他指标同理，都是一级指标权重等于该指标下所有二级指标权重相加的和，以此类推。

表9-8　　　　学校规划指标下二三级指标权重计算结果

一级指标（权重）	二级指标（权重）	三级指标（权重）	四级指标	权重
学校规划（15.51）	学校建设（8.47）	学校发展规划（3.65）	办学理念	1.94
			办学规划	1.71
		学校管理（4.82）	管理制度	2.18
			组织领导	2.64
	学校资源（7.04）	校园文化（3.44）	文化内涵	1.87
			氛围营造	1.57
		办学资源（3.60）	物力资源	1.74
			人力资源	1.86

四　指标赋权的最终结果

本书主要选取了专家打分法和主成分分析法对各项指标进行赋权。就一级指标的赋权问题而言，本书主要咨询了基础教育、课程与教学论、教育质量检测与测评、学校课程与教学、教育领导与管理、教育与社会学、课程设计与教学诊断等领域的理论研究者的意见，对"学校规划、教师发展、学生发展、课程与教学、协同育人"等一级指标进行赋权。就二级、三级指标的赋权问题而言，本书主要结合了理论研究者建议和问卷分析数据，对"学校建设、学校资源、职业道德、专业发展、师资保障"等二级指标以及"学校发展规划、学校管理、校园文化、办学资源、师德内涵"等三级指标进行赋权。就四级指标的赋权问题而言，本书同样结合了理论研究者建议和问卷分析数据，对"办学理念、办学规划、管理制度、组织领导、文化内涵"等四级指标进行赋权。其中，四级指标的赋权结果还取决于各一级指标的权重、各一级指标下四级指标的数量以及计算机对问卷数据的分析结果。总而言之，基于理论研究者和行政及教研人员对各项指标的赋权结果以及现实考察的问卷分级得到如下指标赋权结果表。具体赋权结果如表9-9所示。

表9-9　　　　　　　　　　影响基础教育质量指标赋权结果

一级指标/权重	二级指标/权重	三级指标/权重	四级指标/权重
学校规划 15.51	学校建设 8.47	学校发展规划 3.65	办学理念 1.94
			办学规划 1.71
		学校管理 4.82	管理制度 2.18
			组织领导 2.64
	学校资源 7.04	校园文化 3.44	文化内涵 1.87
			氛围营造 1.57
		办学资源 3.60	物力资源 1.74
			人力资源 1.86
教师发展 25.62	职业道德 6.94	师德内涵 4.65	道德修养 1.19
			政治素养 1.14
			家国情怀 1.16
			教育精神 1.16
		师德行为 2.29	社会理解 1.15
			社会参与 1.14
	专业发展 13.46	专业素质 4.30	专业知识 1.13
			专业能力 1.12
			专业情怀 1.12
			信息素养 0.93
		自主发展 9.16	职业规划 1.08
			教育研究 0.79
			教学经验 1.00
			身心健康 1.02
			终身学习 1.08
			自我管理 1.02
			沟通合作 1.09
			教学反思 1.06
			教学创新 1.02
	师资保障 5.22	队伍结构 2.23	团队建设 1.10
			师资配备 1.13
		保障措施 2.99	教师管理 1.06
			教师待遇 0.90
			师资培训 1.03

续表

一级指标/权重	二级指标/权重	三级指标/权重	四级指标/权重
学生发展 24.74	文化基础 7.86	人文素养 3.95	人文积淀 1.33
			人文情怀 1.44
			审美情趣 1.18
		科学素养 3.91	批判质疑 1.20
			自主探索 1.34
			综合思维 1.37
	自主发展 8.76	学会生存 5.30	珍爱生命 1.16
			自主管理 0.72
			人格品质 1.34
			人际沟通 1.36
			情绪调控 0.72
		学会学习 3.46	乐学善学 1.29
			反思总结 1.25
			信息处理 0.92
	社会参与 8.12	公民素养 3.95	国家认同 1.35
			国际视野 1.30
			社会责任 1.30
		创新能力 4.17	劳动意识 1.40
			技术应用 1.29
			问题解决 1.48
课程与教学 23.34	课程 9.06	课程规划 9.06	课程体系 1.68
			课程标准 1.51
			课程组织 1.62
			课程开发 2.19
			课程评价 2.06
	教学 14.28	课堂教学 11.06	教学目标 2.22
			教学内容 2.46
			教学过程 2.15
			教学模式 1.62
			教学方法 1.88
			教学手段 0.73
		教学管理 3.22	学业评价 1.93
			常规管理 1.29

续表

一级指标/权重	二级指标/权重	三级指标/权重	四级指标/权重
协同育人 10.79	社会支持 5.99	政府支持 3.22	政府期望 0.85
			政府参与 1.11
			政府资助 1.26
		民众支持 2.77	民众期望 0.73
			民众参与 1.07
			民众资助 0.97
	家庭支持 4.80	家庭资本 2.58	文化资本 1.30
			物质资本 1.28
		家庭教育 2.22	教育理念 1.05
			亲子沟通 1.17

第二节　评估指标的内容描述

本书经过三轮修正，最终确立了核心素养视角下基础教育质量评估指标体系，本部分主要是对评估指标体系下的四级指标进行描述，以期找准四级评估指标的操作性内涵，由此确定评估要点，为本评估指标的具体实践操作奠定基础。

一　描述的基本思路

本书将对核心素养视角下影响基础教育质量评估指标体系下的评估指标要点进行描述，基本思路为：第一步，评估指标描述语收集；第二步，评估指标描述语分类；第三步，评估指标描述语验证。

（一）评估指标描述语收集

在评估指标描述语收集阶段，以王光明等人提出的教师核心素养和能力结构体系、核心素养研究课题组提出的《中国学生发展核心素养》、林崇德关于构建中国化的学生发展核心素养、国际标准化组织（ISO）开发的 ISO9001 质量管理体系、义务教育各学科课程标准（2022 年版）等为主要文献参考来收集描述语。例如，《中共中央国务院关于全面深化新时代教师队伍建设改革的意见》明确指出:"要保证教师评估队伍建设正确的政治方向。无论是从适应社会发展需求的角度,还是从教师职业要求的角度,教师都必须具备政治素养。"该部分作为教师发展维度的"政治素养"指标依据。《义务教育语文课程标准》(2022年版)作为学生发展维度"人文积淀"评估指标的主要来源。核心素养研究课题组发布的《中国学生发展核心素养》提出,学生要"具有问题意识;能独立思考、独立判断;思维缜密,能多角度、辩证地分析问题,做出选择和决定等"。该部分作为学生发展维度"批判质疑"指标评估要点。此外,描述语的收集还结合了第三轮指标修正过程中专家提出的意见。

(二)评估指标描述语分类

在评估指标描述语分类阶段,主要考虑影响评估指标描述语的主观与客观因素。客观因素包括上级指标的内涵、特征、意义等,以及相关文献资料来源的权威性,这些因素通常可从文献内容本身获取。主观因素包括研究人员的相关经验与地方基础教育质量需求,这些因素更多依赖评估者的判断能力和对需求的满足程度。具体思路为:一是对指标体系中的四级指标进行定义性分析,根据其内涵进行描述性分类,确保分类的规范性和准确性;二是依据专家和相关研究人员的半结构式访谈结果对描述语再次进行分类。分类确定后,按照一定的格式对描述语进行改写和规范。例如:在学校规划部分,对《义务教育学校管理标准》等政策文件中涉及"学校建设"和"学校资源"的内容进行归纳与整合。在教师发展部分,基于教师核心素养、课程标准中有关教师职业道德、自主发展、师资保障的相关要点进行的描述,对其进行指标细化。在学生发展部分,对与学生核心素养、学科课程标准相关的政策文献中涉及文化基础、自主发展、社会参与的部分处理选择后总结为评估要点。

(三)评估指标描述语验证

在评估指标描述语验证阶段,首先,通过半结构式访谈,让行政及教研人员与理论研究者对评估指标描述语进行判断;其次,结合评估实际情况考察描述语的合理性与准确性,剔除掉其中不恰当的表述语;最后,通过对调查问卷的结果进行各种统计分析,调整相关指标顺序,优化评估指标用语,对关键要素指标权重进行赋值分析,进行横向与纵向对比,保证描述语的精炼、准确、全面,最终确定评估指标描述语。根据专家提出的意见,对原有存在问题的指标要点进行了调整:一是对表述模糊或存在歧义的评估要点进行了修正,例如教师维度中"道德修养"指标的评估要点"师德为先"一词较为宽泛,改为了有详细描述的"符合四有教师标准"描述语;二是对表述重复或累赘的描述语进行精简。例如,对教师发展维度中"家国情怀"首轮评估要点描述为"习近平总书记强调,教师家国情怀要深,应当保持家国情怀,心里装着国家和民族"较为冗杂,因此将其修改为"热爱国家热爱民族、传递中华优秀文化"。

二 描述的基本原则

为了确保指标描述更加清晰合理,本书在指标描述中主要坚持通用性、可操作性和动态性原则,具体如下:

(一)通用性原则

基础教育质量的关键要素与评估指标体系下的评估要点适用群体有所不同,因此保证指标描述语的通用性原则是必要的。即使是同一个群体,在不同时间、不同背景下对评估体系的需求也不同。针对基础教育的不同阶段,不可能——建立相应的价值评估体系。为尽量满足不同情况下开展基础教育质量评估的需要,可以建立一个相对完善、固定、通用的评估体系。通用性原则具体体现在:一方面,适用的群体要通用。也就是确立的评估要点能适用于基础教育的各个阶段,便于教育行政部门、教研机构、各级学校等相关质量监测人员在实际操作过程中使用评估要点。二是描述思想与政策文本相关条例内容相通。即在指标要点确定的过程中结合实时政策文本,将学界统一认证的标准条例融入要点描述。例如,《义务教育质量评价指南》指出的"学生质量评价要旨在促进学生德智体美劳全面发展,培养适应终身发展和社会发展需要的正确价值观、必备品格和关键能力"与协同育人维度的"政府期望与家长期望"评估要点具有高度适切性,因此将其纳入。但在具体描述过程中,相关使用人员可自行根据特殊情况对评估体系进行有选择地删减,或者对权重进行相应的调整,突出自身的特定需求。

(二)可操作性原则

评估指标的描述应具体、简洁,便于观察、量化和操作,尽量减少人为因素的影响，客观地反映实际情况。评估体系中各项指标的选取不能脱离实际，应综合考虑学校的现有条件以及近期教育改革和发展的情况，制定出符合实际、经过努力能够实现的指标。可操作性原则指标确定的前提具体体现在：一是要尊重客观事实。可操作性质量评估测评指标的构建不能主观随意，要能真实客观反映基础教育质量的实际效果，在评估指标要点确定时结合基础教育阶段各级学校教育教学实施、评价情况，进行要点确认，指标要点要能真实反映出基础教育的质量与实践情况，要能客观反映出"学校规划、教师发展、学生发展、课程与教学、协同育人"五个维度的内涵与标准。在此基础上要对测评指标要点进行理论分析，并根据专家建议与现实考评进一步完善测评标准，确保测评指标的科学有效。二是要尊重一般规律。指标描述语的确定并非个人主观臆测，而是依据事物发展的一般规律。在指标确定的过程中要遵循社会教育的基本准则、学校建设的基本准则、教师专业发展的一般规律、学生身心发展顺序与特点、课程与教学的一般规律等。

本书中关于评估指标的描述语基本做到了宏观性与实践性相结合，做到了指标的内涵明确、精炼，重点突出，有较好的可测性和可操作性。

（三）动态性原则

首先，评估指标体系是为了应用到实际的基础教育质量评估中而设计的，这就要求指标体系的描述首先不能太冗杂，在能保证评估结果的客观性、全面性的前提下，评估体系的描述尽可能简化，减少或去掉一些非必要的描述语，保留核心用语。其次，评估指标的要点描述需要考虑该指标数据采集的便利性，尽可能将指标赋权量化，使得各项指标数据便于采集、统计和比较，便于按照各教育管理机构、各级各类学校进行分类统计。最后，各项指标都要有明确的释义，相互之间有明确的关系，使得所有参评的对象共同遵循一个依据和准则。动态性原则主要体现在设计制定基础教育质量评估指标体系中，尤其表现在对评估指标要点的确定阶段，研究人员根据政策文本、专家意见及教育评估实践对首轮的评估描述语修改、增删、补充、完善和设计。该过程使得基础教育质量评估要点从繁杂到简洁、从不完善到完善，从而丰富与扩充评估要点描述语的内涵。在这个过程中，以政策文本为依据、以专家意见为导向、以教育实际为标杆使得评估指标要点的制定过程体现为一种动态的循环修正。

三 描述的特殊处理

指标描述过程中，对一些比较复杂且又不好简单处理的指标需要进行特殊处理，具体如下：

（一）基于权威文本的特殊处理

基于政策文本的权威性与认可度，研究团队在评估指标描述的过程中主要参考了义务教育各学科"课程标准"、《义务教育学校管理标准》《中小学教材管理办法》《义务教育评估指南》、各中小学自行制定的办学理念与要求、"四有"好老师标准、王光明等人提出的教师核心素养和能力结构体系、《中国学生发展核心素养》以及林崇德关于构建中国化的学生发展核心素养等权威性文本，并对这些文本进行了特殊处理，其中共涉及6个指标，分别是"物力资源""人力资源""教育精神""乐学善学""综合思维""课程体系"。具体特殊处理为：一是"物力资源"。参照《义务教育学校管理标准》中有关学校物力建设具体条例，加入"生均活动空间达标、设施完备，利用充分、资源管理规范有序"要点描述。二是"人力资源"。选取了《义务教育学校管理标准》中与教师队伍建设相关的内容，并增加要点描述"人员结构配置合理、人员培训制度完善、人员利用充分合理"。三是"教育精神"。教师核心素养和能力的结构体系及发展建议中有关教师教育精神的内容被研究小组融入评估要点"坚持生本教育理念、具备爱岗敬业精神"。四是"乐学善学"。评估要点参照了林崇德关于构建中国化的学生发展核心素养，融入"学习兴趣浓厚、学习态度积极、学习习惯良好"。五是"综合思维"。研究团队依据《义务教育语文课程标准（2011年版）》总目标中"发散思维能力，学习科学的思想方法，逐步养成实事求是，崇尚真知的科学态度"的要求，加入"拥有严谨求知、实事求是的思维意识；具备感性、理性、悟性等思维能力"评估要点。六是"课程体系"。研究小组选取《中小学教材管理办法》中关于课程内容选择关注学生的部分，将其融入评估要点"整体设计规范得当、满足学生素养需要、符合学校发展实际、内容丰实设计多元、具有真实可操作性"。综上所述，在基于权威性文本对描述语进行特殊处理过程中，参照了一系列学术界认可度较高的政策文本与基础教育质量评估文献，对评估指标的描述语进行了修改与重新确认，详见表9-10。

表9-10　　基于权威文本评估要点的特殊处理情况

基于权威性文本的特殊处理涉及指标	具体文本特殊处理情况	评估要点呈现
物力资源	对《义务教育学校管理标准》中有关学校物力建设具体条例"配齐配足教学实验设施设备、图书、音体美器材、计算机，加强学校教育信息化建设；配备团队活动、心理辅导、卫生保健等必要场所。优化校园空间环境，建设健康校园、平安校园、书香校园、温馨校园、文明校园，营造和谐人环境"等进行归纳总结，融入"物力资源"评估要点	生均活动空间达标 设施完备，利用充分 资源管理规范有序
人力资源	选取了《义务教育学校管理标准》中与教师队伍建设相关内容"落实教师全员培训制度，确保教师完成规定培训学时；健全教研制度，加强教研机构建设，配足配齐所有学科专职教研员，充分发挥专业支撑作用"作为"人力资源"评估要点呈现	人员结构配置合理 人员培训制度完善 人员利用充分合理
教育精神	融入核心素养和能力的结构体系及发展建议中有关教师教育精神内容："教师应当具有教育理想、教育信念、教育情感"	坚持生本教育理念 具备爱岗敬业精神
乐学善学	融入林崇德关于构建中国化的学生发展核心素养有关学生"乐学善学"的内容：具有积极的学习态度和浓厚的学习兴趣；能养成良好的学习习惯，掌握适合自身的学习方法	学习兴趣浓厚 学习态度积极 学习习惯良好
综合思维	将义务教育课程标准（2011年版）总目标中要求学生"发散思维能力，学习科学的思想方法，逐步养成实事求是，崇尚真知的科学态度"融入评估要点	拥有严谨求知、实事求是的思维意识 具备感性、理性、悟性等思维能力

续表

基于权威性文本的特殊处理涉及指标	具体文本特殊处理情况	评估要点呈现
课程体系	将《中小学教材管理办法》中关于"课程内容要选择科学适当，符合课程标准规定的知识类别、着眼于学生全面发展，围绕核心素养，紧密联系学生思想、学习、生活实际，将知识、能力、情感、价值观的培养有机结合，充分体现教育教学改革的先进理念"等融入"课程体系"评估要点	整体设计规范得当 满足学生素养需要 符合学校发展实际 内容丰实设计多元 具有真实可操作性

（二）基于理论研究人员意见的特殊处理

通过对理论研究人员进行半结构式访谈，并对其给出的意见进行整理后，发现其对本书研制的"核心素养视角下影响基础教育质量的指标体系"总体上表示认可，认为该指标体系框架合理，有较强的针对性，但同时也存在部分问题需要进一步修正，并提出了具体修改意见，经研究小组梳理和分析，对理论研究人员提出的意见进行了特殊处理，详见表9-11。其中涉及的指标共有5个，分别为"氛围营造""道德修养""人格品质""学业评价""常规管理"。具体特殊处理：一为"氛围营造"，理论研究人员建议新增"制度文化"与"人文关怀营造"指标。但研究小组经讨论后认为两者均在校园文化中有所涉及，且"人文关怀营造"在"氛围营造"中也有所体现，故将该意见融入"氛围营造"评估要点中，具体体现为新增"营造校园文化氛围、创设良好课堂氛围、践行学校文化内涵、体现人文主义关怀"四个要点。二为"道德修养"，理论研究人员建议新增"师德意志"指标。研究小组商讨后认为"师德意志"属于"道德修养"范畴，而"道德修养"指标评估要点中四有好老师标准亦包含了"师德意志"，以此将专家意见作为评估要点的重要参考，加入"达到依法执教要求、坚持言传身教信念"要点。三为"人格品质"，理论研究人员建议新增"品德发展"为四级指标。研究小组讨论认为"品德发展"在人格品质中有所体现，适合将其放入评估要点，故加入"健康的个性品质、高尚的道德品质、坚定的意志品质"评估要点。

四为"学业评价",理论研究人员建议将"效果评价"修改为"学业评价"。研究小组认为"学业评价"概括性更强,不仅可将其归纳为四级指标,也可将其融入评估要点,故加入"有效落实四个评价、合理运用评价结果"评估要点。五为"常规管理",理论研究人员建议将"环境营造"修改为"常规管理"。研究小组商议后认为"常规管理"贴合教学管理内容,可作为评估要点的主要参考,故将"教学管理制度完善、管理规范科学有序、积极创新管理模式"作为评估要点。总之,研究团队在修订过程中有选择性地提取理论研究人员意见,并对指标体系中不合理的描述语均融入意见进行特殊处理,使得基础教育质量评估体系更加专业与权威。

表9-11　　基于理论研究人员意见评估要点的特殊处理情况

基于理论研究人员的特殊处理涉及指标	具体意见特殊处理情况	评估要点呈现
氛围营造	将建议的"制度文化"与"人文关怀营造"融入评估要点	营造校园文化氛围 创设良好课堂氛围 践行学校文化内涵 体现人文主义关怀
道德修养	将建议新增的"师德意志"指标,融入道德修养指标评估要点中四有好老师的考察内容	达到依法执教要求 坚持言传身教信念
人格品质	将建议新增的"品德发展"在人格品质的评估要点中呈现	健康的个性品质 高尚的道德品质 坚定的意志品质
学业评价	将建议的"效果评价"修改为"学业评价",并将"学业评价"所涉及内容融入评估要点	有效落实四个评价 合理运用评价结果
常规管理	将建议的"环境营造"修改为"常规管理",并融入评估要点作为主要参考	教学管理制度完善 管理规范科学有序 积极创新管理模式

(三)基于现实考评的特殊处理

本书在遵循可操作性原则对评估指标的描述进行了反复考量,经过多次修改后将评估要点归纳、简化,最终形成规范、概括性的描述用语。

但在基于权威文本与专家建议对评估指标描述进行特殊处理后发现，部分评估指标仍然过于宏观，较难在实践中对教育质量进行评估。因此，经研究小组讨论后，决定在评估指标中加入主观性指标描述。主观性指标虽然基于个人认知、态度和主观感受，但它并非人们的随意想象，不可能完全脱离客观实际，而是数出有据、令人信赖，具有一定客观性并能对评估结果产生重要影响。[1] 基于此，研究团队在参考了权威文本与理论研究人员建议后，对指标要点描述较难处理的部分要素进行现实考评与特殊处理。主要涉及"政治素养""政府期望""政府资助"3 个指标。具体涉及三个方面（见表 9-12）：一是"政治素养"。相关文献对于"政治素养"的定义较为理论化，不具备可操作性，因此在对其进行描述时，研究小组参考了社会价值观，并加入了个体的主观性理解，将其具体描述为"落实党的教育方针、遵守教育法律法规"。二是"政府期望"。研究小组结合政府需求与社会需要，将"育人价值诉求要指向学生素养"作为评估要点描述，体现出基础教育质量评估体系对学生核心素养的关注。三是"政府资助"。政府资助作为政府支持的重要评估指标：首先，资助机制需要进一步完善；其次，资金投入要符合教育教学实际需求；最后，要保证资金投入优质均衡，实现教育公平。基于以上现实需求，研究团队加入"政府资助机制完善、资金投入符合需求、统筹推进优质均衡"评估要点。

表 9-12　　　　基于现实考评评估要点的特殊处理情况

基于现实考评的特殊处理涉及指标	现实考评特殊处理情况	评估要点呈现
政治素养	参考社会主义核心价值观，加入主观性指标描述	落实党的教育方针 遵守教育法律法规
政府期望	联系实际，结合政府需求、社会人才需要，融学生素养于育人价值诉求	育人价值诉求要指向学生素养
政府资助	基于现实需求，为实现教育公平、协同育人目的，加入资助相关条件性描述	政府资助机制完善 资金投入符合需求 统筹推进优质均衡

---

[1] 王永林：《教育评估中的主观性指标及其评判的影响因素研究》，《教育科学》2017 年第 3 期。

综上，研究团队在确立评估指标体系时进行了实践分析与具体考察，对评估要点进行反复酝酿与斟酌，最终形成基础教育质量评估体系。

四 描述的最终结果

经过三轮修正，研究团队探索性地建立了 5 个一级指标、12 个二级指标、23 个三级指标、75 个四级指标，四级指标下又确立了 190 个评估要点。由于受研究者能力及可获取支持的专家资源的限制，对评估指标的描述还不尽完善，但尝试将该指标体系的评估要点评价引入基础教育质量评估领域，经过对评估指标描述语的收集、分类、整理与验证，得出评估指标描述的最终结果如表 9 - 13 所示。

表 9 - 13　核心素养视角下影响基础教育质量的指标评估要点

四级指标	评估要点	四级指标	评估要点
办学理念	贯彻党的教育方针 落实立德树人 体现五育并举 传承校史文化	办学规划	定位精准，目标明确 践行优质均衡理念 内容翔实、有特色 设计合理、可操作
管理制度	制度健全，刚柔并济 管理规范，落实到位 管理民主，体现协同育人	组织领导	决策机制科学合理 考核督导持续长效
文化内涵	主题鲜明，合理规范 积极向上，凸显育人	氛围营造	营造校园文化氛围 创设良好课堂氛围 践行学校文化内涵 体现人文主义关怀
物力资源	生均活动空间达标 设施完备，利用充分 资源管理规范有序	人力资源	人员结构配置合理 人员培训制度完善 人员利用充分合理
道德修养	达到依法执教要求 坚持言传身教信念	政治素养	落实党的教育方针 遵守教育法律法规
家国情怀	热爱祖国，热爱民族 传递中华优秀文化	教育精神	坚持生本教育理念 具备爱岗敬业精神

续表

四级指标	评估要点	四级指标	评估要点
社会理解	社会认知积极正向 主动承担社会责任	社会参与	积极参与教育事业 正确行使公民权益
专业知识	学科专业知识扎实 教师教育知识丰实	专业能力	课堂教学能力突出 教学管理能力出色
专业情怀	高远的专业理想 良好的专业情操 独立的专业自我	信息素养	良好的信息甄别能力 信息化设施运用能力 信息化教学驾驭能力
职业规划	职业规划目标明确 职业规划成效明显	教育研究	具备教育科研能力 开展教育研究活动 教育研究成果积累
教学经验	善于反思和总结经验 形成独特教学风格	身心健康	身体健康，勤于锻炼 心理健康积极向上
终身学习	主动学习的态度 持续学习的毅力 自我更新的能力	自我管理	工作开展有序 生活管理得当 工作生活平衡
沟通合作	善于沟通 积极合作	教学反思	持续进行教与学的反思 主动记录和运用反思结果
教学创新	具有创新教学意识 具备教学创新能力 形成创新教学成果	团队建设	组建教研团队 定期开展教研活动
师资配备	教师结构配备合理 教师学历水平达标	教师管理	具有激励与约束机制 拥有管理与服务平台
教师待遇	按时发放工资绩效 薪酬符合政策标准	师资培训	总体规划，定期组织 培训活动指向实践 培训形式丰富多样 教师参与内发自主
人文积淀	熟悉本国文化 了解他国文化 阅读文化作品 参加文化活动	人文情怀	尊重多元文化 崇尚人文关怀

第九章 核心素养视角下基础教育质量评估指标体系的确立与呈现

续表

四级指标	评估要点	四级指标	评估要点
审美情趣	发现美 欣赏美 表达美 创造美	批判质疑	具有质疑权威的批判精神 具备批判反思的基本能力 敢于将批判质疑付诸行动
自主探索	具有好奇心和想象力 自我发现与解决问题 具有探索意识与兴趣 充分发挥自我能动性	综合思维	拥有严谨求知、实事求是的 思维意识 具备感性、理性、悟性等 思维能力
珍爱生命	领会生命价值意义 爱护自己珍爱他人	自主管理	能自我判断自我约束 合理安排生活与学习
人格品质	健康的个性品质 高尚的道德品质 坚定的意志品质	人际沟通	良好的社交能力 出色的沟通能力
情绪调控	良好的情绪调节能力 有自我情绪排解方式 能合理进行情绪推理	乐学善学	学习兴趣浓厚 学习态度积极 学习习惯良好
反思总结	勤于总结 乐于反思 善于迁移	信息处理	具备信息甄别能力 具备信息分析能力 具备信息运用能力
国家认同	政治认同达成一致 文化认同凝聚共识 情感认同产生共鸣	国际视野	拥有人类命运共同体意识 具有国际理解能力
社会责任	自觉履行社会义务 行为得当遵纪守法	劳动意识	正确的劳动观念 积极的劳动情感 自觉的劳动行为
技术应用	掌握基础技术规范 善于使用新兴技术	问题解决	主动解决问题的意识 灵活解决问题的能力
课程体系	整体设计规范得当 满足学生素养需要 符合学校发展实际 内容丰实设计多元 具有真实可操作性	课程标准	符合国家育人要求 符合地方育人要求 学校相关学习记录 教师课标学习情况

续表

四级指标	评估要点	四级指标	评估要点
课程组织	课堂组织形式多样 内容符合学生素养	课程开发	国家课程校本化改造 校本课程开发
课程评价	学生中心，持续改进 方式多样，体现四个评价 主体多元，侧重学生主体	教学目标	符合课标，聚焦素养 条理清晰，操作性强
教学内容	来源多样，关注前沿 内容正确，符合实际 组织合理，精心设计	教学过程	强化育人渗透思政 师生互动深度参与
教学模式	模式多元，充满特色 符合具体教学需要 适宜学生情感需要 促进教学有效开展	教学方法	方法多样 切合实际
教学手段	有效利用传统教学手段 深度融合现代信息技术	学业评价	有效落实四个评价 合理运用评价结果
常规管理	教学管理制度完善 管理规范科学有序 积极创新管理模式	政府期望	育人价值诉求指向学生素养
政府参与	坚持正确舆论导向 营造良好育人氛围 切实履行监督服务	政府资助	政府资助机制完善 资金投入符合需求 统筹推进优质均衡
民众期望	育人价值诉求指向学生素养	民众参与	参与意识强烈 积极支持学校实践活动
民众资助	资助机制完善 资助成效明显	文化资本	父母受教育程度 家庭文化氛围
物质资本	购买教育服务支出占比	教育理念	民主的教育思想 与学校教育理念一致
亲子沟通	民主平等的沟通方式 和谐的沟通氛围		

第三节　评估指标的具体呈现

通过对最终提炼的影响基础教育质量的关键要素进行指标权重分配及评估要点的进一步描述，本书对核心素养下基础教育评估指标体系的建构基本完成（详见附件四的"一、指标体系"）。本节通过整合指标权重分配以及评估要点的具体描述，最后确立了核心素养视角下基础教育质量评估指标体系，具体的整合思路及完整形式如下。

一　评估指标的整合思路

核心素养视角下基础教育质量评估指标的整合思路如下：其一是在确定专家权重的过程中，依据专家对指标重要性的评估结果分析，对已经形成的核心素养视角下基础教育质量评估的一级、二级、三级、四级指标进行了赋权，在表格中体现出其得分，得到了基本分数，便于后续的评估分析。其二是为了更好地进行评估，对四级指标下要素的评估要

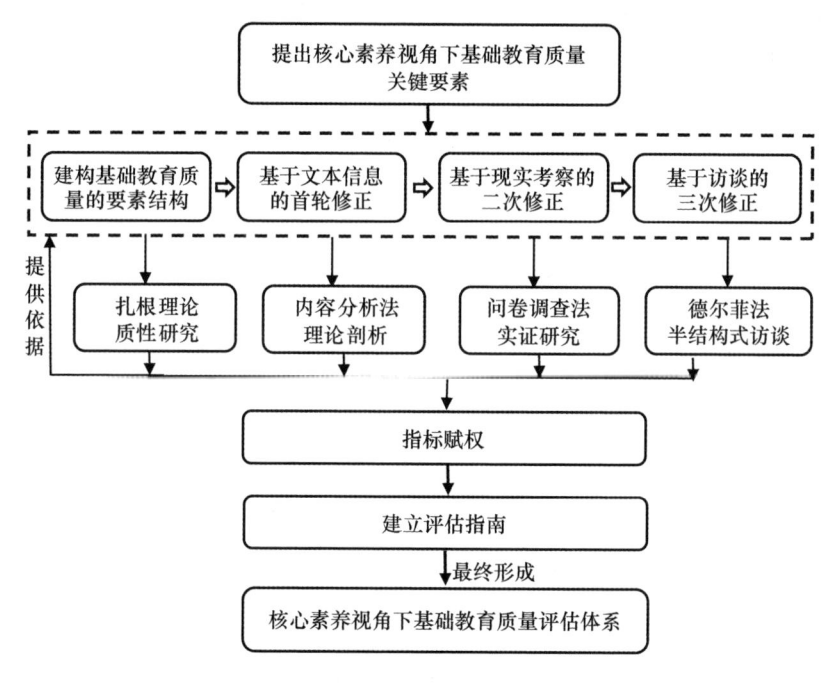

图 9-1　评估指标的具体整合思路

点进行了剖析，这里的评估要点对应在相应的指标体系下。在确定专家权重的过程中，考虑到专家在元素之间重要性考量上的不确定性对评价结果的影响，依据专家对指标重要性的评估结果存在主观模糊性，这里的评估要点不赋具体分数。其三是对一级、二级、三级、四级指标以及各指标所对应的评估要点进行合并，最终整合形成了核心素养视角下基础教育质量评估指标体系表，具体思路可见图9-1。

二 评估指标的完整形式

基于此，构建了核心素养视角下基础教育质量评估指标体系，对其赋权后再次向专家小组征询意见，验证了各级指标权重的合理性。通过前几步操作中对各级指标的赋权、对评估要点的描述以及两大部分的合并与整合，形成了5个一级指标、12个二级指标、23个三级指标、75个四级指标，每个四级指标下又设置了一些与其相对应的一些评估要点，具体如表9-14所示。

表9-14　核心素养视角下影响基础教育质量的关键要素与评估指标体系

一级指标	二级指标	三级指标	四级指标	评估要点
学校规划 15.51	学校建设 8.47	学校发展规划 3.65	办学理念 1.94	贯彻党的教育方针 落实立德树人 体现五育并举 传承校史文化
			办学规划 1.71	定位精准，目标明确 践行优质均衡理念 内容翔实、有特色 设计合理、可操作
		学校管理 4.82	管理制度 2.18	制度健全，刚柔并济 管理规范，落实到位 管理民主，体现协同育人
			组织领导 2.64	决策机制科学合理 考核督导持续长效

续表

一级指标	二级指标	三级指标	四级指标	评估要点
学校规划 15.51	学校资源 7.04	校园文化 3.44	文化内涵 1.87	主题鲜明，合理规范 积极向上，凸显育人
			氛围营造 1.57	营造校园文化氛围 创设良好课堂氛围 践行学校文化内涵 体现人文主义关怀
		办学资源 3.60	物力资源 1.74	生均活动空间达标 设施完备，利用充分 资源管理规范有序
			人力资源 1.86	人员结构配置合理 人员培训制度完善 人员利用充分合理
教师发展 25.62	职业道德 6.94	师德内涵 4.65	道德修养 1.19	达到依法执教要求 坚持言传身教信念
			政治素养 1.14	落实党的教育方针 遵守教育法律法规
			家国情怀 1.16	热爱祖国，热爱民族 传递中华优秀文化
			教育精神 1.16	坚持生本教育理念 具备爱岗敬业精神
		师德行为 2.29	社会理解 1.15	社会认知积极正向 主动承担社会责任
			社会参与 1.14	积极参与教育事业 正确行使公民权益
	专业发展 13.46	专业素质 4.30	专业知识 1.13	学科专业知识扎实 教师教育知识丰实
			专业能力 1.12	课堂教学能力突出 教学管理能力出色
			专业情怀 1.12	高远的专业理想 良好的专业情操 独立的专业自我
			信息素养 0.93	良好的信息甄别能力 信息化设施运用能力 信息化教学驾驭能力

续表

一级指标	二级指标	三级指标	四级指标	评估要点
教师发展 25.62	专业发展 13.46	自主发展 9.16	职业规划 1.08	职业规划目标明确
				职业规划成效明显
			教育研究 0.79	具备教育科研能力
				开展教育研究活动
				教育研究成果积累
			教学经验 1.00	善于反思和总结经验
				形成独特教学风格
			身心健康 1.02	身体健康，勤于锻炼
				心理健康积极向上
			终身学习 1.08	主动学习的态度
				持续学习的毅力
				自我更新的能力
			自我管理 1.02	工作开展有序
				生活管理得当
				工作生活平衡
			沟通合作 1.09	善于沟通
				积极合作
			教学反思 1.06	持续进行教与学的反思
				主动记录和运用反思结果
			教学创新 1.02	具有创新教学意识
				具备教学创新能力
				形成创新教学成果
	师资保障 5.22	队伍结构 2.23	团队建设 1.10	组建教研团队
				定期开展教研活动
			师资配备 1.13	教师结构配备合理
				教师学历水平达标
		保障措施 2.99	教师管理 1.06	具有激励与约束机制
				拥有管理与服务平台
			教师待遇 0.90	按时发放工资绩效
				薪酬符合政策标准
			师资培训 1.03	总体规划，定期组织
				培训活动指向实践
				培训形式丰富多样
				教师参与内发自主

续表

一级指标	二级指标	三级指标	四级指标	评估要点
学生发展 24.74	文化基础 7.86	人文素养 3.95	人文积淀 1.33	熟悉本国文化 / 了解他国文化 / 阅读文化作品 / 参加文化活动
			人文情怀 1.44	尊重多元文化 / 崇尚人文关怀
			审美情趣 1.18	发现美 / 欣赏美 / 表达美 / 创造美
		科学素养 3.91	批判质疑 1.20	具有质疑权威的批判精神 / 具备批判反思的基本能力 / 敢于将批判质疑付诸行动
			自主探索 1.34	具有好奇心和想象力 / 自我发现与解决问题 / 具有探索意识与兴趣 / 充分发挥自我能动性
			综合思维 1.37	拥有严谨求知、实事求是的思维意识 / 具备感性、理性、悟性等思维能力
	自主发展 8.76	学会生存 5.30	珍爱生命 1.16	领会生命价值意义 / 爱护自己珍爱他人
			自主管理 0.72	能自我判断自我约束 / 合理安排生活与学习
			人格品质 1.34	健康的个性品质 / 高尚的道德品质 / 坚定的意志品质
			人际沟通 1.36	良好的社交能力 / 出色的沟通能力
			情绪调控 0.72	良好的情绪调节能力 / 有自我情绪排解方式 / 能合理进行情绪推理

续表

一级指标	二级指标	三级指标	四级指标	评估要点
学生发展 24.74	自主发展 8.76	学会学习 3.46	乐学善学 1.29	学习兴趣浓厚 学习态度积极 学习习惯良好
			反思总结 1.25	勤于总结 乐于反思 善于迁移
			信息处理 0.92	具备信息甄别能力 具备信息分析能力 具备信息运用能力
	社会参与 8.12	公民素养 3.95	国家认同 1.35	政治认同达成一致 文化认同凝聚共识 情感认同产生共鸣
			国际视野 1.30	拥有人类命运共同体意识 具有国际理解能力
			社会责任 1.30	自觉履行社会义务 行为得当遵纪守法
		创新能力 4.17	劳动意识 1.40	正确的劳动观念 积极的劳动情感 自觉的劳动行为
			技术应用 1.29	掌握基础技术规范 善于使用新兴技术
			问题解决 1.48	主动解决问题的意识 灵活解决问题的能力
课程与教学 23.34	课程 9.06	课程规划 9.06	课程体系 1.68	整体设计规范得当 满足学生素养需要 符合学校发展实际 内容丰实设计多元 具有真实可操作性

续表

一级指标	二级指标	三级指标	四级指标	评估要点
课程与教学 23.34	课程 9.06	课程规划 9.06	课程标准 1.51	符合国家育人要求 符合地方育人要求 学校相关学习记录 教师课标学习情况
			课程组织 1.62	课堂组织形式多样 内容符合学生素养
			课程开发 2.19	国家课程校本化改造 校本课程开发
			课程评价 2.06	学生中心，持续改进 方式多样，体现四个评价 主体多元，侧重学生主体
	教学 14.28	课堂教学 11.06	教学目标 2.22	符合课标，聚焦素养 条理清晰，操作性强
			教学内容 2.46	来源多样，关注前沿 内容正确，符合实际 组织合理，精心设计
			教学过程 2.15	强化育人渗透思政 师生互动深度参与
			教学模式 1.62	模式多元，充满特色 符合具体教学需要 适宜学生情感需要 促进教学有效开展
			教学方法 1.88	方法多样 切合实际
			教学手段 0.73	有效利用传统教学手段 深度融合现代信息技术
		教学管理 3.22	学业评价 1.93	有效落实四个评价 合理运用评价结果
			常规管理 1.29	教学管理制度完善 管理规范科学有序 积极创新管理模式

续表

一级指标	二级指标	三级指标	四级指标	评估要点
协同育人 10.79	社会支持 5.99	政府支持 3.22	政府期望 0.85	育人价值诉求指向学生素养
			政府参与 1.11	坚持正确舆论导向 营造良好育人氛围 切实履行监督服务
			政府资助 1.26	政府资助机制完善 资金投入符合需求 统筹推进优质均衡
		民众支持 2.77	民众期望 0.73	育人价值诉求指向学生素养
			民众参与 1.07	参与意识强烈 积极支持学校实践活动
			民众资助 0.97	资助机制完善 资助成效明显
	家庭支持 4.80	家庭资本 2.58	文化资本 1.30	父母受教育程度 家庭文化氛围
			物质资本 1.28	购买教育服务支出占比
		家庭教育 2.22	教育理念 1.05	民主的教育思想 与学校教育理念一致
			亲子沟通 1.17	民主平等的沟通方式 和谐的沟通氛围

第四节 评估指标的使用指南

为了更好地帮助人们运用评估指标进行评估实践，本书还配置了相应的评估指标使用指南，具体如下：

一 指南的设计目的

本书所制定的操作指南完全围绕着核心素养和基础教育两大主题下5个一级指标的具体观察内容展开，根据G省基础教育质量发展的问题和不足，期望能为此指南的使用人员提供一定的参考点和衡量标准，合理运用具有可操作性、可量化的评估指标要点进行相应的价值判断，目的是更好地观察落实各个中小学实施的评估过程，对对应的评估要点进行权重赋分，厘清核心素养视角下影响 G 省基础教育质量的因素，从而由小见大，切实提高 G 省的基础教育质量。

以此指南，一是希望能在理论上丰富使用人员对相关知识理论的学习鉴赏能力，在实践中能够以核心素养为基点有效评估基础教育质量，更好地完成以指南为指导的实践全过程改进。二是让 G 省乃至全国使用评估指南的中小学教师能够进一步深入了解核心素养，在实践运用中改进育人方式、提高教学质量。三是让中小学生因此受益，学会生存、学会学习，在不断地反思总结中提升文化素养、扎实人文素养、培养道德涵养。

二　指南的设计框架

本书设计的评估指标使用指南涉及了观察内容、评估要点、观察方式、观察点确定依据以及评分建议五个框架内容，每一个部分都经过了科学严谨、设计合理的考量，根据学校的具体情况和专家的建议，通过收集资料、查阅文献等方式进行合情合理、清晰明了地解释说明，以求在核心素养视角下，达到指导具体实践过程、提高基础教育质量的效果。

一是就观察内容而言，观察内容来源于评估指标体系中的四级指标，所有指标都是本书通过对大量无序的、零散的文献信息进行系统化的搜集、加工和组织而成，并对样本进行深度分析，收集不同的信息建立样本数据系统，并且使用相应的工具与手段对资料进行分析整理，从而从分析结果中得出评估指标使用指南中的观察内容，具有较强的科学性和合理性。二是就评估要点而言，本书使用指南中对应评估要点的设计主要来源于有关基础教育质量的权威性文件、专家的修改意见和实践考察，是对四级指标的具体描述，目的是更好地给予评估指南使用人员科学、具体、可操作的评估实施建议，完善各个中小学实施评估的全过程，方便评估人员运用相应的观察方式灵活地进行赋分计算。三是就观察方式而言，本书采取了阅读资料、现场观察、问卷测量和访谈四种观察方式，是公认的在评估质量和检测过程中相对常用和合理的观察方式，方便指南使用人员因地制宜、因时制宜地选择或结合不同的观察方式进行评估，而对于不同的评估要点，可以将多种评估观察方式相结合，采取能使评估结果更加全面具体、更有利于产生科学评估结果的方式，从而得到符合逻辑的评估结果。四是就观察点而言，观察点是由观察内容、评估要点和观察方式阐发而来的具有可操作性的方法论，指南使用人员能够通过对以上三点的理解把握，灵活判断哪种相应的观察点适用于指南。五是就评分依据而言，评分依据是通过对各个评估指标的权重计算而来，是基于数据得到的较为合理的评分建议，目的是给予评分人员在评估过程中相应的分数参考，在实际应用中可以根据具体情况灵活赋分。

  由此，形成了本书研制的核心素养视角下基础教育质量评估指标体系的具体操作指南，本操作指南兼顾新时代下的核心素养与基础教育质量，从学校规划、教师发展、学生发展、课程与教学以及协同育人五个维度出发，聚焦于指南的科学性和实用性，通过表格的形式清晰地为使用人员展现出一本如何监督基础教育质量的"说明书"。对处于基础教育阶段的中小学校以及教育工作者而言，极具操作性、指导意义的指南能够全面地指出影响基础教育质量的重点内容，为所有教育工作者提供切实有效的参考，如表9－15所示。（具体详见附件四的"二、评估指南"）

表9－15　　　　　　　　评估指南的部分内容

四级指标	对应的评估要点	观察方式	观察内容及评分建议
办学理念	贯彻党的教育方针 落实立德树人 体现五育并举 传承校史文化	阅读资料	查阅体现学校办学理念的相关文件，重点关注是否具有体现党的教育方针、立德树人、五育并举等内容，是否传承学校历史发展文化
		现场观察	体现学校办学理念的标语、展牌
		问卷测量	无
		访谈	无

续表

四级指标	对应的评估要点	观察方式	观察内容及评分建议
办学规划	定位精准，目标明确 践行优质均衡理念 内容翔实、有特色 设计合理、可操作	阅读资料	查阅体现学校办学规划的相关文件，重点关注制定的规划是否结合学校自身定位发展并凸显学校特色、是否具有明确的办学目标、是否能够在具体的教学实践中得以实现、是否能够促进学生优质均衡发展
		现场观察	无
		问卷测量	无
		访谈	无

三　指南的修订与更新

首先，本书评估指南的修订与更新是在实际操作过程中结合实际情形和专家建议进行修订与更新的，具有较强的科学性、合理性与可操作性，指南的制定是在专家的指导下进行的，遵循了科学决策的原则，也遵循了用科学思维方法来进行决策的行为准则，这也使得指南的修正与更新有充分的科学依据，体现了科学研究的客观原则与客观态度，也充分体现了评估指南制定的合理性与逻辑性。其次，指南强调的是一个动态建构和调整的过程，意味着这并不是一个固定的评估指标使用指南，是可以在具体学校实施评估时根据实际情况以及人才培养目标的更新与变动进行相应调整的，是不断进行更新和完善的。例如，在新课程标准改革的情境下，评估指南也要根据新课程标准改革的具体内容与原则进行修正和完善，做到与时俱进、时时更新，不断进行动态调试与修正，因此指南的动态建构性与生成性赋予了指南可实际操作的性质，改善了各中小学校对评估目的、评估方法、评估要点、评估内容等步骤理解不透彻的问题，使得评估过程高效简明，提升了各中小学校评估基础教育质量要点的效率与质量。同时，评估指南经过了长期思考，进行过多次修订，适用于大多数有关基础教育质量的评估，因此也是具有相对稳定性的。

评估指南的修订与更新是各个学校通过对实际情况的了解来完善与

修订，其目的是落实具体的实施评估过程，进而为学校的科学、合理评估提供可操作的指南，其侧重点在于学生发展和教师发展两大维度，而评估指南的修订与更新重点在于三点：一是为教育行政部门制定基础教育质量改革政策提供决策参考；二是为教育管理部门负责、监督基础教育质量改革提供帮助；三是帮助G省各个基础教育阶段的学校中的教育工作者厘清提升基础教育质量的重点，为各个学校对评估要点、评估的观察方式进行修订提供参考，有效适应了评估过程中所出现的新需求和新情况，为探索G省各个基础教育阶段的学校提升基础教育质量的具体措施和策略奠定基础。所以，评估指南的修订与更新对于基础教育质量具体要点的评估是非常重要的，它关系到评估的操作性与实施效率，目的是更好地解决基础教育学校中的实际问题，实践性是非常强的，但同时，评估指南并不是绝对不变的，它是结合学校具体的实际情况去调整的，是可供研究人员与实际操作人员参考的，需要在具体的评估过程中根据每个学校的不同特点去更新与完善。

第十章

核心素养视角下基础教育质量评估指标体系的实践检验

本章主要是把所研制的指标体系投入实践,在具体案例分析中检验此指标体系的信度与效度。鉴于此,以本书所研制的核心素养视角下基础教育质量评估指标体系为基准,选取 G 省三所不同办学水平的学校作为检验对象,通过检验方案设计、检验数据采集与分析、检验效果的反思等步骤,把指标体系要点纳入对不同类型学校的分析与评估中,以考察此指标体系的实用性与适用性。此外,为保证本次实践检验的真实、有效,本次检验数据均来源于真实具体的调查,检验工具均经过认真地筛选与分析;检验结果均符合实际。本次检验结果显示三所学校质量水平由高到低为 SF > LY > ZP,与检验之前三所学校之间存在的差异性相一致,符合学校实际质量水平,即在核心素养视角下,本指标体系能评估出不同学校的基础教育质量水平,具有较好的实用性和推广性。

第一节 实践检验的方案设计

为确保本次实践检验工作的顺利完成,需设计好一份合理、完整的评价方案,为整个检验做好前期准备。该方案内容主要涉及以谁作为检验对象、用什么进行检验以及检验过程如何开展等问题。因此,本次实践检验的方案设计主要包括评价工具的准备、评价对象的选择、评价结果的呈现及使用计划等内容。

一 评价工具的准备

评价工具的确定需要根据评估的具体指标维度来确定。具体而言，主要包括两种类型：一类是问卷，主要以被评价学校的教师、学生为对象，根据指标体系中适宜采用问卷形式进行的内容而设计；另一类是观察量表，主要是由利益无关的评审小组作为评价人员先进行填写，然后根据评价小组采集到的信息，按指标分类作出评价。

（一）根据指标体系优化的教师与学生问卷

通过对具体的评估指标表进行分析，部分指标内容适宜采用问卷的形式来进行处理，由此本书将适合采用问卷的指标维度提炼出来进行分析，从而制定出相应的教师卷与学生卷。其中教师卷涉及的四级指标共有14个，分别为"管理制度、组织领导、文化内涵、氛围营造、物力资源"等。学生卷涉及的四级指标共有17个，分别为"人文积淀、人文情怀、审美情趣、批判质疑、综合思维"等。课题组通过对以上指标进行分析，把指标体系中四级指标变成具体的问卷题目，从而编制出相应的问卷表，具体详见附件四之"三、系列配套工具"中的"（四）配合指标体系开发的问卷"。

（二）根据指标体系制作的观察与访谈量表

通过对具体的评估指标表进行分析，部分指标内容不宜采用问卷的形式来进行测量，因此本书将采用阅读资料、观察量表与访谈量表来处理这部分指标，观察量表涉及的四级指标与问卷有部分重复。观察量表涉及的四级指标共43项，分别为"办学理念、办学规划、人力资源、道德修养、政治素养、家国情怀"等。其中与教师卷重复的四级指标有10项，分别为"管理制度、组织领导、文化内涵、氛围营造、物力资源、信息素养、身心健康、教学反思、教师待遇、师资培训"。与学生卷重复的四级指标有4项，分别为"自主探索、自主管理、情绪调控、乐学善学"。课题组通过对以上指标进行分析，编制出相应的观察与访谈量表，具体见附件四之"三、系列配套工具"的"（二）配合指标体系开发的观察量表"和"（三）配合指标体系开发的访谈提纲"。

二　评价对象的选择

在评价对象选择方面，注重确保被评估学校的代表性以及所选择观察对象之间的差异性，以增强监测评估体系的真实性、可行性和可信度。本次核心素养视角下基础教育质量评估指标体系的实践检验主要选取城市小学、乡镇中心小学、乡村小学3所不同类型的小学为样本进行检验。为方便研究，分别用字母SF（城市小学）、LY（乡镇中心小学）、ZP（乡村小学）来表示这3所学校。三所学校的具体情况及之间的差异性具体体现如下：

（一）SF小学

SF小学是坐落于省会城市的一所重点小学，依托于省级师范大学进行办学，占地5.5万平方米，现有学生2000余人，教职工110余人。近五年内共投入约2.8亿元来完善办学硬件，是一所设施先进、设备一流，教育资源优质的学校。而且该校拥有优质的管理和教师团队。其中有全国骨干校长、全国"十佳辅导员"、省级教育教学名师、省级名师工作室主持人、教育教学各类大赛一等奖教师、市级优秀教育工作者、骨干教师等各类优质教育人才资源。因此，SF小学可以作为省级优质小学的代表。

（二）LY小学

LY小学属于地级城市的市区乡镇中心小学，是三线建设时期创办的一所企业学校，现有学生人数2000余人，教职工87人，是水城区一所公办小学。建校52年来，LY小学秉承"艰苦奋斗、争创一流"的三线企业精神，特别重视学校文化建设。学校有各种社团活动，并积极组织学生发表各类文章、参加各级比赛。此外，LY小学与重点大学也有合作，东部沿海地区也有研究生支教团长期服务于此，对学校的教育质量有一定的促进作用。因此，可以作为乡镇中心小学的代表。

（三）ZP小学

ZP小学属于乡村小学，前身为煤矿子弟学校，是一所历史悠久、具有三线精神的村级完小。目前总共有124名学生，每个年级仅有一个班级，总共有教师12名，且老龄化严重，平均年龄接近50岁，仅仅能够满足语文、数学等科目的日常教学，因此很难满足学生在德智体美劳等方面的全面发展，综合以上情况，该学校的师生水平及教育资源等方面在三所学校中相对靠后,存在乡村小学普遍的共性问题。因此,选择该小学作为乡村小学的代表。

三 评价数据的处理流程设计

为对评价数据进行有效、合理分析,研究将数据处理分为数据采集、数据分析和效果反思三个流程,如图10-1所示。首先,在数据采集阶段,主要采取问卷调查和根据评估指南对三所学校进行打分两种数据收集方法,此外,在进行数据收集之前,本书对调查对象进行访谈,以选出有意义的调查对象。然后再利用问卷星、SPSS等工具对数据进行分析与整理。其次,在数据分析阶段,主要采取从整体到局部的方式,对所收集数据先后进行总体结果分析、一级指标评估结果分析和四级指标评估结果分析,在不同层次指标数据分析中不断细化分析内容,以此保障数据分析的全面性和准确性。最后,在实践检验的效果反思阶段,主要从检验设计的适切性、评估过程的合理性和评估结果的实用性三方面进行:一是反思本次评估工作的评估对象与评估工具选择是否合理、合适,以增强与本次评估的适切性;二是反思评估过程的程序是否完备、数据是否真实及还有哪些需要改进的地方;三是反思本次评估结果的真实性与多样性,以考察本指标体系的可靠性。

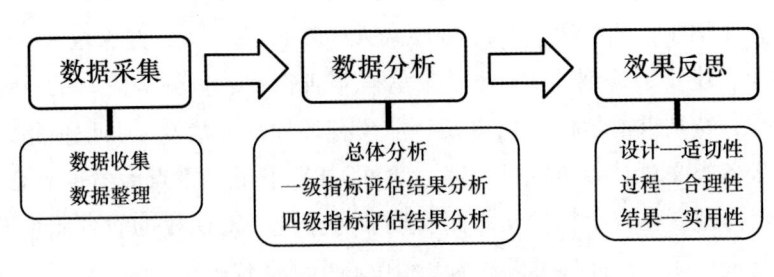

图10-1 评价数据的处理流程

第二节 实践检验的数据采集

根据所制订出的实践检验方案,在数据采集阶段的主要任务如下:

第十章 核心素养视角下基础教育质量评估指标体系的实践检验

首先,进行实践检验的数据收集,一是根据指标体系所研制的问卷进行发放与收回;二是根据指标体系的评估指南对三所学校进行实际考察打分。其次,对采集到的数据进行整理,将收集到的数据进行数据整理与转换,以便更简便、准确地对这些变量进行计算与分析,有效地进行实践检验。

一 实践检验的数据收集

基于前面课题组所设计的实践检验的方案,本次实践检验的数据收集主要采用了问卷调查方式以及基于指标体系的评估指南对不同学校进行打分的调查方式,调查对象包括 G 省 SF 小学、LY 小学、ZP 小学。

在问卷调查的方式中:首先,调查问卷分为教师问卷和学生问卷,选取了三所学校的教师共 53 人、学生 313 人进行调查检验,其中 ZP 小学教师 8 人、学生 24 人,LY 小学教师 17 人、学生 77 人,SF 小学教师 28 人、学生 212 人;其次,研究团队分为三组,每组六人分别前往三所不同的学校进行调查,以线下发放纸质问卷的形式获得被调查者关于这些问题的认可度情况,并对回收的问卷进行仔细检查与筛选,找出其中的无效问卷并对问卷进行整理,将问卷上的信息人工录入问卷星调查工具中,以便后续对数据进行整理与分析;最后,调查对象不是随机产生的,所有的调查对象都是在调查人员对三所学校的教师与学生的访谈基础上产生的,先通过访谈获得三所学校的教师与学生关于评估指标的整体大致情况,挖掘出有意义的研究对象,再通过问卷调查获得他们的具体认可度情况。

在基于指标体系的评估指南对三所学校进行实际考察打分中,一是在对三所学校进行实际考察之前,研究团队分成了三组,每一组负责一个学校,到具体的学校开展调查工作;二是为了保证实际考察打分的客观性与准确性,在三个小组开展调查工作之前,调查成员进行了学习与培训,以保证评估标准的一致性、减少因个人主观因素对实际考察评价带来的影响,最终保证对三所学校实际考察打分结果的客观性与准确性、减少其他因素对实践检验结果的影响。通过对三所学校的学生、教师的调查以及现实情况的具体考察,获得三所学校的总体情况,并对这些数据进行进一步整理,以便后续分析。

为了保证实践检验的数据更具有真实性、代表性，更好地检验研究成果，需要考虑到不同地区、不同学校的整体情况以及办学水平的不同，因此课题组对被调查学校进行了认真筛选。所选取的调查对象为 G 省 SF 小学、ZP 小学、LY 小学，三所学校是 G 省的三所不同地区的学校，同时三所学校的整体情况与办学水平也是不同的。SF 学校是省会城市的一所重点小学，各项基础设施先进、设备一流，教育资源优越、整体办学水平较好；LY 小学是地级市的乡镇中心小学，学校基础设施基本完备，教育资源基本能够满足教学要求，整体办学水平适中；ZP 小学属于乡村学校，教师与学生较少，教育资源仅能满足语文、数学等日常教学，整体办学水平较低。由三所学校得到的检验数据将因三所学校的整体水平不同而呈现出一定的差距，由此可以更好地检验研究成果的可靠性与准确性。

二　实践检验的数据整理

受数据采集时客观环境、调查与被调查者等主客观因素影响，数据收集阶段容易出现诸多无效或不相关数据。因此，为确保检验数据的有效性，在数据整理阶段需要对所收集到的数据进行筛查和分类，具体数据整理方案如下：

首先，在问卷调查中，通过对三所学校进行线下发放问卷获得了三所学校教师与学生关于指标体系认可度的信息，再通过人工录入数据的方式将这些信息录入问卷星调查工具中，以便对这些数据进行整理与分析，最后通过问卷星调查工具将各项数据下载保存到 SPSS 数据分析软件中，对不同变量进行赋值，以便后续对各项数据进行分析与运算。

其次，依照评估指南对三所学校的实际考察打分也按照评估指标分类录入 EXCEL 中，利用 EXCEL 处理数据能够对各项数据进行公式运算，以便清晰、简便地对收集到的数据进行分析与运算，直观地体现出三所学校的各项指标差异与总体得分差异情况，最终检验本书研究成果。

第三节　实践检验的数据分析

为确保数据分析的可行性与准确性，本书根据指标特点分别设计教师问卷、学生问卷、观察量表等检验方式，每个指标根据评估指南选取至少一种方式来检验。问卷检验的指标中，每个指标设计了1—4个问题。在确定具体分析方法基础上，本书主要分别对所选取的三所学校的总体情况、一级指标评估结果和四级指标评估结果进行分析，最终以所研制的指标体系为基准，从对三所学校的总体情况进行分析到对每个学校的四级指标进行评估，在不断缩小分析范围、聚焦分析要点过程中确保检验的可行性。

一 基础教育质量评估指标体系总体评估结果分析

本次核心素养视角下基础教育质量评估指标体系的实践检验采取问卷和观察量表两种方法来评估检验，根据评估指南选取其中一种或两种方法来检验。问卷检验采取李克特5级量表来收集数据，每个问题分别设计"非常不认可""比较不认可""认可""比较认可""非常认可"5种回答。赋值方式为"非常不认可"=1、"比较不认可"=2、"认可"=3、"比较认可"=4、"非常认可"=5，当测试对象没有回答问题时赋值为0。观察量表由调研人员通过对学校进行全面深入调查后[①]，给出具体评估值。当该指标既有问卷评估值，又有观察量表评估值时，取两者平均数作为最终评估值。问卷评估值计算过程如表10-1所示。

表10-1　　　　　单个四级指标评估值计算过程[a]

测试对象	四级指标			指标值	指标评估值
	问题1	…	问题m		
测试对象1	i_{11}	…	i_{1m}		
⋮	⋮	⋮	⋮	A	$A' = A \dfrac{\sum_1^n \sum_1^m i_{nm}}{5nm}(i = 1,2,3,4,5; i \neq 0)$
测试对象n	i_{n1}	…	i_{nm}		

注：a：当表格中的$i=0$，即测试对象没有回答时，赋值为0，不参与计算。

---

① 注：此处的深入调查是指通过学校领导获取教师和学生基本信息、学生成绩等，根据评估指标配套工具深入访谈校领导和部分教师及学生。

采用上表的方法，计算问卷涉及的所有四级指标评估值，结合观察量表评估值计算出被评估学校所有四级指标评估值，选取的三所样本学校四级指标评估值计算结果见附件三的附表5。

本次研究设计的指标总分值为100分，每级指标之和也是100分。将样本学校一级指标评估值和总评估值绘制成柱状图，结果如图10-2所示。

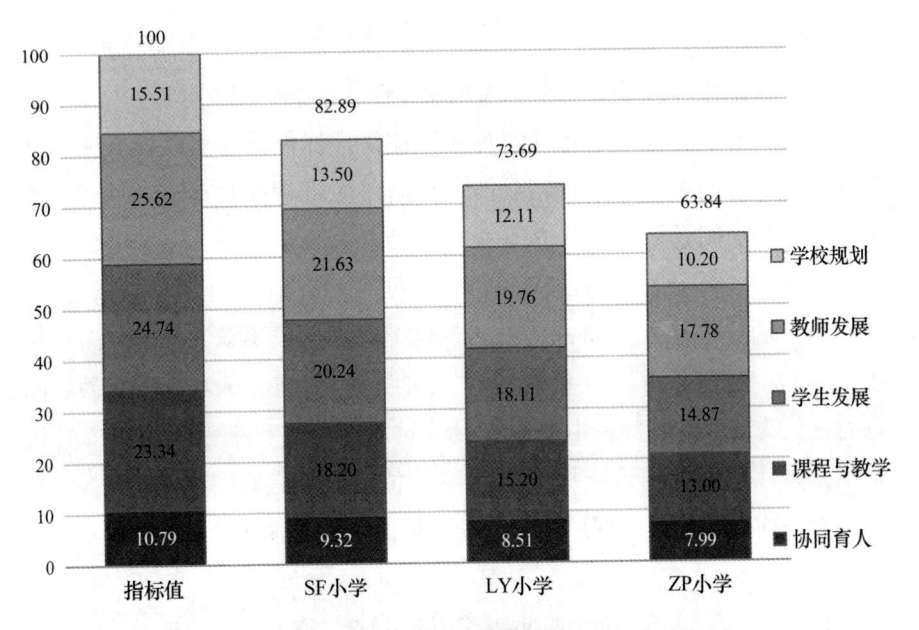

图10-2 基础教育质量评估指标不同类型学校评估结果

从图10-2可以看出，在被评估的三所不同类型学校中，SF小学分值最高（82.89分）；LY小学其次（73.69分）；分值最低的是ZP小学（63.84分）。也就是说，被评估的三所学校基础教育质量差距比较明显，呈现出基础教育质量城市学校高于乡镇中心学校高于乡村学校的趋势。与此同时，一级指标"学校规划、教师发展、学生发展、课程与教学、协同育人"评估结果呈现的趋势与总趋势一致，均为城市学校基础教育质量高于乡镇中心学校高于乡村学校。在所有一级指标评估结果中，SF小学的学校规划指标评估值占指标值比例最高（87.04%），说明该学校在学校规划这块做得比较好。ZP小学的课程与教学指标评估值占指标值的比例最低（55.70%），并且该学校的学生发展指标评估值占指标值的比例也比较低（60.11%），说明该学校在课程与教学和学生发展等方面急需改进。

二 基础教育质量评估指标体系一级指标评估结果分析

针对"学校规范、教师发展、学生发展、课程与教学和协同育人"五个一级指标评估结果分析如下：

（一）学校规划

在学校规划指标中，三所评估学校呈现趋势与总趋势保持一致。学校规划下所有指标值均为 SF 小学最高，LY 小学次之，ZP 小学最低。具体见图 10-3。

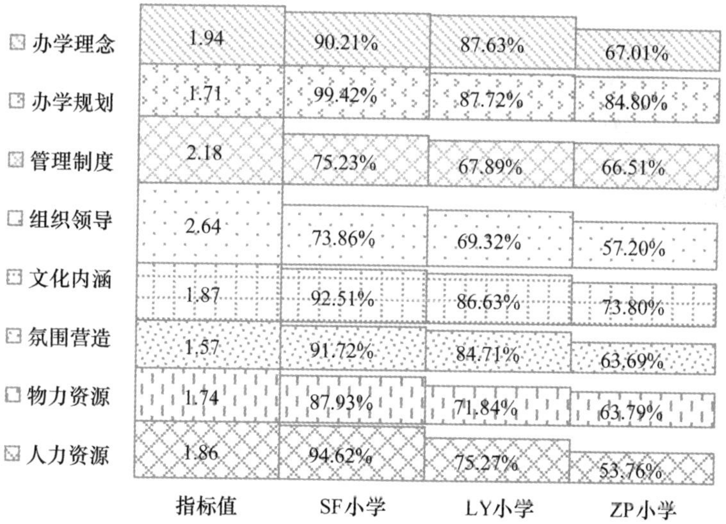

指标	指标值	SF小学	LY小学	ZP小学
办学理念	1.94	90.21%	87.63%	67.01%
办学规划	1.71	99.42%	87.72%	84.80%
管理制度	2.18	75.23%	67.89%	66.51%
组织领导	2.64	73.86%	69.32%	57.20%
文化内涵	1.87	92.51%	86.63%	73.80%
氛围营造	1.57	91.72%	84.71%	63.69%
物力资源	1.74	87.93%	71.84%	63.79%
人力资源	1.86	94.62%	75.27%	53.76%

图 10-3 基础教育质量评估指标学校规划评估结果

从 SF 小学来看，办学规划（99.42%）、人力资源（94.62%）等评估值与指标值的差距较小，说明该学校在这些方面做得很好；物力资源（87.93%）评估值与指标值的差距较小，说明 SF 小学物力资源较好；组织领导（73.86%）、管理制度（75.23%）等评估值与指标值的差距较小，说明该校在这些方面还行。从 LY 小学来看，办学规划（87.72%）、办学理念（87.63%）、文化内涵（87.63%）、氛围营造（84.71%）等评估值与指标值的差距相比较小，说明该学校在这些方面较好；人力资源（75.27%）、物力资源（71.84%）等评估值与指标值存在一定差距，说明 LY 小学在这些方面做得一般；组织领导（69.32%）、管理制度（67.89%）等评估值与指标值的差距相比较大，说明该校在这些方面有待提高。从 ZP 小学来看，除办学规划外，其余指标的评估值与指标值差距都很明显。相较而言，办学规划（84.80%）、文化内涵（73.80%）等评估值与指标值的差距较小，说明相比其他指标该校在这些方面做得比较好；人力资源（53.76%）、组织领导（57.20%）等评估值与指标值差距非常大，说明该校在这些方面亟须提高。

综合三所学校的评估结果来看，组织领导、管理制度等均有待提高，ZP 小学（乡村小学）最需要提高的是人力资源和组织领导。

（二）教师发展

1. 职业道德

在教师发展的职业道德指标中，三所评估学校呈现的结果区别较大。评估结果最好的仍然是 SF 小学，最接近指标值；其次是 LY 小学，与 SF 小学基本一致，只在社会理解这个指标上有所区别；最差的是 ZP 小学。具体见图 10-4。

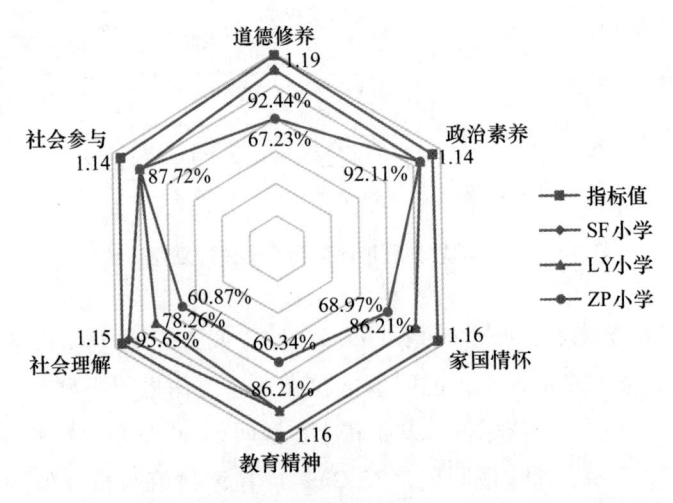

图 10-4 基础教育质量评估指标教师发展的职业道德评估结果

从 SF 小学来看，社会理解（95.65%）的评估值与指标值的差距非常小，其他指标评估值与指标值差距也不大，说明该校在这些方面做得都比较好。从 LY 小学来看，除社会理解（78.26%）指标外，其余指标均与 SF 小学一致。从 ZP 小学来看，除政治素养（92.11%）、社会参与（87.72%）两个指标外，其余指标评估值均低于另外两所学校。

2. 专业发展

在教师发展的专业发展指标中，3 所被评估的学校呈现的趋势与总趋势相近。评估结果最好的仍然是 SF 小学，最接近指标值；其次是 LY 小学；最差的是 ZP 小学。具体如图 10-5 所示。

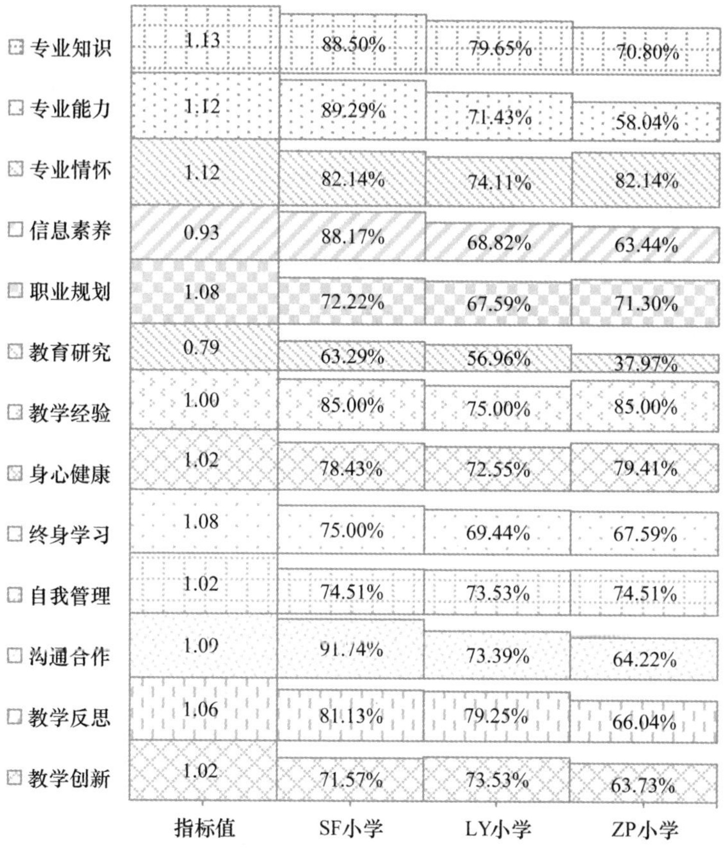

指标	指标值	SF小学	LY小学	ZP小学
专业知识	1.13	88.50%	79.65%	70.80%
专业能力	1.12	89.29%	71.43%	58.04%
专业情怀	1.12	82.14%	74.11%	82.14%
信息素养	0.93	88.17%	68.82%	63.44%
职业规划	1.08	72.22%	67.59%	71.30%
教育研究	0.79	63.29%	56.96%	37.97%
教学经验	1.00	85.00%	75.00%	85.00%
身心健康	1.02	78.43%	72.55%	79.41%
终身学习	1.08	75.00%	69.44%	67.59%
自我管理	1.02	74.51%	73.53%	74.51%
沟通合作	1.09	91.74%	73.39%	64.22%
教学反思	1.06	81.13%	79.25%	66.04%
教学创新	1.02	71.57%	73.53%	63.73%

图 10-5 基础教育质量评估指标教师发展的专业发展评估结果

从 SF 小学来看，沟通合作（91.74%）、专业能力（89.29%）的评估值与指标值差距相对比较小，说明该学校在这些方面做得很好；而教育研究（63.29%）的评估值与指标值的差距最大，说明该校在这方面有待提高。从 LY 小学来看，专业知识（79.65%）、教学反思（79.25%）等评估值与指标值的差距相比较小，说明该学校在这些方面做得较好；教育研究（56.96%）的评估值与指标值的差距最大，说明该校在教育研究方面有待提高。从 ZP 小学来看，教学经验（85.00%）、专业情怀（82.14%）等评估值与指标值的差距相比较小，说明该学校在这些方面做得比较好；教育研究（37.97%）、专业能力（58.04%）等评估值与指标值相差较大，说明该校在这些方面亟待提高。

值得注意的是，三所被评估学校的教育研究评估值都是最低的，说明这三所学校在教育研究方面都需要加强。

ZP 小学的四级指标评估值多数是这三所学校最低的，而身心健康的分数却最高，说明 ZP 小学教师的身心健康比另外两所学校要好，通过访谈了解到，在 ZP 小学（乡村小学）任教的教师压力比在乡镇中心小学和城市学校要小，这是该校认为自己身心健康比较好的原因之一。同时，ZP 小学教师的专业情怀、教学经验评估分数也尚可，通过访谈了解到一部分原因是该校的老教师较多，教师的教龄相较其余两所学校长，因此，教师的教学经验相对丰富、专业情怀相对较高。

LY 小学的身心健康、专业情怀、职业规划、教学经验、自我管理评估值都是被评估的三所学校中最低的。通过对该校教师访谈了解到，LY 小学教师除了正常任教以外还需要守学生早自习、营养午餐、午休、课间在固定位置值班、延时服务（或少年宫活动，也就是兴趣班）等，教师任务较重，特别是班主任。作为乡镇中心学校，平时活动较多，晋级晋岗难度较大等。LY 小学的教师年龄两极分化比较严重，年轻的教师太年轻，年长的教师年龄较大。这或许是造成该校上述指标评估值最低的原因。

3. 师资保障

在教师发展的师资保障指标中，三所被评估的学校呈现的趋势与总趋势相近。评估结果最好的是 SF 小学；其次是 LY 小学；最差的是 ZP 小学。具体如图 10-6 所示。

从 SF 小学来看，团队建设（90.91%）的评估值与指标值差距最小，可以得出该学校团队建设做得很好；教师待遇（83.33%）的评估值相较其他指标而言，与指标值的差距最大，说明该校教师认为现在的教师待遇有待提高。从 LY 小学来看，教师管理（84.91%）的评估值与指标值的差距相比较小，可以看出 LY 小学在教师管理方面做得较好；师资配备（70.80%）的评估值与指标值的差距最大，说明该校在师资配备方面有待提高。从 ZP 小学来看，教师待遇（82.22%）的评估值与指标值的差距相比最小，说明对该学校的教师而言，教师待遇是师资保障中最好的指标；团队建设（59.09%）的评估值与指标值的差距最大，说明该校在团队建设方面亟须提高。

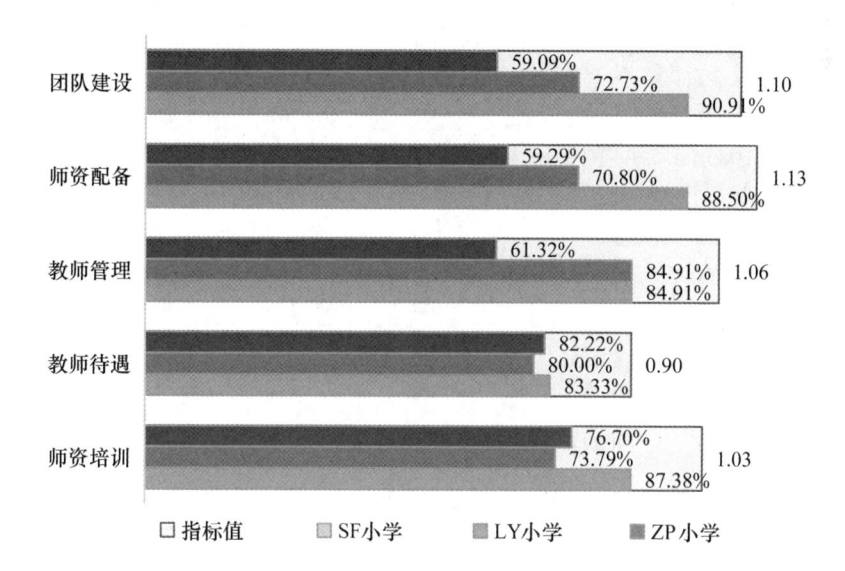

图 10-6　基础教育质量评估指标教师发展的师资保障评估结果

由此可见，ZP 小学的师资培训和教师待遇评估值都比 LY 小学要高。通过访谈了解到，除有针对性的培训以外，很多培训都是以学校为单位外派教师培训，也就是说学校教师越多，培训机会越少；LY 小学教师平时的工作量比 ZP 小学教师普遍大得多，所以他们觉得现在的工资和工作量比起来还有很大的提升空间。

（三）学生发展

在学生发展指标中，三所被评估的学校呈现出的趋势与总趋势相近。评估结果最好的是 SF 小学；其次是 LY 小学；最差的是 ZP 小学。具体如图 10-7 所示。

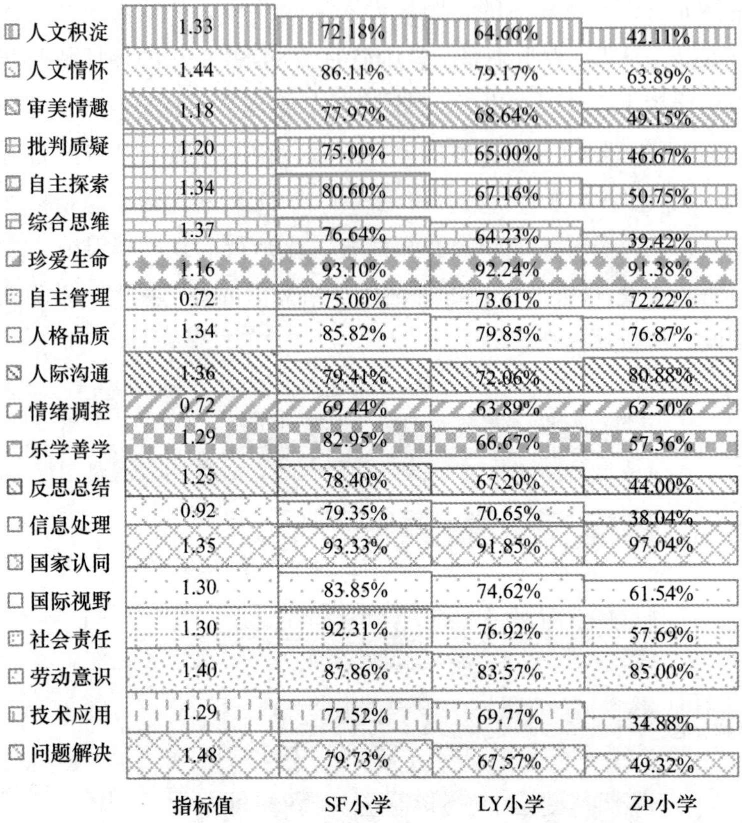

指标	指标值	SF小学	LY小学	ZP小学
人文积淀	1.33	72.18%	64.66%	42.11%
人文情怀	1.44	86.11%	79.17%	63.89%
审美情趣	1.18	77.97%	68.64%	49.15%
批判质疑	1.20	75.00%	65.00%	46.67%
自主探索	1.34	80.60%	67.16%	50.75%
综合思维	1.37	76.64%	64.23%	39.42%
珍爱生命	1.16	93.10%	92.24%	91.38%
自主管理	0.72	75.00%	73.61%	72.22%
人格品质	1.34	85.82%	79.85%	76.87%
人际沟通	1.36	79.41%	72.06%	80.88%
情绪调控	0.72	69.44%	63.89%	62.50%
乐学善学	1.29	82.95%	66.67%	57.36%
反思总结	1.25	78.40%	67.20%	44.00%
信息处理	0.92	79.35%	70.65%	38.04%
国家认同	1.35	93.33%	91.85%	97.04%
国际视野	1.30	83.85%	74.62%	61.54%
社会责任	1.30	92.31%	76.92%	57.69%
劳动意识	1.40	87.86%	83.57%	85.00%
技术应用	1.29	77.52%	69.77%	34.88%
问题解决	1.48	79.73%	67.57%	49.32%

图 10-7 基础教育质量评估指标学生发展评估结果

从 SF 小学来看，国家认同（93.33%）、珍爱生命（93.10%）等评估值与指标值的差距较小，可以看出 SF 小学的学生在这些方面发展得不错；情绪调控（69.44%）、人文积淀（72.18%）等评估值与指标值的差距较大，说明该校学生在情绪调控、人文积淀等方面还有待提高。从 LY 小学来看，珍爱生命（92.24%）、国家认同（91.85%）评估值与指标值差距相比较小，说明 LY 小学在这两方面较好；情绪调控（63.89%）、综合思维（64.23%）等评估值与指标值的差距较大，说明该校在学生发展的这些方面有待提高。从 ZP 小学来看，国家认同（97.04%）、珍爱生命（91.38%）等评估值与指标值的差距较小，说明学生在这些方面发展得较好；技术应用（34.88%）、信息处理（38.04%）、综合思维（39.42%）、人文积淀（42.11%）等评估值与指标值的差距非常大，说明该校急需提升学生在这些方面的发展。

此外,三所被评估学校的国家认同和珍爱生命的评估值都是非常高的,说明这三所学校在学生的在国家认同和珍爱生命方面都做得非常好。情绪调控、自主管理、珍爱生命、劳动意识等不同学校的评估值差别不大,说明这些指标与学校是城市学校还是乡村学校关系不大。

ZP 小学的四级指标评估值多数是这三所学校最低的,而国家认同、人际沟通的分数却最高,这说明从评估结果来看,ZP 小学学生的国家认同感和人际沟通能力比另外两所学校要好。

LY 小学学生自主管理、人际沟通、国家认同、劳动意识的评估值都是被评估的三所学校中分值最低的。说明该校在这些方面还需加强对学生的培养。

(四)课程与教学

1. 课程

在课程指标中,3 所被评估的学校呈现出的趋势与总趋势保持一致。评估结果最好的是 SF 小学;其次是 LY 小学;最差的是 ZP 小学。具体如图 10-8 所示。

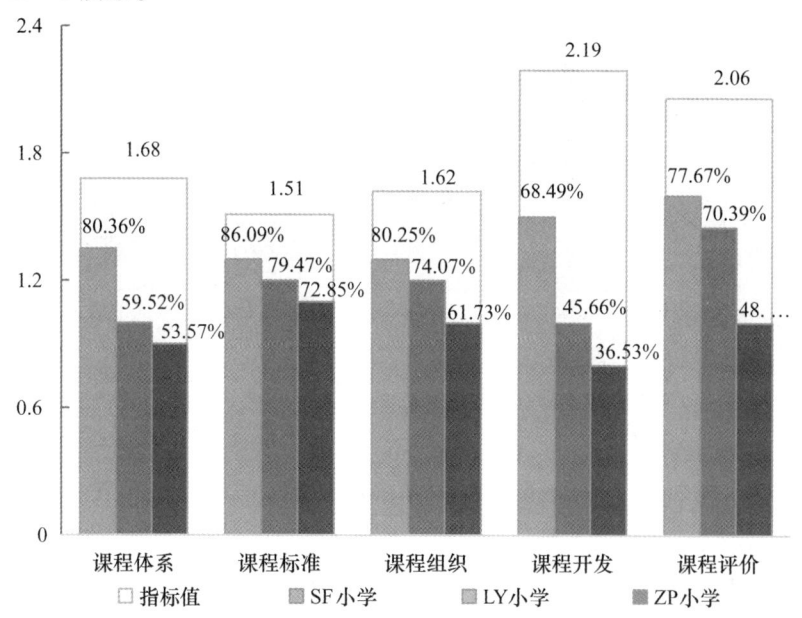

图 10-8 基础教育质量评估指标课程与教学的课程评估结果

从 SF 小学来看，课程标准（86.09%）的评估值与指标值差距最小，说明该校在落实课程标准方面做得最好；课程开发（68.49%）的评估值与指标值的差距最大，说明该校在课程开发方面还有待提高。LY 小学和 ZP 小学在走向上与之相同。也就是说，被评估的三所学校都是在课程标准方面做得较好，在课程开发方面做得较差。另外，在课程体系和课程开发方面，LY 小学和 ZP 小学与 SF 小学的差距较大；在课程评价方面，ZP 小学与 LY 小学和 SF 小学的差距较大。

2. 教学

在教学指标中，三所被评估的学校呈现的趋势与总趋势保持一致。评估结果最好的是 SF 小学；其次是 LY 小学；最差的是 ZP 小学。具体如图 10-9 所示。

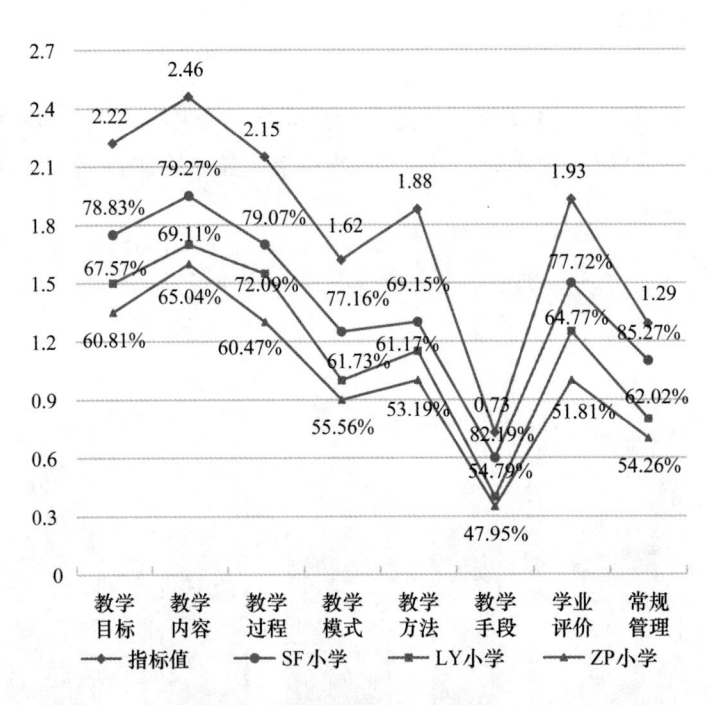

图 10-9 基础教育质量评估指标课程与教学的教学评估结果

从 SF 小学来看，常规管理（85.27%）的评估值与指标值差距最小，说明该校在常规管理方面做得最好；教学方法（69.15%）的评估值与指标值的差距最大，说明该校在教学方法方面有待提高。从 LY 小学来看，教学过程（72.09%）的评估值与指标值差距最小，说明该校相较其他教学指标而言，在教学过程方面做得最好；教学手段（54.79%）的评估值与指标值的差距最大，说明该校在教学手段方面还有待提高。从 ZP 小学来看，各指标的评估值与指标值的差距较大，说明该校在教学的各方面都亟须改进。

（五）协同育人

在协同育人指标中，三所评估学校呈现的趋势与总趋势比较接近。评估结果最好的是 SF 小学，其次是 LY 小学，最差的是 ZP 小学。其中，被评估的三所学校的政府期望、政府参与和民众期望的评估值一致。具体如图 10-10 所示。

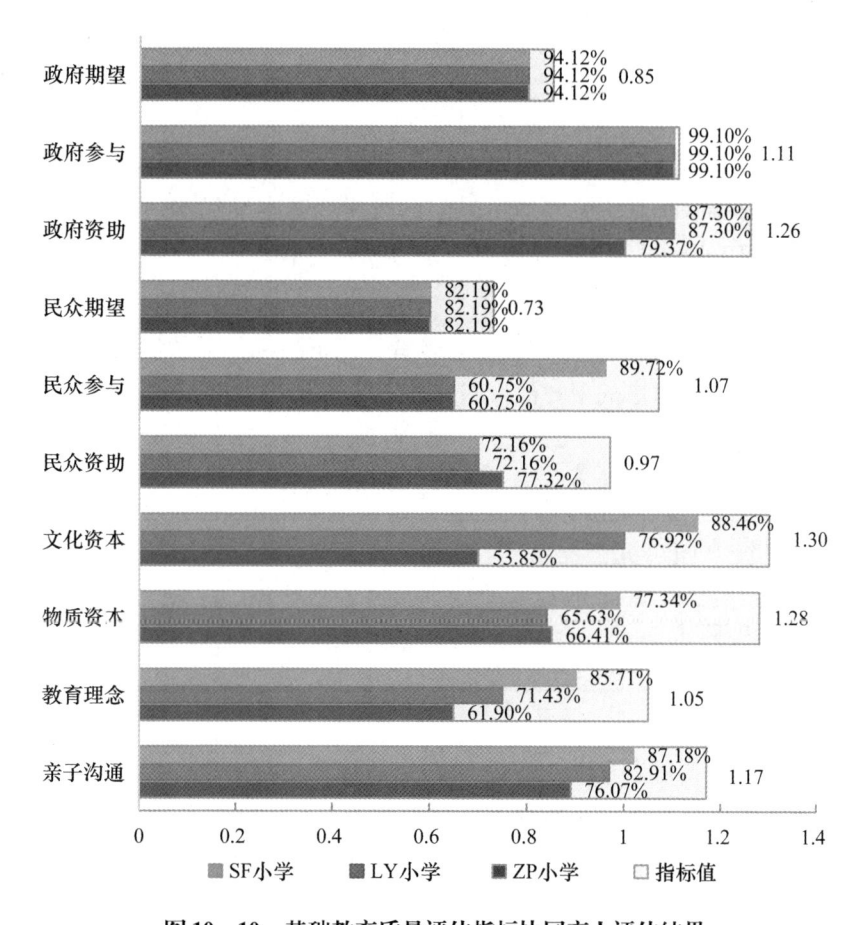

指标	SF小学	LY小学	ZP小学	指标值
政府期望	94.12%	94.12%	94.12%	0.85
政府参与	99.10%	99.10%	99.10%	1.11
政府资助	87.30%	87.30%	79.37%	1.26
民众期望	82.19%	82.19%	82.19%	0.73
民众参与	89.72%	60.75%	60.75%	1.07
民众资助	72.16%	72.16%	77.32%	0.97
文化资本	88.46%	76.92%	53.85%	1.30
物质资本	77.34%	65.63%	66.41%	1.28
教育理念	85.71%	71.43%	61.90%	1.05
亲子沟通	87.18%	82.91%	76.07%	1.17

图 10-10 基础教育质量评估指标协同育人评估结果

从 SF 小学来看，除政府期望、政府参与、民众期望外，民众参与（89.72%）的评估值与指标值的差距较小，说明 SF 小学在民众参与方面做得很好；民众资助（72.16%）的评估值与指标值差距最大，说明该校的民众资助相对较少。从 LY 小学来看，除政府期望、政府参与和民众期望外，政府资助（87.30%）的评估值与指标值的差距较小，说明该校的政府资助相对较多；民众参与（60.75%）的评估值与指标值差距最大，说明该校民众参与度相对较少。从 ZP 小学来看，除政府期望、政府参与和民众期望外，政府资助（79.37%）的评估值与指标值的差距较小，说明该校的政府资助比较理想；文化资本（53.85%）的评估值与指标值的差距最大，说明该校学生的家庭文化资本比较薄弱。

另外，LY 小学和 ZP 小学的民众参与评估值较低，且与 SF 小学的差距较大，说明 LY 小学和 ZP 小学的民众参与度有待提高。

三 基础教育质量评估指标体系四级指标评估结果分析

从评估结果来看，被评估学校的四级指标基本呈现 SF 小学高于 LY 小学高于 ZP 小学的结果，但也有个别指标与之不同。

（一）SF 小学

从 SF 小学四级指标的评估结果来看，以下指标的评估值较低，个别指标的评估值甚至远低于其他指标。具体见表 10-2。

表 10-2　　　　　　SF 小学评估值较低的四级指标

四级指标名称	教育研究（教师）	情绪调控（学生）	课程开发
指标值	0.79	0.72	2.19
评估值	0.50	0.50	1.50
评估值与指标值的比例（%）	63.29	69.44	68.49

从表 10-2 可以看出，SF 小学四级指标评估结果中，相比其他指标评估值最低的是教师的教育研究，评估值为 0.50，占指标值的 63.29%，占比较低。同时，该校学生的情绪调控和课程开发的评估结果也较低。也就是说，该校在教师的教育研究、学生的情绪调控和课程开发方面还有待提高。

根据访谈结果，结合学校实际来看，SF 小学的教育研究评估值较低的原因主要有以下两个方面。一方面，该校教师年龄存在两极分化现象，快退休的老教师和新入职的年轻教师较多，中年教师较少。多数老教师由于快退休和自身精力不足等原因很少进行教育研究。多数刚入职的年轻教师经验不足，在教育研究方面很难出成绩。另一方面，该校教师缺少专业指导。很多教师想要做教育研究，但是缺少有经验的教师或专家指导，特别是在教育教学理论方面。SF 小学学生的情绪调控评估值较低的原因有学生学习压力大、独生子女多、缺少专业心理健康教师对学生进行心理疏导、学校学生多，情况复杂，心理健康教师无法及时进行疏导等。SF 小学课程开发评估值较低的原因与教育研究的情况类似，但学校的课程规划也是其重要影响因素。

（二）LY 小学

从 LY 小学四级指标的评估结果来看，以下指标的评估值较低，个别指标甚至远低于其他指标。具体见表 10-3。

表 10-3　　　　　　　LY 小学评估值较低的四级指标

四级指标名称	教育研究	课程开发	教学手段
指标值	0.79	2.19	0.73
评估值	0.45	1.00	0.40
评估值与指标值的比例（%）	56.96	45.66	54.79

从表 10-3 可以看出，LY 小学四级指标评估结果中，相比其他指标评估值最低的是课程开发，评估值为 1.00，占指标值的 45.66%，占比很低。同时，该校教师的教学手段和教育研究的评估值也比较低。也就是说该校在课程开发、教学手段、教育研究方面亟待提高。

根据访谈结果，结合学校实际来看，LY 小学的课程开发评估值较低的原因主要有三个方面：首先，学校课程规划严格按照省厅要求开齐开足课程，同时不能超过规定课时量，这就导致教师一般不会主动去开发课程，而且教师对现有课程进行开发的理论知识储备不够，难以完成。其次，学校领导重视程度不够，教育理念落后，认为现有课程已经很完善，无需在这方面操心。最后，该校教师与大多数中小学教师一样，教育教学理论知识薄弱，虽然有比较丰富的教学经验，但是很难结合教育教学相关理论规范表达。LY 小学教学手段评估值较低的原因有：该校教师年龄两极分化严重，80 多名教师中，年龄在 50 岁以上的约占三分之一，35 岁以下的教师约占三分之二，中年教师只有少数几个。50 岁以上教师的教学手段基本已固定，年轻教师教学经验相对较少，教学手段不够丰富。LY 小学教育研究评估值较低的原因与教学手段的情况类似，同时，在教育研究方面缺少专业指导。

从 LY 小学四级指标的评估结果来看，以下指标的评估值较低，甚至低于总评估值最低的 ZP 小学。具体见表 10-4。

表 10-4　　　　LY 小学评估值相比其他学校最低的四级指标

四级指标名称	专业情怀	职业规划	身心健康	自我管理（教师）	教师待遇	师资培训	人际沟通（学生）	劳动意识（学生）
指标值	1.12	1.08	1.02	1.02	0.90	1.03	1.36	1.40
评估值	0.83	0.73	0.74	0.75	0.72	0.76	0.98	1.17
评估值与指标值的比例（%）	74.11	67.59	72.55	73.53	80.00	73.79	72.06	83.57

从表 10-4 可以看出，LY 小学四级指标评估结果中，专业情怀等 8 个指标值是三所学校中的最低值。LY 小学的总评估值比 ZP 小学高，这说明 LY 小学在这些方面亟须提高。

从访谈结果来看，一方面，从教师发展维度来说，LY 小学属于乡镇中心学校，学生较多，教师工作任务重（除正常教学任务外，还有早自习、中午守餐、午休课、延时服务、兴趣班、校运会、课间值班、各种活动等），教学压力大（评优评先中的教学成绩必须占 60% 以上，平均分低于县平均分不能参评等），教师竞争激烈（学校编制少导致晋级竞岗机会少）。以上这些原因将会直接导致教师专业情怀等方面不如其他学校。另一方面，从学生发展维度来说，在人际沟通上，LY 小学较 ZP 小学而言，师生比较低，教师与学生相处时间较少，学生与教师沟通机会较少，因此呈现出 LY 小学学生的人际沟通较 ZP 小学低的结果。从学生劳动意识来看，LY 小学的学生多、劳动机会少，相较 ZP 小学（乡村小学），LY

小学学生的劳动意识会低一些。

（三）ZP 小学

从 ZP 小学四级指标的评估结果来看，以下指标的评估值较低。具体见表 10-5。

表 10-5　　　　　　ZP 小学评估值较低的四级指标

四级指标名称	人力资源	教育研究	技术应用（学生）	课程开发
指标值	1.86	0.79	1.29	2.19
评估值	1.00	0.30	0.45	0.80
评估值与指标值的比例（%）	53.76	37.97	34.88	36.53

从表 10-5 可以看出，ZP 小学四级指标的评估结果中，相比其他指标评估值来说，最低的是学生的技术应用，评估值为 0.45，占指标值的 34.88%，占比极低。同时，该校教师的教育研究、课程开发、人力资源的评估结果也非常低。也就是说，该校在学生的技术应用、教师的教育研究、人力资源和课程开发方面亟待提高。

根据访谈结果，结合学校实际来看，ZP 小学学生技术应用评估值较低的原因主要有两个方面：一方面，该校没有专业信息技术教师，其他任课教师的信息技术能力很差；另一方面，学校信息设备少，学生的信息技术课程基本上是自习课。ZP 小学课程开发和教育研究评估值较低的原因主要是师资力量薄弱。ZP 小学人力资源评估值较低的原因主要是学校学生少导致教师很难按课程配齐。

从 ZP 小学四级指标的评估结果来看，虽然该校的总评估值最低，但以下指标的评估值却是三所学校中的最高值。如表 10-6 所示。

表 10-6　　　　　ZP 小学评估值相比其他学校最高的四级指标

四级指标名称	教学经验	身心健康	人际沟通（学生）	国家认同（学生）
指标值	1.00	1.02	1.36	1.35
评估值	0.85	0.81	1.10	1.31
评估值与指标值的比例（%）	85.00	79.41	80.88	97.04

从表 10-6 可以看出，ZP 小学四级指标评估结果中，教学经验、身心健康等 4 个指标值是三所学校的最高值。这说明，虽然 ZP 小学的总评估值最低，在身心健康等方面的表现却较好。

从访谈结果来看，ZP 小学属于乡村完全小学，学生较少（120 人左右），教师工作量相比较少，教学压力不大，教师竞争小，因此该校教师身心健康评估值最高。从教学经验来看，ZP 小学的老教师较多，教学经验相对丰富。从学生国家认同来看，ZP 小学的学生都是农村小孩，土生土长，对家乡相对依赖，尤其是脱贫攻坚时期来自国家的大力资助在很大程度上会转化成学生对国家的认同。从学生人际沟通来看，ZP 小学学生少，师生相比较其他学校而言高，加之教师变动少，因此教师与学生相处时间多、学生与教师沟通机会较多，因而呈现出学生人际沟通评估值较高的结果。

第四节　实践检验的效果反思

将本书所研制的核心素养视角下基础教育质量评估指标体系运用于实践学校进行实践检验，整体效果良好。为了更好地方便读者理解和参考，课题组针对检验设计的适切性、评估过程的合理性和评估结果的实用性做进一步反思，具体如下：

一　检验设计的适切性反思

核心素养视角下基础教育质量评估指标体系的实践检验需从整体检验设计的适切性进行缜密地反思，反思主要从评价工具和评价对象两个方面开展。

本书基于核心素养视角探究基础教育质量所涉及的关键要素和评估指标，在此基础上进一步归纳得出影响基础教育质量的要素，以建构提升基础教育质量的要素结构。对评价对象而言，从研究的科学性来说，主要从 G 省 9 个地（州）市按比例选取部分学校，以这些学校具有代表性的教师、学生作为考察对象，进行分层分类研究。考察对象应涵盖不同学段（高中、初中、小学）、不同行政区域（市级、县城、城乡接合部、乡镇、村）的一线教师和学生，但实际上当前只在小学阶段进行了研究对象的选取,选择了 G 省内三类不同的学校类型进行评估测量,覆盖了从乡村小学到省级重点小学各类学校,本次核心素养视角下基础教育质量评估指标体系的实践检验主要选取城市小学、乡镇中心小学、乡村小学三所不同类型的小学为样本进行检验,课题团队在进行评估工作时选取了 G 省的 SF 小学(城市)、LY 小学(乡镇中心小学)和 ZP 小学(乡村小学)作为评估对象。其中,SF 小学是坐落于省会城市的一所重点小学,依托于省级师范大学进行办学,是一所设施先进、设备一流、教育资源优质的学校,号称省内最大的小学,拥有优质的管理和教师团队,可以作为省级优质小学的代表;LY 小学是一所属于地级城市的公办完全小学,学校基础设施基本完备,教育资源基本能够满足教学要求,整体办学水平适中,可以作为市级/乡镇中心小学的代表;ZP 小学则是一所三线村级完小,师生水平相对靠后,教师与学生较少,教育资源仅能满足语文、数学等日常教学,整体办学水平较低,可以作为乡村学校的代表。这三所学校的地理位置、办学规模、师资水平各不相同,由于地域与学校的差异,得出具有不同呈现水平的检验数据,确保了研究的客观性与科学性,增强了评估结果的代表性,便于本次评估工作的顺利展开,但是研究未涉及中学阶段,缺少了中学阶段的考察数据,这是探究基础教育质量设计过程中所要改进的部分。

就评价工具而言,课题团队对评价工具的选取秉承科学客观、有针对性、有适切性的原则,从具体指标出发,在众多研究工具中选取了调查问卷、测试样卷以及观察与访谈量表等作为本次研究的评价工具,调查问卷和测试样卷的被试人员是被评价学校的教师及学生,观察与访谈量表的对应人群则是与本次评价无利害相关的其他人员,教师问卷和学生问卷通过研究、细化评估指标得出,分别对应不同的四级指标,观察与访谈量表通过阅读资料、现场观察等方式收集的相关数据而编写,也有其单独对应的四级指标。但在本次评估工作的开展过程中,课题组发现评价工具的设计也有些许不合理之处,具体表现在学生问卷的适用性上,学生问卷的问题与答案略有些难,部分一、二年级的小学生不能完全理解问卷的含义,需要测试人员的细致解答,因此增加了测试人员的工作量。

综上所述,本次评估工作中评价对象的选取能够做到客观合理,评价工具的采用逻辑严密、针对性强，虽有些许不足，但瑕不掩瑜，足见本次评估体系的因地制宜、对症下药，体现出其适切性所在。

二 评估过程的合理性反思

本书旨在通过运用核心素养评估体系对学校规划、教师发展、学生发展、课程与教学、协同育人五个部分进行总体性指标评价，并做出相应的数据分析，最终对核心素养视角下基础教育质量提升做出有效建议。但在实际操作中仍然存在部分不合理情况，需要对其进行深入阐释，从而优化本书设计的实际操作。

在本书中，评估实践的操作过程主要分为四个步骤：问卷发放、问卷收集、数据整理、数据分析并得出结论。首先，通过问卷设计形式将考察内容列入问卷，形成实际调查工具；其中问卷设计又分为教师卷与学生卷，分别对 G 省三所不同类型小学进行实地考察，发放问卷从而获取相关数据。然而在问卷发放过程中仍然存在以下问题：一是问卷设计内容与部分学段学生认知水平仍有一定差距，如在小学低学段中，学生在问卷填写过程中，存在对问卷理解出现差异甚至难以理解问卷实际呈现内容的情况；二是部分师生在问卷填写过程中出现"污染"情况，影响后期问卷分析信效度，如师生填写过程中，由于对教育研究的认识缺乏严谨性，部分问卷出现随意填写的情况；三是在问卷发放过程中，由于对问卷发放人员的培训不到位，问卷发放人员未对问卷内容进行有效解释，导致部分师生在问卷考察实际理解过程中出现偏离。其次，在问卷收集过程中，部分考察班级缺乏教师引导，收集秩序混乱，出现问卷漏交、漏填等问题。如，实际发放问卷数量与实际回收问卷数量不一致。再次，通过问卷回收，对问卷数据进行电子录入，转录成 excel 形式汇总，需要对回收数据严格进行分类，并将相应数据内容进行精确编码，确保问卷录入过程的完整性与准确性。如，在研究数据的录入过程中，对部分不完整问卷进行标记录入，从而确保数据的真实性。最后，有关数据分析的过程，本书通过运用公式计算、绘制表格、柱状图、折线图、雷达图等方式对调查数据进行分析。这些数据分析方式能够将三所学校的各自状况全方位、多维度、立体化地呈现出来，既互为对比，又各自区分，将三所学校的总体规划水平、教师职业道德、教师专业发展、师资保障水准、学生发展指标、教学与课程水准等一系列指标清晰直观地呈现出来，便于本次评估工作的进行。一是严格执行研究的分析标准，不能随意地对数据生成结果做出修改与编造；二是在面对专业性较强的数据分析之时，需要征询有关专业人士的意见和建议；三是为了确保数据的精确性，需要运用SPSS、问卷星等相关分析软件对数据进行处理。

综上所述，在问卷发放、问卷收集、数据整理与数据分析的过程中，由于研究设计与现实考察存在差异，评估操作过程呈现出一定的不合理性。但总体来看，评估过程将理论与实践相结合，促使所得出的基础教育质量评估指标体系具有可操纵性；而将不同类别、不同学段的师生作为评估对象，使得数据的收集完备而夯实，具有实践性与操作性。

三　评估结果的实用性反思

评价结果主要包括评价结果的呈现与使用，对评价结果的反思也主要围绕这两方面进行。在评估结果这一环节中，课题团队对三所被评价学校的达标程度进行了综合分析，并就本次评估工作给出了综合评价。

（一）评价结果的真实性呈现

评价结果的真实呈现主要包括评估结果中的程度分析及结论得出两个环节。就评价结果的分析判断而言，课题团队能够根据预先制定的教育评价指标体系中的指标并对照自评与他评的资料，对收集到的数据进行综合思考，由此对三所学校的达标程度进行逐一分析判断。此外，课题团队能够有意识地做好评估结果的检验工作，对评价程序中的每个步骤进行正确性判断与可信度分析，力争确保本次分析判断工作的准确性。就综合性结论的得出而言，课题团队能够在对分项评定的结果进行整合汇总后，通过数字和义字两种途径对本次评估工作进行评价与描述，并基于综合概括的水准给出评语和意见。在得出结论过程中，课题团队能够注意到从三所学校校际以及校内各项工作之间的角度出发进行比较，评估工作能够做到从实际出发，力争确保评价结论的客观性、权威性和正确导向。

（二）评价结果的多样性使用

在实践检验基础教育质量评估指标体系的过程中，评价结果的使用较为单一。在后续研究中，可以进一步丰富评价结果的使用方式。其一，深挖数据建设各类数据库，并根据数据库的需求完善评估体系。在实践检验基础教育质量评估指标体系的同时，深度挖掘人口学变量及指标之间的关系，构建各类数据库。在构建常模库、模型库、标准库、规律库、策略库等各类数据库的过程中，根据各种数据库的构建需要调整原有的评估指标体系。一方面，将数据库进行数据汇合可以得到常模库，将常模库进行数据提取可以得到标准库；另一方面，将数据库进行数据拟合可以得到模型库，将模型库进行数据分析可以得到规律库，再将标准库与规律库进行应用、验证，则可以得到策略库。其中，规律库与策略库对促进学生、教师、学校等未来的全面发展与质量提升至关重要，可以帮助所需人员得知人际沟通对学生成长的影响、教师与学生在面对一些共性问题时应该采取怎样的策略等。

其二，构建实践、研究、完善等良性循环的长期检验完善体系。基础教育质量评估的最终目的是促进学校教育质量的提升及学生、教师的全面发展。将测评结果中呈现的问题进行分类汇总、构建后续研究课题，将研究成果及时融入评估体系的完善中，最大限度地发挥养成性评价的诊断、改进功能。以在评估结果中呈现的特殊情况为例，各个案例学校都有一些评估值超出预期的指标。其中，SF 小学的异常指标最少，仅有教育研究、情绪调控、课程开发三项。而本应处于第二等级的 LY 小学，竟然有身心健康、专业情怀等八项低于本应处于第三等级且总评估值最低的 ZP 小学。此外，ZP 小学在身心健康、教学经验、国家认同、人际沟通四个指标的评估值却是三所学校中最高值。原因或许有二：一是被评价学校未获得全面发展，还有进一步完善的空间；二是评估工具还有进一步完善的空间。

总而言之，在本次评价活动中，课题团队做到了结合实际、总体规划、综合分析的有机统一，力求评估结果的真实可靠、严谨求实，充分体现出其真实性所在。

第十一章

研究结论与反思

本书以核心素养为分析视角,全面深入地探索了提升基础教育质量的关键要素,进而构建了核心素养视角下基础教育质量的评估指标体系,在具体的理论构建与实践研究过程中取得了不少经验,同时也遇到不少困难。因此,本章主要是为了总结整个研究成效并对该过程中的问题进行反思,以期能够在理论与实践相结合的实践反思中切实提升基础教育质量。具体而言:一方面,本章系统地总结了本书的研究结论。进一步凝练了已有核心素养背景下提升基础教育质量研究的核心观点,明晰了核心素养背景下基础教育质量的内涵意蕴,明确了核心素养背景下提升基础教育质量的价值诉求,厘清了核心素养背景下提升基础教育质量的主要依据,提炼了核心素养背景下提升基础教育质量的关键要素,构建了核心素养背景下基础教育质量的评估体系,研制了核心素养背景下基础教育质量的评估指南,发掘了影响基础教育质量关键要素中 15 个比较突出的指标。另一方面,本章全面地对整个研究进行系统性反思,具体包括对研究设计、研究内容、研究方式、研究过程、研究结果五个方面内容的系统反思,以期为提升基础教育质量的相关理论研究和实践操作提供经验参考。

第一节 研究结论

核心素养视角下基础教育质量评估指标体系是在理论的深入探讨与实践的紧密结合之下所建构出来的,其根本在于为新时代背景下基础教育质量的评估提供切实可行的指标体系与使用指南,并在实践中不断检验与完善评估指标体系。总的来看,本书主要的研究成果有以下几方面:第一,探索核心素养视角下基础教育质量的基本内涵、价值诉求以及主要依据;第二,基于扎根理论、文本信息、现实考察、访谈等多轮修订,最终提炼出了核心素养视角下影响基础教育质量的关键要素;第三,在明确关键要素的基础上,确定了相关评估要点,构建了核心素养视角下基础教育质量评估体系,制定了相应的评估操作指南,并对其进行实践检验。具体而言,形成结论如下。

一 凝练了已有核心素养视角下提升基础教育质量研究的核心观点

通过对现有相关文献的回顾梳理,本书较为准确全面地把握了基础教育质量的相关研究现状,并凝练了相关研究的核心观点。从研究内容来看,已有研究成果基本涵盖了基础教育质量的现状、影响基础教育质量的因素、提升基础教育质量的措施、基础教育质量监测与评估等方面。具体而言,国外理论研究者就提升基础教育质量这一问题的论述主要集中在三个方面,分别是关于基础教育质量的一般论述、关于保障基础教育质量的相关研究、关于核心素养的基础教育质量学生评价研究。其中,关于基础教育质量的一般论述主要涉及提升教育质量的重要性、教育质量的定义和分析框架;关于保障基础教育质量的相关研究主要涉及增加教育投入、共享教育资源、实行弹性化教学、优化师资团队、加强监测与评估、完善课程体系等方面;关于核心素养的基础教育质量学生评价研究主要涉及课程核心素养评价类型的归类和评价的经验以及评价所采用的方式总结。国内已有研究主要集中在七个方面,分别是探究基础教育质量低下的原因、核心素养视角下提升基础教育质量的困境、提升基础教育质量的重要性、提升基础教育质量的关键要素、基础教育质量的评估、基础教育质量的监测和提升基础教育质量的路径。已有研究为本书的理论建构与实践发展提供了相关启示。基于此,本书以核心素养为视角,深入系统地探索基础教育质量的关键要素和评估指标。

二 明晰了核心素养视角下基础教育质量的内涵意蕴

本书主要从目标导向、发展维度、发展品位、发展方向、发展机制、发展原则六个方面界定出核心素养视角下提升基础教育质量的基本内涵。

就目标导向而言，目标指向促进人的全面发展、符合适应社会需要。就发展维度而言，注重内涵式发展、兼顾外延合理布局；就发展品位而言，核心素养视角下提升基础教育质量的发展品位指的是高品质、高水平、有特色；就发展方向而言，核心素养视角下提升基础教育质量的发展方向指的是出名师、育英才；就发展机制而言，核心素养视角下提升基础教育质量的发展机制指的是"评促建""评助管"；就发展原则而言，核心素养视角下提升基础教育质量的发展原则需要遵循"四个统一"：外部监督与自主发展相统一、结果考核与过程监控相统一、掌握知识与能力培养相统一、立德与树人相统一。总而言之，核心素养视角下提升基础教育质量指的是：树立全新质量观，转变育人目标导向；革新发展维度，注重内涵式发展；提升发展品位，兼顾品质与特色；重塑发展方向，强化以名师育英才；建构发展机制，实现建管评一体化；明确发展原则，深化学生核心素养。

三 明确了核心素养视角下提升基础教育质量的价值诉求

本书从价值审视、价值维度和价值实现三个方面阐述了核心素养视角下提升基础教育质量的价值诉求。就价值审视而言，明确了核心素养视角下提升基础教育质量的基本立场、理论支持和逻辑意蕴，并且详细地说明了核心素养视角下提升基础教育质量的逻辑意蕴，即立德树人是核心素养视角下提升基础教育质量的终极追求、聚焦素养是核心素养视角下提升基础教育质量的直接指向、质量育人是核心素养视角下提升基础教育质量的内在要求。就价值维度而言，明确了核心素养视角下提升基础教育质量的价值主要表现在落实国家教育方针、增强学校办学实力、推进教师队伍建设、促进学生个体发展、深化师生课堂互动、助力多元协同育人六个方面。就价值实现而言，明确从形成核心素养视角下提升基础教育质量的基本价值理念、建立核心素养视角下提升基础教育质量的监督管理机制和构建核心素养视角下提升基础教育质量的评估指标体系这三方面助力核心素养视角下基础教育质量的提升。

四 厘清了核心素养视角下提升基础教育质量的主要依据

核心素养视角下提升基础教育质量的依据主要分为政策依据、理论依据和现实依据。就政策依据而言，分别从核心素养引领基础教育质量发展的政策计量分析、核心素养引领基础教育质量发展的政策演进阶段和核心素养引领基础教育质量发展的政策关注焦点三方面进行阐述，其中着重剖析出围绕核心素养的政策演变过程主要分为核心素养的初步探索阶段、核心素养的快速兴起阶段和核心素养的深化提质阶段，为后续建构核心素养视角下提升基础教育质量的关键要素及评估指标体系提供了政策支持和发展方向。就理论依据而言，围绕核心素养的理论方向主要分为核心素养视角下的教育质量观基础、建构主义学习理论基础、教育哲学基础和德性伦理学基础。教育质量观基础突出了立德树人的育人目标，更加注重学生的全面发展和终身发展；建构主义学习理论基础强调了教师和学生在学习过程中创设及生成意义的主体性；教育哲学基础强调马克思关于人的全面发展理论；德性伦理学基础强调基础教育作为育人活动的德性基础，为真正落实"立德树人"提供了理论支持。就现实依据而言，围绕核心素养的现实背景主要为现实需要为核心素养视角下提升基础教育质量提供动因和实践经验为核心素养视角下提升基础教育质量提供参考。一是现实问题凸显，决定了核心素养视角下基础教育质量亟待提升；二是解决现实问题的条件不足对核心素养视角下提升基础教育质量提出了系列挑战。

五 提炼了核心素养视角下提升基础教育质量的关键要素

本书运用扎根理论构建起了核心素养视角下对基础教育质量具有整体性的影响要素，聚焦于国家、各个省、市教育类的政策文本，通过基于政策文本的现实考察，提炼出了关键要素，随后通过分析讨论得出比较特殊的关键要素。而所有的关键要素的确立都经过了理论与现实的双重考察，从学校规划、教师发展、学生发展、课程与教学、协同育人五个维度出发，为设计核心素养视角下提升基础教育质量的关键要素和指标体系奠定了现实基础。首先，提炼出已有研究中涉及的影响基础教育质量的因素。本书使用扎根理论逐条分析概括了已有文献中影响基础教育质量的因素，初次整合了影响基础教育质量的因素。其次，梳理出政策文本中体现出核心素养的影响基础教育质量的因素。纵观已有政策，从相关政策文本中提炼出隐含在其中的指向核心素养的影响基础教育质量的因素。最后,通过问卷和访谈相结合的方式,再次修改完善已有要素结构,初步构建出核心素养视角下提升基础教育质量的关键要素体系。

六 构建了核心素养视角下基础教育质量的评估体系

本书的评估体系由专家赋权、问卷分析相结合构建而来,是基于核心素养视角,对中国的基础教育质量进行系统评估的指标体系。具体而言,虽然已有研究已广泛讨论过影响基础教育质量的因素,但各个因素间缺乏联系且尚未完全指向核心素养。本书的评估体系在内容上符合当前所提倡的多元均衡理念,囊括了评估基础教育质量的各个要素,在指标上通过量化处理,赋予了不同指标相应的权重分数,提高了评估结果的信效度,从总体上呈现了评估体系的可操作性和动态性,体现了本书对基础教育质量评估体系的不断改进和完善。因此,本书将各个影响基础教育质量的因素进行概括归类,而且突出了指向核心素养影响基础教育质量的因素,使各个影响因素形成有条理、有逻辑、有层次的体系。

七 研制了核心素养视角下基础教育质量的评估指南

本书在所构建的核心素养视角下基础教育质量的评估指标体系的基础之上,设计了相应的评估指标使用指南。评估指标使用指南的设计主要包含了观察内容、评估要点、观察方式、观察点确定依据以及评分建议五个科学严谨、设计合理的维度,透过其极具操作性、指导意义的说明,充分表达了核心素养视角下基础教育质量评估体系的精髓要义,能够让G省乃至全国的评估指南使用人员在实践中动态灵活地运用,能够全面地指出影响基础教育质量的重点内容、改进育人方式、提高教学质量,进一步深入落实核心素养。但是,评估指南并不是一成不变的,它面向各个学校的实际情况不断完善与修订,有利于为教育行政部门制定基础教育质量改革政策提供决策和参考、为教育管理部门负责和监督基础教育质量改革提供帮助、帮助G省各个基础教育阶段的学校中的教育工作者厘清提升基础教育质量的重点。

八 发掘了影响基础教育质量关键要素中15个比较突出的指标

本书从核心素养视角下影响基础教育质量的关键要素与评估指标体

系的建构的整个过程发现，在所有影响基础教育质量的关键要素中，有15个指标较为突出，在此对这15个指标进行分类总结，具体如下：

一是影响基础教育质量的关键要素中有6个指标相对显著。具体而言：其一，是提升基础教育质量最为显著的5个指标，分别是"组织领导""道德修养""问题解决""教学内容""文化资本"。这五个要素是本书评估指标体系中各维度分值最高的关键要素，并且通过讨论验证，确实也符合实际，由此得出的关键启示是：实践中具体可以分别以这五个指标作为快速提升基础教育质量的重要抓手。例如要提升基础教育质量，在学校规划这一维度可重点将学校组织领导能力的提升作为基础教育质量提升的驱动点，通过组织校长培训等多种方式快速提升学校的组织领导能力，以此驱动整个学校的发展，从而提升基础教育教学质量。其二是提升基础教育质量最不显著的1个指标，即"教育研究"。这一指标分值为0.79分，整个评估指标体系中四级指标最高分值2.64分、最低分值0.72、平均分值1.33分，由此可见，其算是整个评估指标中分数最低的指标，同时结合现实考察与学理分析，本书认为这一指标有悖于现实需求，应引起重视。因此，本书聚焦"教育研究"这一要素，给出的关键启示是：在基础教育阶段，倡导教师既是教育者又是理论研究者这一观念尚未深入一线教师内心，这是未来亟须进一步推进的，国家需要大力提倡教师扎根教学实际，成为研究型教师。

二是影响基础教育质量的关键因素中有3对指标差异较大，分别是"教师待遇"和"师资配备""教育精神"和"道德修养"以及"身体健康"和"沟通合作"。首先，"教师待遇和师资配备"，在现实考察所收集到的意见建议中，"教师待遇"被提到的次数最多，关注度最高。同时，在问卷调查中，对"教师待遇"选择"非常认可"和"非常不认可"的人数在同维度的所有指标中占比均最高，最终导致"教师待遇"的公因子方差不高，即认可度不高。而对"师资配备"选择"非常认可"的人数虽然并非最多，但选择"比较认可"和"认可"的比例较高，其公因子方差最大，认可度最高。由此可见，在师资保障对基础教育质量的影响中，虽然被调查教师最关心和关注的是"教师待遇"，但"师资配备"才是影响基础教育质量最大的因素。其次，"教育精神"和"道德修养"，除意见建议提到的次数没有"教师待遇"的次数多以外，其他情况同"教师待遇"和"师资配备"的情况类似，即，在职业道德对基础教育质量的影响中，被调查教师最关心和关注的是"教育精神"，但"道德修养"才是影响基础教育质量最大的因素。最后，"身体健康"和"沟通合作"，情况与"教育精神"和"道德修养"一致，在专业发展对基础教育质量的影响中，被调查教师最关心和关注的是"身心健康"，但"沟通合作"才是影响基础教育质量最大的因素。

三是影响基础教育质量的关键因素中有3个指标争议较大，分别是"亲子沟通""文化氛围"和"审美情趣"。其一，就"亲子沟通"而言，在协同育人维度中教师与学生群体间对"亲子沟通"的争议较大，学生认为"亲子沟通"对基础教育质量影响最大，而教师则不这样认为。这一争议为家校协同育人给出重要启示：在家校合作过程中学校要意识到家校间对"亲子沟通"要达成一致认识，即良好的"亲子沟通"对学生的成长有重要效用，且学校要起到引领示范作用，引导家长对良好"亲子沟通"的重视，同时搭建好家校协同育人平台做好"亲子沟通"的示范效应。其二，就"文化氛围"而言，在学校建设维度中教师与理论研究者群体间对"文化氛围"的争议较大，教师认为较其余要素而言，"文化氛围"对基础教育质量的影响最大，理论研究者则认为，"文化氛围"对基础教育质量影响最小。教师作为基础教育的一线实践人员，与理论研究者在"文化氛围"这一问题上持有截然相反的观点，这值得相关研究人员去进一步思考这一现象背后的复杂因素。其三，就"审美情趣"而言，发现城乡学生对"审美情趣"的争议较大。城区学生对"审美情趣"的认可度都较高，乡村地区的学生对其则普遍持不认可的态度。对于造成这一现象的本质原因是值得进一步深入探索的，与此同时也提示在乡村学校应加大对学生"审美情趣"的培养。

第二节　研究反思

在新时代背景下，党和国家高度重视教育质量的总体提升，对深入改革教育评价明确做出了新的要求——"破五唯"，突出"四个评价"。基础教育作为教育体系中的重中之重，其质量的提升尤为关键。尽管本书从核心素养视角对提升基础教育质量的关键要素和评估指标进行了相关深入探索，但仅有这种理论上的探索显然是不够的，许多问题还需要进一步完善和深化。鉴于此，核心素养视角下中国基础教育质量的评估指标体系应在以下五方面有所突破。

一 研究设计的反思

基础教育改革的重要目的是提升基础教育质量，而提升基础教育质量的首要一步便是找出影响基础教育质量的关键要素。在不同的时代背景下，影响基础教育质量的关键要素也会有相应的变化，因为教育会随着社会经济、政治、文化的发展而发展。自核心素养提出以来，其成为社会各界关注的热点话题，人们不由得会对核心素养视角下如何提升基础教育质量产生疑问。基于此，研究团队在查阅相关文献初步筛选出影响基础教育质量的关键要素的基础上，融合核心素养相关文献后进一步确定了核心素养视角下提升基础教育质量的关键要素。根据已得出的关键要素，研究团队制定了相应的评估指标体系对基础教育质量进行评估。具体而言，研究团队对这一课题的研究设计思路如下。首先，阐述了核心素养视角下提升基础教育的基础理论。其次，通过梳理文献筛选出提升基础教育质量的关键要素。再次，基于文本信息、现实考察和访谈的三次修正确定了核心素养视角下提升基础教育质量的关键要素。最后，通过专家赋权、问卷分析等方式完善了核心素养视角下提升基础教育质量的评估指标，并在此基础上建立了相应评估指标使用指南，供相关教育工作者参考使用。总而言之，整个研究设计背靠理论基础、立足现实问题，从最初关键要素的提取到最后评估指标的确立，每个研究环节逐次递进、逻辑严密。本书初步厘清了核心素养视角下提升基础教育质量的关键要素，并从理论上构建起了评估指标体系。但由于时间限制，研究所得到的评估指标未能在实践中进行操作性检验，通过检验评估指标体系的可操作性和准确性来完善评估指标体系，这是未来需要进一步深入探索的课题。

二 研究内容的反思

本书在初步构思研究内容时，主要将其划分为理论和实践两部分。就理论层面而言，研究团队明晰了核心素养视角下提升基础教育质量的基本理论，提取出核心素养视角下提升基础教育质量的关键要素。就实践层面而言，研究团队通过问卷和访谈调查等方式修正了已构建的核心素养视角下提升基础教育质量的关键要素与评估指标体系。具体而言，研究团队分五步对研究内容进行了构思。

第一步，分析了G省基础教育质量保障的基本情况。此举在于了解G省提升基础教育质量的影响因素、重点措施及主要困难，为后续构建核心素养视角下提升基础教育质量的关键要素与评估指标体系提供了现实依据。

第二步，明晰了核心素养视角下提升基础教育质量的基本内涵。此举在于明确研究的核心概念，为后续研究定基调、定方位。

第三步，提取了核心素养视角下提升基础教育质量的关键要素。此举为本书的研究关键，为后续评估指标体系的确立奠定了基础。

第四步，构建了核心素养视角下提升基础教育质量的评估指标体系。此举亦为本书的核心，为后期评估学校教育质量提供了依据。

第五步，制定了核心素养视角下提升G省基础教育质量的评估体系使用指南。此举是对本书的研究结果的现实应用，是将理论成果转化为实际效益的重要一步。总而言之，本书的研究内容从理论到实践层面都有所涉及，为解决现实问题提供了一定帮助。

三　研究方式的反思

研究团队在考虑研究方式时主要选用了文献研究法、扎根理论、调查法以及德尔菲技术。就文献研究法而言，研究团队主要通过此种方法梳理出学界对基础教育质量基本内涵的界定，以及学界对提升基础教育质量的基本观点。基于此，研究团队概括出核心素养视角下提升基础教育质量的基本内涵及基本理论。首先，就扎根理论而言，研究团队主要通过此种方法归纳出文本资料中涉及影响基础教育质量的关键要素，为后续构建核心素养视角下提升基础教育质量的关键要素奠定基础。其次，就调查法而言，研究团队主要通过此种方法解决了两个问题。一是了解了G省基础教育质量保障的基本情况，以及影响G省提升基础教育质量的重要因素、已有措施和主要困难。二是修正了构建的核心素养视角下提升基础教育质量的关键要素与评估指标体系。在理论成果的基础上，问卷和访谈结果为研究提供了切实可行的现实依据，使理论研究成果不再悬浮于空中而是扎根于大地。最后，就德尔菲技术而言，研究团队主要通过此种方法完善了已构建的核心素养视角下提升基础教育质量的关键要素与评估指标体系。虽然经过理论建构和现实考察，这一体系已初步成型，但多方咨询专家意见会使其更科学合理。总而言之，研究团队利用了多种研究方式来展开研究，并且研究方式间互为补充，这一点提高了研究的信效度。

四 研究过程的反思

研究团队在开展研究时涉及的主要研究过程包括阅读文献、查阅文本、制定调查问卷、制定访谈提纲、分析数据等。第一，就阅读文献而言，研究团队主要运用了扎根理论归纳文献中涉及影响基础教育质量的关键要素。由于此过程主要是研究团队成员以分析、比较、归纳的方式自下而上地从资料中提取关键要素，所以在缺少软件分析的基础上可能会对提取结果产生一定影响。第二，就查阅文本而言，研究团队主要参考了与教师核心素养和能力结构体系、学生发展核心素养基本要点、义务教育课程标准具体内容、高中学科课程标准、义务教育质量评价指标体系、《义务教育质量评价指南》《义务教育学校管理标准》等相关的文本。可见，研究团队在收集相关文本时需要注意代表性、适切性及影响性，并且在分析相关文本时需要注意客观性、科学性及合理性。第三，就制定调查问卷而言，研究团队主要制定了面向教师和学生的调查问卷。由于面向学生的调查问卷中学生年段和年级设计不当，部分初中学生选成小学一、二、三年级。在不影响数据样本量的情况下，课题组将这部分问卷做了废卷处理，以保证结果的真实性和合理性。第四，就制定访谈提纲而言，研究团队主要制定了面向理论研究者和行政工作者的访谈提纲。基于访谈提纲的可读性，研究团队成员将纯文字版的访谈提纲修改为了以表格为主的访谈提纲。第五，就数据分析而言，研究团队利用SPSS等软件分析了调查问卷收集的数据。由于调查问卷排序题设计不当，这一部分数据分析遇到一定困难，课题组在处理过程中也采取了特殊的方式来保证结果的合理性。总而言之，研究过程中虽出现了相关问题，但都得到了合理的解决，研究也得以稳步推进。

五 研究结果的反思

本书通过理论建构和现实考察得到的研究结果主要为核心素养视角下提升基础教育质量的关键要素与评估指标体系，此外还依据所研制的指标体系配套开发了相应的评估指南和评估工具，进行实践检验，这不但有效验证了本书所研制的指标体系的科学性、有效性，同时很好地为被评估学校进行质量评价提供了切实可行的针对性改进措施。通过对研究所取得的这些成果的进一步反思，仍需要在以下几个方面做进一步改进：一是就评估指标体系的赋权问题而言，赋权分析得出每个四级指标的原始数据都包含两位小数，这不便于学校在实际操作中评估打分。因此，研究团队需要人为对小数进行处理以便学校实施评估。二是就评估指标的使用指南而言，评估指南是根据四级指标在实际中的具体表现而细化为评估要点进行阐释，并给予评估要点相应的观察方式、观察内容及评分建议等可操作化的描述，以为学校提供可供操作的向导，但在具体实际操作过程中较为复杂，需进一步简化。三是就评估工具体使用而言，本书通过实践检验，以配套研制的工具对不同行政区域下的基础教育阶段的乡村学校进行指向核心素养的质量评估，一方面对整个评估体系的科学性、有效性及可操作性进行全面检验；另一方面对 G 省不同行政单位下的基础教育阶段学校进行质量评估，明晰了所调查学校的质量现状及改进的具体措施。虽然整个评估工具的使用都较为严谨，但在调查对象的选择上应进一步扩大范围，增加中学以及除 G 省外学校的数据收集，以增强研究的推广性。

附件一

本书采用的调查问卷

影响基础教育质量关键要素的调查问卷（教师卷）

尊敬的老师：

您好！非常感谢您能抽出宝贵的时间来参与调查。为深入了解影响 G 省基础教育质量的关键因素，我们特意组织此次调查。本次调查以匿名形式作答，所有信息仅供研究参考使用，不会泄露您的个人隐私。请您按照个人实际情况和题目顺序依次作答，衷心地感谢您的支持与配合。祝您在今后的工作中顺心如意！

一、您的基本信息

1. 您的性别是：（ ）

A. 男　　　B. 女

2. 您的年龄是：（ ）

A. 25 岁及以下　　B. 26—35 岁　　C. 36—45 岁　　D. 46—55 岁

E. 55 岁以上

3. 您的教龄是：（ ）

A. 0—5 年　　B. 6—10 年　　C. 11—20 年　　D. 21—30 年

E. 30 年以上

4. 您的职称是：（ ）

A. 正高级教师　　B. 高级教师　　C. 一级教师　　D. 二级教师

E. 三级教师　　F. 无

5. 您所教的学科是：（ ）［多选题］

A. 语文　B. 数学　C. 英语　D. 物理　E. 化学　F. 地理　G. 历史　H. 生物　I. 道德与法治　J. 信息技术　K. 体育　L. 美术　M. 政治　N. 综合实践课　O. 音乐　P. 其他

6. 您所教学科与所学专业是否一致（　）

A. 是　　B. 否

7. 您的最高学历是：（　）

A. 专科及以下　　B. 本科　　C. 硕士研究生　　D. 博士研究生及以上

8. 您受教育的主要类型是：（　）

A. 师范类　　B. 非师范类

9. 您从教的学校位于：（　）

A. 市区　　B. 县城　　C. 城乡接合部　　D. 乡镇　　E. 乡村

二、您认为以下相关内容对基础教育质量的影响程度是怎样的？请根据您的了解及体会，选择与之对应的选项。

（一）教师职业道德相关要素对基础教育质量的影响程度

相关要素认可程度	非常不认可	比较不认可	认可	比较认可	非常认可
1. 教师的社会责任感有助于教育质量的提升	1	2	3	4	5
2. 教师的道德修养有助于教育质量的提升	1	2	3	4	5
3. 教师的政治素养有助于教育质量的提升	1	2	3	4	5
4. 教师的家国情怀有助于教育质量的提升	1	2	3	4	5
5. 教师的教育精神有助于教育质量的提升	1	2	3	4	5

（二）师资保障相关要素对基础教育质量的影响程度

相关要素认可程度	非常不认可	比较不认可	认可	比较认可	非常认可
1. 教师的团队建设有益于教育质量的提升	1	2	3	4	5
2. 提高教师的待遇有益于教育质量的改进	1	2	3	4	5
3. 加强教师的管理有益于教育质量的提升	1	2	3	4	5
4. 完善教师的师资配备有益于教育质量的提升	1	2	3	4	5
5. 加强教师的培训有益于教育质量的提升	1	2	3	4	5

（三）教师专业素质相关要素对基础教育质量的影响程度

相关要素认可程度	非常不认可	比较不认可	认可	比较认可	非常认可
1. 教师的专业能力有利于提升教育质量	1	2	3	4	5
2. 教师的专业知识有利于提升教育质量	1	2	3	4	5
3. 教师的文化修养有利于提升教育质量	1	2	3	4	5
4. 教师的信息素养（具备网络伦理道德与信息安全意识和甄别和运用信息技术的能力）有利于提升教育质量	1	2	3	4	5

（四）教师自主发展相关要素对基础教育质量的影响程度

相关要素认可程度	非常不认可	比较不认可	认可	比较认可	非常认可
1. 教师的创新能力对教育质量的提升很重要	1	2	3	4	5
2. 教师的身心健康对教育质量的提升很重要	1	2	3	4	5
3. 教师具备终身学习的理念对教育质量的提升很重要	1	2	3	4	5
4. 教师的职业规划对教育质量的提升很重要	1	2	3	4	5
5. 教师的教学反思能力对教育质量的提升很重要	1	2	3	4	5
6. 教师沟通与合作能力对教育质量的提升很重要	1	2	3	4	5
7. 教师的工作与生活管理能力对教育质量的提升很重要	1	2	3	4	5
8. 教师的教学经验有利于提升教育质量	1	2	3	4	5
9. 教师的职业发展有利于提升教育质量	1	2	3	4	5
10. 教师的科研能力有利于提升教育质量	1	2	3	4	5

（五）学生发展相关要素对基础教育质量的影响程度

相关要素认可程度	非常不认可	比较不认可	认可	比较认可	非常认可
1. 学生个人的责任担当对教育质量的提升很重要	1	2	3	4	5
2. 学生的实践创新能力对教育质量的提升很重要	1	2	3	4	5
3. 学生的人文素养对教育质量的提升很重要	1	2	3	4	5
4. 学生具备科学精神对教育质量的提升很重要	1	2	3	4	5
5. 学生养成良好的生活习惯对基础教育质量的提升很重要	1	2	3	4	5
6. 学生具备自主学习的能力对基础教育质量的提升很重要	1	2	3	4	5

（六）学校规划相关要素对基础教育质量的影响程度

相关要素认可程度	非常不认可	比较不认可	认可	比较认可	非常认可
1. 学校有明确的办学规划有利于教育质量的提升	1	2	3	4	5
2. 学校齐全的物资配备有利于教育质量的提升	1	2	3	4	5
3. 学校充足的人力资源有利于教育质量的提升	1	2	3	4	5
4. 学校良好的文化氛围有利于教育质量的提升	1	2	3	4	5
5. 学校的办学理念有利于教育质量的提升	1	2	3	4	5

三、您认为以下相关内容对基础教育质量的影响程度是怎样的？请根据您的了解及体会，按影响程度由高到低进行排序。

1. 关于课程要素对基础教育质量的影响程度是怎样的？

A. 课程结构（课程内容有机联系在一起的组织方式）

B. 课程组织（对课程内容进行组合）

C. 课程设置（对不同学科课程的设立和安排）

D. 课程开发　　E. 课程标准　　F. 课程资源　　G. 课程评价

排序：_____

2. 您认为以下关于教学要素对基础教育质量的影响程度是怎样的？

A. 教学方式（操作的具体程序）

B. 教学形式（开展教学活动的形式）

C. 教学模式（教学相对稳定的操作程序）

D. 教学手段（教学载体：挂图、PPT 等工具性载体）

E. 教学效果　　F. 教学目标　　G. 教学内容　　H. 教学过程

I. 教学评价

排序：_____

3. 您认为以下关于家庭因素对基础教育质量的影响程度是怎样的？

A. 家庭文化资本（父母等家庭成员文化程度）

B. 家庭物质资本（对子女教育的经济投入）

C. 家庭 教育理念　　D. 家庭教养方式　　E. 家庭亲子沟通

排序：_____

4. 您认为以下关于社会因素对基础教育质量的影响程度是怎样的？

A. 政府参与　　B. 政府资助　　C. 民众资助

D. 民众期望　　E. 民众参与

排序：_____

四、您认为除了以上相关要素还有哪些关键要素影响基础教育质量的提升？

_____

_____

_____

影响基础教育质量关键要素的调查问卷（学生卷）

亲爱的同学：

你好！非常感谢你能抽出宝贵的时间来参与调查。为深入了解影响我省基础教育质量的因素，我们特意组织此次调查。本次调查以匿名形式作答，所有信息仅供研究参考使用，不会泄露你的个人隐私。请你按照题目顺序依次独立作答，衷心地感谢你的支持与配合。祝你在今后的学习中取得最大进步！

一、基本信息

1. 你的性别（　　）

A. 男　　　　B. 女

2. 你的学校类型（　　）

A. 公办　　　　B. 民办

3. 你所处的学段（　　）

A. 小学　　　B. 初中　　　C. 高中

4. 你的年级（　　）

A. 一年级　　B. 二年级　　C. 三年级　　D. 四年级

E. 五年级　　F. 六年级

5. 你的上学的学校是在（　　）

A. 市区　　B. 县城　　C. 城乡接合部　　D. 乡镇　　E. 乡村

二、请根据你的实际情况回答下列问题，并在对应选项打"√"。

（一）文化基础

相关要素认可程度	非常不认可	比较不认可	认可	比较认可	非常认可
1. 我认为在学习中要注重对古今中外人文领域的知识和成果的积累	1	2	3	4	5
2. 我认为在学习中要着重提升我的人文情怀	1	2	3	4	5

续表

相关要素认可程度	非常不认可	比较不认可	认可	比较认可	非常认可
3. 我认为在学习中应该注重提高我的审美情趣	1	2	3	4	5
4. 我认为在学习中学会批判质疑很有必要	1	2	3	4	5
5. 我认为在学习中要勇于探究	1	2	3	4	5
6. 我认为在学习中要注重培养我的抽象思维	1	2	3	4	5

（二）自主发展

相关要素认可程度	非常不认可	比较不认可	认可	比较认可	非常认可
1. 我认为在学习中要学会珍爱生命	1	2	3	4	5
2. 我认为健全的人格能促进我的身心发展	1	2	3	4	5
3. 我认为良好的自主管理和情绪调控能促进我的身心发展	1	2	3	4	5
4. 我认为良好的人际沟通能让我和周围人和睦相处	1	2	3	4	5
5. 我认为在学习中，应该做到乐学善学	1	2	3	4	5
6. 我认为在学习中老师应该注重培养我对网络信息的甄别意识	1	2	3	4	5
7. 我认为时常反思自我能让我的学习有所进步	1	2	3	4	5

（三）社会参与

相关要素认可程度	非常不认可	比较不认可	认可	比较认可	非常认可
1. 我认为老师在教学过程中应该培养我的责任担当	1	2	3	4	5
2. 我认为老师在教学过程中应该培养我的家国情怀	1	2	3	4	5
3. 我认为在学习中应该关注并了解基本国际信息	1	2	3	4	5
4. 我认为在学习中应该不断提高问题解决的能力	1	2	3	4	5
5. 我认为在学习中应该不断提高信息技术应用能力	1	2	3	4	5
6. 我认为在学习中应该树立劳动意识	1	2	3	4	5

（四）学校与家庭

相关要素认可程度	非常不认可	比较不认可	认可	比较认可	非常认可
1. 我觉得自由、自主的学习环境有利于我学习	1	2	3	4	5
2. 我觉得学校组织的文艺活动有助于我的身心发展	1	2	3	4	5
3. 我觉得良好的亲子沟通有利于我的学习和身心发展	1	2	3	4	5
4. 我觉得父母对我的教育会影响我的学习和身心发展	1	2	3	4	5
5. 我认为学校丰富的学习资源有助于我的学习	1	2	3	4	5

（五）教师素养

相关要素认可程度	非常不认可	比较不认可	认可	比较认可	非常认可
1. 我觉得老师的个人品行会影响我的身心发展	1	2	3	4	5
2. 我喜欢平易近人、和蔼可亲的老师	1	2	3	4	5
3. 我喜欢教学经验丰富的老师	1	2	3	4	5
4. 我喜欢知识渊博的老师	1	2	3	4	5
5. 我喜欢上课幽默风趣的老师	1	2	3	4	5

（六）课程与教学

相关要素认可程度	非常不认可	比较不认可	认可	比较认可	非常认可
1. 我觉得丰富多样的课程有利于我的身心发展	1	2	3	4	5
2. 我觉得安排适当的活动课程有助于我的身心发展	1	2	3	4	5
3. 我希望课程表现的形式多种多样	1	2	3	4	5
4. 我觉得老师针对性的教学有利于学生的身心发展	1	2	3	4	5

续表

相关要素认可程度	非常不认可	比较不认可	认可	比较认可	非常认可
5. 我希望老师在教学过程中不仅仅只传授课本知识	1	2	3	4	5
6. 我喜欢在轻松愉快的课堂氛围中学习	1	2	3	4	5
7. 我觉得不应该把学习成绩作为唯一的评价学生质量的标准	1	2	3	4	5

（七）你认为除了以上内容还有哪些关键要素影响你的学习和身心发展？

附件二

半结构式访谈提纲

理论研究者访谈提纲

姓名		职称		研究专长		研究年限	

1. 您对当前基础教育质量现状的总体评价是什么？

评价：

2. 您认为当前我们设计的"核心素养视角下影响基础教育质量的指标体系"有哪些需要修正或完善的？（见下列附表①）

关于学校规划的建议	
关于教师发展的建议	
关于学生发展的建议	
关于课程与教学的建议	
关于协同育人的建议	

3. 您认为以下影响基础教育质量的五个维度各自占比多少？（五个维度合计：100%）

学校规划	___%	教师发展	___%	学生发展	___%	课程与教学	___%	协同育人	___%

4. 您认为"学校规划"维度中的八个要素各自占比多少？（八个维度合计：100%）

办学理念	___%	办学规划	___%	管理制度	___%	领导能力	___%
文化内涵	___%	文化氛围	___%	物力资源	___%	人力资源	___%

5. 您认为"教学"维度中的八个要素各自占比多少？（八个维度合计：100%）

教学目标	___%	教学内容	___%	教学过程	___%	教学模式	___%
教学方法	___%	教学手段	___%	效果评价	___%	环境营造	___%

行政及教研人员访谈提纲

姓名		行政职务		管理任务		从业年限	

1. 您认为当前基础教育质量的总体情况怎么样？

评价：

2. 您认为当前我们设计的"核心素养视角下影响基础教育质量的评估指标体系"有哪些需要修正或完善的？（见下列附表①）

关于学校规划的建议	
关于教师发展的建议	
关于学生发展的建议	
关于课程与教学的建议	
关于协同育人的建议	

3. 您认为以下影响基础教育质量的五个维度各自占比多少？（五个维度合计：100%）

学校规划 ___%　教师发展 ___%　学生发展 ___%　课程与教学 ___%　协同育人 ___%

4. 您认为"学校规划"维度中的八个要素各自占比多少？（八个维度合计：100%）

办学理念	___%	办学规划	___%	管理制度	___%	领导能力	___%
文化内涵	___%	文化氛围	___%	物力资源	___%	人力资源	___%

5. 您认为"教学"维度中的八个要素各自占比多少？（八个维度合计：100%）

教学目标	___%	教学内容	___%	教学过程	___%	教学模式	___%
教学方法	___%	教学手段	___%	效果评价	___%	环境营造	___%

附表①　核心素养视角下影响基础教育质量的指标体系（访谈附表）

一级指标	二级指标	三级指标	四级指标	一级指标	二级指标	三级指标	四级指标
学校规划	学校建设	学校发展规划	办学理念	教师发展	职业道德	师德内涵	道德修养
			办学规划				政治素养
		学校管理	管理制度				家国情怀
			领导能力				教育精神
	学校资源	校园文化	文化内涵			师德行为	社会参与
			文化氛围		师资保障	队伍结构	团队建设
		办学资源	物力资源				师资配备
			人力资源			保障措施	教师管理
学生发展	文化基础	人文素养	人文积淀				教师待遇
			人文情怀				师资培训
			审美情趣		专业发展	专业素质	专业知识
		科学素养	批判质疑				专业能力
			自主探索				文化修养
			抽象思维				信息素养
	自主发展	健康心理	珍爱生命			自主发展	职业规划
			自主管理				教育研究
			人格品质				教学经验
			人际沟通				身心健康
			情绪调控				终身学习
		学会学习	乐学善学				自我管理
			反思意识				沟通合作
			信息意识				教学反思
	社会参与	公民素养	国家认同				教学创新
			国际视野	课程与教学	课程	课程规划	课程体系
			社会责任				课程标准
		创新能力	劳动意识				课程组织
			技术应用				课程开发
			问题解决				课程评价
协同育人	社会支持	政府支持	政府期望		教学	课堂教学	教学目标
			政府资助				教学内容
		民众支持	民众期望				教学过程
			民众参与				教学模式
			民众资助				教学方法
	家庭支持	家庭资本	文化资本			教学管理	教学手段
			物质资本				效果评价
		家庭教育	教育理念				环境营造
			教养方式				
			亲子沟通				

附件三

章节附表

附表1　　基于扎根理论提取出的提升基础教育质量的要素结构分析

一级指标	二级指标	三级指标
学校建设	学校发展规划	办学理念
		办学规划
	学校管理	管理制度
		领导能力
学校资源	校园文化	文化内涵
		文化氛围
	办学资源	物力资源
		人力资源
师德师风	师德内涵	政治认同
		教育精神
	师德行为	社会参与
师资建设	队伍结构	团队建设
		师资配备
	保障措施	教师管理
		教师待遇
		师资培训

续表

一级指标	二级指标	三级指标
教师专业发展	专业品质	专业知识
		专业能力
		文化修养
		信息素养
		教学经验
		教育研究
		职业发展
	自主发展	职业信念
		身心健康
		终身学习
		教学反思
		教学创新
学生文化基础	人文素养	人文积淀
		审美情趣
	科学素养	创新意识
		好奇心求知欲
		主动学习
		实践能力
		自主管理
学生自主发展	健康心理	人格品质
		人际沟通
		情绪调控
	学会学习	乐学善学
学生社会参与	品德发展水平	国家认同
		责任担当
	创新能力	劳动意识
		问题解决

续表

一级指标	二级指标	三级指标
课程	课程规划	课程设置
		课程结构
		课程标准
		课程组织
		课程资源
		课程开发
		课程评价
教学	课堂教学	教学目标
		教学内容
		教学过程
		教学模式
		教学方式
		教学形式
		教学手段
	教学管理	教学评价
		教学效果
		环境营造
社会支持	政府支持	政府资助
	民众支持	民众期望
		民众参与
		民众资助
家庭支持	家庭资本	文化资本
		物质资本
	家庭教育	教育理念
		教养方式
		亲子沟通

附表 2　　　**指向核心素养的基础教育质量要素结构分析**
（基于文本信息的首轮修正）

一级指标	二级指标	三级指标	四级指标	首轮修正详情 （附表 2 是在附表 1 的基础上进行指向核心素养的要素修正）
学校规划	学校建设	学校发展规划	办学理念	无修正
			办学规划	
		学校管理	管理制度	
			领导能力	
	学校资源	校园文化	文化内涵	无修正
			文化氛围	
		办学资源	物力资源	
			人力资源	
教师发展	职业道德	师德内涵	道德修养	将二级指标"师德师风"修订为"职业道德" 将四级指标"政治认同"修订为"政治素养" 新增四级指标"道德修养""家国情怀" 具体缘由：见第六章第一节
			政治素养	
			家国情怀	
			教育精神	
		师德行为	社会参与	
	师资保障	队伍结构	团队建设	将二级指标"师资建设"修订为"师资保障" 具体缘由：见第六章第一节
			师资配备	
		保障措施	教师管理	
			教师待遇	
			师资培训	
	专业发展	专业素质	专业知识	将三级指标"专业品质"修订为"专业素质" 新增四级指标"自我管理""沟通合作" 具体缘由：见第六章第一节
			专业能力	
			文化修养	
			信息素养	
			教学经验	
			教育研究	
			职业发展	
		自主发展	职业信念	
			身心健康	
			终身学习	
			自我管理	
			沟通合作	
			教学反思	
			教学创新	

续表

一级指标	二级指标	三级指标	四级指标	首轮修正详情（附表2是在附表1的基础上进行指向核心素养的要素修正）
学生发展	文化基础	人文素养	人文积淀	将四级指标"创新意识""好奇心求知欲"合并为"批判质疑"
			人文情怀	
			审美情趣	将四级指标"主动学习""实践能力"合并为"自主探索"
		科学素养	批判质疑	
			自主探索	新增四级指标"抽象思维""人文情怀"
			抽象思维	具体缘由：见第六章第一节
	自主发展	健康心理	珍爱生命	
			自主管理	
			人格品质	新增四级指标"珍爱生命""反思意识""信息意识"
			人际沟通	
			情绪调控	将四级指标"自主管理"从科学素养维度调整到健康心理维度
		学会学习	乐学善学	
			反思意识	具体缘由：见第六章第一节
			信息意识	
	社会参与	公民素养	国家认同	将三级指标"品德发展水平"修订为"公民素养"
			国际视野	
			社会责任	将四级指标"责任当担"修订为"社会责任"
		创新能力	劳动意识	
			技术应用	新增四级指标"国际视野""技术应用"
			问题解决	具体缘由：见第六章第一节
课程与教学	课程	课程规划	课程设置	
			课程结构	
			课程标准	
			课程组织	无修正
			课程资源	
			课程开发	
			课程评价	

续表

一级指标	二级指标	三级指标	四级指标	首轮修正详情（附表2是在附表1的基础上进行指向核心素养的要素修正）
课程与教学	教学	课堂教学	教学目标	无修正
			教学内容	
			教学过程	
			教学模式	
			教学方式	
			教学形式	
			教学手段	
		教学管理	教学评价	
			教学效果	
			环境营造	
协同育人	社会支持	政府支持	政府期望	新增四级指标"政府期望"具体缘由：见第六章第二节
			政府资助	
		民众支持	民众期望	
			民众参与	
			民众资助	
	家庭支持	家庭资本	文化资本	无修正
			物质资本	
		家庭教育	教育理念	
			教养方式	
			亲子沟通	

附表3　　核心素养视角下基础教育质量关键要素提炼
（基于问卷的二次修订）

一级指标	二级指标	三级指标	四级指标	二次修正详情（附表3是在附表2的基础上进行关键要素提炼的要素修正）
学校规划	学校建设	学校发展规划	办学理念	无修正
			办学规划	
		学校管理	管理制度	
			领导能力	
	学校资源	校园文化	文化内涵	无修正
			文化氛围	
		办学资源	物力资源	
			人力资源	
教师发展	职业道德	师德内涵	道德修养	无修正
			政治素养	
			家国情怀	
			教育精神	
		师德行为	社会参与	
	师资保障	队伍结构	团队建设	无修正
			师资配备	
		保障措施	教师管理	
			教师待遇	
			师资培训	
		专业素质	专业知识	将四级指标"职业信念"和专业素质维度中的"职业发展"合并为职业规划 将四级指标"教育研究""教学经验"从专业素质维度调整到自主发展维度 具体缘由：见第七章第三节第三部分小结与反思中的"指标修正"部分
			专业能力	
			文化修养	
			信息素养	
		专业发展	职业规划	
			教育研究	
			教学经验	
		自主发展	身心健康	
			终身学习	
			自我管理	
			沟通合作	
			教学反思	
			教学创新	

续表

一级指标	二级指标	三级指标	四级指标	二次修正详情 （附表3是在附表2的基础上进行关键要素提炼的要素修正）
学生发展	文化基础	人文素养	人文积淀	无修正
			人文情怀	
			审美情趣	
		科学素养	批判质疑	
			自主探索	
			抽象思维	
	自主发展	健康心理	珍爱生命	无修正
			自主管理	
			人格品质	
			人际沟通	
			情绪调控	
		学会学习	乐学善学	无修正
			反思意识	
			信息意识	
	社会参与	公民素养	国家认同	无修正
			国际视野	
			社会责任	
		创新能力	劳动意识	
			技术应用	
			问题解决	
课程与教学	课程	课程规划	课程体系	将四级指标"课程设置""课程结构"合并为"课程体系" 将四级指标"课程资源"融入已有的四级指标"课程开发" 具体缘由：见第七章第三节第三部分小结与反思中的"指标修正"
			课程标准	
			课程组织	
			课程开发	
			课程评价	
	教学	课堂教学	教学目标	将四级指标"教学方式""教学形式"合并为"教学方法" 将四级指标"教学评价""教学效果"合并为"效果评价" 具体缘由：见第七章第三节第三部分小结与反思中的"指标修正"部分
			教学内容	
			教学过程	
			教学模式	
			教学方法	
			教学手段	
		教学管理	效果评价	
			环境营造	

续表

一级指标	二级指标	三级指标	四级指标	二次修正详情（附表3是在附表2的基础上进行关键要素提炼的要素修正）
协同育人	社会支持	政府支持	政府期望	无修正
			政府资助	
		民众支持	民众期望	
			民众参与	
			民众资助	
	家庭支持	家庭资本	文化资本	无修正
			物质资本	
		家庭教育	教育理念	
			教养方式	
			亲子沟通	

附表4　　核心素养视角下基础教育质量关键要素再提炼
（基于访谈的三次修订）

一级指标	二级指标	三级指标	四级指标	三次修正详情 （附表4是在附表3的基础上进行关键要素再提炼的要素修正）
学校规划	学校建设	学校发展规划	办学理念	将四级指标"领导能力"修订为"组织领导" 具体缘由：见第八章第三节
			办学规划	
		学校管理	管理制度	
			组织领导	
	学校资源	校园文化	文化内涵	将四级指标"文化氛围"修订为"氛围营造" 具体缘由：见第八章第三节
			氛围营造	
		办学资源	物力资源	
			人力资源	
教师发展	职业道德	师德内涵	道德修养	新增四级指标"社会理解" 具体缘由：见第八章第三节
			政治素养	
			家国情怀	
			教育精神	
		师德行为	社会理解	
			社会参与	
	专业发展	专业素质	专业知识	将二级指标"师资保障""专业发展"顺序交换 将四级指标"文化修养"修订为"专业情怀" 具体缘由：见第八章第三节
			专业能力	
			专业情怀	
			信息素养	
		自主发展	职业规划	
			教育研究	
			教学经验	
			身心健康	
			终身学习	
			自我管理	
			沟通合作	
			教学反思	
			教学创新	
	师资保障	队伍结构	团队建设	无修正
			师资配备	
		保障措施	教师管理	
			教师待遇	
			师资培训	

续表

一级指标	二级指标	三级指标	四级指标	三次修正详情（附表4是在附表3的基础上进行关键要素再提炼的要素修正）
学生发展	文化基础	人文素养	人文积淀	将四级指标"抽象思维"修订为"综合思维" 具体缘由：见第八章第三节
			人文情怀	
			审美情趣	
		科学素养	批判质疑	
			自主探索	
			综合思维	
	自主发展	学会生存	珍爱生命	将三级指标"健康心理"修订为"学会生存" 将四级指标"反思意识"修订为"反思总结" 将四级指标"信息意识"修订为"信息处理" 具体缘由：见第八章第三节
			自主管理	
			人格品质	
			人际沟通	
			情绪调控	
		学会学习	乐学善学	
			反思总结	
			信息处理	
	社会参与	公民素养	国家认同	无修正
			国际视野	
			社会责任	
		创新能力	劳动意识	
			技术应用	
			问题解决	
课程与教学	课程	课程规划	课程体系	无修正
			课程标准	
			课程组织	
			课程开发	
			课程评价	
	教学	课堂教学	教学目标	将四级指标"效果评价"修订为"学业评价" 将四级指标"环境营造"修订为"常规管理" 具体缘由：见第八章第三节
			教学内容	
			教学过程	
			教学模式	
			教学方法	
			教学手段	
		教学管理	学业评价	
			常规管理	

续表

一级指标	二级指标	三级指标	四级指标	三次修正详情 （附表4是在附表3的基础上进行关键要素再提炼的要素修正）
协同育人	社会支持	政府支持	政府期望	新增四级指标"政府参与" 具体缘由：见第八章第三节
			政府参与	
			政府资助	
		民众支持	民众期望	
			民众参与	
			民众资助	
	家庭支持	家庭资本	文化资本	将四级指标"教养方式"融入已有指标"亲子沟通" 具体缘由：见第八章第三节
			物质资本	
		家庭教育	教育理念	
			亲子沟通	

附表5　被评估学校所有四级指标评估值

一级指标	四级指标	指标值	ZP小学				LY小学				SF小学			
			教师问卷	学生问卷	观察量表	评估值	教师卷	学生卷	观察量表	评估值	教师卷	学生卷	观察量表	评估值
学校规划	办学理念	1.94			1.30	1.30			1.70	1.70			1.75	1.75
	办学规划	1.71			1.45	1.45			1.50	1.50			1.70	1.70
	管理制度	2.18	1.54		1.35	1.45	1.46		1.50	1.48	1.52		1.75	1.64
	组织领导	2.64	1.61		1.40	1.51	1.66		2.00	1.83	1.70		2.20	1.95
	文化内涵	1.87	1.46		1.30	1.38	1.45		1.78	1.62	1.66		1.80	1.73
	氛围营造	1.57	1.10		0.90	1.00	1.16		1.50	1.33	1.31		1.56	1.44
	物力资源	1.74	1.21		1.00	1.11	1.20		1.30	1.25	1.36		1.70	1.53
	人力资源	1.86			1.00	1.00			1.40	1.40			1.76	1.76
教师发展	道德修养	1.19			0.80	0.80			1.10	1.10			1.10	1.10
	政治素养	1.14			1.05	1.05			1.05	1.05			1.05	1.05
	家国情怀	1.16			0.80	0.80			1.00	1.00			1.00	1.00
	教育精神	1.16			0.70	0.70			1.00	1.00			1.00	1.00
	社会理解	1.15			0.70	0.70			0.90	0.90			1.10	1.10
	社会参与	1.14			1.00	1.00			1.00	1.00			1.00	1.00
	专业知识	1.13			0.80	0.80			0.90	0.90			1.00	1.00
	专业能力	1.12			0.65	0.65			0.80	0.80			1.00	1.00
	专业情怀	1.12	0.92			0.92	0.83			0.83	0.92			0.92

续表

一级指标	四级指标	指标值	ZP小学				LY小学				SF小学			
			教师问卷	学生问卷	观察量表	评估值	教师卷	学生卷	观察量表	评估值	教师卷	学生卷	观察量表	评估值
教师发展	信息素养	0.93	0.62		0.55	0.59	0.63		0.65	0.64	0.74		0.90	0.82
	职业规划	1.08	0.77			0.77	0.73			0.73	0.78			0.78
	教育研究	0.79			0.30	0.30			0.45	0.45			0.5	0.50
	教学经验	1.00			0.85	0.85			0.75	0.75			0.85	0.85
	身心健康	1.02	0.72		0.90	0.81	0.67		0.80	0.74	0.70		0.90	0.80
	终身学习	1.08	0.73			0.73	0.75			0.75	0.81			0.81
	自我管理	1.02	0.76			0.76	0.75			0.75	0.76			0.76
	沟通合作	1.09			0.70	0.70			0.80	0.80			1.00	1.00
	教学反思	1.06	0.80		0.60	0.70	0.78		0.90	0.84	0.82		0.90	0.86
	教学创新	1.02			0.65	0.65			0.75	0.75			0.73	0.73
	团队建设	1.10			0.65	0.65			0.80	0.80			1.00	1.00
	师资配备	1.13			0.67	0.67			0.80	0.80			1.00	1.00
	教师管理	1.06			0.65	0.65			0.90	0.90			0.90	0.90
	教师待遇	0.90	0.59		0.89	0.74	0.54		0.89	0.72	0.60		0.89	0.75
	师资培训	1.03	0.78		0.80	0.79	0.66		0.85	0.76	0.80		1.00	0.90
学生发展	人文积淀	1.33		0.56		0.56		0.86		0.86		0.96		0.96
	人文情怀	1.44		0.92		0.92		1.14		1.14		1.24		1.24
	审美情趣	1.18		0.58		0.58		0.81		0.81		0.92		0.92

续表

一级指标	四级指标	指标值	ZP小学				LY小学				SF小学			
			教师问卷	学生问卷	观察量表	评估值	教师卷	学生卷	观察量表	评估值	教师卷	学生卷	观察量表	评估值
学生发展	批判质疑	1.20		0.56		0.56		0.78		0.78		0.90		0.90
	自主探索	1.34		0.60	0.75	0.68		0.94	0.85	0.90		1.06	1.10	1.08
	综合思维	1.37		0.54		0.54		0.88		0.88		1.05		1.05
	珍爱生命	1.16		1.06		1.06		1.07		1.07		1.08		1.08
	自主管理	0.72		0.60	0.45	0.52		0.60	0.45	0.53		0.63	0.45	0.54
	人格品质	1.34		1.03		1.03		1.07		1.07		1.15		1.15
	人际沟通	1.36		1.10		1.10		0.98		0.98		1.08		1.08
	情绪调控	0.72		0.50	0.40	0.45		0.52	0.40	0.46		0.59	0.40	0.50
	乐学善学	1.29		0.78	0.70	0.74		0.91	0.80	0.86		1.04	1.10	1.07
	反思总结	1.25		0.55		0.55		0.84		0.84		0.98		0.98
	信息处理	0.92		0.35		0.35		0.65		0.65		0.73		0.73
	国家认同	1.35		1.31		1.31		1.24		1.24		1.26		1.26
	国际视野	1.30		0.80		0.80		0.97		0.97		1.09		1.09
	社会责任	1.30			0.75	0.75			1.00	1.00			1.20	1.20
	劳动意识	1.40		1.19		1.19		1.17		1.17		1.23		1.23
	技术应用	1.29		0.45		0.45		0.90		0.90		1.00		1.00
	问题解决	1.48		0.73		0.73		1.00		1.00		1.18		1.18

续表

一级指标	四级指标	指标值	ZP小学				LY小学				SF小学			
			教师问卷	学生问卷	观察量表	评估值	教师卷	学生卷	观察量表	评估值	教师卷	学生卷	观察量表	评估值
课程与教学	课程体系	1.68			0.90	0.90			1.00	1.00			1.35	1.35
	课程标准	1.51			1.10	1.10			1.20	1.20			1.30	1.30
	课程组织	1.62			1.00	1.00			1.20	1.20			1.30	1.30
	课程开发	2.19			0.80	0.80			1.00	1.00			1.50	1.50
	课程评价	2.06			1.00	1.00			1.45	1.45			1.60	1.60
	教学目标	2.22			1.35	1.35			1.50	1.50			1.75	1.75
	教学内容	2.46			1.60	1.60			1.70	1.70			1.95	1.95
	教学过程	2.15			1.30	1.30			1.55	1.55			1.70	1.70
	教学模式	1.62			0.90	0.90			1.00	1.00			1.25	1.25
	教学方法	1.88			1.00	1.00			1.15	1.15			1.30	1.30
	教学手段	0.73			0.35	0.35			0.40	0.40			0.60	0.60
	学业评价	1.93			1.00	1.00			1.25	1.25			1.50	1.50
	常规管理	1.29			0.70	0.70			0.80	0.80			1.10	1.10
协同育人	政府期望	0.85			0.80	0.80			0.80	0.80			0.80	0.80
	政府参与	1.11			1.10	1.10			1.10	1.10			1.10	1.10
	政府资助	1.26			1.00	1.00			1.10	1.10			1.10	1.10
	民众期望	0.73			0.60	0.60			0.60	0.60			0.60	0.60

续表

一级指标	四级指标	指标值	ZP小学				LY小学				SF小学			
			教师问卷	学生问卷	观察量表	评估值	教师卷	学生卷	观察量表	评估值	教师卷	学生卷	观察量表	评估值
协同育人	民众参与	1.07			0.65	0.65			0.65	0.65			0.96	0.96
	民众资助	0.97			0.75	0.75			0.70	0.70			0.70	0.70
	文化资本	1.30			0.70	0.70			1.00	1.00			1.15	1.15
	物质资本	1.28		0.85		0.85		0.84		0.84		0.99		0.99
	教育理念	1.05			0.65	0.65			0.75	0.75			0.90	0.90
	亲子沟通	1.17		0.89		0.89		0.97		0.97		1.02		1.02
最终得分合计		100				63.84				73.69				82.89

附件 四

本书所研制的评估指标及配套工具

一、指标体系

核心素养视角下影响基础教育质量的关键要素与评估指标体系表

一级指标	二级指标	三级指标	四级指标	评估要点
学校规划 15.51	学校建设 8.47	学校发展规划 3.65	办学理念 1.94	贯彻党的教育方针
				落实立德树人
				体现五育并举
				传承校史文化
			办学规划 1.71	定位精准，目标明确
				践行优质均衡理念
				内容翔实、有特色
				设计合理、可操作
		学校管理 4.82	管理制度 2.18	制度健全，刚柔并济
				管理规范，落实到位
				管理民主，体现协同育人
			组织领导 2.64	决策机制科学合理
				考核督导持续长效
	学校资源 7.04	校园文化 3.44	文化内涵 1.87	主题鲜明，合理规范
				积极向上，凸显育人
			氛围营造 1.57	营造校园文化氛围
				创设良好课堂氛围
				践行学校文化内涵
				体现人文主义关怀

续表

一级指标	二级指标	三级指标	四级指标	评估要点
学校规划 15.51	学校资源 7.04	办学资源 3.60	物力资源 1.74	生均活动空间达标 设施完备，利用充分 资源管理规范有序
			人力资源 1.86	人员结构配置合理 人员培训制度完善 人员利用充分合理
教师发展 25.62	职业道德 6.94	师德内涵 4.65	道德修养 1.19	达到依法执教要求 坚持言传身教信念
			政治素养 1.14	落实党的教育方针 遵守教育法律法规
			家国情怀 1.16	热爱祖国，热爱民族 传递中华优秀文化
			教育精神 1.16	坚持生本教育理念 具备爱岗敬业精神
		师德行为 2.29	社会理解 1.15	社会认知积极正向 主动承担社会责任
			社会参与 1.14	积极参与教育事业 正确行使公民权益
	专业发展 13.46	专业素质 4.30	专业知识 1.13	学科专业知识扎实 教师教育知识丰实
			专业能力 1.12	课堂教学能力突出 教学管理能力出色
			专业情怀 1.12	高远的专业理想 良好的专业情操 独立的专业自我
			信息素养 0.93	良好的信息甄别能力 信息化设施运用能力 信息化教学驾驭能力

续表

一级指标	二级指标	三级指标	四级指标	评估要点
教师发展 25.62	专业发展 13.46	自主发展 9.16	职业规划 1.08	职业规划目标明确
				职业规划成效明显
			教育研究 0.79	具备教育科研能力
				开展教育研究活动
				教育研究成果积累
			教学经验 1.00	善于反思和总结经验
				形成独特教学风格
			身心健康 1.02	身体健康，勤于锻炼
				心理健康积极向上
			终身学习 1.08	主动学习的态度
				持续学习的毅力
				自我更新的能力
			自我管理 1.02	工作开展有序
				生活管理得当
				工作生活平衡
			沟通合作 1.09	善于沟通
				积极合作
			教学反思 1.06	持续进行教与学的反思
				主动记录和运用反思结果
			教学创新 1.02	具有创新教学意识
				具备教学创新能力
				形成创新教学成果
	师资保障 5.22	队伍结构 2.23	团队建设 1.10	组建教研团队
				定期开展教研活动
			师资配备 1.13	教师结构配备合理
				教师学历水平达标
		保障措施 2.99	教师管理 1.06	具有激励与约束机制
				拥有管理与服务平台
			教师待遇 0.90	按时发放工资绩效
				薪酬符合政策标准
			师资培训 1.03	总体规划，定期组织
				培训活动指向实践
				培训形式丰富多样
				教师参与内发自主

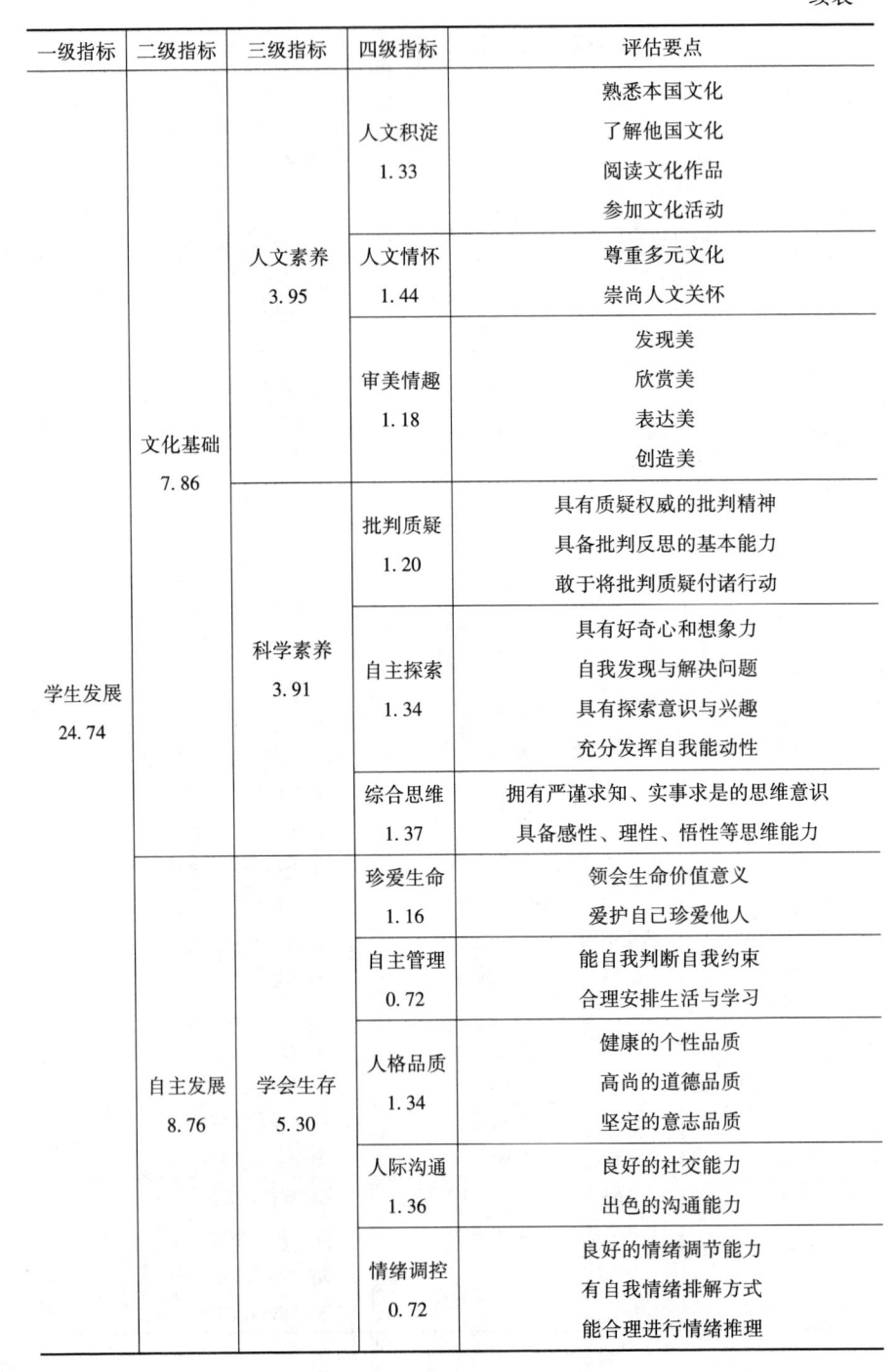

续表

一级指标	二级指标	三级指标	四级指标	评估要点
学生发展 24.74	文化基础 7.86	人文素养 3.95	人文积淀 1.33	熟悉本国文化
				了解他国文化
				阅读文化作品
				参加文化活动
			人文情怀 1.44	尊重多元文化
				崇尚人文关怀
			审美情趣 1.18	发现美
				欣赏美
				表达美
				创造美
		科学素养 3.91	批判质疑 1.20	具有质疑权威的批判精神
				具备批判反思的基本能力
				敢于将批判质疑付诸行动
			自主探索 1.34	具有好奇心和想象力
				自我发现与解决问题
				具有探索意识与兴趣
				充分发挥自我能动性
			综合思维 1.37	拥有严谨求知、实事求是的思维意识
				具备感性、理性、悟性等思维能力
	自主发展 8.76	学会生存 5.30	珍爱生命 1.16	领会生命价值意义
				爱护自己珍爱他人
			自主管理 0.72	能自我判断自我约束
				合理安排生活与学习
			人格品质 1.34	健康的个性品质
				高尚的道德品质
				坚定的意志品质
			人际沟通 1.36	良好的社交能力
				出色的沟通能力
			情绪调控 0.72	良好的情绪调节能力
				有自我情绪排解方式
				能合理进行情绪推理

续表

一级指标	二级指标	三级指标	四级指标	评估要点
学生发展 24.74	自主发展 8.76	学会学习 3.46	乐学善学 1.29	学习兴趣浓厚 学习态度积极 学习习惯良好
			反思总结 1.25	勤于总结 乐于反思 善于迁移
			信息处理 0.92	具备信息甄别能力 具备信息分析能力 具备信息运用能力
	社会参与 8.12	公民素养 3.95	国家认同 1.35	政治认同达成一致 文化认同凝聚共识 情感认同产生共鸣
			国际视野 1.30	拥有人类命运共同体意识 具有国际理解能力
			社会责任 1.30	自觉履行社会义务 行为得当遵纪守法
		创新能力 4.17	劳动意识 1.40	正确的劳动观念 积极的劳动情感 自觉的劳动行为
			技术应用 1.29	掌握基础技术规范 善于使用新兴技术
			问题解决 1.48	主动解决问题的意识 灵活解决问题的能力
课程与教学 23.34	课程 9.06	课程规划 9.06	课程体系 1.68	整体设计规范得当 满足学生素养需要 符合学校发展实际 内容丰实设计多元 具有真实可操作性
			课程标准 1.51	符合国家育人要求 符合地方育人要求 学校相关学习记录 教师课标学习情况

续表

一级指标	二级指标	三级指标	四级指标	评估要点
课程与教学 23.34	课程 9.06	课程规划 9.06	课程组织 1.62	课堂组织形式多样 内容符合学生素养
			课程开发 2.19	国家课程校本化改造 校本课程开发
			课程评价 2.06	学生中心，持续改进 方式多样，体现四个评价 主体多元，侧重学生主体
	教学 14.28	课堂教学 11.06	教学目标 2.22	符合课标，聚焦素养 条理清晰，操作性强
			教学内容 2.46	来源多样，关注前沿 内容正确，符合实际 组织合理，精心设计
			教学过程 2.15	强化育人渗透思政 师生互动深度参与
			教学模式 1.62	模式多元，充满特色 符合具体教学需要 适宜学生情感需要 促进教学有效开展
			教学方法 1.88	方法多样 切合实际
			教学手段 0.73	有效利用传统教学手段 深度融合现代信息技术
		教学管理 3.22	学业评价 1.93	有效落实四个评价 合理运用评价结果
			常规管理 1.29	教学管理制度完善 管理规范科学有序 积极创新管理模式

续表

一级指标	二级指标	三级指标	四级指标	评估要点
协同育人 10.79	社会支持 5.99	政府支持 3.22	政府期望 0.85	育人价值诉求指向学生素养
			政府参与 1.11	坚持正确舆论导向 营造良好育人氛围 切实履行监督服务
			政府资助 1.26	政府资助机制完善 资金投入符合需求 统筹推进优质均衡
		民众支持 2.77	民众期望 0.73	育人价值诉求指向学生素养
			民众参与 1.07	参与意识强烈 积极支持学校实践活动
			民众资助 0.97	资助机制完善 资助成效明显
	家庭支持 4.80	家庭资本 2.58	文化资本 1.30	父母受教育程度 家庭文化氛围
			物质资本 1.28	购买教育服务支出占比
		家庭教育 2.22	教育理念 1.05	民主的教育思想 与学校教育理念一致
			亲子沟通 1.17	民主平等的沟通方式 和谐的沟通氛围

二、操作指南

核心素养视角下影响基础教育质量的评估操作指南

四级指标	编号	对应的评估要点	观察方式	观察内容及评分建议
办学理念	A1	贯彻党的教育方针 落实立德树人 体现五育并举 传承校史文化	阅读资料	查阅体现学校办学理念的相关文件，重点关注是否具有体现党的教育方针、立德树人、五育并举等内容，是否传承学校历史发展文化
			现场观察	体现学校办学理念的标语、展牌
			问卷测量	无
			访谈	无
办学规划	A2	定位精准，目标明确 践行优质均衡理念 内容翔实、有特色 设计合理、可操作	阅读资料	查阅体现学校办学规划的相关文件，重点关注制定的规划是否结合学校自身定位发展并突显学校特色、是否具有明确的办学目标、是否能够在具体的教学实践中得以实现、是否能够促进学生优质均衡发展
			现场观察	无
			问卷测量	无
			访谈	无
管理制度	A3	制度健全，刚柔并济 管理规范，落实到位 管理民主体现协同育人	阅读资料	查阅学校管理制度文本材料，重点关注五项管理制度的落实情况；管理制度是否体现民主、是否体现协同育人
			现场观察	观察教师如何在班级管理手机、读物；观察课间有无活动增强学生体质（眼保健操、体操等）
			问卷测量	设计相关问卷调查学生睡眠情况、作业情况
			访谈	无
组织领导	A4	决策机制科学合理 考核督导持续长效	阅读资料	查阅学校是否有体现持续考核督导机制的文件、条例、是否依据考核结果建立奖励问责机制（如绩效、教学督导等）
			现场观察	无
			问卷测量	满意度调查
			访谈	无

续表

四级指标	编号	对应的评估要点	观察方式	观察内容及评分建议
文化内涵	A5	主题鲜明，合理规范 积极向上，凸显育人	阅读资料	查阅学校发展规划、校训、班风、班规、班级主题文化等内容是否体现人文主义关怀，关注学生发展，并且校园文化和班级文化的内涵要一致
			现场观察	观察学校是否有校训、班规等明文规定 观察校园里各种纪念物、雕塑、宣传设施是否主题鲜明，设计合理规范，体现育人性和学校文化内涵
			问卷测量	满意度调查（学生和教师）
			访谈	无
氛围营造	A6	营造校园文化氛围 创设良好课堂氛围 践行学校文化内涵 体现人文主义关怀	阅读资料	无
			现场观察	营造干净整洁的校园环境建设和教室环境。班级课堂教学活动氛围良好，教师、学生行为举止得体，师生关系和谐；校园校风、教风、学风建设良好，营造良好育人文化氛围，突显学校文化内涵
			问卷测量	满意度调查
			访谈	无
物力资源	A7	生均活动空间达标 设施完备，利用充分 资源管理规范有序	阅读资料	查阅学校教学资源管理制度等相关文件，重点关注资源管理是否规范有序
			现场观察	生均活动空间是否达标
			问卷测量	设计问卷：基础教育设施配备是否能够满足教学需求，利用是否充分
			访谈	无
人力资源	A8	人员结构配置合理 人员培训制度完善 人员利用充分合理	阅读资料	查阅学校人事管理制度文件，重点关注是否具备人力资源激励机制、教师培训机制是否科学合理
			现场观察	无
			问卷测量	无
			访谈	无

续表

四级指标	编号	对应的评估要点	观察方式	观察内容及评分建议
道德修养	B1	达到依法执教要求 坚持言传身教信念	阅读资料	查阅学校是否具有体现依法执教、言传身教等要求的师德师风相关制度 查阅学校是否有违法师德师风相关事件的记录
			现场观察	无
			问卷测量	无
			访谈	无
政治素养	B2	落实党的教育方针 遵守教育法律法规	阅读资料	查阅学校是否具有组织教师定期参加党课学习等的相关会议记录；有无违法教育法律法规的事件记录
			现场观察	无
			问卷测量	无
			访谈	能否记住最新的教育方针
家国情怀	B3	热爱祖国，热爱民族 传递中华优秀文化	阅读资料	无
			现场观察	无
			问卷测量	无
			访谈	设计访谈提纲（教师具有社会认同感、民族认同感和国家认同感，在教学过程中融入家国同构、共同体意识和仁爱之情，坚持传递中华民族优秀传统文化）
教育精神	B4	坚持生本教育理念 具备爱岗敬业精神	阅读资料	无
			现场观察	无
			问卷测量	无
			访谈	设计访谈提纲（教师是否坚持以生为本，是否拥有坚定不移的教育追求，在课余时期是否愿意将时间贡献于教育活动、是否具有相关科学文明的教育目的或教育理想基础，具有勇敢、坚强、不屈、热爱、高尚等意志和情感素质）

续表

四级指标	编号	对应的评估要点	观察方式	观察内容及评分建议
社会理解	B5	社会认知积极正向 主动承担社会责任	阅读资料	无
			现场观察	无
			问卷测量	无
			访谈	设计访谈提纲
社会参与	B6	积极参与教育事业 正确行使公民权益	阅读资料	查阅学校是否有教师参与社会服务的相关记录和报道
			现场观察	无
			问卷测量	无
			访谈	无
专业知识	B7	学科专业知识扎实 教师教育知识丰实	阅读资料	无
			现场观察	听课,重点观察教师的专业知识是否扎实
			问卷测量	无
			访谈	无
专业能力	B8	课堂教学能力突出 教学管理能力出色	阅读资料	无
			现场观察	听课,重点观察教师的教学组织管理能力、应对教学突发事件能力
			问卷测量	无
			访谈	无
专业情怀	B9	高远的专业理想 良好的专业情操 独立的专业自我	阅读资料	无
			现场观察	无
			问卷测量	设计问卷(教师要对职业有敬爱之心,树立职业理想;教师对教育教学活动带有理智性的价值评价的情感体验,教师的专业情操包括专业理智感、专业道德感和专业美感;教师要钻研教学知识,掌握教学关键,提高业务水平)
			访谈	无

续表

四级指标	编号	对应的评估要点	观察方式	观察内容及评分建议
信息素养	B10	良好的信息甄别能力 信息化设施运用能力 信息化教学驾驭能力	阅读资料	无
			现场观察	听课：重点关注教师能否熟练使用各种信息工具，特别是网络传播工具；教师运用信息技术解决课堂教学的意识和能力；上课的质量水平
			问卷测量	设计问卷考察信息技术使用情况
			访谈	无
职业规划	B11	职业规划目标明确 职业规划成效明显	阅读资料	无
			现场观察	无
			问卷测量	有无明确的发展规划；有无实现规划的保障措施
			访谈	无
教育研究	B12	具备教育科研能力 开展教育研究活动 教育研究成果积累	现场观察	无
			阅读资料	参加教研活动记录、相关研究成果（课题及相关论文）、教学研究情况
			问卷测量	无
			访谈	无
教学经验	B13	善于反思和总结经验 形成独特教学风格	阅读资料	查阅教学总结反思记录
			现场观察	听课，重点关注教学整体情况
			问卷测量	无
			访谈	无
身心健康	B14	身体健康，勤于锻炼 心理健康积极向上	阅读资料	无
			现场观察	听课，重点观察教师是否能积极地适应环境与教育工作要求，是否具有稳定而积极的教育心境，是否能自我控制各种情绪和情感
			问卷测量	设计问卷（身体健康状况，体检情况、运动情况；心理健康状况，自我认同、适应环境）
			访谈	无

续表

四级指标	编号	对应的评估要点	观察方式	观察内容及评分建议
终身学习	B15	主动学习的态度 持续学习的毅力 自我更新的能力	阅读资料	无
			现场观察	无
			问卷测量	设计问卷（是否有定期阅读的习惯；是否关注最新教育政策、是否关注热门话题、是否及时在教学中融入最新教育思想）
			访谈	无
自我管理	B16	工作开展有序 生活管理得当 工作生活平衡	阅读资料	无
			现场观察	无
			问卷测量	教师是否具有自我管理意识和能力；是否有序开展教学工作；是否在工作之余兼顾好个人生活
			访谈	无
沟通合作	B17	善于沟通 积极合作	阅读资料	无
			现场观察	无
			问卷测量	无
			访谈	设计访谈提纲（你认为你跟同事、学生、家长之间的沟通是否顺畅？是否积极参与集体备课和校本研究以及家校合作等集体活动？）
教学反思	B18	持续进行教与学的反思 主动记录和运用反思结果	阅读资料	查阅教师教案和反思总结的相关材料，重点关注教师对自己教学与学生学情的反思
			现场观察	无
			问卷测量	是否经常进行教学反思，是否将教学反思结果用于改进教学
			访谈	无
教学创新	B19	具有创新教学意识 具备教学创新能力 形成创新教学成果	阅读资料	查阅教师设计方案，重点看是否积极进行教学方法创新；查阅是否有教学创新成果的相关材料
			现场观察	听课，观察教师在课堂教学中的创新情况
			问卷测量	无
			访谈	无

续表

四级指标	编号	对应的评估要点	观察方式	观察内容及评分建议
团队建设	B20	组建教研团队 定期开展教研活动	阅读资料	查阅学校是否具有教学和科研团队建设资料 查阅定期开展教研活动的相关记录
			现场观察	无
			问卷测量	无
			访谈	无
师资配备	B21	教师结构配备合理 教师学历水平达标	阅读资料	查阅学校教师基本信息表，了解教师年龄和学历情况，师资配备是否满足教学实际需求（师生配比是否符合国家标准：18年标准小学师生比为1∶19，初中师生比为1∶13.5）查阅课表了解教师所学专业与所教学科的一致性情况，教师人均工作量是否合理
			现场观察	无
			问卷测量	无
			访谈	无
教师管理	B22	具有激励与约束机制 拥有管理与服务平台	阅读资料	是否有相关"教师管理"制度，包括教师激励机制与监督机制，是否有相关管理平台（日常教学管理相关平台、数据库）
			现场观察	无
			问卷测量	无
			访谈	无
教师待遇	B23	按时发放工资绩效 薪酬符合政策标准	阅读资料	查阅学校工资发放记录，重点查看是否按时发放教师工资，教师基本工资不低于当地公务员工资水平 查阅绩效分配方案是否具体落实
			现场观察	无
			问卷测量	设计问卷了解教师待遇（绩效分配）满意度情况
			访谈	无

续表

四级指标	编号	对应的评估要点	观察方式	观察内容及评分建议
师资培训	B24	总体规划，定期组织培训活动指向实践 培训形式丰富多样 教师参与内发自主	阅读资料	查阅学校是否有教师培训规划，学校是否具有培训记录
			问卷测量	设计问卷对培训的满意度进行调查
			现场观察	无
			访谈	无
人文积淀	C1	熟悉本国文化 了解他国文化 阅读文化作品 参加文化活动	阅读资料	无
			现场观察	无
			问卷测量	根据对应的评估要点设计问卷
			访谈	无
人文情怀	C2	尊重多元文化 崇尚人文关怀	阅读资料	无
			现场观察	无
			问卷测量	根据对应的评估要点设计问卷
			访谈	无
审美情趣	C3	发现美 欣赏美 表达美 创造美	阅读资料	无
			现场观察	无
			问卷测量	根据对应的评估要点设计问卷
			访谈	无
批判质疑	C4	具有质疑权威的批判精神 具备批判反思的基本能力 敢于将批判质疑付诸行动	阅读资料	无
			现场观察	无
			问卷测量	根据对应的评估要点设计问卷
			访谈	无
自主探索	C5	具有探索意识 具有强烈的好奇心、求知欲、想象力 积极从事自主探究活动	阅读资料	无
			现场观察	听课：重点关注在课堂中学生能否发挥主观能动性探究问题、解决问题；是否在学习中很依赖教师的指导与帮助；教学活动中，学生是否积极与同伴合作来探究学习问题
			问卷测量	根据对应的评估要点设计问卷
			访谈	无

续表

四级指标	编号	对应的评估要点	观察方式	观察内容及评分建议
综合思维	C6	拥有严谨求知、实事求是的思维意识 具备感性、理性、悟性等思维能力	阅读资料	无
			现场观察	无
			问卷测量	根据对应的评估要点设计问卷
			访谈	无
珍爱生命	C7	领会生命价值意义 爱护自己珍爱他人	阅读资料	无
			现场观察	无
			问卷测量	根据对应的评估要点设计问卷
			访谈	无
自主管理	C8	能自我判断自我约束 合理安排生活与学习	阅读资料	查阅学生有无自我管理的计划或相关记录
			现场观察	观察学生践行"五项管理"的实际情况
			问卷测量	根据对应的评估要点设计问卷
			访谈	无
人格品质	C9	高尚的道德品质 健康的个性品质 （知情意行）	阅读资料	无
			现场观察	无
			问卷测量	根据对应的评估要点设计问卷
			访谈	无
人际沟通	C10	善于沟通 积极社交	阅读资料	无
			现场观察	无
			问卷测量	根据对应的评估要点设计问卷
			访谈	无
情绪调控	C11	良好的情绪调节能力 有自我情绪排解方式 能合理进行情绪推理	阅读资料	无
			现场观察	听课，观察学生课堂情绪调节和情绪推理情况
			问卷测量	根据对应的评估要点设计问卷
			访谈	无
乐学善学	C12	学习兴趣浓厚 学习态度积极 学习习惯良好	阅读资料	无
			现场观察	观察学校图书使用情况、学生阅读等情况
			问卷测量	根据对应的评估要点设计问卷
			访谈	无

续表

四级指标	编号	对应的评估要点	观察方式	观察内容及评分建议
反思总结	C13	勤于总结 乐于反思 善于迁移	阅读资料	无
			现场观察	无
			问卷测量	根据对应的评估要点设计问卷
			访谈	无
信息处理	C14	具备信息甄别能力 具备信息分析能力 具备信息运用能力	阅读资料	无
			现场观察	无
			问卷测量	根据对应的评估要点设计问卷
			访谈	无
国家认同	C15	政治认同达成一致 文化认同凝聚共识	阅读资料	无
			现场观察	无
			问卷测量	根据对应的评估要点设计问卷
			访谈	无
国际视野	C16	拥有人类命运共同体意识 具有国际理解能力	阅读资料	无
			现场观察	无
			问卷测量	根据对应的评估要点设计问卷
			访谈	无
社会责任	C17	自觉履行社会义务 行为得当遵纪守法	阅读资料	查阅学生违规、违纪事件处理的相关资料
			现场观察	无
			问卷测量	根据对应的评估要点设计问卷
			访谈	无
劳动意识	C18	正确的劳动观念 积极的劳动情感 自觉的劳动行为	阅读资料	无
			现场观察	无
			问卷测量	根据对应的评估要点设计问卷
			访谈	无
技术应用	C19	掌握基础技术规范 善于使用新兴技术	阅读资料	无
			现场观察	无
			问卷测量	根据对应的评估要点设计问卷
			访谈	无

续表

四级指标	编号	对应的评估要点	观察方式	观察内容及评分建议
问题解决	C20	主动解决问题的意识 灵活解决问题的能力	阅读资料	无
			现场观察	无
			问卷测量	根据对应的评估要点设计问卷
			访谈	无
课程体系	D1	整体设计规范得当 满足学生素养需要 符合学校发展实际 内容丰实设计多元 具有真实可操作性	阅读资料	查阅学校课程方案，重点核查学校课程开设情况，内容是否丰富、符合培养目标、满足学生多元发展需求
			现场观察	观察学校课程实际运行情况
			问卷测量	无
			访谈	无
课程标准	D2	符合国家育人要求 符合地方育人要求 学校相关学习记录 教师课标学习情况	阅读资料	查阅"课程标准"相关学习资料 查阅教师教案，是否融入课程标准（是否将文件精神、学科核心素养等融入教案）
			现场观察	听课，重点关注学科课程标准的实践情况
			问卷测量	无
			访谈	教师对课标的学习和掌握情况
课程组织	D3	课堂组织形式多样 内容符合学生素养	阅读资料	无
			现场观察	听课，课程内容组织形式是否契合学生发展实际
			问卷测量	无
			访谈	无
课程开发	D4	国家课程校本化改造 校本课程开发	阅读资料	查阅课程开发情况的相关材料，重点关注开发方案、开发过程、校本教材及学生参与情况等
			现场观察	无
			问卷测量	无
			访谈	无
课程评价	D5	学生中心，持续改进 方式多样，体现四个评价 主体多元，侧重学生主体	阅读资料	评价是否依据课标，是否践行"四个评价"理念，是否坚持以生为本
			现场观察	无
			问卷测量	无
			访谈	无

续表

四级指标	编号	对应的评估要点	观察方式	观察内容及评分建议
教学目标	D6	符合课标，聚焦素养条理清晰，操作性强	阅读资料	查阅教师教学设计方案，重点关注教学目标撰写是否正确规范，是否指向学生素养和能力的培养
			现场观察	听课，设计的教学目标是否落实
			问卷测量	无
			访谈	无
教学内容	D7	来源多样，关注前沿内容正确，符合实际组织合理，精心设计	阅读资料	查阅教学设计方案，重点关注内容的选择与组织是否适切、来源多样、关注前沿
			现场观察	听课，了解课堂内容的组织情况
			问卷测量	无
			访谈	无
教学过程	D8	强化育人渗透思政师生互动深度参与	阅读资料	无
			现场观察	听课，教学过程中渗透育人思想，强化思想、品德、政治等综合素养；教学过程中师生互动是否有效、深入
			问卷测量	无
			访谈	无
教学模式	D9	教学模式稳定有效	阅读资料	无
			现场观察	听课，教学模式运用情况
			问卷测量	无
			访谈	访谈教师对教学模式的理解和运用情况
教学方法	D10	方法多样切合实际	阅读资料	查阅教师的教学设计方案，重点关注教学方法是否多样、切合实际
			现场观察	听课，重点关注教师在课堂中是否能够运用多种方法进行教学
			问卷测量	无
			访谈	无

续表

四级指标	编号	对应的评估要点	观察方式	观察内容及评分建议
教学手段	D11	有效利用传统教学手段 深度融合现代信息技术	阅读资料	无
			现场观察	听课，教师课堂教学手段的运用情况，重点关注教师对传统教学手段与信息化教学手段的运用情况
			问卷测量	无
			访谈	无
学业评价	D12	有效落实四个评价 合理运用评价结果	阅读资料	查阅学业评价的制度文件、考试试卷和过程性考核等相关资料，重点关注学业评价机制运行情况、"四个评价"落实情况及评价结果运用情况
			现场观察	无
			问卷测量	无
			访谈	无
常规管理	D13	教学管理制度完善 管理规范科学有序 积极创新管理模式	阅读资料	查阅学校定期进行检查和总结教学工作的相关材料。重点关注学校是否有明确的教学常规管理规章制度，并结合学校实际情况形成特色教学管理模式及相关工作记录
			现场观察	无
			问卷测量	无
			访谈	无
政府期望	E1	育人价值诉求指向学生素养	阅读资料	查阅地方政府相关文件是否指向学生素养养成的育人价值导向
			现场观察	无
			问卷测量	无
			访谈	无
政府参与	E2	坚持正确舆论导向 营造良好育人氛围 切实履行监督服务	阅读资料	无
			现场观察	无
			问卷测量	无
			访谈	访谈学校领导和老师，了解政府参与学校的基本情况

续表

四级指标	编号	对应的评估要点	观察方式	观察内容及评分建议
政府资助	E3	政府资助机制完善 资金投入符合需求 统筹推进优质均衡	阅读资料	查阅学校财务资料,了解政府对学校的投入情况
			现场观察	无
			问卷测量	无
			访谈	访谈学校领导和老师,了解地方政府对学校的资金投入情况。奖学金、助学金、学费减免等资助项目是否落实到位,是否解决资助学生的实际困难,是否存在资助覆盖面不全的情况
民众期望	E4	育人价值诉求指向 学生素养	阅读资料	无
			现场观察	无
			问卷测量	无
			访谈	访谈,了解社会群体对指向学生素养的育人价值导向的具体看法
民众参与	E5	参与意识强烈 积极支持学校实践活动	阅读资料	无
			现场观察	无
			问卷测量	无
			访谈	访谈学校领导和老师,了解民众参与学校活动的基本情况 访谈民众,了解民众的参与意愿
民众资助	E6	资助机制完善 资助成效明显	阅读资料	查阅学校财务资料,了解民众对学校的资金支持情况
			现场观察	无
			问卷测量	无
			访谈	通过访谈学校领导和相关老师,了解民众资助情况
文化资本	E7	父母受教育程度 家庭文化氛围	阅读资料	查阅学校家长基本信息表
			现场观察	无
			问卷测量	无
			访谈	访谈家长和学生,了解家庭的氛围

续表

四级指标	编号	对应的评估要点	观察方式	观察内容及评分建议
物质资本	E8	购买教育服务支出占比	阅读资料	无
			现场观察	无
			问卷测量	收入水平及教育总支出占比调查
			访谈	无
教育理念	E9	民主的教育思想与学校教育理念一致	阅读资料	无
			现场观察	无
			问卷测量	无
			访谈	访谈家长和学生，了解家庭教育理念
亲子沟通	E10	民主平等的沟通方式和谐的沟通氛围	阅读资料	无
			现场观察	无
			问卷测量	设计问卷，了解家庭的亲子沟通方式及氛围
			访谈	无

三、系列配套工具

（一）配合指标体系开发的文件查阅清单

评估指南对应的文件查阅清单表

文件名称	查阅指标	对应编号	观察内容	所占分值	查阅得分
学校制度	办学理念	A1	查阅办学理念的相关文件，重点关注是否具有体现党的教育方针、立德树人、五育并举等内容，是否传承学校历史发展文化		
	办学规划	A2	查阅办学规划的相关文件，重点关注是否基于学校发展并突显学校特色、是否具有明确的目标与可行性、是否能够促进学生优质均衡发展		
	管理制度	A3	查阅学校管理制度文本材料，重点关注五项管理制度的落实情况；管理制度是否体现民主与协同育人		
	组织领导	A4	查阅学校是否有体现持续考核督导机制的文件、条例，并依据考核结果建立奖励问责机制（如绩效、教学督导等）		

续表

文件名称	查阅指标	对应编号	观察内容	所占分值	查阅得分
学校制度	文化内涵	A5	查阅学校发展规划、校训、班风、班规、班级主题文化等内容是否体现人文主义关怀，关注学生发展，校园文化和班级文化内涵一致		
	物力资源	A7	查阅学校教学资源管理制度等相关文件，重点关注资源管理是否规范有序		
	人力资源	A8	查阅学校人事管理制度文件，重点关注是否具备人力资源激励机制，教师培训机制是否科学合理		
	教师管理	B22	是否有相关"教师管理"制度包括教师激励机制与监督机制，是否有相关管理平台（日常教学管理相关平台、数据库）		
教导处档案—教师管理	道德修养	B1	查阅学校是否具有体现依法执教、言传身教等要求的师德师风相关制度，是否有教师违反师德师风事件的记录		
	政治素养	B2	查阅学校是否具有组织教师定期参加党课学习等的相关会议记录；有无违反教育法律法规的事件记录		
	社会参与	B6	查阅学校是否有教师参与社会服务的相关记录和报道		
	教育研究	B12	参加教研活动记录、相关研究成果（课题及相关论文）、教学研究情况		
	师资配备	B21	查阅学校教师基本信息表，了解教师年龄和学历情况，师资配备是否满足教学实际需求（师生配比是否符合国家标准：18年标准小学师生比为1：19，初中师生比为1：13.5）；查阅课表了解教师所学专业与所教学科的一致性情况，教师人均工作量是否合理		
教导处档案—教育教学管理	教学经验	B13	查阅教学总结反思记录		
	教学反思	B18	查阅教师教案和反思总结记录，重点关注教师对教学与学情的反思		
	教学创新	B19	查阅教学设计方案，重点看是否积极进行教学方法创新，是否有教学创新成果的相关材料		

续表

文件名称	查阅指标	对应编号	观察内容	所占分值	查阅得分
教导处档案—教育教学管理	团队建设	B20	查阅学校是否具有教学和科研团队建设资料与定期开展教研活动的相关记录		
	师资培训	B24	查阅学校是否有开展教师培训规划、培训记录		
	课程体系	D1	查阅学校课程方案，重点核查学校课程开设情况，内容是否丰富、符合培养目标、满足学生多元发展需求		
	课程标准	D2	查阅"课程标准"相关学习资料；查阅教师教案，是否融入课程标准（是否将文件精神、学科核心素养等融入教案）		
	课程开发	D4	查阅课程开发情况的相关材料，重点关注开发方案与过程、校本教材及学生参与情况等		
	课程评价	D5	评价是否依据课标，是否践行"四个评价"理念，是否坚持以生为本		
	教学目标	D6	查阅教学设计方案，重点关注教学目标撰写是否规范，是否指向学生素养和能力的培养		
	教学内容	D7	查阅教学设计方案，重点关注内容的选择与组织是否适切、来源多样、关注前沿		
	教学方法	D10	查阅教学设计方案，重点关注教学方法是否多样、切合实际		
	学业评价	D12	查阅学业评价的制度文件、考试试卷和过程性考核等相关资料，重点关注评价机制运行情况、"四个评价"落实情况及评价结果运用情况		
	常规管理	D13	查阅学校定期检查和总结教学工作的相关材料。重点关注学校是否有明确的教学常规管理规章制度，并结合学校实际情况形成特色教学管理模式及相关工作记录		
	文化资本	E7	查阅学校家长基本信息表		

续表

文件名称	查阅指标	对应编号	观察内容	所占分值	查阅得分
教导处档案—学生管理	自主管理	C8	查阅学生有无自我管理的计划或相关记录		
	社会责任	C17	查阅学生违规、违纪事件处理的相关资料		
	政府期望	E1	查阅地方政府相关文件是否指向学生素养养成的育人价值导向		
学校年度财务报表	教师待遇	B23	查阅学校工资发放记录，发放是否及时，基本工资不低于当地公务员水平。查阅绩效分配方案是否具体落实		
	政府资助	E3	查阅学校财务资料，了解政府对学校的投入情况		
	民众资助	E6	查阅学校财务资料，了解民众对学校的资金支持情况		

（二）配合指标体系开发的观察量表

评估指南对应的观察要点

观察方式	观察指标	对应编号	观察要点内容	所占分值	观察得分
课堂观察	专业知识	B7	听课，观察判断教师教育专业知识是否扎实		
	专业能力	B8	听课，重点观察判断教师的课堂教学等能力是否出色		
	信息素养	B10	听课，观察教师能否具有熟练使用各种信息工具解决课堂教学的意识和能力		
	教学经验	B13	听课，观察判断教师是否善于反思总结教学经验，形成独特的教学风格		
	身心健康	B14	听课，观察教师是否心理健康积极向上，在教育工作中控制各种情绪和情感		
	教学创新	B19	听课，观察判断教师是否具有创新教学意识与教学创新能力		

续表

观察方式	观察指标	对应编号	观察要点内容	所占分值	观察得分
课堂观察	自主探索	C5	听课,观察学生在课堂中是否具有求知欲,积极与同伴合作探究问题、解决问题		
	情绪调控	C12	听课,观察判断学生是否具有良好的情绪调节能力与自我情绪排解的方式,合理进行情绪推理		
	课程标准	D2	听课,观察判断学科课程标准的教学实践情况是否符合学校课程实施标准和国家地方的育人要求		
	课程组织	D3	听课,观察学校教学内容是否符合学生素养发展需求,课程内容组织形式是否契合学生多样发展实际		
	教学目标	D6	听课,观察判断教师设计的课堂教学目标和课堂教学内容是否聚焦课标落实核心素养		
	教学内容	D7	听课了解学校教学课堂内容的组织情况,判断教学内容是否来源多样,关注前沿,符合实际		
	教学过程	D8	听课,观察判断学校教学过程中是否渗透育人思想,学校是否达到强化育人渗透思政、师生互动深度参与的要求		
	教学模式	D9	听课观察学校课堂的教学模式运用情况,判断课堂教学模式是否稳定有效		
	教学方法	D10	听课,关注判断教师所用教学方法是否多样且符合实际需求		
	教学手段	D11	听课,观察教师判断教师能否有效利用传统教学手段、能否深度融合现代信息技术		
实物观察	办学理念	A1	观察学校是否有体现学校办学理念的标语和展牌,体现传承校史文化		
	文化内涵	A5	观察学校是否有校训、班规等明文规定或具有主题的各种纪念物、雕塑等		
	物力资源	A7	观察学校生均活动空间是否达标;设施是否完备利用充分;资源管理是否规范有序		
其他观察	管理制度	A3	观察判断学校的管理规范,落实到位,管理制度是否符合"制度健全,刚柔并济,体现协同育人"的具体标准		
	氛围营造	A6	观察学校是否营造了干净整洁的校园环境和教室环境;学校的校风、教风、学风建设是否营造了良好育人文化氛围		

续表

观察方式	观察指标	对应编号	观察要点内容	所占分值	观察得分
其他观察	自主管理	C8	观察在校园内学生践行"五项管理"的实际情况，判断学生能否自我判断与自我约束；能否合理安排生活与学习		
	乐学善学	C12	观察学校的图书使用情况、学生阅读等情况，判断学生学习兴趣是否浓厚；学习态度是否积极；学习习惯是否良好		
	课程体系	D1	观察学校课程实际运行情况。课程体系是否达到"内容丰实设计多元、满足学生素养需要、整体设计规范得当、符合学校发展实际、具有真实可操作性"的具体要求		

（三）配合指标体系开发的访谈提纲

评估指南对应的访谈提纲

访谈对象	访谈指标	对应编号	访谈具体内容	所占分值	访谈得分
学校领导与教师	政府参与	E2	请您谈谈政府参与和资助学校教育教学的基本情况		
	政府资助	E3			
	民众参与	E5	请您谈谈民众参与和资助学校教育教学的基本情况		
	民众资助	E6			
教师	政治素养	B2	您是怎样理解最新的教育方针的？		
	家国情怀	B3	您是怎样理解家国情怀的？		
	教育精神	B4	您是否具备坚定的教育理想与不懈的教育追求？		
	社会理解	B5	您是怎样解读社会理解的内涵的？		
	沟通合作	B17	您认为您跟同事、学生、家长之间的沟通与合作是否顺畅？		
	课程标准	D2	您能谈谈自己对课标、教学模式的学习、掌握与运用情况吗？		
	教学模式	D9			
家长与学生	文化资本	E7	请问您的家庭文化氛围如何？		
	教育理念	E9	请问您的家庭教育理念是怎样的？		
民众	民众期望	E4	请问您对学校教育教学的期望是否有所实现？是否满意学校的教学质量？		
	民众参与	E5	请您谈谈自身参与学校教育的情况		

（四）配合指标体系开发的问卷

核心素养指向的基础教育质量评估问卷（教师卷）

尊敬的老师：

您好！非常感谢您能抽出宝贵的时间来参与调查。为深入了解 G 省基础教育质量情况，我们特意组织此次调查。本次调查以匿名形式作答，所有信息仅供研究参考使用，不会泄露您的个人隐私。请您按照个人实际情况和题目顺序依次作答，衷心地感谢您的支持与配合。祝您在今后的工作中顺心如意！

一、管理制度

认可程度 \ 题目	非常不认可	比较不认可	认可	比较认可	非常认可
1. 我认为学校管理制度健全、刚柔并济	1	2	3	4	5
2. 我认为学校管理制度规范、落实到位。例如，对学生作业、睡眠、手机、读物、体质等情况管理有明确规定和实施措施	1	2	3	4	5
3. 我认为学校管理制度民主、体现协同育人，能够促进学生德智体美劳全面发展	1	2	3	4	5

二、组织领导

认可程度 \ 题目	非常不认可	比较不认可	认可	比较认可	非常认可
1. 我认为学校的相关决策机制和考核监督机制是科学合理、持续长效的	1	2	3	4	5

三、文化内涵

认可程度 \ 题目	非常不认可	比较不认可	认可	比较认可	非常认可
1. 我认为学校文化有鲜明的主题、内涵积极向上、凸显育人	1	2	3	4	5

四、氛围营造

认可程度 \ 题目	非常不认可	比较不认可	认可	比较认可	非常认可
1. 我认为学校有着良好的文化氛围和课堂氛围	1	2	3	4	5
2. 我认为学校的文化氛围体现了校园文化内涵和人文关怀	1	2	3	4	5

五、物力资源

认可程度 \ 题目	非常不认可	比较不认可	认可	比较认可	非常认可
1. 我认为学校教育设施配备能够满足教学需求	1	2	3	4	5
2. 我认为学校教育设施设备的利用是充分有效的	1	2	3	4	5

六、专业情怀

认可程度 \ 题目	非常不认可	比较不认可	认可	比较认可	非常认可
1. 我对教师这份职业有敬爱之心和职业理想	1	2	3	4	5
2. 我对教育教学活动带有理智性、伦理性、审美性的情感体验	1	2	3	4	5
3. 我在教学中积极钻研教学知识，掌握教学关键，不断地提高业务水平	1	2	3	4	5

七、信息素养

认可程度 \ 题目	非常不认可	比较不认可	认可	比较认可	非常认可
1. 我具备良好的信息甄别能力，能够有效甄别各种网络信息	1	2	3	4	5
2. 我具备良好的信息化设施运用能力，能够熟练运用多媒体、投影仪等电子设备	1	2	3	4	5
3. 我具备良好的信息化教学驾驭能力，能够熟练利用电子设备进行教学	1	2	3	4	5

八、职业规划

认可程度 \ 题目	非常不认可	比较不认可	认可	比较认可	非常认可
1. 我有着明确的职业发展规划	1	2	3	4	5
2. 我有实现职业规划的保障措施	1	2	3	4	5
3. 我认为我的职业发展规划成效明显	1	2	3	4	5

九、身心健康

认可程度 \ 题目	非常不认可	比较不认可	认可	比较认可	非常认可
1. 我时常锻炼、定期体检，身体健康状况良好	1	2	3	4	5
2. 我能够肯定自我、认同自我，能较好地适应各种环境，心理健康状况良好	1	2	3	4	5

十、终身学习

认可程度 \ 题目	非常不认可	比较不认可	认可	比较认可	非常认可
1. 我有定期阅读的习惯	1	2	3	4	5
2. 我非常关注最新教育政策、关注热门话题	1	2	3	4	5
3. 我能够及时在教学中融入最新教育思想	1	2	3	4	5

十一、自我管理

认可程度	题目	非常不认可	比较不认可	认可	比较认可	非常认可
1. 我具有自我管理意识和能力		1	2	3	4	5
2. 我能够有序开展教学工作		1	2	3	4	5
3. 我能够在工作之余兼顾好个人生活		1	2	3	4	5

十二、教学反思

认可程度	题目	非常不认可	比较不认可	认可	比较认可	非常认可
1. 我经常进行教学反思		1	2	3	4	5
2. 我经常将教学反思结果用于改进教学		1	2	3	4	5

十三、教师待遇

认可程度	题目	非常不认可	比较不认可	认可	比较认可	非常认可
1. 我对当前的教师待遇是满意的		1	2	3	4	5
2. 我对当前的教师绩效分配是满意的		1	2	3	4	5

十四、师资培训

认可程度	题目	非常不认可	比较不认可	认可	比较认可	非常认可
1. 我认为学校有定期组织教师培训		1	2	3	4	5
2. 我认为培训活动能够指导我的教学实践		1	2	3	4	5
3. 我认为学校组织的培训形式是丰富多样的		1	2	3	4	5
4. 我参与培训非常积极主动		1	2	3	4	5

核心素养指向的基础教育质量评估问卷（学生卷）

亲爱的同学：

你好！非常感谢你能抽出宝贵的时间来参与调查。为深入了解 G 省基础教育质量情况，我们特意组织此次调查。本次调查以匿名形式作答，所有信息仅供研究参考使用，不会泄露你的个人隐私。请你按照题目顺序依次独立作答，衷心地感谢你的支持与配合。祝你在今后的学习中取得巨大进步！

一、人文积淀

认可程度 \ 题目	非常不认可	比较不认可	认可	比较认可	非常认可
1. 我熟悉本国文化	1	2	3	4	5
2. 我对他国文化有一定了解	1	2	3	4	5
3. 我经常阅读文化作品	1	2	3	4	5
4. 我经常参加学校文化活动	1	2	3	4	5

二、人文情怀

认可程度 \ 题目	非常不认可	比较不认可	认可	比较认可	非常认可
1. 我尊重不同国家、不同民族的历史文化、人文风情	1	2	3	4	5
2. 我在日常生活中关心人、爱护人、尊重人	1	2	3	4	5

三、审美情趣

认可程度 \ 题目	非常不认可	比较不认可	认可	比较认可	非常认可
1. 我能够发现、感受和欣赏日常生活和学习中的美	1	2	3	4	5
2. 我能够表达自己对美的感受	1	2	3	4	5
3. 我能够从美的角度进行创新	1	2	3	4	5

四、批判质疑

认可程度 \ 题目	非常不认可	比较不认可	认可	比较认可	非常认可
1. 我能够对既定的答案与现象产生质疑	1	2	3	4	5
2. 我能够能收集资料支撑自己观点	1	2	3	4	5
3. 我敢于将向老师提出疑问，并作出行动	1	2	3	4	5

五、自主探索

认可程度 \ 题目	非常不认可	比较不认可	认可	比较认可	非常认可
1. 我在解决问题时是否想要弄清事物的根本缘由	1	2	3	4	5
2. 我会积极主动地通过小组合作来解决问题	1	2	3	4	5

六、综合思维

认可程度 \ 题目	非常不认可	比较不认可	认可	比较认可	非常认可
1. 我能够自己总结所学习的概念	1	2	3	4	5
2. 我能够画出所学内容的思维导图	1	2	3	4	5
3. 我能将所学的内容融会贯通运用于实际	1	2	3	4	5

七、珍爱生命

认可程度 \ 题目	非常不认可	比较不认可	认可	比较认可	非常认可
1. 我认为生命是珍贵的	1	2	3	4	5
2. 我没有伤害自己、他人或小动物的行为	1	2	3	4	5

八、自主管理

认可程度 \ 题目	非常不认可	比较不认可	认可	比较认可	非常认可
1. 我能主动积极地完成课后作业	1	2	3	4	5
2. 我能在课外时间安排好自己的娱乐时间和学习时间	1	2	3	4	5
3. 我遵守校规校纪，不迟到、不早退	1	2	3	4	5

九、人格品质

认可程度 \ 题目	非常不认可	比较不认可	认可	比较认可	非常认可
1. 我非常助人为乐、尊敬他人（如尊敬老师和同学、长辈）、不说脏话	1	2	3	4	5
2. 我非常爱护环境、不乱扔垃圾，能够清楚如何进行垃圾分类	1	2	3	4	5

十、人际沟通

认可程度 \ 题目	非常不认可	比较不认可	认可	比较认可	非常认可
1. 我能够较为流畅地表达自我	1	2	3	4	5
2. 我能够主动积极地与老师和同学沟通	1	2	3	4	5
3. 我能够与老师同学相处融洽	1	2	3	4	5

十一、情绪调控

认可程度 \ 题目	非常不认可	比较不认可	认可	比较认可	非常认可
1. 我有着良好的情绪调节能力	1	2	3	4	5
2. 我有着适合自己的情绪排解方式	1	2	3	4	5
3. 我能够合理进行情绪推理	1	2	3	4	5

十二、乐学善学

认可程度 \ 题目	非常不认可	比较不认可	认可	比较认可	非常认可
1. 我非常热爱学习，对学习感兴趣	1	2	3	4	5
2. 我的学习态度积极，在学习时有预习、复习的习惯	1	2	3	4	5
3. 我的学习习惯良好，会在学习时制定学习计划	1	2	3	4	5

十三、反思意识

认可程度 \ 题目	非常不认可	比较不认可	认可	比较认可	非常认可
1. 我对学习和生活有着反思与总结的习惯	1	2	3	4	5
2. 我能够在学习生活中举一反三	1	2	3	4	5

十四、信息意识

认可程度 \ 题目	非常不认可	比较不认可	认可	比较认可	非常认可
1. 我能够较为熟练地运用电子设备收集有用信息	1	2	3	4	5
2. 我能够通过分析运用收集的信息来解决相关问题	1	2	3	4	5

十五、国家认同

认可程度 \ 题目	非常不认可	比较不认可	认可	比较认可	非常认可
1. 我非常热爱祖国	1	2	3	4	5
2. 我想要成为一名少先队员或共青团员	1	2	3	4	5

十六、国际视野

认可程度 / 题目	非常不认可	比较不认可	认可	比较认可	非常认可
1. 我具有了解别的国家地区经济、政治、文化、教育等方面的想法和行动	1	2	3	4	5
2. 我能够做到遵规守纪，不闯红灯、不破坏公物	1	2	3	4	5

十七、劳动意识

认可程度 / 题目	非常不认可	比较不认可	认可	比较认可	非常认可
1. 我认为劳动最光荣，每个人都应该劳动	1	2	3	4	5
2. 我能够在劳动中获得快乐	1	2	3	4	5
3. 我有主动劳动的意识和行为	1	2	3	4	5

十八、技术应用

认可程度 / 题目	非常不认可	比较不认可	认可	比较认可	非常认可
1. 我能熟练使用电子设备进行学习和收集学习资料	1	2	3	4	5
2. 我能熟练使用办公软件和学习软件	1	2	3	4	5

十九、问题解决

认可程度 / 题目	非常不认可	比较不认可	认可	比较认可	非常认可
1. 我在遇到问题时第一反应是自己解决	1	2	3	4	5
2. 我能够灵活地解决所遇到的问题	1	2	3	4	5

二十、物质资本

认可程度 / 题目	非常不认可	比较不认可	认可	比较认可	非常认可
1. 我家的教育支出约占家庭收入的12.9%	1	2	3	4	5

二十一、亲子沟通

认可程度 \ 题目	非常不认可	比较不认可	认可	比较认可	非常认可
1. 我和父母、家人的沟通是民主平等的	1	2	3	4	5
2. 我和父母、家人能够在和谐的沟通氛围中交流	1	2	3	4	5

参考文献

(一) 中文文献

1. 著作类

陈敬朴:《为教育共同发展作证》,人民教育出版社 2003 年版。

程凤春:《教学全面质量管理——理念与操作策略》,教育科学出版社 2004 年版。

陈桂生:《普通教育学纲要》,华东师范大学出版社 2012 年第 2 版。

方中雄、陈丽:《学校品牌策划》,重庆大学出版社 2009 年版。

何曙光主编:《数据驱动教育评价变革》,上海教育出版社 2020 年版。

胡定荣:《薄弱学校的教学改进——大学与中学的合作研究》,教育科学出版社 2013 年版。

胡耀宗:《基础教育质量发展报告》,华东师范大学出版社 2021 年版。

教育大辞典编纂委员会:《教育大辞典》第 1 卷,上海教育出版社 1990 年版。

教育部基础教育质量监测中心:《如何开展中小学校督导评估》,教育科学出版社 2013 年版。

靳玉乐、张铭凯、郑鑫:《核心素养及其培育》,江苏人民出版社 2018 年版。

李潮海、于月萍主编:《城镇化背景下农村教育转型与路径研究》,辽宁人民出版社 2016 年版。

林崇德主编:《21 世纪学生发展核心素养研究》,北京师范大学出版社 2016 年版。

刘宝存编:《国际基础教育质量评价标准与政策》,上海教育出版社 2020

年版。

钮文英：《质性研究方法与论文写作》，双叶书廊有限公司 2014 年修订版。

上海市教育委员会教学研究室：《上海市小学基于课程标准的评价指南》，上海教育出版社 2019 年版。

苏醒：《绿色生态村镇环境指标体系及评估标准》，同济大学出版社 2017 年版。

王孝玲编著：《教育测量》，华东师范大学出版社 2004 年修订版。

王策三、孙喜亭、刘硕：《基础教育改革论》，知识产权出版社 2005 年版。

袁振国主编：《中国教育政策评论》，教育科学出版社 2000 年版。

余秀兰：《中国教育的城乡差异：一种文化再生产现象的分析》，教育科学出版社 2004 年版。

曾永泉：《转型期中国社会风险预警指标体系研究》，华中科技大学出版社 2015 年版。

张斌贤主编：《现代国家教育管理体制》，上海教育出版社 1996 年版。

张全芳：《教育政策指标研究》，五南图书出版公司 2006 年版。

张人杰主编：《国外教育社会学基本文选》，华东师范大学出版社 2009 年修订版。

张祥明：《福建省基础教育质量评价》，厦门大学出版社 2010 年版。

辛涛、李勉、任晓琼编：《基础教育质量监测报告撰写与结果应用》，北京师范大学出版社 2015 年版。

张丹慧、张生、刘红云：《基础教育质量监测——抽样设计与数据分析》，北京师范大学出版社 2015 年版。

赵丹：《义务教育均衡发展与教育资源共享模式构建：以西北县域为例》，知识产权出版社 2017 年版。

中华人民共和国教育部：《义务教育数学课程标准》，北京师范大学出版社 2022 年版。

中华人民共和国教育部：《义务教育生物学课程标准》，北京师范大学出版社 2022 年版。

2. 期刊论文类

白长虹、刘春华：《基于扎根理论的海尔、华为公司国际化战略案例相似性对比研究》，《科研管理》2014 年第 3 期。

蔡群青、贺文凯、刘桐江：《基础教育质量提高的反思与展望》，《教育评论》2016 年第 12 期。

陈向明：《扎根理论的思路和方法》，《教育研究与实验》1999 年第 4 期。

陈娜：《澳大利亚发展农村教育的重要举措——乡村地区计划述评》，《外国中小学教育》2007 年第 8 期。

陈宝生：《深化基础教育综合改革 全面提高基础教育质量——在全国基础教育综合改革暨教学工作会议上的讲话》，《人民教育》2020 年第 22 期。

陈慧娟、辛涛：《我国基础教育质量监测与评价体系的演进与未来走向》，《华东师范大学学报》（教育科学版）2021 年第 4 期。

陈法宝：《PISA 测评对世界课程改革的影响与启示》，《现代教育管理》2021 年第 3 期。

陈南、程天君：《高质量教育体系：深化改革促进公平的新方向》，《人民教育》2021 年第 5 期。

迟学智：《充分发挥农村中小学现代远程教育工程的作用提高农村学校教育教学质量》，《中小学电教》2007 年第 1 期。

迟艳杰：《"进步即质量"：指向学生成长过程的教育质量观与价值追求》，《教育研究》2019 年第 7 期。

褚宏启：《核心素养的概念与本质》，《华东师范大学学报》（教育科学版）2016 年第 1 期。

褚宏启：《核心素养十年路：持续引领基础教育质量提升》，《中小学管理》2022 年第 7 期。

杜文静、张茂聪：《县域基础教育政策评估问题与路径选择——基于国际经验和我国教育政策评估的现实》，《西北师大学报》（社会科学版）2016 年第 2 期。

杜志强、王新烨：《我国基础教育教师队伍建设面临的问题与对策》，《中州学刊》2020 年第 10 期。

范国睿、李树峰：《内涵发展：教育均衡发展的新趋向》，《上海教育科研》2007 年第 7 期。

樊改霞、陈扬：《新中国成立以来我国教育质量观的演变逻辑与价值旨趣——基于教育政策的审思》，《教育理论与实践》2020 年第 16 期。

冯超、潘新民：《论树立科学的教育质量观》，《中国成人教育》2014 年第 1 期。

高凌飚：《课程与教学质量监控——英国的经验对我们的启示》，《教育研究》2004 年第 8 期。

黄华：《从半日制到全日制——德国中小学学制改革在争议中艰难前行》，《比较教育研究》2012 年第 10 期。

核心素养研究课题组：《中国学生发展核心素养》，《中国教育学刊》2016 年第 10 期。

胡进：《德国中小学教育标准与教学质量监测：聚焦教育质量提升》，《基础教育》2017 年第 2 期。

户艳茹：《核心素养"落地"的困境及出路——基于利益相关者的分析》，《教育理论与实践》2020 年第 29 期。

霍静静、高秋霞：《广西农村地区小学教育教学提质增效研究》，《学周刊》2019 年第 22 期。

姜宇、辛涛等：《基于核心素养的教育改革实践途径与策略》，《中国教育学刊》2016 年第 6 期。

靳玉乐、李子建、石鸥、徐继存、刘志军：《高质量基础教育体系建设与发展的核心议题》，《中国电化教育》2022 年第 1 期。

贾旭东、谭新辉：《经典扎根理论及其精神对中国管理研究的现实价值》，《管理学报》2010 年第 5 期。

廖婧茜：《核心素养时代教师课程适应的"难为"与"可为"》，《四川师范大学学报》（社会科学版）2020 年第 4 期。

李娟、秦玉友：《农村义务教育质量监控研究》，《教育理论与实践》2009 年第 25 期。

李跃雪、邬志辉：《城镇化背景下乡村教育发展策略：国际经验与启示》，《比较教育研究》2016 年第 4 期。

李政涛：《"五育融合"推动基础教育高质量发展》，《人民教育》2020 年第 20 期。

李刚：《新时代我国基础教育高质量课程建设》，《课程·教材·教法》2021年第11期。

梁红梅：《农村义务教育教学质量监控体系建构的向度与组织设计》，《教育理论与实践》2011年第25期。

林永柏：《关于高等教育质量概念的界定》，《教育科学》2006年第6期。

林叶舒、文雪：《基础教育质量评估的误区与路径》，《湖北第二师范学院学报》2013年第10期。

林崇德：《构建中国化的学生发展核心素养》，《北京师范大学学报》（社会科学版）2017年第1期。

林宜照：《基于核心素养的教学质量提升》，《思想政治课教学》2017年第10期。

凌云志、邬志辉：《基于核心素养的农村学校改进的思维方式》，《教育理论与实践》2017年第20期。

刘群：《教育部基础教育质量监测中心在京成立》，《人民教育》2007年第24期。

刘伟：《内容分析法在公共管理学研究中的应用》，《中国行政管理》2014年第6期。

刘义民：《国外核心素养研究及启示》，《天津师范大学学报》（基础教育版）2016年第2期。

刘云杉：《"核心素养"的局限：兼论教育目标的古今之变》，《全球教育展望》2017年第1期。

刘云华：《德国柏林基础教育质量保障体系改革探析》，《比较教育研究》2019年第10期。

柳海民、娜仁高娃、王澍：《布局调整：全面提高农村基础教育质量的有效路径》，《东北师大学报》（哲学社会科学版）2008年第1期。

柳海民、邹红军：《高质量：中国基础教育发展路向的时代转换》，《教育研究》2021年第4期。

刘建伟：《国际组织开展基础教育质量监测评估项目的经验及其启示》，《教学与管理》2019年第33期。

柳海民：《农村基础教育发展的拐点：由普及外延转向提升内涵》，《教育研究》2008年第3期。

柳海民、王澍：《合理发展：提升中国基础教育质量的新思路》，《东北师大学报》（哲学社会科学版）2014年第6期。

吕艳秋：《提高农村中小学教学质量的路径探讨》，《社会科学战线》2014年第11期。

吕中楠：《马克思关于人的全面发展观对我国课程教育的作用和影响》，《教育教学论坛》2020年第45期。

吕玉刚：《以未来计·从足下始：基础教育高质量发展十年成就与未来布局》，《中小学管理》2022年第10期。

马雪琴、杨晓萍：《学前教育质量保障与实现路径——基于质量文化的视角》，《河北师范大学学报》（教育科学版）2019年第5期。

穆洪华、周园：《国际大规模基础教育质量监测发展研究的新趋势》，《教育测量与评价》（理论版）2015年第9期。

倪娟：《基础教育高质量发展战略研究》，《上海教育科研》2022年第7期。

彭波：《义务教育质量均衡发展：内涵要求及路径选择——兼论义务教育质量的特性》，《教育理论与实践》2015年第23期。

彭佳景：《以新的发展理念为引领全面提高教育质量》，《湖南教育（A版）》2017年第3期。

秦玉友、于海波：《从数量扩张到质量提升：农村教育发展的主题转换与战略转型》，《教育理论与实践》2009年第11期。

秦玉友：《用什么指标表达教育质量——教育质量指标的选择与争议》，《教育发展研究》2012年第3期。

秦玉友：《师资建设是农村教育质量全面提升的战略重点》，《教育发展研究》2015年第19期。

秦玉友、邬志辉：《中国农村教育发展状况与未来发展思路》，《东北师大学报》（哲学社会科学版）2017年第3期。

秦玉友：《不让农村教育成为中国未来发展的短板》，《教育与经济》2018年第1期。

秦玉友：《问题友好型学校治理：教育高质量发展的切入点》，《教育发展研究》2018年第12期。

沈茜、卢立涛：《扎根理论在我国教育研究中的应用与反思——基于文献和实证研究的分析》,《全球教育展望》2018 年第 6 期。

盛连喜:《提高农村教育质量的几点思考》,《教育研究》2008 年第 3 期。

史燕来:《中小学校办学理念探析》,《中国教育学刊》2004 年第 5 期。

施久铭:《核心素养:为了培养"全面发展的人"》,《人民教育》2014 年第 10 期。

苏启敏:《教育现代化进程中教育质量概念的历史、逻辑与结构》,《教育研究》2020 年第 7 期。

唐华生:《提升基础教育发展质量的若干思考》,《四川文理学院学报》2011 年第 3 期。

唐烨伟、樊雅琴等:《基于内容分析法的微课研究综述》,《中国电化教育》2015 年第 4 期。

汤颖、邬志辉:《新时期农村基础教育改革的困境与路径》,《当代教育与文化》2019 年第 3 期。

陶玉祥:《聚焦重点难点深化综合改革引领基础教育高质量发展——教育部基础教育综合改革实验区工作研讨会综述》,《人民教育》2022 年第 19 期。

田俊、王继新、王萱:《"互联网+在地化":乡村学校教学质量提升的实践研究》,《中国电化教育》2019 年第 10 期。

托斯坦·胡森、施良方:《论教育质量(特约稿)》,《华东师范大学学报》(教育科学版)1987 年第 3 期。

王敏:《教育质量的内涵及衡量标准新探》,《东北师大学报》2000 年第 2 期。

王嘉毅、李颖:《西部地区农村学校义务教育教学质量研究》,《教育研究》2008 年第 2 期。

王淑慧、胡景男:《高等教育支出绩效评价指标赋权方法比较研究》,《中国证券期货》2011 年第 3 期。

王淑慧、胡毅、戴菁菁:《多主体财政重点专项支出绩效评价方法研究——基于改进的 AHP 指标赋权》,《预测》2013 年第 6 期。

王起友、张东洁、贾立平:《协同理论视角下的大学生思想政治教育创新研究》,《学校党建与思想教育》2013 年第 23 期。

汪明:《提高农村教育质量的关键环节》,《人民教育》2016 年第 1 期。

王永林:《教育评估中的主观性指标及其评判的影响因素研究》,《教育科学》2017年第3期。

王光明、张楠等:《教师核心素养和能力的结构体系及发展建议》,《中国教育学刊》2019年第3期。

邬志辉:《农村义务教育质量至关重要》,《教育研究》2008年第3期。

武秀霞:《内生式发展:为基础教育质量提升助力》,《天津市教科院学报》2015年第5期。

吴晓蓉、胡甜:《教育高质量发展:内涵、标准及实践》,《教育与经济》2022年第2期。

夏俊英:《搭建城乡教师信息化交流平台 提升农村学校教学质量》,《中国教育技术装备》2015年第5期。

徐辉:《国外农村教育发展与改革的历史经验及启示》,《西南师范大学学报》(人文社会科学版)2005年第6期。

徐贵亮、朱成东、王伟:《课程改革视域下的联合教研:背景、路径及实践方略》,《课程·教材·教法》2022年第9期。

严文法、刘雯、李彦花:《全球基础教育质量评估变化趋势及其对我国基础教育质量监测的启示——以PISA、TIMSS、NAEP为例》,《外国教育研究》2020年第9期。

杨晓宏、黄兰芳、孙新领:《农村中小学现代远程教育质量保证体系初探》,《中国电化教育》2008年第1期。

杨志明、孙河川:《奥巴马政府对美国基础教育的改革》,《世界教育信息》2015年第18期。

姚大学、李芳洲:《以色列教育发展面面观》,《当代世界》2007年第7期。

尹玉玲:《"十四五"时期基础教育集团化办学高质量发展的思考》,《教育科学研究》2022年第10期。

余小波:《高等教育质量概念:内涵与外延》,《高教发展与评估》2005年第11期。

余丽红:《关注农村教育发展,提高农村教育质量——中国农村教育改革30周年回顾与展望学术研讨会综述》,《中国教育学刊》2009年第1期。

余文森：《从三维目标走向核心素养》，《华东师范大学学报》（教育科学版）2016年第1期。

余文森：《从"双基"到三维目标再到核心素养——改革开放40年我国课程教学改革的三个阶段》，《课程·教材·教法》2019年第9期。

余慧娟：《教育部副部长郑富芝：牢牢把握基础教育高质量发展的方向》，《人民教育》2020年第21期。

于文文：《建构主义学习理论与化学核心素养培养目标的融合研究——以"金属的腐蚀与防护"教学设计为例》，《科学咨询》（教育科研）2020年第10期。

袁维新：《论教学过程中的师生互动》，《教育理论与实践》2002年第S1期。

曾天山：《建设现代化教育强国 跨越教育质量门槛》，《西北师范大学学报》（社会科学版）2017年第1期。

张昱瑾、李凯：《以质量评估指标体系的重新构建引领校外教育发展》，《中国教育学刊》2018年第2期。

张洁：《农村寄宿制办学模式下中小学教育质量综合评价研究的思考》，《当代教育与文化》2016年第6期。

张巧文：《基于"互联网+"的"双师教学"模式在乡村教师培训中的运用》，《中小学教师培训》2017年第5期。

张苾菁：《核心素养观照下，提升学校教育质量的新思考》，《华夏教师》2017年第15期。

张佳慧、李峰、辛涛：《基础教育质量指数构建的模式与途径》，《华东师范大学学报》（教育科学版）2021年第4期。

赵磊磊、兰婷：《基础教育评估存在的问题及其治理》，《学术探索》2017年第6期。

赵茜、辛涛、刘雨甲：《我国基础教育质量监测与评价的现状与趋势——第二届"中国基础教育质量监测与评价"学术年会综述》，《教育研究》2017年第9期。

赵冬冬、朱益明：《试论如何实现公平而有质量的基础教育》，《中国教育学刊》2020年第7期。

周全：《数字化转型赋能基础教育高质量发展路径研究——以国家级信息

化教学实验区为例》,《中国电化教育》2022年第11期。

朱永新:《追寻公平而有质量的教育》,《中国农村教育》2018年第3期。

朱之文:《找准定位发挥优势奋力推进基础教育高质量发展》,《中国教育学刊》2021年第7期。

宗晓华、杨素红、秦玉友:《追求公平而有质量的教育:新时期城乡义务教育质量差距的影响因素与均衡策略》,《清华大学教育研究》2018年第6期。

左璜:《基础教育课程改革的国际趋势:走向核心素养为本》,《课程·教材·教法》2016年第2期。

3. 学位论文类

曹大宏:《欠发达地区农村义务教育质量监控问题研究》,硕士学位论文,华东师范大学,2006年。

戴红斌:《利用信息技术手段提升农村薄弱学校实验教学质量研究》,硕士学位论文,浙江师范大学,2009年。

黄光蓉:《从学校层面看四川省农村义务教育教学质量偏低的原因及对策》,硕士学位论文,四川师范大学,2012年。

李彦博:《县域农村义务教育教学质量问题探索》,硕士学位论文,上海师范大学,2010年。

黎国荣:《英语课程资源对农村初中英语教学质量的影响研究》,硕士学位论文,广州大学,2012年。

李良虎:《多元化农村学校评价研究》,博士学位论文,河南大学,2015年。

江继生:《揭阳市农村中小学教学质量提升的策略研究》,硕士学位论文,华南理工大学,2011年。

潘武玲:《我国研究生教育质量评价体系研究》,博士学位论文,华东师范大学,2004年。

任仕君:《我国农村义务教育发展指标体系研究》,硕士学位论文,东北师范大学,2006年。

沈雪霞:《提高基础教育质量:世界银行的立场》,硕士学位论文,华东师范大学,2011年。

石蕾:《义县农村贫困小学教育质量评估》,硕士学位论文,辽宁大学,

2015年。

王冰倩：《基础教育育人功能异化及消解研究》，硕士学位论文，西南大学，2022年。

吴刚：《工作场所中基于项目行动学习的理论模型研究——扎根理论方法的应用》，博士学位论文，华东师范大学，2013年。

杨睿智：《基础教育质量评价指标的研制》，硕士学位论文，东北师范大学，2014年。

余霞：《影响民族地区义务教育质量的因素分析——基于木里藏族自治县的实地考察》，硕士学位论文，西南大学，2018年。

周九诗：《中学数学优质课的教学质量分析》，博士学位论文，华东师范大学，2018年。

4. 其他

李清：《平台搭建 学术引领 推进基础教育高质量发展》，"十四五"成都教育高质量发展研讨会论文，成都，2021年，第56—61页。

中华人民共和国教育部：《关于全面深化课程改革落实立德树人根本任务的意见》，2014年4月，http：//www.moe.gov.cn/srcsite/A26/jcj_kcjcgh/201404/t20140408_167226.html。

王湛：《构建更公平、更高质量的基础教育发展新格局》，《光明日报》2022年3月29日第13版。

中华人民共和国教育部：《国家中长期教育改革和发展规划纲要（2010—2020年）》，2010年7月，http：//www.gov.cn/jrzg/2010-07/29/content_1667143.htm。

中华人民共和国教育部：《教育部关于印发义务教育语文等学科课程标准（2011年版）的通知》，2011年12月，http：//www.moe.gov.cn/srcsite/A26/s8001/201112/t20111228_167340.html。

中共中央国务院：《中共中央关于全面深化改革若干重大问题的决定》，2013年11月，http：//www.gov.cn/jrzg/2013-11/15/content_2528179.htm。

中华人民共和国教育部：《教育部关于实施卓越教师培养计划的意见（教师〔2014〕5号）》，2014年9月，http：//www.gov.cn/xinwen/2014-09/18/content_2752077.htm。

中华人民共和国教育部：《教育部关于印发＜义务教育学校管理标准＞的通知》，2017 年 12 月，http：//www. moe. gov. cn/srcsite/A06/s3321/201712/t20171211_ 321026. html。

中华人民共和国中央人民政府：《中共中央国务院关于全面深化新时代教师队伍建设改革的意见》，2018 年 1 月，http：//www. gov. cn/zhengce/2018 – 01/31/content_ 5262659. htm。

中华人民共和国教育部：《教育部关于做好普通高中新课程新教材实施工作的指导意见》，2018 年 8 月，http：//www. moe. gov. cn/srcsite/A06/s3732/201808/t20180824_ 346056. html。

中华人民共和国教育部：《不能只关注 PISA 排名和分数》，2019 年 12 月，http：//www. moe. gov. cn/jyb_ xwfb/s5147/201912/t20191205 _ 410926. html。

中共中央、国务院：《中国教育现代化 2035》，2019 年 2 月，http：//www. moe. gov. cn/jyb_ xwfb/s6052/moe_ 838/201902/t20190223 _ 370857. html。

中华人民共和国教育部：《关于深化教育教学改革全面提高义务教育质量的意见》，2019 年 6 月，http：//www. moe. gov. cn/jyb_ xxgk/moe_ 1777/moe_ 1778/201907/t20190708_ 389416. html。

中华人民共和国教育部：《中国高考评价体系》，2020 年 1 月，http：//www. moe. gov. cn/jyb _ xwfb/gzdt _ gzdt/s5987/202001/t20200107 _ 414611. html。

中华人民共和国中央人民政府：《中共中央关于制定国民经济和社会发展第十四个五年规划和二〇三五年远景目标的建议》，2020 年 11 月，http：//www. gov. cn/zhengce/2020 – 11/03/content_ 5556991. htm。

中华人民共和国教育部：《教育部等五部门关于大力加强中小学线上教育教学资源建设与应用的意见》，2021 年 1 月，http：//www. moe. gov. cn/srcsite/A06/s3325/202102/t20210207_ 512888. html。

中华人民共和国教育部：《教育部等六部门关于印发＜义务教育质量评价指南＞的通知》，2021 年 3 月，http：//www. moe. gov. cn/srcsite/A06/s3321/202103/t20210317_ 520238. html。

中共中央办公厅国务院办公厅：《关于深化新时代教育督导体制机制改革

的意见》,2021 年 2 月,http://www.gov.cn/zhengce/2020 - 02/19/content_ 5480977. htm。

中华人民共和国教育部:《2021 年全国教育事业统计主要结果》,2022 年 3 月,http://www.gov.cn/xinwen/2022 - 03/01/content_ 5676225. html。

中华人民共和国教育部:《教育部关于印发义务教育课程方案和课程标准 (2022 年版) 的通知》,2022 年 4 月,http://www.moe.gov.cn/srcsite/A26/s8001/202204/t20220420_ 619921. html。

(二) 外文文献

Daniel Koretz, "Adapting Educational Measurement to the Demands of Test-Based Accountability", *Measurement: Inter Disciplinary Research & Perspectives*, Vol. 13, No. 1, 2015, pp. 1 - 25.

David Pepper, "Assessing Key Competences Across the Curriculum and Europe", *European Journal of Education*, Vol. 46, No. 3, 2011.

Dewees Sarah, The School-within-a-school Model, 2014, http://www.ericdigests.org/20004/school.htm.

European Commission, "Assessment of Key Competences inInitial Education and Training: Policy Guidance", 2018 - 05 - 10, http://www.moec.gov.cy/eiao/el/engrafa_ politikis/ekpaidefsi/key_ competences.

Galton M., "Hargreaves L. Clustering: A Survival Mechanism for Rural Schools in the United Kingdom", *Journal of Research in Rural Education*, Vol. 11, No. 3, Win, 1995, p. 173 - 181.

Glaser B. G., Strauss A., *The Discovery of Grounded Theory: Strategies for Qualitative Research*, Chicago: Aldine, 1967.

Gordon J., Halasz G., Krawczyk M., et al., "Key Competences in Europe: Opening Doors For Lifelong Learners Across the School Curriculum and Teacher Education", *Case Network Reports*, 2009 (0087).

Ministry of Education, Youth and Sport, *Education Sector Support Program 2006 - 2010*, Dce, 2005, https://planipolis.iiep.unesco.org/en/2005/education-sector-support-program - 2006 - 2010 - essp - 3864.

Ministry of Human Resource Development, Government of India, *National*

Policy on Education (1986), 2015-04-09, http://mhrd.gov.in/documents_reports?field_documents_reports_category_tid=19.

OECD, "Definition and Selection of Competencies: Executive Summary", 2005, https://www.oecd.org/pisa/35070367.

OECD, "The Definition and Selection of Key Competencies: Executive Summary: DeSeCo Project", January 2005, https://www.researchgate.net/publication/269092638_The_definition_and_selection_of_key_competences_executive_summary_DeSeCo_project.

Skills P. "Learning for the 21st Century: A Report and MILE Guide for 21st Century Skills", *Partnership for 21 st Century Skills*, 2003.

STRAUSS A., *Qualitative Analysis for Social Scientists*, London: Cambridge University Press, 1987, pp. 29-30.

The International Bank of Reconstruction and Development/The World Bank, *World Development Report 2006: Equity and Development*, the Copublication of The World Bank and Oxford University Press, pp. 6-7.

The Secretariat of the International Consultative Forum on Education for All, *World Declaration on Education for All and Framework for Action to Meet Basic Learning Needs*, World Conference on Education for All, Jomtien, Thailand, March 1990, pp. 5-9.

Tirnud Paichayontyijit, *Small School Networking Projects Make the Grade*, 2014, http://tdri.or.th/en/tdri insight/small-school-networking-projects-make-the-grade/.

The EFA Global Monitoring Report Team, *EFA Global Monitoring Report 2005: The Quantity Imperative*, UNESCO, 2004, pp. 19-24.

UNICEF, Defining Quality in Education, A Paper Presented at the Meeting of The International Working Group on Education Florence, Italy, June 2000, p. 3.

后　记

本书系贵州省哲学社会科学规划重点项目"核心素养背景下提升基础教育质量的关键要素与评估指标研究"（19GZZD21）的最终成果。自2019年项目立项后，课题组全体成员就全力展开相关研究，历经三年的思想萌芽、酝酿、成稿、修改、再修改、再完善，至今终于成稿，并在中国社会科学出版社朱亚琪编辑的大力支持和帮助下，本书即将与读者见面。于此，有诸多感谢之意难以言表。

首先，最值得感谢的是课题组的全体成员，正是有大家的支持和帮助，本书的相关研究成果才得以完成，也才有本书的成形成稿。

其次，感谢陕西师范大学教育学部部长李森教授，其不仅在本书的项目研究过程中给予研究设计上的理论指导，还亲自为本书作序。这不仅提高了本书的学理深度，还增强了本书的社会影响力。

再次，我的研究生刘芳、朱艳，访问学者陈世林等（难以逐一列举）为书稿的资料收集与整理、数据处理与分析、文稿校对和修正等方面做了大量的工作，在此特别感谢。

最后，我必须郑重提出感谢的是我的爱人施贵菊女士，是她长期的主动支持和默默奉献，才让我有足够的时间和精力全身心地投入工作和研究中，也才成就了本书的按时保质出版。

此外，还有很多值得感谢的人和事，难以拙笔一一列举，在此一并感谢。

诚然，有关核心素养视角下基础教育质量提升问题的研究是一个拥有庞大理论体系和复杂现实问题的课题，为了保障本书的学术贡献和出版质量，我们已为此做了很多努力，但是，由于本人及研究团队的时间、精力及学识有限，书中难免有所疏漏，敬请各位读者朋友批评指正，以助我们尽快成长与进步。

杜尚荣

2023 年 1 月于贵安新区大学城